Abhandlungen zur Philosophie

In dieser Reihe erscheinen Monographien und Sammelbände zur Philosophie bzw. zu angrenzenden oder die Fachgrenze überschreitenden Themen. Klassische Gebiete sollen neu abgesteckt, aktuelle Felder bearbeitet und innovative Fragen formuliert und zur Diskussion gestellt werden.
Wir freuen uns über Ihr Interesse und Ihren Vorschlag!

Weitere Bände in der Reihe http://www.springer.com/series/15906

Thomas Kessel
(Hrsg.)

Philosophische Psychologie um 1900

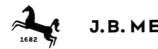

Hrsg.
Thomas Kessel
Wuppertal, Deutschland

Abhandlungen zur Philosophie
ISBN 978-3-476-05027-4   ISBN 978-3-476-05092-2   (eBook)
https://doi.org/10.1007/978-3-476-05092-2

Die Deutsche Nationalbibliothek verzeichnet diese Publikation in der Deutschen Nationalbibliografie;
detaillierte bibliografische Daten sind im Internet über http://dnb.d-nb.de abrufbar.

J.B. Metzler
© Springer-Verlag GmbH Deutschland, ein Teil von Springer Nature 2019
Das Werk einschließlich aller seiner Teile ist urheberrechtlich geschützt. Jede Verwertung, die nicht
ausdrücklich vom Urheberrechtsgesetz zugelassen ist, bedarf der vorherigen Zustimmung des Verlags.
Das gilt insbesondere für Vervielfältigungen, Bearbeitungen, Übersetzungen, Mikroverfilmungen und
die Einspeicherung und Verarbeitung in elektronischen Systemen.
Die Wiedergabe von allgemein beschreibenden Bezeichnungen, Marken, Unternehmensnamen etc. in
diesem Werk bedeutet nicht, dass diese frei durch jedermann benutzt werden dürfen. Die Berechtigung
zur Benutzung unterliegt, auch ohne gesonderten Hinweis hierzu, den Regeln des Markenrechts. Die
Rechte des jeweiligen Zeicheninhabers sind zu beachten.
Der Verlag, die Autoren und die Herausgeber gehen davon aus, dass die Angaben und Informationen in
diesem Werk zum Zeitpunkt der Veröffentlichung vollständig und korrekt sind. Weder der Verlag, noch
die Autoren oder die Herausgeber übernehmen, ausdrücklich oder implizit, Gewähr für den Inhalt des
Werkes, etwaige Fehler oder Äußerungen. Der Verlag bleibt im Hinblick auf geografische Zuordnungen
und Gebietsbezeichnungen in veröffentlichten Karten und Institutionsadressen neutral.

Einbandgestaltung: Finken & Bumiller, Stuttgart

J.B. Metzler ist ein Imprint der eingetragenen Gesellschaft Springer-Verlag GmbH, DE und ist ein Teil
von Springer Nature.
Die Anschrift der Gesellschaft ist: Heidelberger Platz 3, 14197 Berlin, Germany

Für meine Frau Silvia

Vorwort

Die Beiträge des vorliegenden Sammelbandes gehen zum größten Teil auf den nahezu gleichnamigen Workshop „Philosophische Psychologie(n) um 1900" zurück, der vom 17.–18. Mai 2018 an der Bergischen Universität Wuppertal im Rahmen des DFG-finanzierten Forschungsprojektes „Nicolai Hartmann, Circelprotokolle 1920–1950" (Gerald Hartung/Wuppertal, Joachim Fischer/Dresden) stattfand.

Im Zuge der Sichtung und Dokumentation des Nachlasses Nicolai Hartmanns, welcher in den Jahren zwischen 2013 und 2015 im Deutschen Literaturarchiv in Marbach eintraf, traten zwei Vorlesungen zum Thema ‚Allgemeine Psychologie' aus den Wintersemestern 1911/1912 und 1913/1914 zutage, welche als ein echtes Desiderat gelten können, da Hartmann in seinen publizierten Werken zum Themenfeld der Psychologie mit ihrem Problembegriff ‚Seele' kaum Stellung nimmt[1]. Mit der Sichtung des Fundes drängten die Fragen sowohl nach der Belastbarkeit der dort ausgeführten Gedanken und Thesen als auch ihrer historischen Bedeutung und Stellung innerhalb der damaligen wissenschaftlichen Situation und nicht zuletzt nach Hartmanns fachlicher Kompetenz nach Antworten, die nur mit entsprechenden Experten gefunden werden konnten. Eine Runde, in der die verschiedenen Protagonisten der damaligen Debatte, welche sich als Psychologismusstreit in die Geschichte der Philosophie eingeschrieben hat, aus der historischen Distanz, d. h. ohne die ihnen damals anhängenden Standpunktlichkeiten und den damit einhergehenden Divergenzen zur Darstellungen kommen sollten, und in welcher Nicolai Hartmanns Ausführungen zur Allgemeinen Psychologie erstmals ihren Ort finden konnten.

Der vorliegende Band versteht sich in erster Linie als eine Einführung in das Themenfeld der philosophischen Psychologie um 1900, darüber hinaus aber auch als Weiterführung; ein Spagat dem der Band durch die Auswahl der vorliegenden Texte gerecht zu werden sucht.

Thomas Kessel

---

[1] Hartmann (1913/1914).

Inhaltsverzeichnis

Einleitung 1
Thomas Kessel

Windelbands Psychologie-Projekte. Das Scheitern eines ambitionierten Programms an seinen Kontexten 17
Jörn Bohr

Über Franz Brentanos vierte Habilitationsthese „Die wahre Methode der Philosophie ist keine andere als die der Naturwissenschaft" und Carl Stumpfs phänomenologische Weiterentwicklung 39
Margret Kaiser-El-Safti

Die Psychologie seit 1900: Von der „friedestiftende(n) Vermittlerin" zur „hub science" im 21. Jahrhundert 65
Susanne Guski-Leinwand

Völkerpsychologie und Sprachwissenschaft – eine Kontroverse um die Grundlagen der Culturwissenschaft. 85
Gerald Hartung

Die Aktualität der empirischen Psychologie Brentanos in der heutigen Philosophie des Geistes 103
Edoardo Fugali

Die Genese von Diltheys deskriptiver Psychologie. 131
Hans-Ulrich Lessing

„Die Forderungen der Gegenstände". Theodor Lipps' Begriff der Gültigkeit 145
Faustino Fabbianelli

Paul Natorp über das Verhältnis von Philosophie und Psychologie 161
Henning Peucker

Philosophische Psychologie jenseits von Psychologismus, Phänomenologie und deskriptiver Psychologie: Oswald Külpes experimentelle Untersuchung philosophischer Probleme 173
Paul Ziche

Lösung oder Einfall? Über die verlorenen Spuren der Phänomenologie in der Denkpsychologie 189
Alexander Nicolai Wendt

Nicolai Hartmann und die philosophische Psychologie
„Wie ist allgemeine philosophische Psychologie möglich?" 215
Thomas Kessel

Personenverzeichnis 233

Herausgeber- und Autorenverzeichnis

Über den Herausgeber

Thomas Kessel ist nach Promotion und zahlreichen Lehraufträgen seit 2016 wissenschaftlicher Mitarbeiter im DFG-finanzierten Projekt: „Nicolai Hartmann, Cirkelprotokolle 1920–1950" an der Bergischen Universität Wuppertal am Lehrstuhl für Kulturphilosophie und Ästhetik. Seine Forschungsschwerpunkte liegen in den Bereichen Ethik, Ästhetik, Neue Ontologie, Phänomenologie und Geschichte der Psychologie. Zu seinen Veröffentlichungen zählt neben einigen Aufsätzen und Rezensionen die Monografie „Phänomenologie des Lebendigen. Heideggers Kritik an den Leitbegriffen der Biologie".

Autorenverzeichnis

Jörn Bohr ist Philosophiehistoriker und arbeitet als wissenschaftlicher Mitarbeiter im DFG-finanzierten Projekt: „Grundlagenforschung zur Philosophiegeschichte: Wilhelm Windelband" an der Bergischen Universität Wuppertal. Er ist Geschäftsführer der AG Philosophischer Editionen bei der Deutschen Gesellschaft für Philosophie. Seine Interessen liegen im Bereich der Philosophiegeschichte und philosophischen Edition des 19./20. Jahrhunderts sowie der Kulturphilosophie. Aus seinen Veröffentlichungen sind in Auswahl besonders zu nennen die Monografie „Raum als Sinnordnung bei Ernst Cassirer", das mit Gerald Hartung herausgegebene Werk: „Ernst Cassirer: Mythos, Sprache und Kunst" als auch die aktuelle Herausgeberschaft des Bandes „Klaus Christian Köhnke. Begriff und Theorie der Moderne: Vorlesungen zur Einführung in die Kulturphilosophie 1996–2002".

Faustino Fabbianelli ist seit 2006 Professor am Lehrstuhl für Geschichte der Philosophie an der Universität Parma. Seine historischen Forschungsschwerpunkte liegen auf der klassischen deutschen Philosophie, der modernen italienischen Philosophie, der deutschen Phänomenologie sowie der deutschen Aufklärung. In systematischer Hinsicht liegen seine Interessen in den Bereichen Transzendentalphilosophie, Phänomenologie, philosophische Psychologie und Ontologie. Neben zahllosen Vorträgen zu Theodor Lipps ist besonders seine vier Bände umfassende Herausgabe von „Theodor Lipps. Schriften zur Psychologie und Erkenntnistheorie" hervorzuheben. Weiterhin sind in Auswahl seine Monografien „Karl Leonhard Reinhold's Transcendental Psychology" und „Theodor Lipps. Schriften zur Einfühlung" zu nennen.

Edoardo Fugali arbeitet seit 2015 nach Stationen in Triest und Graz als Assistenz-Professor an der Universität in Messina am Lehrstuhl für Geisteswissenschaften, Psychologie, Pädagogik und Kulturphilosophie. Zu seinen Schwerpunkten in der philosophischen Arbeit zählen, Phänomenologie, Philosophie der Kognitionswissenschaften, Philosophie der Psychologie und dort u. a. das Denken Brentanos. Aus den Veröffentlichungen sind vor allem zu nennen „Anima e movimento: teoria della conoscenza e psicologia in Trendelenburg", „Die Zeit des Selbst und die Zeit des Seienden: Bewusstsein und innerer Sinn bei Franz Brentano" als auch seine neuste Monografie „Ontologie del soggetto: filosofia della mente, scienze cognitive e fenomenologia". Darüber hinaus ist er Mitherausgeber der Zeitschrift „Reti, Saperi, Linguaggi".

Susanne Guski-Leinwand arbeitet nach ihren Stationen in Heidelberg, Jena und Bochum an der Fachhochschule Dortmund als Psychologin im Fachbereich für Angewandte Sozialwissenschaften. Zu Ihren Forschungs- und Arbeitsschwerpunkten gehören Psychologie und Ethik, Kunsttherapie als auch die Entwicklungsgeschichte der Psychologie, in deren Rahmen sie auch die Rolle der Psychologie im Nationalsozialismus kritisch untersuchte. Zu diesen Arbeiten sind in Auswahl die Monografien „Wissenschaftsforschung zur Genese der Psychologie in Deutschland vom ausgehenden 19. Jahrhundert bis Mitte des 20. Jahrhunderts", ihre Habilitationsschrift: „Psychologie und Totalitarismus: die Abwendung vom Humanitätsgedanken in der Psychologie und die Folgen (ca. 1895–1945)" als auch das mit Helmut E. Lück zusammen herausgegebene Einführungsbändchen „Geschichte der Psychologie. Strömungen, Schulen, Entwicklungen" zu nennen.

Gerald Hartung ist Gesamtherausgeber des *Grundrisses der Geschichte der Philosophie,* Präsident des Kuratoriums *Grundriss der Geschichte der Philosophie* in der Schweizer Akademie der Geistes- und Sozialwissenschaften, Professor für Philosophie am Lehrstuhl für Kulturphilosophie und Ästhetik an der Bergischen Universität Wuppertal. Seine Forschungsschwerpunkte liegen in den Bereichen Kulturphilosophie, philosophische Anthropologie, Philosophiegeschichte des 19. und 20. Jahrhunderts, Theorie der Philosophiegeschichtsschreibung, Editionswissenschaft, der Forschung zur Philosophie- und Wissenschaftsgeschichte (19. und 20. Jahrhundert), sowie der Deutsch-Jüdischen Kultur- und Geistesgeschichte der Moderne. Aus diesen Arbeitsbereichen hervorgegangen und in Auswahl besonders zu erwähnen, sind die Bände der Ernst Cassirer Edition, aus der auch die Habilitationsschrift „Das Maß des Menschen. Aporien der philosophischen Anthropologie und ihre Auflösung in der Kulturphilosophie Ernst Cassirers" hervorgegangen ist. Neben weiteren Monografien „Philosophische Anthropologie. Grundwissen Philosophie" und „Beyond the Babylonian Trauma – Theories of Language and Modern Culture in the German-Jewish Context" sei neben der Herausgabe zahlreicher Themenbände noch die Herausgeberschaft des Jahrbuchs für Interdisziplinäre Anthropologie hervorzuheben, welches bereits ins sechste Jahr geht.

Margret Kaiser-El-Safti ist Apl. Professorin im Departement für Psychologie an der Humanwissenschaftlichen Fakultät der Universität Köln. Zu ihren Schwerpunkten gehören Entwicklungspsychologie des Kindes- und des Jugendalters in Verbindung mit den Forschungsschwerpunkten in Sprach- und Musikpsychologie. Darüber hinaus liegen ihre Interessen im Bereich der Philosophie Kants, der Geschichte der Psychologie und dort vor allem in den Arbeiten Carl Stumpfs, dem sie neben zahlreichen Aufsätzen wie „Stumpfs Lehre vom Ganzen und den Teilen", „Carl Stumpfs Wirken für die deskriptive Psychologie" als auch die Monografie „Musik und Sprache: zur Phänomenologie von Carl Stumpf" widmete. Aus den weiteren Veröffentlichungen sind zu nennen „Die Idee der wissenschaftlichen Psychologie – Immanuel Kants kritische Einwände und ihre konstruktive Widerlegung" (Habilitationsschrift), und der in Zusammenarbeit mit Werner Loh herausgegebene Band „Die Psychologismus-Kontroverse".

Hans-Ulrich Lessing lehrt seit 2001 an der Ruhr-Universität Bochum und forscht in der dort ansässigen Dilthey-Forschungsstelle. Neben unzähligen Rezensionen und Beiträgen zu einer Vielzahl von Sammelbänden sind in Auswahl seiner Veröffentlichungen „Wilhelm Diltheys ‚Einleitung in die Geisteswissenschaften'", „Wilhelm Dilthey. Leben und Werk in Bildern" (Mitherausgeber), „Wilhelm Dilthey. Eine Einführung", „Die Autonomie der Geisteswissenschaften. Studien zur Philosophie Wilhelm Diltheys" erster und zweiter Band als auch die Mitherausgabe des gesamten Briefwechsels im letzten Jahr zusammen mit Gudrun Kühne-Bertram zu nennen.

Henning Peucker ist derzeit wissenschaftlicher Mitarbeiter am Institut für Humanwissenschaften, Philosophie und Phänomenologie an der Universität Paderborn. Seine Forschungsschwerpunkte liegen auf der Phänomenologie und Psychologie. Zu seinen Veröffentlichungen zählen neben zahlreichen Aufsätzen die Monografie „Von der Psychologie zur Phänomenologie. Husserls Weg in die Phänomenologie der ‚Logischen Untersuchungen'" als auch die Herausgeberschaft der Schrift „Edmund Husserl: Einleitung in die Ethik. Vorlesungen Sommersemester 1920 und 1924".

Alexander Nicolai Wendt (MA Philosophie und MSc Psychologie) arbeitet als Wissenschaftlicher Mitarbeiter am Lehrstuhl für Allgemeine und Theoretische Psychologie an der Universität Heidelberg, wo er derzeit bei Joachim Funk zum Thema „Phänomenologie als Problem" promoviert. Zudem nimmt er Lehraufträge in der Philosophie an der Universität Rostock war. Seine Forschungsschwerpunkte bewegen sich neben der Psychologie des Problems und der theoretischen Psychologie vor allem im Bereich der phänomenologischen Psychologie. Zu seinen Publikationen in Zeitschriften wie *Frontiers in psychology, Journal of Phenomenological Psychology* und *Journal of Dynamic Decision Making* zählen in Auswahl „Is there a problem in the laboratory?", „On the benefit of a phenomenological revision of problem solving" und „The empirical potential of Live Streaming beyond cognitive psychology".

Paul Ziche ist seit 2008 Professor für Geschichte der modernen Philosophie an der Universität Utrecht. Seine Forschungsschwerpunkte setzt er auf die Bereiche Philosophie des Deutschen Idealismus, Naturphilosophie, Fragen des Verhältnisses von Philosophie und Einzelwissenschaften, Wissenschaftsgeschichte, Geschichte und Philosophie der Psychologie.

Zu seinen Schriften in Auswahl zählen „Introspektion. Texte zur Selbstwahrnehmung des Ichs", „Schelling, Friedrich Wilhelm Joseph: Erster Entwurf eines Systems der Naturphilosophie", „Sygkepleriazein – Schelling und Die Kepler-Rezeption Im 19. Jahrhundert", „Anthropologie und empirische Psychologie um 1800. Ansätze einer Entwicklung zur Wissenschaft", „Wissenschaftslandschaften um 1900: Philosophie, die Wissenschaften und der nichtreduktive Szientismus".

Einleitung

Thomas Kessel

In der zweiten Hälfe des 19. Jahrhunderts begannen etliche Disziplinen, wie z. B. Biologie, Kunstgeschichte, Soziologie u. v. a., welche bis dato der Philosophie zugerechnet wurden, sich aus dieser zu lösen und eigenständig zu werden. Dies lag im Falle der Biologie vor allem an den enormen Erfolgen derselben als auch der übrigen naturwissenschaftlichen Disziplinen. Von deren neusten Errungenschaften suchte auch die junge Disziplin Psychologie zu profitieren, welche sich im Besonderen auf die aktuellsten Forschungen der Physiologie und deren Resultate bezog, wie sie beispielsweise bei Weber und Fechner zu finden waren, um nun auf empirisch naturwissenschaftlichem Wege Fragen nachzugehen, die in der gesamten Tradition philosophischer Bemühungen stets akut geblieben waren, aber scheinbar niemals ihren zufriedenstellenden Abschluss fanden. Dazu zählen Fragen nach der Möglichkeit von Wahrnehmung, Erfahrung, Handeln und Wollen, dem Entstehen von Gefühlen und nach dem Prozess des Denkens, dem sich Formieren von Raum und Zeit und dem Phänomen der Erinnerung u. v. a.

So mit den neusten naturwissenschaftlichen Methoden, den daraus erwachsenen Resultaten und dem damit einhergehenden Selbstbewusstsein ausgestattet, wähnte die junge Disziplin, alle philosophischen Fragen, selbst die der Logik und Ethik, angehen zu können, und trat in einem damit mit dem Anspruch auf, in nicht allzu ferner Zukunft als Grundlagenwissenschaft aller Geisteswissenschaften im System der Wissenschaften überhaupt ihren ihr angemessenen Ort zu finden.[1] Dass dieser Standpunkt besonders von Seiten der

---

[1] „Der Psychologie fällt die Frage über die Hoffnung auf ein Jenseits und auf die Theilnahme an einem vollendeteren Weltzustande zu." Brentano (1874), S. 32.

T. Kessel (✉)
Wuppertal, Deutschland
E-Mail: kessel@uni-wuppertal.de

Philosophie her auf wenig Gegenliebe stieß, wird kaum verwundern, wenn man des Umstandes gewahr ist, dass die Philosophie bestrebt war, sich die verlorenen Teildisziplinen wieder einzuverleiben, indem sie u. a. versuchte, ihr eigenes Fortbestehen als Grundlagenwissenschaft zu sichern, so zwar, dass sie beispielsweise der empirischen Psychologie eine allgemeine Psychologie entgegenstellte, welche die Untersuchung der Bedingungen der Möglichkeit wissenschaftlichen Denkens überhaupt zum Ziele hatte. Von dieser Seite her wurden die Anstrengungen der Vertreter der jungen Disziplin im Zuge des Neukantianismus erstmals mit dem Begriff eben des Psychologismus gebrandmarkt.[2]

Dass der Begriff ‚Psychologismus' diesen pejorativen Charakter besitzt, ist jedoch erst einmal alles andere als selbstverständlich, da in dem Suffix „Ismus" lediglich die Einnahme eines bevorzugten Standpunktes zum Ausdruck kommt, von dem aus die jeweiligen Gegenstände bestimmt werden sollen. So wird kaum jemand die Bezeichnungen: Idealismus, Realismus, Naturalismus, Vitalismus, Mechanismus gleichsam und ausschließlich pejorativ verstehen, sondern als die Charakterisierung einer bestimmten philosophischen Haltung, die gleichsam deren Methode bestimmt.

Es lohnt sich aber im Falle des Psychologismus als auch anderer Ismen genauer hinzusehen: Sowie der Organismus als Gegenstand der Biologie im weitesten Sinne zu verstehen ist, so die Erscheinungen des Psychischen als Gegenstand der Psychologie. Und hinsichtlich ihres Gegenstandes ist sie uneingeschränkt berechtigt, Kategorien, Sätze, Verhältnisse und Gesetze aufzuzeigen, welche innerhalb des ihr entsprechenden Forschungsfeldes auch ebenso uneingeschränkt anwendbar sind, solange sie nicht falsifiziert werden. Aber eine unreflektierte oder unzureichend geprüfte Übertragung auf andere Felder führt zwangsläufig zur Verzerrung bzw. Fehlinterpretation des betreffenden Gegenstandes. Eine Praxis, welche von Hartmann unter dem Begriff des ‚kategorialen Übergriffs' abgelehnt wird und heute wohl als Gemeinplatz zahlreicher Denker anzusehen ist.

> „Psychologie – das ist das Psychologisieren dort, wo es […] unstrittig richtig und gut ist, zu psychologisieren; Psychologismus – das ist Psychologisieren dort, wo es […] unstrittig falsch und schlimm ist, zu psychologisieren."[3]

Da wir uns jedoch aus der historischen Distanz heraus keinerlei disziplinären Ränken oder gar Lehrstuhlstreitigkeiten mehr ausgesetzt sehen, können wir den Begriff ‚Psychologismus' erst einmal neutral fassen und die verschiedenen Positionen, die darunter gefasst werden, in ihren eigenen Ansätzen zu verstehen suchen.

---

[2]„‚Psychologismus' als pejorative Bezeichnung für einen (angeblich) unangemessenen Wahrheits- und Geltungsanspruch der empirischen Forschung wurde erstmals in der Ära des Neukantianismus verwendet" (Kaiser El-Safti (2011), S. 7.).

[3]Marquard, Odo: Wirklichkeitshunger und Alibibedarf. Psychologisierung zwischen Psychologismus und Psychologie. In: Heinz Gumin/Armin Mohler (Hg): *Psychologie, Psychologisierung, Psychologismus*. München 1985, S. 2.

1 Historische Wurzeln des Problems bei Aristoteles

Die Fragen nach der Bestimmung dessen, was unter dem Begriff ‚Seele' zu verstehen sei, sind demnach keineswegs Fragen, die erst in den Kognitionswissenschaften neueren Datums problematisch geworden sind, und beginnen auch nicht erst mit der Auseinandersetzung zwischen Philosophie und Psychologie ab Mitte des 19. Jahrhunderts, welche zur Jahrhundertwende kulminierte, sondern diese Fragen drängen das Denken von je her, wie die überlieferten Schriften der Vorsokratiker und darüber hinaus belegen,[4] welche Aristoteles in seinem ersten Buch der *de anima* als Ausgangspunkt seiner eigenen Überlegungen hinsichtlich der Bestimmung der Seele anführt, die gleichsam die Frage nach der Führerschaft innerhalb des Systems der Wissenschaft zugunsten der Seelenlehre[5] zu entscheiden scheint.[6]

> „Wenn wir das Wissen für etwas Schönes und Ehrwürdiges halten, und zwar das eine Wissen mehr als das andere, weil es entweder mehr Genauigkeit hat oder auf bessere und erstaunlichere Gegenstände geht, so dürfen wir aus den beiden Gründen die Forschung über die Seele mit Recht an die erste Stelle setzen. Die Erkenntnis von ihr trägt, wie es scheint, auch für die Wahrheit im ganzen viel bei, am meisten für die über die Natur, denn sie (die Seele), ist gleichsam Prinzip der Lebewesen."[7]

Während Aristoteles in dieser Passage den Vertretern des Psychologismus das Wort zu reden scheint, erfährt diese Verortung der Seelenlehre in der zumindest systematisch später anzusetzenden Einteilung der Wissenschaften, welche Aristoteles in der *Metaphysik* aufstellt, in der er die Philosophie gegenüber allen anderen als höchste Wissenschaft ausweist, zwei Einschränkungen. Die erste ist auf die aristotelische Dreiteilung der Seele in einen vegetativen, einen animalischen und einen denkenden Teil zurückzuführen, wobei die ersten als mit dem Körper untrennbar verbunden, der letztere, der menschliche Geist somit, als vom Körper ablösbar und unsterblich vorgestellt wird. So ist die naturwissenschaftliche Betrachtung der Seele nur auf die ersten beiden Seelenteile gerichtet, „weshalb der Naturwissenschaftler *teilweise* [Hervorheb. vom Verf.] auch die Seele betrachten muß, sofern diese nicht ohne Stoff besteht".[8] Die Untersuchung der Vernunftseele kommt in Analogie mit der höchsten unbeweglichen transzendenten Seinsursache als dem Göttlichen der ersten Philosophie zu, also der Metaphysik ‚ta meta ta physica' im ursprünglichsten Sinne, als der Wissenschaft, die von dem handelt, was über die Natur hinaus geht. So behält die Seelenlehre in der aristotelischen Einteilung

---

[4]Vgl. Capelle (1963), S. 25 ff.

[5]Die Psychologie im Sinne der Untersuchungen der Psyché ist wahrscheinlich so alt wie die Philosophie selbst, ihr Begriff aber bildete sich erst im 19. Jahrhundert aus. Bis dato wurde sie unter „Seelenlehre, Pneumatik, Pneumatologie, Geistlehre" verhandelt. Schönpflug (2013), S. 88.

[6]Aristoteles (1995).

[7]Ebd., 402a.

[8]Aristoteles (1997), S. 156, 1025b5.

der Wissenschaft, zwar innerhalb der Naturwissenschaften, der Physik, die führende Position, da sie als Bewegungsprinzip der gesamten lebendigen Natur und zudem selbst im Gegensatz zu den Erscheinungen der Natur, als immateriell und unbewegt gilt, aber nicht im System der Wissenschaften überhaupt.

Die zweite Einschränkung ergibt sich aus der aristotelischen Gegenstandsbestimmung der Ersten Philosophie, da sie nicht nur vom bewegten Sein des Seienden, sondern auch vom Unbewegten also Göttlichen handle.[9]

> „Wenn es nun neben den von Natur aus bestehenden Wesen nicht ein davon verschiedenes Wesen gibt, so dürfte wohl die Naturwissenschaft die erste Wissenschaft sein. Wenn es aber ein unbewegtes Wesen gibt [und das gibt es für Aristoteles], so ist wohl dies das frühere und die Philosophie die erste und allgemein, weil sie die erste ist."[10]

So mag der Untersuchung der Seele wohl eine gewisse Höhe innerhalb der Naturwissenschaft zukommen, sofern sie auf das Bewegte, also den vegetativen und animalischen Seelenteil gerichtet ist, aber nicht im System der Wissenschaften überhaupt. So zeigt sich neben dem Problem der Stellung der Seelenlehre im System der Wissenschaften gleichsam das Problem der Zuweisung, d. h. die Frage, welcher Wissenschaft die Seele bzw. ihre drei Teile – vegetative, animalische und denkende – überhaupt zuzurechnen sei.

2 Christentum und Englischer Empirismus

Neben Texten der Stoiker und des Platon wirkte auch die Seelenlehre des Aristoteles in den Werken der Kirchenväter des Mittelalters hindurch, ohne jedoch als wissenschaftlich im eigentlichen Sinne verstanden werden zu können. Erst mit dem Wachstum der Städte und dem aufkommenden Humanismus begann die Macht und der ungebrochene Einfluss der Kirche auf das Bildungswesen allmählich zu schwinden, sodass eine Reform der Wissenschaften und des Bildungswesens angegangen werden konnte, wobei man sich eben an den hellenischen Vorbildern orientierte, wie es sich z. B. in der Aristoteles-Interpretation *liber de anima*[11] des ‚praeceptor germaniae' Philipp Melanchthons zeigt, der die damals noch unter dem Titel Seelenlehre gefassten Disziplin zu einem selbstständigen Lehr- und Forschungsgebiet ausbaute.[12] Weiteren Aufschwung bekam die Wissenschaft und damit auch die Psychologie als an den Naturwissenschaften orientierte im beginnenden 17. Jahrhunderts von den englischen Denkern. Darunter Francis Bacon, der neben seiner utilitaristischen Vorstellung von Wissenschaft vor allem die in den Naturwissenschaften angewandten methodischen Verfahren von Beobachtung und Experiment auch in den geisteswissenschaftlichen Anstrengungen zu etablieren suchte. Und zwar sollten diese zur Unterstützung

---

[9]Vgl. ebd., S. 313, 1072b5.
[10]Ebd., S. 157, 1026a25.
[11]Melanchthon, Phillip (1961). Vgl. Benesch, Hellmuth (1990), S. 64 ff.
[12]Vgl. Schönpflug (2013), S. 88.

der Sinne zur Begründung allgemein gesicherter Erkenntnis dienen, die gleichsam von einer Reinigung des Verstandes von vorgegebenen Theorien begleitet werden müsse. „Dieser Forderung nach der Unterstützung der Sinne durch das Experiment stellt Bacon die Forderung nach der Reinigung des Verstandes an die Seite."[13]

Weiteren Vorschub erhielt die empirische Forschung durch den auf Theorienbildung ausgerichteten Sensualismus des John Lockes, der getreu dem Motto des Thomas ‚nihil est in intellectu, quod non fuerit in sensu' folgte und somit eine Metaphysik im Sinne des Aristoteles ausschalten zu können glaubte. Denn der Mensch könnte sich allein aufgrund von Wahrnehmung (Sensationen) Ideen bilden, die dann die Seele in Tätigkeit versetzten, sodass er nun auch dieser Tätigkeit nachgehen könne,

> „sodaß er auf diese Weise in den Besitz einfacher Reflexionsideen, wie etwa der Ideen von Denken und Wollen, gelangt. Schließlich erwirbt er einfache Ideen, die sowohl in der Sensation als auch in der Reflexion ihren Ursprung haben, wie die Ideen von Kraft und Existenz."[14]

Andere Möglichkeiten zu Ideen zu kommen als aus der Sensation und den ihnen folgenden Reflexionen sind für John Locke undenkbar und daher jede Art von Metaphysik obsolet.[15]

Natürlich ist auch David Hume in diesem Zusammenhang zu erwähnen, der in Hinblick auf die Frage, wie aus kleinsten einzelnen Sinnesempfindungen umfassende Erkenntnis generieren könnten, Newtons Gravitationstheorie für die Ausarbeitung seiner Assoziationstheorie zu nutzen wusste. Doch dazu später.

3 Kant

Nachdem sich die beiden großen Denker der Seelenlehre im antiken griechischen Denken auf die Kategorien Bewegung und Wahrnehmung (Bewusstsein) einigen konnten, konzentrierte sich der Seelenbegriff bei Descartes allein auf das Denkvermögen und führte bei Kant im Anschluss an Wolff zu der bekannten Trennung von ‚empirischem Bewusstsein' und ‚apriorischem Bewusstsein' überhaupt, welches zwar die Einheit unserer Bewusstseinszustände leiste, aber selbst nicht empirisch erkennbar sei. Mit dieser Feststellung grenzt Kant jegliche Versuche einer Fassung logischer Probleme seitens einer empirisch arbeitenden Psychologie von vornherein kategorisch aus und legt damit den Grundstein für eine Kontroverse, die sich in der Geschichte der Philosophie als Psychologismusstreit eingeschrieben hat.

Aber schauen wir genauer auf die Argumentation Kants hin, welche sich für ihn aus seinen Untersuchungen und der sich daraus ergebenden Lehre der „*Kritik*

---

[13]Pfeil, (1973), S. 26.
[14]Ebd., S. 62.
[15]„Kann ein junger Mensch wirklich nur mit Hilfe des [metaphysischen] Axioms, daß das Ganze größer ist als eines seiner Teile, einsehen, daß sein ganzer Körper größer ist als sein kleiner Finger?" (Locke 1962, S. 323 f.).

der reinen Vernunft"[16] als selbstverständlich erwies, in der sich zudem die grundlegenden Schwierigkeiten zeigen, mit denen es die Vertreter einer naturwissenschaft Begründung des Seelischen aufzunehmen hatten:

Der erste Kritikpunkt in Bezug auf die Möglichkeit der empirischen Psychologie als einer echten Wissenschaft, liegt für Kant und später auch Husserl darin, dass die Psychologie nicht in der Lage sei, Begriffe und aus ihnen abgeleitete Urteile, also Erkenntnisse a priori nach dem Vorbild von Mathematik und Philosophie zu erbringen. Denn sofern in den Wissenschaften „Vernunft sein soll, so muß darin etwas a priori erkannt werden."[17] Und halte man die Seelenlehre als die Physiologie des inneren Sinnes, der Körperlehre entgegen,

> „so finden wir, außer dem, daß in beiden vieles empirisch erkannt werden kann, doch diesen merkwürdigen Unterschied, daß in der letzteren Wissenschaft doch vieles a priori […], in der ersteren aber, aus dem Begriffe eines denkenden Wesens, gar nichts a priori synthetisch erkannt werden kann".[18]

Somit sieht Kant in der Psychologie nichts weiter als einen „lange aufgenommene[n] Fremdling, dem man auf einige Zeit [in den Hallen der Philosophie] einen Aufenthalt vergönnt, bis er in einer ausführlichen Anthropologie (dem Pendent zu der empirischen Naturlehre) seine eigene Behausung wird beziehen können".[19]

Kants weitere und nicht minder zentrale Kritik stellt die seiner Ansicht nach schiere Unmöglichkeit, Seele mit den Vermögen des Verstandes zu erkennen, dar, weil es sich bei ihr nicht um einen Verstandes-, sondern einen Vernunftbegriff, also eine Idee, genauer regulative Idee handle, „die in concreto gar nicht vorgestellt werden kann".[20] Und so bleibt der Psychologie „nichts übrig, als unsere Seele an dem Leitfaden der Erfahrung zu studieren und uns in den Schranken der Fragen zu halten, die nicht weiter gehen, als mögliche innere Erfahrung ihren Inhalt darlegen kann."[21]

Beide von Kant in der Kritik aufgeführten Momente, dasjenige der fehlenden Apriorität, als auch dasjenige der Unerkennbarkeit dessen, was unter Seele wohl vorgestellt aber nicht gedacht werden kann, liegen schwer auf der Ausbildung der jungen Disziplin Psychologie, die sich ab Mitte des 19. Jahrhunderts auszubilden begann, und dies ganz besonders, da mit beiden Vorwürfen die Bestimmung des Gegenstandes einer so verstandenen Wissenschaft überhaupt problematisch wurde. Damit standen natürlich auch das Selbstverständnis und die Frage nach der Leistungsfähigkeit der Psychologie mit auf dem Spiel. Fragen, welche die Psychologie in der Folge selbst in ihren Untersuchungsbereich im Sinne einer Psychologie der Psychologie mit aufnahm. Ein Tatbestand, der sich auch in den zahlreichen und oft divergenten Auffassungen ihrer Vertreter und den damit einhergehenden Ausprägungen der jeweiligen Psychologien widerspiegelt.

---

[16] Kant (1998).
[17] Ebd., S. 16 (BIX30).
[18] Ebd., S. 494 (A381).
[19] Ebd., S. 873 f., (B877).
[20] Ebd., S. 740 (B711).
[21] Ebd., S. 495 (A382).

4   Die universitäre Landschaft im Ausgang von Fechner

Obwohl die Vertreter der naturwissenschaftlich orientierten Psychologie jener Tage mit dem Diktum Kants zu kämpfen hatten, führten sie ihre Anstrengungen um einen Neuanfang der Philosophie und deren Grundlegung in der Psychologie diesseits von Hegel, dem Neukantianismus und aller Systemphilosophie fort. So stellt Herbart die Inhalte des Bewusstseins mit den Inhalten der äußeren Erfahrungen auf gleiche Stufe, sodass auch deren Messbarkeit gegeben sei, auf deren Resultate nach dem Vorbild der Naturwissenschaften eine sowohl empirisch fundierte als auch exakte Wissenschaft gegründet werden könne. Einem Beispiel, dem Fechner im Anschluss an Weber folgte und das psychophysische Paradebeispiel für die Messbarkeit des Verhältnisses von Reiz und Empfindung auf den Weg brachte, welches beispielsweise in dem Prinzip der ‚ästhetischen Schwelle' zum Ausdruck kommt.[22] Fechners Vorstoß führte zwar in der Folge zu starken Polarisationen, aber ist doch als ein Durchbruch zu werten, welcher als Psychophysisches-Grundgesetz oder Weber-Fechner-Gesetz Geschichte machte.

Fechner unterschied hinsichtlich der physikalischen Reize zum Aufbau seiner Experimente zwischen den Qualitäten, wie Licht, Fläche, Druck, Schall und ihren Quantitäten, wie Intensität und Extensität. Dabei wurden die physikalischen Größen mit entsprechenden Instrumenten, wie Thermometern etc., gemessen und die Daten der darauf erfolgenden Empfindungen bzw. Veränderungen derselben hinsichtlich der Intensität und Extensität durch die Äußerungen der Probanden ermittelt. Aus diesen lässt sich nach Fechner ein relativ fester Logarithmus errechnen, der die Verhältnisse zwischen Reiz und Empfindung, die je nach Qualität und Quantität unterschiedlich ausfallen, in eine allgemeine Formel zu fassen zur Absicht hatte. Und diese sollte erfolgen, um die Bedingtheit der geistigen und körperlichen Tätigkeit von den psychophysischen beweisen zu können. Zu erwähnen bleibt noch, dass Fechner keineswegs die Absicht verfolgte, der empirischen Psychologie Vorschub zu leisten, sondern einen Dialog mit der Philosophie anstrebte.[23]

Aus diesen aktuellen Durchbrüchen, aber auch aus den Vorarbeiten der englischen Empiristen (Bacon, Locke, Hume) und des Utilitaristen John Stuart Mills erwuchs schließlich die Gruppe von Denkern, wie Wilhelm Wundt, Oswald Külpe, Franz Brentano, dessen Schüler Carl Stumpf, Theodor Lipps, Wilhelm Dilthey u. v. a., die dem Psychologismus in der einen oder anderen Weise zugerechnet werden und unterschiedlichste Konzeptionen verfolgten, wie die folgenden Beiträge zeigen werden. Es ist aber auch anzunehmen, dass gerade die bestehenden Divergenzen Voraussetzung für eine wissenschaftliche Karriere bedeuteten, wie die ‚Gedächtnisrede' Nicolai Hartmanns auf Carl Stumpf zumindest nahelegt: „Die Jahrzehnte in denen [Stumpf] wirkte, waren für die Philosophie eine Zeit des

---

[22]Vgl. Fechner (1876), S. 49.
[23]Vgl. Schönpflug (2013), S. 264 ff.

Übergangs, in der extreme Richtungen sich bekämpften, ohne ihre Probleme eigentlich zum Ausdruck zu bringen. Nur wer ein umgrenztes Arbeitsgebiet mit selbstständiger Methode zu ergreifen wußte, konnte in dieser Zeit etwas Bleibendes schaffen" [24]

In diesem Zitat sind gleichsam die Protagonisten auf philosophischer Bühne, wie Paul Natorp, Hermann Cohen[25], und allen voran Edmund Husserl, angezeigt. Letzterer sah sich bis 1891 selbst noch dem Psychologismus zugewandt, bis ihn die Kritik Freges an seiner Schrift *Philosophie der Arithmetik*[26] traf, der den darin zu Ausdruck kommenden psychologischen Ansatz als Psychologismus verwarf. Eine Kritik, die gleichsam den Zeitpunkt markiert, von dem an sich Husserl seinen umfangreichen ‚Logische Untersuchungen' widmet und sich zu einem der schärfsten Kritiker des Psychologismus' entwickelt.

„Die Sachen selbst müssen wir befragen. Zurück zur Erfahrung[…]! Aber was sind denn die Sachen, und was ist das für eine Erfahrung, auf welche wir in der Psychologie zurückgehen müssen? Sind etwa die Aussagen, die wir den Vp. im Experiment abfragen, die Sachen? Und ist die Deutung ihrer Aussagen, die ‚Erfahrung' von Psychischem?" [27]

Nach Husserl ist empirische Psychologie nur möglich, wenn sie auf ihre Fundamente, die Fundamente des Bewusstseins aufbaut, welche allein durch die Methode strenger Philosophie, d. h. Phänomenologie gehoben werden können.

„Es ist nach all dem Ausgeführten klar […], daß eine wirklich zureichende empirische Wissenschaft vom Psychischen in seinen Naturbezügen erst dann im Werke sein kann, wenn die Psychologie sich auf eine *systematische* Phänomenologie baut".[28]

Und so heißt es wenige Seiten zuvor:

„Wir stoßen damit auf eine Wissenschaft […,] die zwar Wissenschaft vom Bewußtsein und doch nicht Psychologie ist, auf eine *Phänomenologie des Bewußtseins* gegenüber einer *Naturwissenschaft vom Bewußtsein*."[29]

Von philosophischer Seite hielt man demnach, von prominenten Ausnahmen (Sigwart, Steinthal, der junge Windelband) abgesehen, an der Grundlegung jeglicher Formen empirischer Psychologie durch eine transzendentalphilosophisch

---

[24]Hartmann (1937), S. 3.
[25]Ortega berichtet von seinem zweiten Marburger Aufenthalt 1911: „Marburg war die Burg des Neukantianismus. Man lebte in der neukantianischen Philosophie wie in einer belagerten Festung, im unentwegten ‚Wer da'! Alles ringsum galt als Todfeind: die Positivisten und Psychologisten, Fichte, Schelling, Hegel. Man hielt sie für so feindlich, daß man sie erst gar nicht las." (Ortega y Gasset 1998, S. 244).
[26]Husserl (1970).
[27]Husserl (1965), S. 27.
[28]Ebd., S. 46.
[29]Ebd., S. 22 f.

verstandene Logik fest. Konsequenterweise wurde an die, sich meist an den bahnbrechenden Neuerungen der Naturwissenschaften jener Tage orientierende, junge Disziplin der Psychologie der Vorwurf einer Reduktion logischer Grundsätze auf psychologische Vorgänge gerichtet. Damit geriet die Rede von der Seele in eine prekäre Lage, insofern sie einerseits für die Beschreibung einer Funktionseinheit des Bewusstseins untauglich erschien, und andererseits kein Gegenstand der empirischen Forschung sein konnte. Die konsequente Verabschiedung des Seelenbegriffs innerhalb der Psychologie hat in Friedrich Albert Langes Diktum einer „Psychologie ohne Seele"[30] ihren prägnanten Ausdruck gefunden.

Trotz einer allgemeinen Tendenz auf Trennung der geistes- und naturwissenschaftlichen Gegenstandsbereiche und Methodik (Dilthey), bis hin zu einer radikalen Trennung der realen und idealen Welt (Husserl), zeigt sich doch der Schwung des Zeitgeistes in verschiedenen Strömungen, die sich mal mehr erkenntnistheoretisch mal mehr naturwissenschaftlich orientieren, oder gar eine Verbindung beider Ansätze versuchen, um das von Kant ungelöste, dunkle Problem der Einheit des Bewusstseins einer möglichen Lösung zuzuführen.

Wir wollen ins Zentrum unserer Überlegungen die eigentümlichen Mischungsverhältnisse natur- und geisteswissenschaftlicher Perspektiven im Feld der ‚Philosophischen Psychologie um 1900' stellen. Diese Konzeptionen, die den engen Rahmen des Psychologismus-Streites überschreiten und ihn gleichwohl kontextualisieren, sollen durch Beiträge zu Franz Brentano, Wilhelm Dilthey, Carl Stumpf, Theodor Lipps, Wilhelm Wundt, Oswald Külpe, Edmund Husserl, Wilhelm Windelband, Paul Natorp und Nicolai Hartmann repräsentiert werden.

5   Die Beiträge

Unter dem Titel „Windelbands Psychologie-Projekte" schließt *Jörn Bohr* mit seinem philosophiehistorischen Überblick zur Lage der Psychologie zwischen 1872 und 1915 am Beispiel Windelbands an die vorangehende Einleitung an und zeichnet damit in eins die wissenschaftliche Landschaft vor, in welche die folgenden Beiträge eingebettet sind. *Bohr* zeigt neben dem wissenschaftlichen Werdegang des Protagonisten dessen Bemühungen um einen eigenen Entwurf einer Psychologie und deren Wendungen. Gleichsam betont er seine bildungspolitische Funktion in Bezug auf den Lehrstuhlstreit im März 1913. Ein Positionsstreit, der nicht allein den Versuch einer Selbstbehauptung der experimentellen Psychologie gegenüber der Philosophie betrifft, sondern gleichsam die Philosophie selbst in eine Krise stürzt, welche nicht zuletzt in der Gebundenheit der Philosophie an die Naturwissenschaften begründet liegt. Während Windelband sich anfangs der naturwissenschaftlich begründenden Psychologie verpflichtet sieht, da er die Funktionen des Denkens als ein auf Naturgesetzen gegründetes und zweckgerichtetes

---

[30]Lange (1920), S. 257.

Moment versteht, wendet sich zum Ende seines Schaffens dieses Vertrauen im Angesicht der Wertphilosophie und der von ihm gesehenen Unmöglichkeit einer Gründung der Geschichtswissenschaft auf die Psychologie, welche – so Bohr- die Ressourcenfrage noch einmal von Neuem ankommen lässt.

Der Beitrag von Margret Kaiser-El-Safti stellt sich der Sachlage, dass aus psychologischer Sicht heute nicht leicht an den philosophischen Diskurs und das Verhältnis zwischen Philosophie und Psychologie – ein Grundanliegen der beiden Protagonisten des Artikels, Franz Brentano und Carl Stumpf –, anzuknüpfen ist, da die Auseinandersetzung mit den erkenntnistheoretischen Grundlagen der beiden Disziplinen nach Ende des Zweiten Weltkrieges fast zum Erliegen kam. Ein wichtiger Faktor, getrennte Wege einzuschlagen, bildete die antipsychologische Einstellung der seinerzeit tonangebenden neukantianistischen Schule gegen die Etablierung einer wissenschaftlichen Psychologie auf empirischer Basis, die bereits im letzten Drittel des 19. Jahrhunderts eine Vielfalt psychologischer Schulbildungen nach sich zog. Auf den antipsychologischen Gegenwind reagierte die Gründung der „phänomenologischen Bewegung", von Franz Brentano und Carl Stumpf ins Leben gerufen.

Innerhalb dieser „Bewegung" entstanden aber wiederum Abspaltungen in der Theoriebildung, beispielsweise die Abtrennung einer „transzendentalen Phänomenologie" durch Edmund Husserl von den psychologischen Konzeptionen seiner ehemaligen Lehrer; aber auch Brentano und Stumpf entwickelten alternative Modelle der phänomenologischen Psychologie. Brentanos Name ist heute noch bekannt, während Carl Stumpf in Vergessenheit geriet. Die Gründe für dieses Vergessen wurden innerhalb der Brentano-Forschung lediglich marginal und verfälschend aus der Sicht des umfangreichen Nachlasses von Brentano ventiliert. Erst 2014 konnten die 100 Jahre, von 1867–1919 zwischen Brentano und Stumpf gewechselten Briefe erscheinen, die erstmals zutreffendere Perspektiven über die sachlichen und die persönlichen Differenzen vermittelten, die in diesem begrenzten Rahmen freilich nur angeleuchtet, bei Weitem nicht geklärt werden können. Paradigmatisch und rein episodisch wird Brentanos und Stumpfs unterschiedliche Behandlung der vielzitierten 4. Habilitationsthese Brentanos „Die wahre Methode der Philosophie ist keine andere als die der Naturwissenschaft" in Anspruch genommen.

Worin liegt es begründet– so fragt *Susanne Guski-Leinwand* in ihrem Beitrag „Die Psychologie seit 1900: Von der ‚friedestiftende(n) Vermittlerin' zur ‚*hub sience*'", die von Wundt selbst als Friedensstifterin charakterisiert wurde –, dass die experimentelle Psychologie vonseiten der Philosophie und deren Vertretern um 1900 eher als Unruhestifterin empfunden und entsprechend abgelehnt wurde, obwohl sie hinsichtlich ihrer Methoden bereits Eingang in die Naturwissenschaften gefunden hatte und sich besonders in heutiger Zeit in zahlreichen Bereichen gleichsam als Referenzdisziplin mit hohem integrativen Charakter etabliert hat? Sosehr die experimentelle Psychologie dem Selbstverständnis der Naturwissenschaften auch zu entsprechen vermochte, sosehr widersprach sie doch in ihrer empirischen Orientierung zur Erschließung der Vorgänge des Bewusstseins dem Anspruch philosophischen Selbstverständnisses. Der bekannte Anspruch vonseiten Villas, Wundts und anderen, die Psychologie als Grundwissenschaften der

Geistes- und Naturwissenschaften zu etablieren, tat dazu sein Übriges. Dabei sah Wundt selbst keinerlei inhaltlichen Widerspruch hinsichtlich dieses Anspruches, zumal die Psychologie die weit strengere gegenüber den anderen Naturwissenschaften sei. Auch teilte Wundt nicht die Ansicht, dass die psychischen Zustände unzugänglich wären für das menschliche Erkennen, denn die inneren Vorgänge des Bewusstseins bildeten eine den äußeren Vorgängen ähnliche Einheit. Neben einer Skizzierung der Schuppe-Wundt-Debatte, die sich zwischen abstrakter Erkenntnistheorie und der Erkenntnistheorie der positiven Wissenschaften bewegte und die *Guski-Leinwand* am Weltbegriff exemplifiziert, eröffnet sie einen zeitübergreifenden Ausblick auf die Zeit des Nationalsozialismus und dessen Folgen für die damalige Psychologie hinaus bis hin zur hub-science des 21. Jahrhunderts.

Die Genese einer im rechten Sinne verstandenen „Culturwissenschaft" (1860) als einer Theorie, die es erlaubt, die Probleme des Prinzipienrelativismus in Logik, Ethik, Religion etc. anzugehen, beleuchtet *Gerald Hartung* in seinem Beitrag „Völkerpsychologie und Sprachwissenschaft – eine Kontroverse um die Grundlagen der Kulturwissenschaft" im Ausgang von Wundts Völkerpsychologie, indem er die Diskussionen rekonstruiert, die sich um dieselbe in den Jahren zwischen 1860 und 1901 ereigneten. Als Ausgangspunkt für seine Untersuchungen nimmt *Hartung* die von Steinthal und Lazarus herausgegebene „Zeitschrift für Völkerpsychologie und Sprachwissenschaft", in deren Bemühungen um eine Methoden- und Gegenstandsbestimmung der Völkerpsychologie, gleichsam das „Profil einer ‚Culturwissenschaft'" sichtbar werde. Der grundlegenden Skizzierung des Programms der Zeitschrift in Hinblick auf die Frage nach der Funktion der Sprache für die Genese von Geist und Kultur im Allgemeinen folgt die Verortung der konstitutiven Funktion von Sprache innerhalb Wundts Völkerpsychologie, die *Hartung* aus den Kontroversen zwischen Wundt und Paul, der Kritik Steinthals an Wundt und Paul als auch der späten Auseinandersetzung zwischen Delbrück und Wundt herausarbeitet. So zeigt *Hartung,* dass Delbrück 1901 keinerlei Interesse mehr an der Völkerpsychologie hatte, da diese wie auch deren Organ längst in der Völkerkunde aufgegangen war. Während Wundt im Ausgang von Delbrücks Vorstoß erneut die Verbundenheit von Psychologie und Sprachwissenschaft hervorhob und die Psychologie nicht allein als eigenständige Disziplin, sondern darüber hinaus als Leitwissenschaft der Sprachwissenschaft zu etablieren suchte, sah Steinthal in der Völkerpsychologie – so *Hartung* abschließend – die Möglichkeit einer Kulturwissenschaft, in der die „Gebilde des objektiven Geistes" zum Austrag kämen.

Eduardo Fugali möchte in seinem Beitrag „Die Aktualität der empirischen Psychologie Brentanos in der heutigen Philosophie des Geistes" Brentanos Denkansätze und wissenschaftliches Selbstverständnis für die aktuelle Philosophie des Geistes bzw. die Kognitionswissenschaften wieder fruchtbar machen, wozu es jedoch zunächst nötig ist, mit bestehenden Missverständnissen und Reduktionen hinsichtlich des Denkens Brentanos aufzuräumen. Darüber hinaus gilt es, die

Probleme innerhalb des Feldes der Philosophie des Geistes selbst zu beheben, die nach *Fugali* zur Nivellierung geistiger Tätigkeit in eben diesen Wissenschaften führt. Um dieser Tendenz zu begegnen, stellt *Fugali* der vermeintlich angenommenen Losgelöstheit von Intentionalität und Bewusstsein deren ursprüngliche Verbundenheit entgegen, um das Missverständnis zu beseitigen. So räumt *Fugali* mit dem Missverständnis auf, dass Intentionalität analog dem sprachlichen Ausdruck ist. Diesem folgt der Nachweis, dass alle Bewusstseinszustände (nicht allein das Denken) intentional strukturiert sind, was er anhand von Vorstellen und Urteilen exemplifiziert. Weiterhin hebt *Fugali* die Einheit des Bewusstseins trotz der Mannigfaltigkeit der physischen Erscheinungen hervor, um abschließend die Belastbarkeit Brentanos Theorie von der selbstrepräsentationalen Auffassung des Bewusstseins anhand anderer Ansätze zu prüfen.

Hans-Ulrich Lessing beschäftigt sich in seinem Beitrag „Die Genese Diltheys deskriptiver Psychologie" mit der Entwicklung der deskriptiven Psychologie im Ausgang von Diltheys Frühschriften zu Schleiermacher, seiner Habilitationsschrift und frühen Berliner Logik-Vorlesungen, seinen Arbeiten zu Novalis bis hin zu allgemein bekannten Hinwendungen Diltheys zum Problem der Psychologie ab 1886, in welcher Dilthey die deskriptive Psychologie als Grundlagenwissenschaft auszuweisen sucht. Ausgehend von einer Explikation der Problemstellung, Methodik und umfassenden Definition deskriptiver Psychologie, betont *Lessing* Diltheys Opposition zur erklärenden konstruktiven Psychologie, die nach dem Vorbild der Naturwissenschaften von Hypothesen ausgehend versucht, die Vorkommnisse des Seelenlebens durch Kausalzusammenhänge zu erklären. Dem entgegen sieht Dilthey die Aufgabe der deskriptiven Psychologie, welche *Lessing* als die älteste philosophische Konzeption Diltheys auszuweisen weiß, als eine Erfahrungspsychologie, zu deren Methoden sowohl Beobachtung, Analyse und Vergleich psychischer Vorgänge zur Statuierung von „Gleichförmigkeit des geistigen Lebens" als auch dessen Individuationen gehören, in der Aufstellung ‚abschließender' Hypothesen. Dabei steht Dilthey, so *Lessing*, dem Formalismus der erklärenden Psychologie kritisch gegenüber und sucht ihn durch die Berücksichtigung entsprechender Inhalte zu ergänzen, welche für das jeweilige Leben von unschätzbarer Bedeutung sind, worin gleichsam die gewichtige Rolle der Geschichte zum Ausdruck kommt.

Faustino Fabbianelli verfolgt in seinem Beitrag „Die Forderung der Gegenstände'. Theodor Lipps' Begriff der Gültigkeit" im Ausgang von Rickert die Absicht, sowohl die metaphysischen als auch transzendentalen Momente aus Lipps' Verständnis des Gültigkeitsbegriffs herauszuarbeiten und in eins damit Rickerts gegen Lipps gerichteten Vorwurf ontologischen Denkens zu begegnen. Dazu unterscheidet Fabbianelli zunächst die von Lipps aufgeführten unterschiedlichen Typen von Psychologie, wie gegenstandsbezogene empirische Psychologie oder gesetzesbezogene reine Psychologie, die sich hinsichtlich ihrer divergenten Aufgaben und verfolgten Zwecke ergeben, um von dort aus die wichtigsten Charaktere, welche Lipps' Forderung der Gegenstände betreffen, herauszustellen und in Hinsicht auf dessen Psychologie zu diskutieren. Darüber hinaus verfolgt Fabbianelli die Absicht, Lipps Begriff des Sollens als ein anderes Sollen über ein formales Verständnis hinaus zu entwickeln, in welchen das „Apriorische der Erfahrung" mit dem des „denkenden Ich" eben durch die Forderung der Gegenstände vermittelt wird und worin sich gleichsam die zu Beginn eröffnete Kritik Rickerts an Lipps als zu kurz gegriffen erweist. Denn dieses Apriori, so führt Fabbianelli abschließend aus, enthält formale Momente, die dem Gegenstand dennoch als solche angehören und somit ohne weiteres als Material verstanden werden können, Momente, welche Lipps auch als den „Mörtel" des Geistes bezeichnet.

In seinem Beitrag „Paul Natorp über das Verhältnis von Philosophie und Psychologie" stellt *Henning Peucker* im Ausgang von Hegel und in seiner Gegenüberstellung zu Kant erst einmal die unterschiedlichen Aufgaben von Philosophie und Wissenschaft heraus. Denn während die Wissenschaften um Objektivierung, immer exaktere Gegenstandsbestimmungen bemüht sind, fällt der Philosophie die Aufgabe zu, nach den Möglichkeiten solcher Erkenntnisse zu fragen und diese zu sichern. Von dieser Unterscheidung aus wendet sich *Peucker* der Bestimmung des Verhältnisses von Philosophie und Psychologie zu. Gleichsam stellt er die Frage nach dem der Psychologie eigentümlichen Charakter und ihrem Gegenstand. Dieser Charakter gründet sich darauf, dass sich das Subjekt nach Natorp nicht wie andere Gegenstände objektivieren lässt. Was aber, so fragt *Peucker,* kann dann als Gegenstand der Psychologie gelten. Um dieser Frage nachzugehen, weist *Peucker* auf die drei Momente hin, welche das „Faktum des bewussten Erlebens" ausmachen, nämlich das erlebende Subjekt, der erlebte Gegenstand und das Verhältnis beider zueinander. Dabei stellt *Peucker* heraus, dass allein der Inhalt für eine psychologische Untersuchung geeignet ist. Anders allerdings als in den Wissenschaften geht es in der Psychologie nicht um Objektivierung desselben, sondern um eine in entgegengesetzter Richtung ablaufende Subjektivierung, verstanden als Rekonstruktion der kategorialen Voraussetzungen einer jeweiligen Objektivierung.

Paul Ziche entwickelt in seinem Beitrag „Philosophische Psychologie jenseits von Psychologismus, Phänomenologie und deskriptiver Psychologie: Oswald Külpes experimentelle Untersuchung philosophischer Probleme" Külpes Konzeption einer philosophischen Psychologie, die einerseits den philosophischen Ansprüchen seiner Zeit gerecht zu werden beansprucht, andererseits aber an der Leistungsfähigkeit psychophysiologischer Arbeit festhält, dabei aber den Spagat versucht, einem reduktiven Psychologismus zu entgehen. Dabei konzentriert sich der Beitrag auf die Experimente Külpes hinsichtlich der philosophischen Probleme einerseits und der Ermittlung der Külpischen Strategien zur Realisierung des Projektes andererseits. Somit scheint sich der Psychologismusstreit in der Person Külpes gleichsam aufzulösen, was *Ziche* zu dem Versuch veranlasst, die Situation der Zeit nicht als eine Kontroverse, sondern vielmehr als eine Interaktion zwischen den Lagern zu verstehen. Dabei kann *Ziche* in seiner Rekonstruktion der experimentellen Arbeit Külpes zeigen, dass dieser das Verhältnis von Psychologie und Philosophie im Ausgang seiner Experimente als ein wechselseitiges Stützen versteht. Zudem gelinge es Külpe – so *Ziche* – die Kritiken, welche von beiden Lagern gegen seine Experimente ausgingen, positiv zu nutzen und als „komplexe Grundlagen aller Wissenschaften" auszuweisen.

„Lösung oder Einfall? Über die verlorenen Spuren der Phänomenologie in der Denkpsychologie" lautet der Titel des Beitrages von *Alexander Nicolai Wendt,* in welchem er der Frage nach dem einschlägigen Verhältnis von Philosophie bzw. Phänomenologie und Denkpsychologie nachzugehen versucht, das bis dato noch keine zufriedenstellende Behandlung gefunden hat. Dabei geht *Wendt* einerseits rückwärts gewendet auf die Spurensuche nach den Anfängen der Denkpsychologie und von deren Wurzeln aus wiederum vorwärts zur Psychologie. Zwei Wege, die sich nach Wendt in gegenseitig notwendiger Abhängigkeit bewegen und erst in ihrer Verbindung die „verlorenen Spuren" aufzuzeigen in der Lage sind. Dabei setzt sich *Wendt* mit zahlreichen Rezeptionen der Frühschriften Husserls auseinander, die sich innerhalb der Tradition der Denkpsychologie ergaben, mit denen er gleichsam einen umfangreichen Ausblick auf das Verhältnis von Philosophie (Phänomenologie im Ausgang Husserls im Besonderen) und Psychologie im Kreise der Denkpsychologie eröffnet, der weit über die Psychologismus-Kontroverse hinausgeht, aber durch die Husserl-Rezension (Selz, Bühler etc.) ihren Anschluss behält.

Thomas Kessel versucht in seinem Beitrag „Nicolai Hartmann und die philosophische Psychologie. *'Wie ist allgemeine philosophische Psychologie möglich?'"* einen ersten Einblick in die bis heute unveröffentlicht gebliebene Vorlesung Hartmanns aus dem Wintersemester 1913/1914 „Über Allgemeine Psychologie" zu vermitteln, in der Hartmann trotz der schon bestehenden ersten Konzeption der Neuen Ontologie, sich gleichsam seinen Wurzeln im neukantianischen Denken nicht ganz entschlagen kann. Dabei zeigt Kessel, dass der anfängliche historische Überblick, dem eine Kritik der herrschenden Methoden und eine umfassende Darlegung der neuesten Ergebnisse seitens der Physiologie und Psychologie folgen, nicht einer reinen Wissensvermittlung, sondern vielmehr des Aufweises des sich in der Psychologie vollziehenden kategorialen Übergriffs dienen. Um die sich daran anschließende eigene Konzeption Hartmanns einer Ontologie des Seelischen bzw. dessen Erscheinungsform im Phänomen des Bewusstseins zu heben, die weder reduktionistisch noch wissenschaftsfeindlich angelegt ist, skizziert *Kessel* Hartmanns Ansatz einer Assoziationstheorie, welche Raum und Zeit als psychologische Kategorien a priori auszuweisen versteht und somit die kopernikanische Wende erneut vollzieht.

Literatur

Aristoteles (1995): *Über die Seele*. Übers. von W. Theiler und hg. von Horst Seidl. Hamburg 1995.
Aristoteles (1997): *Metaphysik*. Stuttgart 1997.
Benesch, Hellmuth/Cremerius, Johannes/Dorsch, Friedrich/Mossau, Edwin (Hg) (1990): *Psychologie Lesebuch. Historische Texte im Überblick*. Frankfurt a. M. 1990.
Brentano, Franz (1874). *Psychologie vom empirischen Standpunkt*. Bd. 1. Leipzig 1874.
Capelle, Wilhelm (Übers. und Hg.) (1963): *Die Vorsokratiker. Die Fragmente und Quellenberichte*. Stuttgart 1963.
Fechner, Gustav Theodor (1876): *Vorschule der Ästhetik*. Teil 1. Leipzig 1876.

Hartmann, Nicolai (1913/1914): *Über Allgemeine Psychologie*. Handschriften Nachlass 1. Schober. Deutsches Literaturarchiv Marbach.

Hartmann, Nicolai (1937): *Gedächtnisrede auf Carl Stumpf*. In: Sonderausgabe aus den Sitzungsberichten der Preußischen Akademie der Wissenschaften. Öffentliche Sitzung vom 1. Juli 1937. Berlin 1937.

Husserl, Edmund (1965): *Philosophie als strenge Wissenschaft*. Frankfurt a. M. 1965.

Husserl, Edmund (1970): *Philosophie der Arithmetik* [1891]. Mit ergänzenden Texten (1890-1901) Lothar Eley (Hg.). Den Haag 1970.

Kaiser-El-Safti, Margret (2011): Vorwort. In: *Die Psychologismus-Kontroverse*, hg. von Werner Loh und Margret Kaiser-El-Safti. Göttingen 2011.

Kant, Immanuel (1998): *Kritik der reinen Vernunft* [1781]. Timmermann, Jens (Hg.). Hamburg 1998.

Lange, Friedrich Albert (1920): *Geschichte des Mechanismus und Kritik seiner Bedeutung in der Gegenwart*. Berlin 1920.

Locke, John (1962): *Über den menschlichen Verstand*. Bd. II. Berlin.

Melanchthon, Philipp (1961): *Liber de anima* [1522]. Gütersloh 1961.

Ortega y Gasset (1998): Vorwort für Deutsche. In: Javier San Martin (Hg.): *Schriften zur Phänomenologie*. München 1988.

Pfeil, Hans (1973): *Der Psychologismus im englischen Empirismus*. Meisenheim am Glan 1973.

Schönpflug, Wolfgang (2013): *Geschichte und Systematik der Psychologie*. Weinheim ^{3}2013.

Windelbands Psychologie-Projekte. Das Scheitern eines ambitionierten Programms an seinen Kontexten

Jörn Bohr

> *Nachdem man lange Zeit die möglichste Arbeitsteilung gefordert hatte, macht sich unter uns wieder das Bedürfnis der Arbeitsvereinigung geltend*
> (Wilhelm Scherer: Vorträge und Aufsätze zur Geschichte des geistigen Lebens in Deutschland und Österreich, 1874).

> *Nur in den Sälen unserer Bibliotheken sind die Wissenschaften noch beisammen, nicht aber in den Köpfen der Menschen*
> (Gustav Rümelin: Reden und Aufsätze, 1881).

> *Aufstrebende Wissenschaften bedürfen und begehren keine ängstliche Abgrenzung ihres Arbeitsgebietes. Ihre Kraft beruht eben darauf, daß sie die engste Beziehung zu allen benachbarten Wissenschaften bewahren, daß sie die in jenen beschäftigten Forscher zur Mitarbeit aufrufen; ihr Wert besteht darin, daß sie den einzelnen Bestrebungen, die von diesen gepflegt werden, eine neue allgemeine Bedeutung verleihen; ihre Aufgabe ist es, althergebrachte Abgrenzungen zu zerstören und durch bessere Kombinationen an die ursprüngliche Zusammengehörigkeit und Einheit aller Wissenschaften zu erinnern*
> (Eberhard Gothein: Die Aufgaben der Kulturgeschichte, 1889)
> (Sämtliche zitiert nach Hoefele (1967), S. 336 (Scherer), S. 286 (Rümelin), S. 306 (Gothein)).

J. Bohr (✉)
Wuppertal, Deutschland
E-Mail: bohr@uni-wuppertal.de

Die folgenden Ausführungen bewegen sich vor dem Hintergrund der umfassenden Studie von Horst Gundlach zum Thema.[1] Sie stellen den Versuch dar, jenem groß angelegten Bild einige charakterisierende Striche hinzuzufügen.

Die Psychologie ist bekanntlich entweder so alt wie die Philosophie, oder so alt wie ihr eigener experimenteller Zweig. Diese neuere Geschichte der Psychologie interessiert uns hier. Schlägt man ein beliebiges Überblickswerk über Psychologie auf, so wird man als Philosophiehistoriker des 19. und frühen 20. Jahrhunderts den Eindruck nicht los, alles das bereits schon einmal in philosophischen Zusammenhängen gelesen zu haben. Ich greife wahllos zu dem Buch von Wolfgang und Ute Schönpflug: *Die Grundlagen der Psychologie* in der Ausgabe von 2014, zuletzt in den 1990er Jahren überarbeitet.[2] Das Inhaltsverzeichnis beginnt mit Kap. 1: Der Begriff der Seele – als Fachgebiet der Psychologie. Kap. 2: Theoretische Richtungen in der Psychologie. Darauf die kapitelweise abgehandelten Themen: Bewußtsein – Kognition – Geist; Wahrnehmung; Vorstellung, Begriffe, Wissen; schlussfolgerndes Denken; Gedächtnis; Problemlösen; zielgerichtetes Verhalten; Lernen von Verhalten; Motivation und Emotion; und schließlich: Sprache, Kommunikation, Ausdruck. Es fehlt nicht an einer Positionsbestimmung der Psychologie im Verband der Wissenschaften[3], ebenso wenig an einer Abgrenzung zu Logik und praktischer Philosophie.[4] Als allgemeine Einführung ist dieses Werk sicher nur bedingt repräsentativ. Aber Psychologie stellt sich offenbar nach wie vor den alten Fragen, die um 1913 besonders virulent wurden: Ist überhaupt Psychologie? Und wenn ja: was taugt sie?[5]

Man gewinnt also den Eindruck: Die psychologischen Themen und Probleme bleiben, nur das Personal wechselt. Heute ist die Psychologie längst ihrer eigenen Problemlösungskompetenz überantwortet. Die Philosophie weiß in einem gewissen Sinne schon seit einer ganzen Weile nicht recht, was sie ist – und genau hier liegt das Problem: Wenn die Entscheidung, ob überhaupt Psychologie ist, letztlich eine Gegenstands- und v. a. Methodenfrage ist, dann kompliziert sich die Lage der Psychologie um 1900 durch die neue Lage der Philosophie, in die sie im Laufe des 19. Jahrhunderts gegenüber den Einzelwissenschaften geraten war. Ist Philosophie Wissenschaftslehre, Erkenntnistheorie, Logik, Weltanschauungslehre oder Metaphysik? *Wie* ist sie das jeweils im Verhältnis zu den übrigen akademischen Fächern? Wie ist sie das aber vor allem angesichts der eigenen Binnendifferenzierung in Logik, Ethik, Ästhetik, Religions-, Rechtsphilosophie usw., die kein Einzelner mehr voll überschauen und in sich vereinen kann? Ja, ist Philosophie schließlich überhaupt ein Fach wie jedes beliebige andere, eine Wissenschaft? Das sind entscheidende Fragen, die im Grunde bis heute diskutiert werden. Und mittendrin steht und entsteht die Psychologie – als ein Gebiet der

---

[1] Vgl. Gundlach (2017).
[2] Schönpflug/Schönpflug (2014).
[3] Vgl. ebd., S. 19 ff.
[4] Vgl. ebd., S. 195 ff., S. 313.
[5] Vgl. ebd., S. 15.

Philosophie zunächst, von dem man in Abwandlung eines Satzes von Ernst Cassirer sagen kann: „Von all den einzelnen Gebieten, die wir innerhalb des systematischen Ganzen der Philosophie zu unterscheiden pflegen", bildet die Psychologie (bei Cassirer geht es um Kulturphilosophie) um 1913 eines der fragwürdigsten und umstrittensten.[6]

März 1913 ist das äußere Datum der bekannten und von Windelbands Schüler Heinrich Rickert initiierten „Erklärung gegen die Besetzung philosophischer Lehrstühle mit Vertretern der experimentellen Psychologie".[7] Man könnte auch

---

[6]Cassirer (1993), S. 231.

[7]– die prinzipiell auf die Berufung des Psychologen Erich Jaensch als Nachfolger Hermann Cohens in Marburg reagierte, vgl. Georg-Simmel-Gesamtausgabe Bd. 17, S. 460–462 und 482–485. Verfasst war die Erklärung von Heinrich Rickert, vgl. Universitätsarchiv Freiburg, B 38/283, letztes Bl. der Akte, Ts. mit eigenhändiger Unterschrift, 2 S. auf einem gefalteten Bogen: „Freiburg i. B. den 12. Februar, 1913. I Sehr geehrter Herr Kollege, I Ew. Spektabilität überreiche ich hierdurch die umstehende Erklärung, die von den Kollegen Eucken (Jena), Husserl (Göttingen), Natorp (Marburg), Riehl (Berlin), Windelband (Heidelberg) und mir angeregt und im Ganzen von 106 [tatsächlich 107] Dozenten der Philosophie unterschrieben worden ist. Ich bin von den Unterzeichnern beauftragt, die Erklärung zur Kenntnis der philosophischen Fakultäten zu bringen, und erlaube mir daher die Bitte, daß Sie dies Schreiben in einer Sitzung Ihrer Fakultät vorlegen oder bei den Mitgliedern zirkulieren lassen. I Mit dem Ausdruck größter Hochachtung und kollegialem Gruß bin ich Ew. Spektabilität ergebenster I Heinrich Rickert I Erklärung. I Die unterzeichneten Dozenten der Philosophie an den Hochschulen Deutschlands, Oesterreichs und der Schweiz sehen sich zu einer Erklärung veranlaßt, die sich gegen die Besetzung philosophischer Lehrstühle mit Vertretern der experimentellen Psychologie wendet. I Das Arbeitsgebiet der experimentellen Psychologie hat sich mit dem höchst erfreulichen Aufschwung dieser Wissenschaft so erweitert, daß sie längst als eine selbständige Disciplin anerkannt wird, deren Betrieb die volle Kraft eines Gelehrten erfordert. Trotzdem sind nicht eigene Lehrstühle für sie geschaffen, sondern man hat wiederholt Professuren der Philosophie mit Männern besetzt, deren Tätigkeit zum größten Teil oder ausschließlich der experimentellen Erforschung des Seelenlebens gewidmet ist. Das wird zwar verständlich, wenn man auf die Anfänge dieser Wissenschaft zurückblickt, und es war früher wohl auch nicht zu vermeiden, daß beide Disciplinen von einem Gelehrten zugleich vertreten wurden. Mit der fortschreitenden Entwicklung der experimentellen Psychologie ergeben sich jedoch daraus Uebelstände für alle Beteiligten. Vor Allem wird der Philosophie, für welche die Teilnahme der akademischen Jugend beständig wächst, durch Entziehung von ihr allein gewidmeten Lehrstühlen eine empfindliche Schädigung zugefügt. Das ist um so bedenklicher, als das philosophische Arbeitsgebiet sich andauernd vergrößert, und als man gerade in unsern philosophisch bewegten Zeiten den Studenten keine Gelegenheit nehmen darf, sich bei ihren akademischen Lehrern auch über die allgemeinen Fragen der Weltanschauung und Lebensauffassung wissenschaftlich zu orientieren. I Nach diesem Allen halten es die Unterzeichneten für ihre Pflicht, die philosophischen Fakultäten sowie die Unterrichtsverwaltungen auf die hieraus erwachsenden Nachteile für das Studium der Philosophie und Psychologie hinzuweisen. Es muß im gemeinsamen Interesse der beiden Wissenschaften sorgfältig darauf Bedacht genommen werden, daß der Philosophie ihre Stellung im Leben der Hochschulen gewahrt bleibt. Daher sollte die experimentelle Psychologie in Zukunft nur durch die Errichtung eigener Lehrstühle gepflegt werden; und überall, wo die alten philosophischen Professuren durch Vertreter der experimentellen Psychologie besetzt sind, ist für die Schaffung von neuen philosophischen Professuren zu sorgen." Es folgen die Namen der Unterzeichner. Vgl. ferner den Briefwechsel Heinrich Rickerts mit Emil Lask im Vorfeld vom 03.12., 07.12. und 12.12.1912 sowie 08.01. und 05.02.1913: http://digi.ub.uni-heidelberg.de/diglit/heidhs3820 (02.10.2018).

des 3. Internationalen Kongresses für Philosophie, der im September 1908 in Heidelberg unter dem Vorsitz Windelbands stattfand, gedenken und z. B. das Zusammentreffen Windelbands mit Hermann Ebbinghaus zum Eklat stilisieren, wie das Gundlach getan hat.[8] Aber selbst die Ansprache zur Eröffnung der Sektion Psychologie von Hugo Münsterberg bleibt bei allen Seitenhieben doch auf dem Standpunkt bestehen, dass äußere Arbeitsteilung in dem Maße wichtig und richtig ist, wie sich in der Begründungsfrage Psychologie als eine experimentelle und Philosophie als eine Prinzipienwissenschaft näher kommen.[9] Die Sektion für Psychologie war wie selbstverständlich eingerichtet worden, obwohl – als ein deutliches Indiz für Fachlichkeit – die Psychologen längst eigene Konferenzen abhielten.

Die Frage der Psychologie ist jedoch nur ganz am Rande überhaupt eine Ressourcenfrage. Es kann nicht oft genug in Erinnerung gerufen werden, dass sich v. a. Psychologen (allen voran Wilhelm Wundt, der von der Psychologie als der „friedestiftenden Vermittlerin" zwischen Philosophie und Einzelwissenschaften gesprochen hatte[10]) gegen diesen vermuteten Ausschluss der Psychologie aus dem Kreis der philosophischen Wissenschaften gewehrt haben. Windelband schrieb an Heinrich Rickert vom 07.03.1913: „Lieber Freund und Kollege, Besten Dank für das Exemplar Ihres Artikels in der Fr[ankfurter] Z[eitung][11], den ich schon mit grosser Freude gelesen hatte: wir müssen Ihnen sehr dankbar sein für die schlagfertige Antwort an Wundt; viele werden diese Abfertigung eher gelesen haben als die Broschüre[12] selbst, so z. B. ich selber. Wundt habe ich mit Schmunzeln genossen: es ist wirklich Friedensschrift! Die paar Bosheiten gegen mich[13] gönne ich ihm gern; […] wichtiger ist, dass er unsere Erklärung ruhig mit hätte unterzeichnen können, wenn er selbst eine einseitig experimentelle Vorbildung für unzulänglich erklärt."[14]

---

[8]Vgl. Gundlach (2017), S. 233–244.
[9]Vgl. Münsterberg (1909), S. 544–545.
[10]Wundt (1907), S. 55.
[11]Vgl. Rickert (1913).
[12]Vgl. Wundt (1913).
[13]Z. B. auf S. 5 von Wundt (1913): „Wenn z. B. unter ihnen ein ausgezeichneter Vertreter der historischen Philosophie gelegentlich bemerkt hat, zum Besteigen eines philosophischen Katheders genüge es bisweilen, wenn jemand methodisch auf elektrische Knöpfe zu tippen gelernt habe und in langen, tabellarisch wohl geordneten Versuchsreihen zahlenmäßig beweisen könne, daß manchen Menschen langsamer etwas einfällt als andern, so stimmt das nicht recht mit der liebevollen Fürsorge zusammen, die die Erklärung gegenüber der experimentellen Psychologie bekundet"; als Anspielung auf Windelband (1909a), S. 92: „Es war eine Zeitlang in Deutschland beinahe so, dass der Befähigungsnachweis zum Besteigen eines philosophischen Katheders schon als erbracht galt, wenn jemand methodisch auf elektrischen Knöpfen zu tippen gelernt hatte und in langen, tabellarisch wohlgeordneten Versuchsreihen zahlenmässig beweisen konnte, dass manchen Leuten langsamer etwas einfällt, als anderen".
[14]Universitätsbibliothek Heidelberg, http://digi.ub.uni-heidelberg.de/diglit/heidhs2740IIIA-224_96 (02.10.2018).

Die Philosophie war immerhin an beiden Grenzen der Wissenschaften etabliert. Sie geht in Metaphysik über die Erfahrung hinaus und fragt transzendental nach den Möglichkeitsbedingungen von Erfahrung überhaupt. Sie ist dabei nicht mehr fachübergreifend, sondern muss sich ihrerseits als akademisches Fach legitimieren. Sie kann die Grundprobleme der Wissenschaften nicht in unabhängiger Überschau lösen. Dilthey z. B. sah ein: das war auch ein falscher und überzogener Anspruch, eine Selbstüberforderung der Philosophie. Statt den Einzelwissenschaften in letzter Konsequenz ihre Grundprobleme geradezu normativ vorzugeben, hat sie sich auf das ihr bekannte eigene Gebiet zu beschränken. Sie kann überhaupt nur versuchen, sich der eigenen Grundprobleme zu vergewissern. Zu den philosophischen Grundproblemen zählte für Dilthey in erster Linie die Frage des Verstehens. Auch Wilhelm Wundt sah sich schließlich vor die Aufgabe gestellt, eine wissenschaftliche Psychologie philosophisch zu begründen, das bedeutet: die Kriterien (die Bedingungen der Möglichkeit) anzugeben, nach denen sich der Gegenstand der Psychologie bestimmen soll, damit sie überhaupt als Einzelwissenschaft Geltung beanspruchen kann. Wundt antwortete mit der Differenzierung des Fachs in experimentelle Psychologie, Völkerpsychologie und Tierpsychologie, die erst im Zusammenspiel eine vollsinnige Psychologie als Wissenschaft repräsentieren. Durch Wundt in ein Konzept gebracht, sollten alle Dimensionen der Psychologie und damit das Gesamt der psychologisch interessierenden Fragen am Menschen umfasst werden, denn ohne Tierpsychologie verlöre man den Menschen als Naturwesen aus den Augen, ohne Völkerpsychologie den Menschen als kulturelles Wesen, ohne Experiment hätte man keinen Zugriff auf die Elemente der Psychologie. Über die Ausgestaltung dieses Programms kann man geteilter Meinung sein, insbesondere die vielbändige Völkerpsychologie kann das Vorurteil nicht immer widerlegen, kaum wesentlich mehr als eine Notizensammlung interessanter Fakten aus Natur- und Geisteswelt zu sein. Bemerkenswert ist daran aber, dass Wundt – wie bereits einer seiner Mentoren Hermann Helmholtz – die Grenzen von Fächern im Interesse der Sache überhaupt nicht ernst zu nehmen bereit ist.

Cassirer hat weiter gesagt, und wir wollen auch das einmal auf die Psychologie beziehen: „Selbst ihr Begriff ist noch keineswegs scharf umgrenzt und eindeutig festgelegt. Hier fehlt es nicht nur an festen und anerkannten Lösungen der Grundprobleme; es fehlt vielmehr schon an der Verständigung darüber, was sich innerhalb dieses Kreises mit Sinn und recht *fragen* läßt."[15] Da haben wir es. Und da haben wir auch bereits Windelbands Ansatzpunkt.

Im Folgenden geht es darum zu versuchen, eingebettet in das Krisenbewußtsein der Psychologie[16], im Übergang zu Windelbands eigenen Psychologie-Projekten, wie sie sich in seinen einschlägigen Programmschriften und

---

[15]Cassirer (1993), S. 231.

[16]Vgl. grundlegend Scheerer (1989), Sp. 1599–1653.

in einem vor nicht allzu langer Zeit wiederaufgefundenen Nachlassteil Windelbands spiegeln,[17] den Moment herauszuarbeiten, an dem die philosophische oder geisteswissenschaftliche Psychologie, exemplarisch an Windelband vorgeführt, in die Defensive gerät, ohne jedoch ihre hermeneutischen Ansprüche in der sich etablierenden ‚eigentlichen' Psychologie eingelöst zu sehen. Bevor sich die Wege der Wissenschaften trennten, unternahm Windelband einen letzten Versuch der methodologischen Heimholung der Psychologie in die Philosophie, weniger um ihr ein Eigenrecht als Disziplin zu eröffnen als vielmehr ihren systematischen Ort *innerhalb* der Philosophie zu bestimmen. Das führte indes auf eine charakteristische Konsequenz, denn es können zuletzt philosophisch-systematische Gründe gegen die Psychologie als philosophisches Fach angegeben werden: innerphilosophische Gründe, die die *psychologisch-wissenschaftlichen* Gründe *für* die Psychologie zwar gar nicht berühren müssen, im Gegenzug aber Konsequenzen für die *Philosophie* haben. Windelband antizipierte und akzeptierte die Eigendynamik und in einem gewissen Sinn Autopoesis einer genuin psychologischen Methodologie nicht. Die Psychologie hatte sich ihren Grundlegungsfragen allerdings längst selbst gestellt und zeigte sich damit umgekehrt als Krisensymptom der Philosophie, wenn nicht gleich der Wissenschaft als insgesamt arbeitsteiligem und damit zunehmend problematisch werdenden Gebiet menschlicher Geistesinvestition.[18] Auf eigenem Gebiet sah die Lage der Psychologie zunächst jedoch nicht viel besser aus. Es hätte also alles auch ganz anders kommen können, sodass Windelbands psychologisches Angebot als eine historische Alternative Wert behalten hätte, wenn es nicht tatsächlich *ganz* – nämlich philosophisch – *anders* gekommen wäre.

1 Krisen einer Psychologie

„Jede Forschungsprovinz hat zwei Grenzen, an denen die Denkbewegung aus der exakten in die philosophische Form übergeht." Dieser erste Satz aus der Vorrede zu Simmels *Philosophie des Geldes* – ich habe ihn vorhin bereits paraphrasiert – umzingelt die Psychologie, gesetzt den Fall, er träfe auch für das Verhältnis von Psychologie zur Philosophie zu, sehr eng mit philosophischen Gebietsansprüchen. *Eine* Bedingung der Möglichkeit von Psychologie ist ja die Philosophie selbst, während die Metaphysik der Psychologie schon im Begriff der Seele – über dessen derzeitigen Diskussionsstand ich mir nicht im Klaren bin – voll in die Empirie durchschlägt, wie hilfsweise dieser Begriff auch immer gemeint sein mag. Also ist Psychologie doch nur eine Art empirischer Philosophie?

---

[17] Für die Lehrveranstaltungen, die Windelband regelmäßig als Pflichtteil des philosophischen Curriculums über Psychologie gehalten hat, sei auf Gundlach (2017) verwiesen.

[18] Vgl. die diesem Beitrag vorangestellten Motti.

Windelband, der u. a. als Schüler Hermann Lotzes nicht zuletzt von naturwissenschaftlich informierten psychologischen Studien herkam, richtete am 25. Juli 1872 an die Philosophische Fakultät der Universität Leipzig sein Gesuch zur Habilitation mit den Worten:

„Derselbe hat seine erste Bildung auf dem Gymnasium seiner Vaterstadt Potsdam erhalten und ist zu Ostern 1866 von demselben mit dem Zeugniß der Reife entlassen. Er bezog dann die Universität Jena und hörte daselbst bis zu Michaelis 1867 vorwiegend historische und philosophische Vorlesungen [u. a. bei Kuno Fischer]. Während eines darauf folgenden zweijährigen Aufenthalts an der Universität zu Berlin widmete er sich dem Studium der Geschichte der Philosophie und namentlich der Systeme der deutschen Philosophie. In der Erkenntniß, daß eine Entwicklung derselben nur in Verbindung mit der Naturwissenschaft möglich ist, verband er darauf im Winter 1869–1870 diese Studien mit theoretischen und practischen Studien der Physik. Am Ende dieses Semesters promovirte er an der Göttinger Universität auf Grund einer Abhandlung über ‚Die Lehren vom Zufall‘, von welcher er ein Exemplar des im Buchhandel erschienenen unveränderten Abdrucks hier mit dem Diplom beizulegen die Ehre hat. Während des folgenden Sommers setzte derselbe seine Studien über die moderne Philosophie fort; in einer seitdem noch nicht vollendeten Arbeit über das Grundproblem derselben wurde er durch den Krieg unterbrochen, in welchem er als einjährig Freiwilliger des preußischen Gardejägerbataillons, später zum ersten Reservejägerbataillon abcommandirt, an den Operationen der Werder'schen Armee Theil nahm.[19] Nach Ablauf der Dienstzeit und einer längeren Reise nahm er im vergangenen Winter seine Studien zunächst in Berlin, dann in Leipzig wieder auf, indem Erkenntnißtheorie und Psychologie zum besonderen Gegenstand seines wissenschaftlichen Interesse's geworden sind: er ist im Begriffe, zu diesem Zwecke sich eingehender mit physiologischen Arbeiten zu beschäftigen. Die beiliegende psychologisch-erkenntnißtheoretische Studie ‚über die Gewißheit der Erkenntniß' beehrt sich derselbe der philosophischen Facultät der Universität zur Approbation vorzulegen. Die academische Thätigkeit desselben würde sich wesentlich auf die theoretischen Gebiete der Philosophie und in historischer Hinsicht auf die Geschichte der neueren Philosophie beziehen."[20]

Dergestalt führt Windelband sich in die akademische Welt ein, und der Erfolg spricht für ihn. Im schnellen Wechsel mit Wilhelm Wundt, den er vielleicht noch im von Richard Avenarius (Windelbands späterem Zürcher Nachfolger) gegründeten Akademisch-philosophischen Verein in Leipzig kennen gelernt hatte[21], in dem nicht wenige psychologische Themen diskutiert wurden, übernahm Windelband 1876 die Professur für induktive Philosophie in Zürich.[22]

---

[19]Das zur Infanterie gehörige preußische Reserve-Jäger-Bataillon unter Befehl von Major Paczinsky-Tenczin (vom 4. Westfälischen Infanterie-Regiment) war am 02.01.1871 zu den Etappentruppen des 14. Armee-Korps unter August von Werder gestoßen. Nach Eroberung Straßburgs seit November 1870 im Kampf um die Festung Belfort, 15.–17.01.1871 Schlacht an der Lisaine westlich Belfort mit Sieg des 14. Armee-Korps. Vgl. Löhlein (1874), S. 154 und 271.

[20]Universitätsarchiv Leipzig, PA 1071, Bl. 1r/v.

[21]Vgl. die Protokollbücher des Vereins (1873–1900) im Besitz der Universitätsbibliothek Leipzig (01 ZF-2015-3:1–2; Ms 01304 I–II). Windelband verweist z. B. in der Sitzung vom 21.02.1876 mehrmals positiv auf Brentano.

[22]Zur wissenschaftsgeschichtlichen Bedeutung dieses Lehrstuhls vgl. Ziche (2008), S. 62–73.

Für Windelband schien diese eigenwillige Denomination tatsächlich passend, beginnt er doch vermutlich um diese Zeit die Arbeit an einer Psychologie als ‚Erfahrungsseelenlehre', die beobachtend und verallgemeinernd vorgehen zu wollen scheint. Dazu später.

Der Zürcher Lehrstuhl war allerdings durch die doppelte Lehrbelastung an Universität und Polytechnikum eine derart unattraktive Stelle, dass Windelband froh ist, ein knappes Jahr später bereits nach Freiburg wechseln zu dürfen. Er schreibt von dort an seinen in Zürich gewonnenen Freund, den Archäologen und Bruder des Philosophen, Karl Dilthey am 11.06.1877 von reifenden Plänen:

> „ich selbst gewinne, da die Collegs mir nicht viel Mühe machen, allmälig [!] Zeit für meine heranwachsende Psychologie. Doch bleibe es unentschieden, ob ich noch im Semester fertig werde, da ich bei solcher Hitze, wie sie jetzt hereingebrochen ist, absolut arbeitsunfähig bin und nur die Nachtstunden zur Verfügung habe."[23]

Mit der Muße ist es in den neuen Amtspflichten allerdings bald vorbei, wie Windelband am 28.12.1877 an Georg Jellinek schreibt, den Freund aus der Leipziger Zeit: Windelband umreißt die ‚Richtung' seines Denkens als „naturwissenschaftlich-psychologisch-erkenntnistheoretisches (die Klimax meiner Studien!)"; und nach einem Seitenhieb auf Franz Brentano, dem er Seichtigkeit attestiert[24], heißt es: „Ich habe eine kleine – übrigens der Züricher gegenüber entschieden größere –, aber angenehme Wirksamkeit. Leider viel zu thun, da ich außer dem 80-jährigen Sengler[25], einem seit vierzig Jahren gestorbenen Schellingianer, der seit ich hier bin kein Colleg mehr zu Stande gebracht hat, der Einzige bin und deshalb jedes Semester ein theoretisches und ein historisches Colleg zu halten mich für verpflichtet ansehe. Das hemmt natürlich meine eigne Arbeit. Doch ist sie so

---

[23] Niedersächsische Staats- und Universitätsbibliothek Göttingen, Dilth. 141.

[24] „Dieser Biedermann scheint ja ganz seinen Antecedentien zu entsprechen. Nachdem der erste Band seiner Psychologie zur Erlangung der agitatorischen Professur ausgereicht, erwarten wir den seit 4 Jahren versprochenen zweiten vergebens! Freilich mag er in der Ausführung auf Hindernisse gestoßen sein. Sowohl die von ihm und seinem Schüler Stumpf so emphatisch versprochene Umwälzung der gesammten Logik durch einen giltigen Schluß aus 4 Terminis, als auch der in Aussicht gestellte empirische Beweis für die Unsterblichkeit des individuellen ‚Seelenlebens' mögen doch selbst für einen solchen Mann nicht schnell gehen, zumal, da nach beiden Richtungen hin die sonst so schätzenswerte Hilfe Sir John Stuart Mill's, Sir William Hamilton's, Sir usw. ihn im Stiche lassen muß. Für die erste jener Aufgaben ist zudem der seichte Brei der bisherigen Darstellung ebensowenig brauchbar, wie er für die zweite günstig sein wird. Daher offenbar eine gewisse ‚Entmuthigung auf dem Gebiete der K. k. autorisirten Philosophie' Platz gegriffen hat."

[25] Jakob Sengler (11.09.1799–05.11.1878), seit Herbst 1842 an der Universität Freiburg (Allgemeine Deutsche Biographie).

fortgeschritten, daß ich hoffe, Du sollst zu Ostern den ersten methodologischen Band meiner – Psychologie in Händen haben."[26]

Ein dreiviertel Jahr später heißt es wieder in einem Schreiben an Karl Dilthey vom 03.08.1878:

> „ich [!] hatte mit zwei Vorlesungen herzlich viel zu thun und cumulirte diese Thätigkeit durch das etwas forcirte Arbeiten an dem ersten Bande meiner ‚Geschichte der neueren Philosophie' […]. Du darfst mich einigermaßen verwundert fragen, wo denn dabei meine Psychologie bleibt. Im Kasten, ist leider die einzige Antwort, die ich darauf habe.[27] Wie ich Dir schon um Ostern sagte, schreitet sie sehr langsam fort. Und das hauptsächlich aus Einem Grunde. Es kommt mir in erster Linie auf methodologische Grundlegung und dabei hauptsächlich eine gründliche Auseinandersetzung mit der Physiologie an. Meine Züricher Antrittsrede deutete schon darauf hin. Wir kommen, wie die Sachen liegen, zu keiner selbständigen Psychologie, ehe wir nicht festgestellt und ganz reinlich bestimmt haben, was wir von der Physiologie brauchen und wo für uns ihre Grenzen sind. Im Princip bin ich mir darüber klar: für die besondere Durchführung bedurfte ich der tactischen Flankendeckung halber eines Eindringens in die Nervenphysiologie und ihre Literatur, zu dem meine bisherigen Kenntnisse nicht ausreichten. So blieb mir nichts übrig, als noch einmal bei der Physiologie in die Schule zu gehen, was ich dann auch in diesem Sommer endlich gethan habe. Und doch bin ich noch zweifelhaft, ob es ausreicht, schon in diesen Ferien das Facit zu ziehen. Versuchen will ich's."[28]

Was aber war in der Zwischenzeit passiert, das Windelband zur Resignation trieb?

---

[26] Bundesarchiv Koblenz, Nachlass Georg Jellinek, N 1136/56. Vgl. zum Interesse an Windelbands Psychologie Jellinek an Victor Ehrenberg vom 08.08.1876: „Windelband hat mir seine Antrittsrede aus Zürich geschickt. Sie ist ein vollständiges Programm; wissenschaftliche Constituirung der Psychologie durch Herstellung einer gemeinsamen Terminologie, Detailarbeiten und Lostrennen des Gegenstandes von der Philosophie, natürlich ohne die Fühlung mit ihr zu verlieren. Die Bildung der Wissenschaften hat große Aehnlichkeit mit der des Planetensystems. Wie hier von der Sonne die Planeten, so trennen sich dort von der Philosophie die Einzelwissenschaften los, der Unterschied ist nur, daß die Planeten in erborgtem Lichte glänzen, während die Specialdisciplinen aus eigener Kraft zu leuchten glauben und die alte Mama nur die höchst langweilige Rolle des idealen Centrums zu spielen hat" (zitiert nach Keller (2005), S. 258–259).

[27] Unter den Heften und Notizbüchern Windelbands, die sich seit 1926 im Besitz der Bibliothek der Tohoku Universität Sendai, Japan befinden, befassen sich sechs mit dem Thema Psychologie. In welcher Beziehung diese Notate zu Windelbands geplanter Monographie stehen, ist noch nicht abschließend geklärt, vgl. Gundlach (2017). Gundlach geht allerdings von der Kenntnis lediglich dreier Hefte aus, die eine Gliederung und eine Einleitung enthalten, und kennt die drei anderen, die einen ersten methodologischen und erkenntnistheoretischen Teil einer „Psychologie als Erfahrungsseelenlehre" ausarbeiten, nicht. Diese Hefte wurden erst im Zuge der Editionsarbeit des Verfassers als Manuskripte zu Windelbands Psychologie erkannt.

[28] Niedersächsische Staats- und Universitätsbibliothek Göttingen, Dilth. 141.

2 Systematische Konkurrenzen

Um 1900 sieht sich die Psychologie einer ähnlichen Konkurrenz zur Erkenntnistheorie ausgesetzt, wie die Soziologie zu philosophischer Ethik.[29] Dass diese Konkurrenz nicht bloß eine um Lehrstühle war, sieht man am Beispiel Windelbands, der die systematischen Konkurrenzen und Konsequenzen im eigenen Denken durchlebte. Der junge Windelband geht von Naturgesetzen des Denkens aus.[30] Diese Hypothese, verbunden mit dem Postulat einer allmählichen psychischen Hebung der prinzipiellen Befähigung zur Logik ins Bewußtsein, setzt folgerichtig einen notwendigen, zwingenden Zusammenhang der natürlichen und der logischen Denkgesetze voraus. In der *Zeitschrift für Völkerpsychologie und allgemeine Sprachwissenschaft* schreibt Windelband 1874, angeregt durch Christoph Sigwarts Logik: „Das logische Gesetz ist somit nur eine Art und Weise, eine Reihe von Naturgesetzen des Denkens in Thätigkeit zu bringen, und zwar eine solche Art und Weise, durch welche der Denkprocess richtig und allgemein anerkannt wird."[31] Horst Gundlach charakterisiert dieses Denken als „psychologischen Newtonianismus".[32] Windelband geht davon aus, dass das Denken natürlicherweise zweckgerichtet und wahrheitsinteressiert ist. Eine teleologische Entwicklung der Normen des Denkens ist phylo- und ontogenetisch vorauszusetzen.

Windelband umreißt sein näheres Interesse – ein im engeren Sinne völkerpsychologisches verfolgt er überhaupt nicht[33] – damit, dass es ihm um die Geschichte der wissenschaftlichen bzw. Methoden des Denkens geht, die „in aufsteigender und sich mehr und mehr erweiternder Entwicklung eine Anpassung des menschlichen Denkens an den ihm gegebenen Erkenntnissstoff darstellt".[34] Die logischen Gesetze sind nicht von uns zu bilden, sondern vielmehr von uns *in uns* in fortschreitender Klärung *aufzufinden*. Das richtige Denken steht dabei als Norm, allerdings als eine problematische:

„Die Physiologie der Sinnesorgane hat es längst erkannt, dass unsere sinnliche Weltauffassung z. B. im Sehen, weit davon entfernt, ein Abbild der ausser uns befindlichen Welt zu geben, sich vielmehr darauf bescheiden muss, im ‚normalen' Sehen ‚Symbole' der Dinge zu haben, vermöge deren wir uns in der Welt zurechtfinden können [Windelband verweist auf Helmholtz, Physiologische Optik § 26]: wie nun, wenn wir uns mit dem ‚normalen Denken' der Logik in einer ganz gleichen Lage befänden?"[35]

---

[29]Vgl. Köhnke (1994), S. 235–249.

[30]Eine Untersuchung zum Verhältnis der psychologischen Entwürfe Windelbands zu Lotzes Werken bleibt trotz Gundlach (2017) Desiderat.

[31]Windelband (1874/1875), S. 172–173.

[32]Gundlach (2017), S. 34.

[33]Das erklärt womöglich auch den ansonsten befremdlichen *Zusatz zum vorstehenden Artikel* von Steinthal (1874/1875), S. 178–189, der Windelbands Beitrag in das völkerpsychologische Interessengebiet rückbinden will.

[34]Windelband (1874/1875), S. 175.

[35]Ebd., S. 177.

So fragt Windelband abschließend. Das ist derselbe Schluss der Überlegungen zu den letztlich metaphysischen Bedingungen von Erkenntnis, zu dem Windelband auch in seiner Habilitationsschrift *Ueber die Gewissheit der Erkenntniss* (1873) kommt, die sich im Untertitel als „eine psychologisch-erkenntnistheoretische Studie" bezeichnet: „Die objective Gewissheit, welche wir in dem Fluss der psychologischen Thätigkeiten zu retten vermochten, besteht nicht darin, dass die Welt so ist, wie wir sie vorstellen, sondern dass die Welt so ist, dass wir sie so vorstellen müssen, wenn wir sie vorstellen."[36] Diesen Erkenntniszirkel als einen vom logischen Denken bestimmten und das logische Denken bestimmenden zu untersuchen, überantwortet Windelband künftiger systematisch-philosophischer Forschung. Aber angedeutet ist der Erkenntniswert dieses Zirkels bereits in Windelbands doppelter Definition von Gewissheit der Erkenntnis als sowohl „dasjenige Prädicat unserer Urtheile, durch welches wir dem Inhalt derselben Wahrheit zuschreiben"[37] als auch als „derjenige psychologische Zustand, in welchem sich die Seele einer widerspruchslosen Einheit ihrer Vorstellungen bewußt ist."[38] Logik und Psychologie sind die philosophischen Fächer, die für diese Fragen zuständig sind.

Windelband widmet sich voller Ambition der Psychologie, und er hat auch bald schönste Gelegenheit dazu, seine Karriere darauf auszurichten, denn er löst 1876 Wilhelm Wundt als Professor für induktive Philosophie an der Universität Zürich ab. Seine Antrittsvorlesung bietet eine bemerkenswerte methodologische und erkenntnistheoretische Überschau *Über den gegenwärtigen Stand der psychologischen Forschung*, besonders der Problematik ihres empirischen Teils, mit Stand vom 20. Mai 1876.[39] Windelband umreißt darin nicht nur sein Programm einer „induktiven Philosophie", sondern auch die zentralen Streitpunkte der Debatte um die Herausbildung einer Psychologie als Wissenschaft und diskutiert Schwierigkeiten, die seitdem virulent geblieben sind.

Windelband stellt klar, dass das Begründungsproblem der Psychologie kein Problem der wissenschaftlichen Arbeitsteilung, sondern ein Problem der wissenschaftlichen Gebietszersplitterung und Abgrenzungsstreitigkeiten ist, das eine gedeihliche Zusammenarbeit der Gebiete verunmöglicht. Hier soll die Philosophie klärend eingreifen, indem sie nicht nur die beiden Enden der Psychologie in ihrer Zuständigkeit behält, sondern auch die Psychologie als philosophisches Fach bestätigt. Windelband setzt 1876 mit den Worten ein:

> Indem ich das mir übertragene Lehramt der Philosophie an dieser Hochschule hiermit vor Ihnen antrete, will sich meiner Betrachtung unwillkürlich eine wichtige und schwierige Principienfrage aufdrängen, deren Beantwortung tief auch in die akademische Gliederung der Wissenschaften einschneidet — die alte Frage nach dem Verhältniss philosophischer

---

[36] Windelband (1873), S. 93–94.
[37] Ebd., S. 8.
[38] Ebd., S. 13.
[39] Windelband (1876). Danach die folgenden Zitate.

und empirischer Forschung. [...] An keinem Punkte jedoch tritt die Ungewissheit dieses schwankenden Verhältnisses von philosophischer und empirischer Behandlung klarer und dringlicher hervor, als in der eigentümlichen und noch immer so gänzlich streitigen Stellung der Psychologie. [...] Ja, es schien fast, als solle auf diesem Gebiete der thatsächlichen Psychologie der Streit der metaphysischen Meinungen ausgefochten werden: so sehr beeilten sich die Anhänger der verschiedenen Schulen, die Realität ihres Seelenbegriffes in der psychischen Empirie nachzuweisen. Je mehr aber auf diese Weise das empirische Material mit ausdrücklicher Anerkennung in die psychologischen Untersuchungen einströmte, um so mächtiger fing es auch wieder an, seinen Platz darin zu erobern, zu behaupten und zu erweitern, und es war die Zeit nicht mehr ferne, in welcher die Metaphysik gänzlich aus der Psychologie verdrängt werden sollte und immer mehr Stimmen sich für die Ansicht erhoben, dass die psychologische Forschung sich gerade in der Auffassung und Deutung des empirischen Materials der metaphysischen Voreingenommenheit völlig zu entschlagen und mit eben der Voraussetzungslosigkeit zu operiren habe, deren Ideal man in der äusseren Naturwissenschaft vor sich zu haben glaubte.

Windelband beschreibt hier, wenn man es in die Worte Karl Bühlers von 1927 übersetzt, auf die Windelband vorausweist, die ‚Zerfallskrise' der Philosophie nicht anders als eine ‚Aufbaukrise' der Psychologie. Er sagt weiter:

„Von dem Augenblicke an, wo der Umfang des menschlichen Wissens zu weit für die Arbeit eines einzelnen Menschen geworden war, sehen wir sich die allgemeine Wissenschaft, welche sich bei den Griechen den Namen der Philosophie gegeben hatte, in verschiedene Zweige gliedern, und in dem Maasse, als die Erkenntniss eines solchen einzelnen Gebietes durch die Ansammlung des empirischen Materials in sich erstarkt und sich befestigt, sehen wir dann die einzelnen Wissenschaften sich oft unter heissem Ringen von dem gemeinsamen Ursprünge losreissen und sich selbständig machen. Die Psychologie als eine der jüngsten Töchter ist nicht nur am längsten im Hause der gemeinsamen Mutter geblieben, sondern auch am zähesten und hartnäckigsten darin festgehalten worden, und seit schon fast mehr als einem Jahrhundert wogt mit wechselndem Erfolge dieser Kampf um ihre Selbständigkeit. [...] Der Fortschritt jeder Wissenschaft besteht in der gemeinsamen Arbeit vieler Forscher. [...] Diese Stetigkeit gemeinsamer Arbeit nun hat der Philosophie fast immer gefehlt, und derselbe Mangel trifft selbstverständlich alle Wissenschaften, welche sich auf metaphysischem Grunde aufbauen wollen. Die Geschichte der Psychologie ist der Beweis davon: auch sie beginnt, wie die allgemeine Philosophie, fast in jedem Vertreter wieder von vorn".

Windelband packt sein Thema schließlich wissenschaftspolitisch an und weist mit seinem Plädoyer auf die Erklärung von 1913 voraus. Man könnte fast sagen: Nur weil Windelband bereits 1876 Wissenschaftspolitik der Psychologie betreibt, setzt er 1913 überhaupt seinen Namen unter die Erklärung. Seine Wissenschaftspolitik sieht 1876 jedenfalls folgendermaßen aus:

„Je mehr wir aber selbst überzeugt sind, dass in der centralen Arbeit aller Wissenschaften, welche die Philosophie zu leiten hat, der Psychologie eine besonders wichtige und entscheidende Aufgabe zufällt, um so mehr müssen wir daran festhalten, dass sie dieser Aufgabe nur genügen kann, wenn sie zunächst ganz selbständig und voraussetzungslos in sich selber sich kräftigt und auslebt. Ist aber diese Auffassung der wissenschaftlichen Aufgabe der Psychologie die herrschende, so ist auch durchaus nicht abzusehen, weshalb man damit nicht nach allen Seiten völlig Ernst machen will, und es wäre sehr wohl die Frage zu überlegen, ob es unter diesen Umständen nicht an der Zeit wäre, in ähnlicher Weise, wie man der Nationalökonomie nach ihrer Ablösung von der Moralphilosophie eine selbständige akademische Existenz gegeben hat, auch an die Gründung eigener Lehrstühle der Psychologie zu denken, damit nicht nur die von der Geschichte selbst vollzogene Mündigkeitserklärung dieser Wissenschaft auch in der akademischen Organisation einen Ausdruck und dadurch in weitesten Kreisen ihre Anerkennung finde, sondern vor Allem auch damit die Arbeit eines Forschers in den Stand gesetzt werde, sich auf dieses Gebiet zu concentriren."

Windelband denkt hier nicht zuletzt an sich *selbst* als geeigneten Kandidaten, wie Gundlach hervorgehoben hat. Und tatsächlich: Windelband konnte es zwar noch nicht wissen, aber um den Jahreswechsel 1880/1881 durfte er sich kurzzeitig neben Carl Stumpf Chancen auf die Nachfolge Hermann Lotzes in Göttingen ausrechnen.[40] Er war außerdem als möglicher Nachfolger Franz Brentanos in Wien im Gespräch. Windelband sah sich bereits 1876 in der Rolle des Psychologen:

„Es wäre nicht zu befürchten, dass derselbe zu wenig zu thun hätte. Denn mit jenen Zauberworten ‚Erfahrung und Induction' ist leider der Psychologie noch wenig geholfen: wie hätte es sonst kommen können, dass nun doch schon seit geraumer Zeit an dieser empirischen Psychologie von vielen und von sehr bedeutenden Männern gearbeitet wird, und dass dadurch der Verwirrung noch immer kein Ende gesetzt und kaum noch der Anfang einer Lehre festzustellen ist, von der wir sagen könnten: ‚das ist nicht eine der vielen Psychologien, das ist die Psychologie!'"

Windelband lässt eine ausführliche Methodendiskussion der Psychophysik, Physiologie, der Selbstbeobachtung und des Experiments als für sich jeweils unzureichende Fundierungen der Psychologie folgen, um dann zu schließen:

„Vielleicht aber gehen diese Versuche mathematischer Formulirung noch aus dem Gefühl eines anderen Bedürfnisses hervor: fragen wir uns nämlich, wie es kommt, dass auch unter den Associationspsychologen schliesslich doch nur ein so geringer Grad von Einstimmigkeit herrscht, so liegt der Grund davon zunächst in dem sehr fühlbaren Mangel einer festen psychologischen Terminologie, für welche dann vielleicht die Zeichen mathematischer Formeln eintreten könnten. [...] es wäre in erster Linie zu wünschen, dass aus den analytischen Untersuchungen ein System fest bestimmter Grundbegriffe sich herausbildete, vermöge dessen wenigstens der Anfang einer systematischen Gliederung der Probleme gewonnen werden könnte. [...] so begreift man, wesshalb die Psychologie noch nicht einmal jene einfachste Arbeitstheilung kennt, so begreift man mit einem Worte, wesshalb sie bisher eine wahrhaft gemeinsame Arbeit nicht gekannt hat. Erst wenn diese Bedingungen erfüllt sind, wenn in dem so gewonnenen Rahmen von Grundbegriffen und Problemen die Fülle des tatsächlichen Wissens eine rechte Verwendung findet, erst dann würde die Psychologie eine begreifende Wissenschaft werden können, eine Wissenschaft, welche den Thatbestand der inneren Erfahrung aus den gesetzmässigen Formen seiner Zusammensetzung zu erklären vermöchte. [...] Was aber die Psychologie, ebenso wie alle übrigen Wissenschaften von der Philosophie schon jetzt und immer fordern darf, das ist ausser der Rechtfertigung der Methoden der wissenschaftlichen Forschung auch die Begründung der principiellen Formen des Begreifens und des Erklärens."

---

[40] Vgl. Windelband an den badischen Kultusminister Wilhelm Nokk vom 04.12.1880, Generallandesarchiv Karlsruhe, 52 Nokk 201.

In den vermutlich zeitgleich, jedenfalls nicht wesentlich später entstandenen Manuskripten zu einem geplanten „Grundriß der Psychologie. Entwurf einer systematischen Behandlung der Erfahrungsseelenlehre" ruft Windelband aus:

> „Glücklich die Wissenschaften, in denen alle Probleme fest und klar formulirt oder sogleich formulirbar sind, sodaß sie nur der Zeit und der Arbeit harren, um nach feststehenden Methoden gelöst zu werden! Die Psychologie ist in dieser glücklichen Lage nicht, freilich gefragt wird bei ihr und in ihr gar viel: aber, was ihr noch immer fehlt, ist eine methodische Erzeugung der Probleme und eine durchgängig wissenschaftliche Fragestellung derselben – ein System der Fragen. Und dazu an meinem bescheidenen Theile beizutragen, war meine einzige Absicht."[41]

Von diesem Manuskript waren bisher nur Vorwort und Einleitung bekannt, die ersten Kapitel zu einer Methodologie und Erkenntnistheorie der Psychologie sind Gegenstand gegenwärtiger Editionsarbeiten an der Bergischen Universität Wuppertal.[42]

1927 hat Karl Bühler erneut gezeigt, wie die Aufbauprobleme der Psychologie seit 1876 im Wesentlichen dieselben geblieben sind. Die Krise der Psychologie ist Dauerzustand, und zwar abgesehen von einem generellen, nicht nur wissenschaftlichen Krisenbewußtsein um 1930, das nicht zuletzt die Philosophie umfasst.[43] Bühler fragt anhand der Disziplinendifferenzierung in Assoziationspsychologie, Denkpsychologie und Behaviourismus, quasi übereinstimmend mit Windelband:

> „Gibt es drei Wissenschaften mit dem einen Familiennamen oder drei Arten des Vorgehens, die in getrennter Buchführung dasselbe verbuchen oder wie steht es sonst mit dem Verhältnis der gezeichneten Richtungen zueinander? Dass sie nicht koordinatenfremd wie drei Weltanschauungen *neben*einander bestehen können und daß der Hegelsche Kunstgriff des dialektischen *Über*einanderbauens keinen befriedigenden Ausgleich zu schaffen vermag, darüber dürfte wohl kaum eine Meinungsverschiedenheit aufkommen."[44]

Bühler versucht mit seiner Schrift die Vertreter psychologischer Disziplinen, die mit dem Anspruch auftreten, jeweils die ganze bzw. eigentliche Psychologie zu vertreten, davon zu überzeugen, ihren Anspruch im Interesse der Psychologie zurückzunehmen, um in dieser post-Wundtschen ‚Aufbaukrise' den Vollsinn der Psychologie wiederzugewinnen. Wir müssen das gar nicht im Detail verfolgen,

---

[41]Im Besitz der Tohoku-Universität Sendai, Japan, Signatur: II, A 2–2 WW 8.

[42]Projekt Grundlagenforschung zur Philosophiegeschichte: Wilhelm Windelband (DFG HA 2643/14–1), Leitung Gerald Hartung. Vgl. Anm. 28.

[43]In symptomatisch vorgetragenen Thesen vornehmlich junger Philosophen, Soziologen, Wirtschaftswissenschaftler, die von der Kritik als ‚Führer der Verwirrten in der Zeit' (Nachman Krochmal) begrüßt werden; vgl. z. B. Dingler (1926) (rezensiert von Freund (1928), Syndikus des bayerischen Landesverbandes des Centralvereins, Schüler von Hans Driesch) sowie Freund (1930); Brentano (1932); Freund (1932). Ein Symptom dieses Krisenbewußtseins scheint auch das zeitgleiche Aufkommen der Wissenssoziologie zu sein.

[44]Bühler (1929), S. 27 (erste Auflage von 1927).

um zu sehen, wie lange Windelbands Feststellungen Bestand hatten, der ja ebenfalls eine ‚Zerfallskrise' befürchtet hatte, noch bevor der Umfang der Wissenschaft Psychologie überhaupt bestimmt und gewonnen war.

Nicht besonders überraschend, da unter dem Eindruck der Erklärung von 1913 verfasst, heißt es dann auch in Windelbands Gutachten über Paul Häberlin als Kandidat für die Heidelberger psychologisch-pädagogische Professur vom 29.07.1913:

> „Die wissenschaftlich längst vollzogene Abzweigung der Psychologie von der Philosophie ist bekanntlich im Lehrbetrieb der philosophischen Fakultäten bisher (von verschwindend geringen Fällen abgesehen) nicht durch die Schaffung eigener Lehrstellen für Psychologie, sondern leider durch die Besetzung philosophischer Katheder mit Psychologen z. T. einseitig experimenteller Richtung zum Ausdruck gekommen. Den Missständen, die sich daraus ergeben und in jüngster Zeit auch die Oeffentlichkeit beschäftigt haben, wird man nur entgehen, wenn unter Wahrung des Besitzstandes der Philosophie mit der Errichtung psychologischer Professuren Ernst gemacht wird. Dabei steht jedoch die Psychologie, wenn man sie in ihrer allseitigen Bedeutung auffasst, immer noch in so engen Beziehungen zur Philosophie, dass eine gründliche philosophische Vorbildung für ihren wissenschaftlichen Betrieb in ganz anderer Weise und in höherem Masse erforderlich ist, als bei irgend einer andern der im Laufe der Zeit ebenfalls von der Philosophie abgezweigten Wissenschaften."[45]

Ca. 38 Jahre später als seine ersten beiden entwirft Windelband zuletzt noch ein weiteres psychologisches Programm, und zwar in einem Festvortrag als Sekretär der Heidelberger Akademie der Wissenschaften über die *Hypothese des Unbewußten* vom 24. April 1914.[46] Die Lage der Philosophie von einer die eigenen Probleme bearbeitenden Disziplin des Denkens verschiebt sich darin signifikant in Richtung auf eine Philosophie als Fach unter Fächern in arbeitsteiliger Wissenschaft:

> „Die Philosophie gewinnt den Grundstock ihrer immer wiederkehrenden Probleme aus den großen Zügen des Lebens, das jedem Denkenden seine Rätsel auf die Seele drückt: die besondere Ausgestaltung aber dieses allgemeinen Inhalts erwächst jeder Zeit aus den Einsichten und Theorien der besonderen Wissenschaften. Diese entwickeln in ihrer von der Philosophie nicht bestimmten und nicht gestörten Arbeit an den Tatsachen stetig neue Erfahrungen, damit aber auch neue Begriffe und neue erklärende Theorien: sie selbst begnügen sich mit beiden, solange sie zur Verarbeitung der Tatsachen ausreichen; aber für die Philosophie werden sie zu Problemen, indem sie sich in die begrifflichen Linien des bisherigen Weltbildes einschieben und sich nun zeigen muß, wie weit sie damit vereinbar sind, ob sie sich als eine Ergänzung einfügen oder in dieser Ordnung ihre eigene Stellung nicht finden können. Ein Beispiel dieses Vorgangs zeigt sich in der Hypothese des Unbewußten [...]. Sie spielt, wie Sie alle wissen, in der modernen Psychologie eine hervorragende Rolle [...]. Freilich liegt die Sache in diesem Falle so, daß die Hypothese in der empirischen Wissenschaft nicht aus deren eigenen Bedürfnissen entsprungen, sondern vielmehr aus philosophischen Motiven und Interessen in sie eingeführt worden ist: denn sie stammt aus den Zeiten, wo die Psychologie noch keine eigene selbständige Erfahrungswissenschaft war, sondern aus allgemeinen philosophischen Motiven heraus entworfen und ausgeführt wurde."

---

[45] Universitätsarchiv Heidelberg, H-IV-102/140, Bl. 7–12.

[46] Vgl. Windelband (1914a). Danach die folgenden Zitate.

An dieser Stelle folgt ein philosophiehistorischer Überblick, der hier nicht im Einzelnen interessiert. Windelband zieht daraus jedoch folgende Konsequenz:

„Wenn ich Sinn und Wert dieser Hypothese mit Ihnen einer Betrachtung zu unterziehen versuche, so werden Sie nicht von mir erwarten, daß ich den einzelnen Wendungen oder Anwendungen der Hypothese nachgehe. Das ist nicht meine Aufgabe, und ich würde als der Laie [!], der ich in der heutigen Psychologie bin, kaum das Recht dazu haben oder anerkannt finden. Ich kann die Frage des Unbewußten nur an dem Punkte aufnehmen, wo sie heute – in dem eingangs angedeuteten Sinne – von der empirischen Wissenschaft der Philosophie als Problem übergeben wird [...]. Dazu gehört in erster Linie eine methodologische Besinnung [...]. Das Unbewußte, von dem in der Psychologie die Rede ist, bedeutet immer die Annahme eines Tatsächlichen, das wir nicht selbst erfahren, also eine Hypothese."

Windelband bietet dafür schließlich eine erkenntnistheoretische Lösung *neben* einer möglichen psychologischen an und beweist damit unfreiwillig, daß die Teilung philosophischer Probleme in eine philosophische und in eine psychologische Seite faktisch entweder die Verdoppelung des Problems bedeutet, oder die Konkurrenz der Lösungsvorschläge perpetuiert:

„Die Beispiele, die ich anführte, gehören zu dem Umkreise dessen, was man in der Erkenntnistheorie [...] als das Apriori bezeichnet. Philosophisch betrachtet, werden diese Zusammenhänge sachlicher Notwendigkeit als ein logisches ‚Gelten' bezeichnet, bei dem nach der Art seines metaphysischen Bestandes nicht gefragt werden soll: psychologisch betrachtet – und auch diese Betrachtung ist neben der philosophischen nötig, weil der Erkenntnisse schließlich eben doch als seelische Tatsachen wirklich sind – psychologisch betrachtet, ist das a priori Geltende in allen Fällen ein unbewußter Bestandteil des empirischen Erlebnisses, der erst durch die bewußte Reflexion herausgearbeitet werden muß. Damit aber zeigt sich, daß dies im Erlebnis implicite a priori Enthaltene dem individuellen Bewußtsein nur deshalb angehören kann, weil dieses eine höhere und allgemeinere Gesetzmäßigkeit, eben die der sachlichen Notwendigkeiten, in sich trägt. Fragen wir nun, wie ein solches Verhältnis zu denken ist, so weist uns die empirische Betrachtung auf das soziale Leben".

Es ist fast eine Rückkehr in die Lazarus/Steinthalsche Völkerpsychologie, wenn Windelband weiter schreibt[47]:

---

[47] Vgl. eine in den Grundzügen parallele Stelle: „Vielleicht ist überhaupt unsere ganze psychologische Theorie damit falsch instruiert, daß sie vom individuellen Seelenleben ausgeht und daraus dann erst hinterher das Gesamtbewußtsein begreifen will. Richtig ist ja, daß alle Psychologie auf die Selbsterfahrung zurückgeht, die ein jeder von seinen eigenen seelischen Zuständen hat, um von ihr aus die seelischen Vorgänge anderer Individuen nach loserer oder engerer Analogie zu deuten, und in dieser methodischen Richtung mag es durchaus notwendig bleiben, daß man von der Selbsterfahrung der introspektiven Psychologie ausgeht, um ihre Ergebnisse auf das Verständnis des Gesamtbewußtseins anzuwenden. Genetisch aber geht zweifellos das Volksbewußtsein dem Individualbewußtsein vorher. Dies ist immer eine engere Wirklichkeit, die als synthetische Funktion erst auf dem breiteren Grunde des Gesamtbewußtseins möglich ist" (Windelband (1916), S. 66).

> „Über dies sprachlich ausgeprägte Gesamtbewußtsein hinaus haben wir empirisch keine Vorstellung von dem Verhältnis des individuellen Bewußtseins zu jenen unbewußten Notwendigkeiten, die es mit seiner Reflexion auf dem Grunde seiner eigenen bewußten Funktionen aufzufinden vermag. Wenn die logische oder transzendentale Betrachtung das Gelten jener sachlichen Notwendigkeiten auf ein ‚Bewußtsein überhaupt' zurückführt, so ist das nicht mehr eine psychologische und darf auch nicht eine metaphysische Hypothese sein. Freilich liegt es den Gewohnheiten des empirischen Denkens nahe, solche sachlichen Notwendigkeiten, die sich als unbewußte Bestandteile des empirischen Einzelbewußtseins mit einer in allen gleichen Gesetzmäßigkeit aufweisen, auf ein überindividuelles Bewußtsein zu beziehen, das sich zu allen möglichen individuellen Seelen ähnlich verhalten sollte wie das soziale Gesamtbewußtsein zum Individualbewußtsein. Aber zu dieser metaphysischen Ausdeutung der Hypothese des Unbewußten fehlen unserem empirischen Denken zureichende Gründe. Wir dürfen eine solche Betrachtung nur als eine Analogie ansehen, mit der wir die Rätsel des logischen Geltens uns einigermaßen vorstellig zu machen versuchen."

Windelband schließt mit den Worten:

> „Es genügt mir, Sie bis an die Schwelle dieser metaphysischen oder, wenn Sie wollen, metapsychischen Fragen zu führen. Für ihre Lösung wird es vor allem darauf ankommen, die Stellung des individuellen Bewußtseins, das für uns den Ausgangspunkt dieser Untersuchungen zu bilden pflegte, einerseits zu der leiblichen Wirklichkeit, andererseits zum Gesamtbewußtsein, d. h. zum Unterbewußten und zum Überbewußten, mit Rücksicht auf den ganzen Umkreis der seelischen Erfahrung von neuem zu analysieren. Das aber kann nur in allgemeinen philosophischen Theorien und zuletzt aus erkenntnistheoretischen Gesichtspunkten geschehen. Gerade dies Beispiel aber ist geeignet, die intime Stellung zur Philosophie erkennen zu lassen, welche die Psychologie auch nach ihrer Verselbständigung zu einer empirischen Wissenschaft einnimmt und immer einnehmen wird. Ihre Ablösung aus dem Mutterhause erfolgt am spätesten und, wie es scheint, am schmerzhaftesten: aber unter allen besonderen Wissenschaften ist sie diejenige, welche durch ihre eigenen Probleme am unmittelbarsten auf die Philosophie zurückgewiesen wird, und zugleich diejenige, bei deren tatsächlichen Einsichten die Philosophie am meisten sich für ihre Aufgaben Material zu holen hat."

1876 hatte es noch geheißen: „Die Psychologie als eine der jüngsten Töchter ist nicht nur am längsten im Hause der gemeinsamen Mutter geblieben, sondern auch am zähesten und hartnäckigsten darin festgehalten worden, und seit schon fast mehr als einem Jahrhundert wogt mit wechselndem Erfolge dieser Kampf um ihre Selbständigkeit."

3   Residuen abseits der getrennten Wege

Was also 1914 noch ein letztes Mal wie der hoffnungsfrohe Windelband von 1876 geklungen hatte, hatte sich in der Aussage so deutlich verschoben, dass man es fast für philosophischen Quietismus gegenüber der Psychologie halten könnte. Aber man darf die Hinweise zwischen den Zeilen nicht überlesen. Windelband hatte nämlich bereits am 25.01.1899 an Rickert über seine psychologische Parallelmeinung das Folgende geschrieben:

„Der Kulturwissenschaftler braucht immer Psychologie; aber er kommt ohne die nomothetische Disciplin für seinen Hausgebrauch mit der Psychologie des Tacts und der Menschenkenntniß aus. Er braucht ähnlich immer Werthprincipien für die teleologische Begriffsbildung: wird er nicht hierin darauf pochen, daß er (auch das dürfte gerade für die großen Historiker gelten) bisher erfolgreich mit den Werthungen des Tacts und der Lebenskunde ausgekommen ist, ohne ihrer begrifflichen Formung und Begründung zu bedürfen? Und wenn ihm erwidert wird, daß Logik, Methodologie und Erkenntnißtheorie eben die Aufgabe haben, diese ‚selbstverständlichen' Voraussetzungen zu analysiren, zu formen und zu begründen – wird dann nicht dieselbe Anforderung nach der psychologischen Seite als berechtigt anzuerkennen sein?"[48]

Dieses wachsende Interesse an einer, aber letztlich nur kurze Liebäugeln mit einer ‚geisteswissenschaftlichen Psychologie' hat Windelband auch öffentlich dokumentiert, und zwar in seiner Besprechung von Simmels *Die Probleme der Geschichtsphilosophie*, die 1896 erschien. Dort heißt es u. a. aber:

„Das erste Kapitel zeigt, daß, wenn die Geschichte die Aufgabe hat, nicht nur Erkanntes, sondern auch Gefühltes und Gewolltes zu erkennen, der Prozeß des Forschens für den Historiker immer darin besteht, daß er auf Grund der äußeren Wahrnehmungen die seelischen Prozesse der Vergangenheit in sich reproduziert. Die Schwierigkeiten dieses Verständnisses durch Nachbildung, die Zirkelschlüsse, in denen sich die Forschung dabei streng genommen bewegen muß, alles dies wird vorzüglich auseinandergelegt. Ist soweit die Psychologie das Apriori der Historik, so hätte vielleicht noch mehr betont werden dürfen, wie wenig es dem Erfolge nach erforderlich ist, daß sie dies Apriori in wissenschaftlich formulierter Gestalt besitze. In der wirklichen Geschichtsforschung, und gerade bei ihren Größen, wird die psychologische Deutung der Überlieferung nicht durch ein abstraktes Wissen von den Gesetzen der seelischen Elementarbewegungen, sondern durch die lebendige Menschenkenntnis und die künstlerische Intuition des Historikers gewonnen. […] Die Simmelsche Skepsis beweist vollgültig, daß auch auf dem historischen Gebiete die Philosophie entweder überflüssig oder unberechtigt ist, wenn sie eine erklärende Erkenntnis neben oder über den empirischen Wissenschaften gewähren will; aber es bleibt um so mehr die Möglichkeit offen, daß die Philosophie als normative Wissenschaft von den allgemeingültigen Werten auch für die Geschichte ein Prinzip findet, welches mehr wert ist, als eine ‚psychologische Thatsache'. In dieser Richtung liegen die von Simmel nicht geteilten Aussichten für eine positive Entwickelung der Geschichtsphilosophie."[49]

Diese letzte These ist bemerkenswert, stellt sie die historische Frage doch tatsächlich auf ein ganz anders Fundament. Windelband bietet die philosophische Wertlehre als nicht nur philosophische, sondern v. a. als Grundlagendisziplin für alle Geisteswissenschaften an. Damit schert er jedoch zugleich aus der Grundlagendiskussion der Psychologie aus.

Vielleicht sollte spätestens an dieser Stelle aber die Äquivokation, die im Namen Psychologie liegt, nicht mehr mitgemacht werden. Von Windelband selbst stammt ja das Angebot der Differenzierung in eine nomothetische und eine idiografische

---

[48]Universitätsbibliothek Heidelberg, http://digi.ub.uni-heidelberg.de/diglit/heidhs2740IIIA-224_27 (02.10.2018).
[49]Windelband (1894/1896).

Seite der Psychologie. So, wie es Johann Gustav Droysen und Max Weber auf das Typische im *Gegensatz* zum Einmaligen in Geschichte und Soziologie ankam, so neigt Windelband in seiner Rede vom „psychologischen Takt" des Historikers zur idiografischen Seite der Psychologie. Dilthey sprach bekanntlich von zergliedernder und beschreibender Psychologie. In Windelbands berühmter Rektoratsrede von 1894 heißt es dazu:

> „Wenn man historische Beweise auf ihre rein logische Form bringen will, so erhalten sie stets als oberste Prämissen Naturgesetze des Geschehens, insbesondere des seelischen Geschehens. [...] Freilich ist es dabei sehr merkwürdig, wie nachsichtig im Grunde genommen die Ansprüche der Geschichtswissenschaft an die Psychologie sind. Der notorisch äußerst unvollkommene Grad, bis zu welchem bisher die Gesetze des Seelenlebens haben formuliert werden können, hat den Historikern niemals im Wege gestanden: sie haben durch natürliche Menschenkenntnis, durch Takt und geniale Intuition gerade genug gewußt, um ihre Helden und deren Handlungen zu verstehen. Das gibt sehr zu denken und läßt es recht zweifelhaft erscheinen, ob die von den Neuesten geplante mathematisch-naturgesetzliche Fassung der elementaren psychischen Vorgänge einen nennenswerten Ertrag für unser Verständnis des wirklichen Menschenlebens liefern wird."[50]

Auf der letzten Station seiner philosophischen Karriere – und am Ende seines Lebens – lehnt Windelband in der Konsequenz dann auch jegliche psychologische Grundlegung der Geschichts- und Geisteswissenschaften rundheraus ab. Er nennt Diltheys Namen dabei nicht. Die Gründe für diese Verschiebung, die Windelband zwischen 1876 und 1914 in seinen Ansichten zur Psychologie vornimmt, könnten darin gesucht werden, dass eine naturwissenschaftlich verstandene Psychologie spezifische Forderungen an eine Philosophie stellte, die diese, weil sie die Wertgebiete systematisch untermauern wollte, nicht erfüllen kann. Die Naturwissenschaften relativieren das Wertgebiet des Sollens. Psychologie, so könnte man sagen[51], zerstört die Allgemeingültigkeit von Werten, gerade indem sie sich aus der philosophischen Fakultät ausdifferenziert. 1914/1915 notiert Windelband nach einer letzten Vorlesung mit Rücksicht auf die systematischen Anliegen einer Geschichtsphilosophie:

> „Als Material dafür [gemeint ist das historische Denken, JB] dient alles Einzelne, das aus dem tatsächlich Festgestellten mit mehr oder minder bewußter Rücksicht auf jenen Zweck herausgehoben und aufbewahrt wird. Aber als Mittel für die Verarbeitung dieses Materials braucht die wissenschaftliche Geschichtskunde eine Menge allgemeiner Begriffe, vor allem typischer Gattungsvorstellungen. [...] Die Historie muß etwas davon wissen, wie Menschen denken, fühlen, wollen. Aber diese Verstandespsychologie, wie sie anfängt genannt zu werden, ist nicht die eigentliche Naturwissenschaft von der Seele, sondern sie ist Menschenkunde und Weltverständnis intuitiv und kongenial erfaßt. Zieht man das in Betracht, so sieht man wie irreleitend es ist, was man gleichwohl so oft lesen und hören kann, die Psychologie müsse als historische Grundwissenschaft gelten, weil

---

[50]Windelband (1915), S. 156–157.

[51]In Anlehnung an einen mündlich geäußerten Gedanken Gerald Hartungs.

die Geschichte den Menschen und speziell den Menschen als seelisches Wesen zu ihrem Gegenstand habe. [...] Aber diese psychologischen Hilfsmittel sind für den Historiker im ganzen und im Prinzip nicht mehr nötig als Lehnsätze auch in anderen Wissenschaften."[52]

Was man also zunächst als Empfehlung für psychologische Enthaltsamkeit der Philosophie lesen könnte, weist in Wahrheit auf ein ganz anderes und tiefer reichendes Problem hin. Die Gefahr eines Psychologismus wird hier deutlich skizziert, der droht, einerseits Geschichte und Soziologie, andererseits, und das wiegt schwerer, Logik, Ethik und Ästhetik nur noch als Zweige der Psychologie gelten zu lassen. Psychologie als Grundlegung der Geisteswissenschaften droht – so verstanden – in neuer Gebietsverschiebung die Kernbestände der Philosophie zu unterminieren. Philosophie, die im Sinne Windelbands, in Nachfolge Lotzes zuletzt wesentlich Wissenschaft von den allgemeingültigen Werten sein soll, muss das Vordringen jeder empirischen Psychologie in die philosophischen Fächer im systematischen Interesse zurückweisen. Über diese Prämissen kann man denken, wie man will – immerhin ist damit z. B. der Gefahr eines Logizismus Tor und Tür geöffnet – aber wo nicht das Seiende, sondern das Geltende die Realität bedingen soll[53], muß die apriorische Geltung gegen die psychische Setzung von Werten stark gemacht werden. Windelband fragt nach der *logischen* im strikten Unterschied zur *psychologischen* Geltung von Werten. Die Psychologie hat in dieser Perspektive ihre klaren Grenzen dort, wo sie als empirische Wissenschaft die Geltung objektiver Werte bzw. objektiver Erkenntnis *voraussetzen* muss. Dazu gehört zuförderst der Wert der Wahrheit. Für Windelbands Wahrheitsbegriff ist schließlich wesentlich:

„Der Sinn der Wahrheit aber verlangt stets eine *Geltung an sich* ohne Beziehung auf ein Bewußtsein oder wenigstens auf ein bestimmtes, empirisches Bewußtsein. Denn der logischen Bedeutung des Geltens liegt ein Postulat der allgemeinen Anerkennung derart zugrunde, daß es in dem sachlichen Bestande des Bewußtseinsinhaltes begründet ist"[54]

– folglich nur zu beziehen ist auf ein Bewußtsein der Werte an sich, das Windelbandsche sog. ‚Normalbewußtsein', eine dem logischen ‚Bewußtsein überhaupt' analoge Bildung.[55] Dem zu postulierenden Normalbewußtsein sind Normen und Werte als *die* Normen und Werte überhaupt eigen, wie dem logischen Bewußtsein die Dinge *die* Dinge an sich sind. Eine ‚selektive Synthesis' der Erkenntnis erzeugt uns dann in logischer Auswahl die Gebilde der Realität.[56] Zu den Gebilden der Realität – in der Form ihres *Geltens* – gehören aber nicht zuletzt die Werte des Wahren, Guten und Schönen, in ihrem An sich bezogen auf ein überzeitliches

---

[52] Windelband (1916), S. 45–46.
[53] Vgl. Moog (1922), S. 141, im Rahmen eines Münsterberg-Referates.
[54] Windelband (1914b), S. 212.
[55] Vgl. ebd., S. 255.
[56] Vgl. Moog (1922), S. 238, im Rahmen eines Windelband-Referates.

Normalbewußtsein. Dieses ist der eigentliche Ort der Werte, nicht ein individuelles oder überindividuelles Bewußtsein, wenn anders sie allgemeingültig sein sollen. Aus diesem Grunde postuliert Windelband auch den „Willen zur Wahrheit" als die „sittliche Pflicht, zu denken".[57] Aber das führt bereits mitten in den Kontext einer Logik des ‚Normalbewußtseins', einer fichteanisch inspirierten,[58] quasi hegelianischen Figur mit Anklängen an den absoluten Geist, verwandt auch mit der Lotzeschen Konsequenz, hierin das Göttliche zu postulieren, die uns hier nicht mehr beschäftigen soll.

An diesen Postulaten enden jedoch tatsächlich Windelbands Bemühungen um eine „philosophische Psychologie". Die Gründe des Scheiterns seiner Psychologie-Projekte können somit letztlich als Effekte systematischer Weichenstellungen und weniger als sachliche Anschlussschwierigkeiten an den Stand der empirischen physio-psychologischen Forschung verstanden werden. Es gibt somit *philosophische* Gründe des Scheiterns von Windelbands Bemühungen um die Psychologie. Diese inneren Gründe überwogen für Windelband bei weitem die äußeren. Psychologie und Philosophie waren im Kern in Windelbands Denken in systematische Konkurrenz geraten, die die Ressourcenfrage doch noch einmal ganz neu stellte. Dass die wissenschaftliche Welt diese Frage längst nicht mehr als intern philosophische auffasste, ist demgegenüber das ganz andere Thema einer Psychologiegeschichte des 20. Jahrhunderts, die eben nicht mehr als verlängerte Philosophiegeschichte des 19. Jahrhunderts zu schreiben ist.

Literatur

Brentano, Bernhard von (1932): *Der Beginn der Barbarei in Deutschland.* Berlin 1932.
Bühler, Karl (1929): *Die Krise der Psychologie.* Jena 1929.
Cassirer, Ernst (1993): Naturalistische und humanistische Begründung der Kulturphilosophie [1939]. In ders.: Rainer A. Bast (Hg.): *Erkenntnis, Begriff, Kultur.* Hamburg 1993, S. 231–261.
Dingler, Hugo (1926): *Der Zusammenbruch der Wissenschaft.* München 1926.
Freund, Ludwig (1928): [Rezension über Dingler (1926)]. In: *Bayerische Israelitische Gemeindezeitung,* Nr. 8 (01.05.1928), S. 119–120.
Freund, Ludwig (1930): *Am Ende der Philosophie.* München 1930.
Freund, Ludwig (1932): *Philosophie ein unlösbares Problem. Abrechnung mit der Illusion.* München 1932.
Gundlach, Horst (2017): *Wilhelm Windelband und die Psychologie. Das Fach Philosophie und die Wissenschaft Psychologie im Deutschen Kaiserreich.* Heidelberg 2017. Open access: http://heiup.uni-heidelberg.de/heiup/catalog/book/203 (02.10.2018).
Heinz, Marion (2002): Fichte und die philosophische Methode bei Windelband. In: Detlef Pätzold/Christian Krijnen (Hg.): *Der Neukantianismus und das Erbe des deutschen Idealismus: die philosophische Methode.* Würzburg 2002, S. 135–146.
Hoefele, Karl Heinrich (1967): *Geist und Gesellschaft zur Bismarckzeit (1870–1890).* Göttingen u. a. 1967 (Quellensammlung zur Kulturgeschichte Bd. 18).

---

[57]Vgl. Windelband (1909b), S. 1–17.

[58]Vgl. Heinz (2002), S. 135–146.

Keller, Christian (2005): *Victor Ehrenberg und Georg Jellinek Briefwechsel 1872–1911.* Frankfurt a. M. 2005.

Köhnke, Klaus Christian (1994): Das Konkurrenzverhältnis zwischen philosophischer Ethik und Soziologie um die Jahrhundertwende. In: Ernst Wolfgang Orth/Helmut Holzhey (Hg.): *Neukantianismus. Perspektiven und Probleme.* Würzburg 1994, S. 235–249.

Löhlein, Ludwig (1874): *Die Operationen des Korps des Generals von Werder. Nach den Akten des General-Kommandos dargestellt.* Berlin 1874.

Moog, Willy (1922): *Die Philosophie des 20. Jahrhunderts in ihren Hauptrichtungen und ihren Grundproblemen.* Stuttgart 1922.

Münsterberg, Hugo (1909): [Eröffnungsansprache zur Sektion Psychologie]. In: Th. Elsenhans (Hg.): *Bericht über den III. Internationalen Kongress für Philosophie zu Heidelberg 1. bis 5. September 1908.* Heidelberg 1909, S. 544–545.

Rickert, Heinrich (1913): Zur Besetzung der philosophischen Professuren mit Vertretern der experimentellen Psychologie. In: *Frankfurter Zeitung* Nr. 63 vom 04.03.1913.

Scheerer, Eckert (1989): Lemma Psychologie. In: Joachim Ritter und Karlfried Gründer (Hg.): *Historisches Wörterbuch der Philosophie.* Bd. 7. Basel 1989, Sp. 1599–1653.

Schönpflug, Wolfgang/Schönpflug, Ute (2014): *Die Grundlagen der Psychologie. Allgemeine Psychologie, Entwicklungspsychologie, Persönlichkeitspsychologie, Sozialpsychologie.* Lizenzausgabe Hamburg [4]2014.

Steinthal, Chajim (1875): Zusatz zum vorstehenden Artikel. In: *Zeitschrift für Völkerpsychologie und Sprachwissenschaft* 8 (1875), Heft 2 (1874 [!]), S. 178–189.

Windelband, Wilhelm (1873): *Ueber die Gewissheit der Erkenntniss. Eine psychologisch-erkenntnisstheoretische Studie.* Berlin 1873.

Windelband, Wilhelm (1875): Die Erkenntnisslehre unter dem völkerpsychologischen Gesichtspunkte. Mit Rücksicht auf Sigwart, Logik I. Tübingen. Laupp'sche Bchhdlg (1873). In: *Zeitschrift für Völkerpsychologie und Sprachwissenschaft* 8 (1875), Heft 2 (1874 [!]), S. 166–178.

Windelband, Wilhelm (1876): *Über den gegenwärtigen Stand der psychologischen Forschung. Rede zum Antritt der ordentlichen Professur der Philosophie an der Hochschule zu Zürich am XX. Mai MDCCCLXXVI* [20. Mai 1876]. Leipzig 1876.

Windelband, Wilhelm (1896): Philosophie und Methodologie der Geschichte (1892/94). In: *Jahresberichte der Geschichtswissenschaft* 17 [1894]. Berlin 1896, S. 106–115.

Windelband, Wilhelm (1909a): *Die Philosophie im deutschen Geistesleben des XIX. Jahrhunderts. Fünf Vorlesungen.* Tübingen 1909.

Windelband, Wilhelm (1909b): *Der Wille zur Wahrheit. Akademische Rede zur Erinnerung an den zweiten Gründer der Universität, Karl Friedrich Großherzog von Baden am 22. November 1909 bei dem Vortrag des Jahresberichts und der Verkündung der akademischen Preise gehalten.* Heidelberg 1909, S. 1–17.

Windelband, Wilhelm (1914a): *Die Hypothese des Unbewußten. Festrede gehalten in der Gesamtsitzung der Heidelberger Akademie der Wissenschaften am 24. April 1914.* Heidelberg 1914 (Sitzungsberichte der Heidelberger Akademie der Wissenschaften. Philosophisch-historische Klasse, Jg. 1914, 4. Abh.).

Windelband, Wilhelm (1914b): *Einleitung in die Philosophie.* Tübingen 1914.

Windelband, Wilhelm (1915): Geschichte und Naturwissenschaft. In: Ders.: *Präludien.* Bd. 2. Tübingen [5]1915, S. 156–157.

Windelband, Wilhelm (1916): *Geschichtsphilosophie. Eine Kriegsvorlesung. Fragment aus dem Nachlass von Wilhelm Windelband,* hg. von Wolfgang Windelband und Bruno Bauch. Berlin 1916 („Kantstudien" Ergänzungshefte. H. Vaihinger, B. Bauch und A. Liebert (Hg.) Nr. 38).

Wundt, Wilhelm (1907): Psychologie. In: Wilhelm Windelband (Hg.): *Die Philosophie im Beginn der zwanzigsten Jahrhunderts. Festschrift für Kuno Fischer.* Heidelberg [2]1907, S. 1–57.

Wundt, Wilhelm (1913): *Die Psychologie im Kampf ums Dasein.* Leipzig 1913.

Ziche, Paul (2008): *Wissenschaftslandschaften um 1900. Philosophie, die Wissenschaften und der nichtreduktive Szientismus.* Zürich 2008.

Über Franz Brentanos vierte Habilitationsthese „Die wahre Methode der Philosophie ist keine andere als die der Naturwissenschaft" und Carl Stumpfs phänomenologische Weiterentwicklung

Margret Kaiser-El-Safti

1 Über Philosophie und Psychologie

Sich als Psychologin auf das Thema „Philosophische Psychologie um 1900" einzulassen, erfordert, den aktuellen Diskussionstand zwischen Philosophie und Psychologie außer Acht zu lassen und nur den historischen Rückblick zu beachten. Leider nahm seit Ende des Zweiten Weltkrieges das Interesse an einer gegenseitigen Auseinandersetzung beständig ab, was bereits durch die ‚Psychologismus-Kontroverse' am Beginn des 20. Jahrhunderts durch Edmund Husserl in die Wege geleitet wurde. De facto wurde die tatsächliche Komplexität der Kontroverse – Sachverhalte, Motive, Strategien, auch Missverständnisse, die Kompetenzlage beider Seiten, Philosophie und Psychologie betreffend – nie aufgearbeitet, jedoch die Kommunikation zwischen Philosophie und Psychologie erheblich eingeschränkt.[1] Ich stelle es mir demzufolge für beide Seiten nicht leicht, wenngleich nicht unmöglich vor, an die alten Zeiten wieder anzuknüpfen.

Auf psychologischer Seite ist das Interesse an der vielgestaltigen, kreativen und noch kaum erforschten Pionierphase im 19. Jahrhundert heute fast zum Erliegen gekommen. Die Mainstreampsychologie ist, unter Vernachlässigung der erkenntnistheoretischen Inhalts- und Gegenstandsfrage, heute vornehmlich

---

[1] Kaiser-El-Safti (2011).

M. Kaiser-El-Safti (✉)
Köln, Deutschland
E-Mail: m.kaiser@uni-koeln.de

an der Perfektion methodischer Verfahrensweisen interessiert. Was die Theoriebildung betrifft, verdankt sie zweifellos der Philosophie einen Jahrtausende alten ideengeschichtlichen Fundus, dessen psychologisch relevanter Reichtum und dessen Reichweite von einer empirischen Psychologie wohl niemals ausgeschöpft werden können. Letzteres mag dazu beigetragen haben, dass die Bestrebungen, sich als eigenständige empirische Disziplin zu etablieren, nicht einheitlich von einer gemeinsamen theoretischen Basis ihren Ausgang nahmen, sondern schnell in unterschiedliche psychologische Schulen mit tendenziell verschiedenen Zielrichtungen auseinander strebten.[2]

Ein Auslöser für das hektische Tempo und die Heterogenität in der Theoriebildung im 19. Jahrhundert dürfte von dem radikalen Anstoß des Neukantianers Friedrich Albert Lange ausgegangen sein, der dazu motiviert hatte, den ‚alten', bereits philosophisch umstrittenen Begriff einer Seelensubstanz, ja den Seelenbegriff überhaupt, abzuschaffen und sich mit einer „Psychologie ohne Seele" zu begnügen; es sei doch der Name ‚Psychologie' noch brauchbar, solange es für sie irgendetwas zu tun gäbe, was nicht von einer anderen Wissenschaft vollständig mitbesorgt werden könnte.[3] Die zwiespältigen Reaktionen auf diese Botschaft, von dem Neukantianer in seiner viel gelesenen zweibändigen „Geschichte des Materialismus" mit der Empfehlung für eine positivistische (wenn auch nicht materialistische) Weltanschauung vermittelt, wurde unter dem Motto ‚mit Kant an Kant vorbei' bereits bei anderer Gelegenheit unter die Lupe genommen.[4] F. A. Langes Prognose einer, an mehrere Nachbargebiete anstoßenden, zukünftig selbstständig arbeitenden empirischen Psychologie war keineswegs optimistisch, und heute sieht es in der Tat so aus, als würde die Psychologie durch permanente Innovationen in Biologie, Neurologie und Computerwissenschaft bald überflüssig werden. Über die, auch ethisch riskanten Konsequenzen einer solchen Entwicklung denken heute Psychologen[5] und Philosophen nach.[6]

Das Echo auf Langes Apell war unterschiedlicher Natur; als die nachhaltigste, philosophisch *und* psychologisch relevante Wirkung dürfte der Aufbruch in eine ‚phänomenologische Bewegung' angesehen werden, für die in psychologischer Perspektive die Namen Franz Brentano (1838–1917) und Carl Stumpf

---

[2]Dass die akademische Psychologie sich heute weitgehend von historischer Forschung distanziert und ihr Heil in der Quantifizierung mehr oder weniger kurzlebiger Hypothesen sucht, deren Replizierbarkeit häufig nicht gewährleistet ist, resultiert *auch* aus der mangelnden Kontinuität begrifflich-philosophischer Grundpositionen und wechselnder Weltanschauungen. Von Seiten der philosophischen Psychologie wurde im 19. Jahrhundert durch J. F. Herbart, H. Lotze, F. Brentano und C. Stumpf wertvolle deskriptive Arbeit geleistet, entsprechende Bemühungen konnten jedoch, wenn mit der vorherrschenden Weltanschauung nicht kompatibel, durch den Generalverdacht des Psychologismus jederzeit abgeschnitten werden.
[3]Lange (1866/1974), S. 823.
[4]Kaiser-El-Safti (1992 und 2001).
[5]Werbik und Benetka (2016).
[6]Nida Rümelin (2018).

(1848–1936) einzusetzen sind. Auch die ‚phänomenologische Bewegung' bildete, was das Erkenntnisinteresse betraf, bald Abzweigungen und Schwerpunktverlagerungen in diverse Richtungen aus. Dass Carl Stumpf, der sich besonders für die psychologische Verwendung einer phänomenologischen Basis einsetzte, heute viel weniger bekannt ist als sein Lehrer Franz Brentano und sein zeitweiliger Schüler Edmund Husserl (1859–1938) – dafür gibt es zahlreiche, wissenschaftsinterne und wissenschaftsexterne Gründe, nicht zuletzt die verheerenden Prämissen und Konsequenzen der Weltkriege im 20. Jahrhundert. Für das Vergessen von Carl Stumpf, dem profundesten Arbeiter an der psychologischen Modellbildung, wäre aus interner Perspektive seine starke Konzentration auf die Musik – Musikpsychologie, Musikethnologie, Musikgeschichte und Musikwissenschaft – heranzuziehen. Stumpf hat alle Bereiche der damaligen Musikforschung mitgeprägt und mitbegründet, die aus philosophischer und psychologischer Sicht – darüber darf man sich keine Illusionen machen – heute nicht nur als forschungsfremd respektive marginal eingeschätzt werden, sondern auch Anlass sind, Carl Stumpfs weit über den musikalischen Tellerrand hinausreichende phänomenologische Konzeption *im Ganzen* zu ignorieren.[7]

Erst 2014 konnte der von 1867 bis 1917 geführte Briefwechsel zwischen Brentano und Stumpf (vermutlich immer noch nicht vollständig) in Buchform erscheinen, der durch die Bemühungen von Thomas Binder verschollene Briefe Stumpfs zugänglich machte;[8] bereits 1989 waren die Briefe Brentanos an Stumpf (auch sie zensiert) *ohne* die Briefe Stumpfs veröffentlicht worden.[9] Der unprofessionelle Umgang mit historisch wertvollen Dokumenten beleuchtet einerseits die Schieflage in der Wahrnehmung der beiden Pioniere der phänomenologischen Psychologie und zum anderen das Desinteresse an einer, von weltanschaulichem Sendungsbewußtsein freien Forschung, die Stumpf lebenslang beherzigte. Der Briefwechsel informiert über das Ringen Brentanos und

---

[7]Was die Gewichtung der Musik in Stumpfs Phänomenologie betrifft: Die zum Teil intensiv eingesetzte *experimentelle* Methode wurde im Kreis der philosophischen Phänomenologie geradezu als „schockierend" erlebt. So bei Spiegelberg (1971, S. 61): „The idea of an experimental phenomenology came as a shock to those who are used to be sublime purism phenomenology in the philosophical sense." – In der Tat forderte Stumpf wiederholt (z. B. 1907 in [1910], S. 179): „Ich möchte vor allem für wichtig halten, daß der Philosoph irgendein Handwerk gelernt und geübt, d. h. sich auf irgendeinem konkreten Gebiete, sei's nun der Geistes- oder der Naturwissenschaften, selbsttätig versucht hat. Er muß die Leiden und Freuden der Einzelforschung am eigenen Leibe kennen gelernt, er muß durch positive Leistungen sich das Recht mitzureden, erkämpft haben, und er muß die Sprache der Wissenschaften beherrschen, die er zu meistern gedenkt."
Stumpf verwendete das Experiment ausschließlich für die Erforschung musikalischer Phänomene und konnte hier „nicht von der Untersuchung ablassen [...] ehe mir nicht dieses wichtige Gebiet der Phänomenologie hinreichend geklärt schien" (in „Selbstdarstellung" 1924, S. 227). – In derselben Schrift gibt er aber auch zu verstehen: „Niemals habe ich z. B. über Tonpsychologie oder musikwissenschaftliche Gegenstände gelesen" (l. c., S. 230).
[8]Vgl. die Einleitung in den Briefwechsel von Kaiser-El-Safti (2014).
[9]Herausgegeben und eingeleitet von Gerhard Oberkofler unter Mitarbeit von Peter Goller (1989).

Stumpf war um eine Verbindung zwischen Philosophie und Psychologie bemüht, die jedoch im Laufe der Jahre zunehmend auf heterogene Basisideen und Zielsetzungen reflektierte. Die Briefe verdeutlichen aber auch, dass die menschliche Beziehung zwischen Brentano und Stumpf keineswegs so harmonisch verlief, wie in der Sekundärliteratur zu lesen ist, wozu Stumpf auch selbst in seinem Nachruf auf Brentano beitrug.[10] Die von ihm dann 1929 korrigierte Stellungnahme ist im Briefwechsel nachzulesen.[11]

Ich werde im Folgenden lediglich einen Teilaspekt der komplizierten Beziehung der beiden phänomenologischen Protagonisten zueinander behandeln können, der beider Verhältnis zur prosperierenden Naturwissenschaft der damaligen Zeit betrifft, episodisch hergeleitet an der Thematik der 4. Habilitationsthese Brentanos – deren mehrmalige Verwendung durch Brentano und Stumpfs, von Brentano abweichender Interpretation der These.

2 Vorbemerkungen über die schwierige Beziehung der Pioniere der phänomenologischen Psychologie

Das Ungleichgewicht in der Wahrnehmung der komplizierten Beziehung zwischen Brentano und Stumpf beginnt mit der Zugänglichkeit der Werke und demzufolge auch der wissenschaftlichen Persönlichkeiten. Das zerstreute und noch wenig kommentierte schwierige Werk von Stumpf kann nicht mit den vielfach kommentierten und interpretierten Arbeiten und den nachgelassenen Schriften Brentanos konkurrieren. Neuerdings beginnt man sich darüber Gedanken zu machen, dass die überreiche Kommentierung der Werke Brentanos und des umfangreichen Nachlasses durch die Herausgeber über die eigentlichen Intentionen Brentanos eher Verwirrung als Klarheit verbreitete. Als Erklärung für diesen Sachverhalt gab man zu verstehen, man sei einem *Auftrag* Brentanos gefolgt, nämlich nach seinem Tod zu einer *Synthese* des Ganzen beizutragen, die ihm selbst zu Lebzeiten nicht gelungen sei. In letzterer Zeit wurde mit einer Neuherausgabe der Werke Brentanos begonnen. Heißt das, dass man in Zukunft auf gänzlich neue Einsichten gefasst sein muss?[12]

Man ist also derzeit mit einer Situation konfrontiert, die eventuell eine Neugewichtung der Grundlagen der phänomenologischen Psychologie erforderlich machen könnte, was vielleicht auch eine Chance für eine erneute Zusammenarbeit zwischen Philosophie und Psychologie sein könnte.

---

[10]Stumpf in Kraus (1919), S. 87–149.

[11]Vgl. Stumpfs Nachruf auf Brentano in Oskar Kraus (1919) und seine Stellungnahme 10 Jahre später 1929 im Briefwechsel mit Brentano. (2014, S. 445 ff.).

[12]Nach der Herausgeberin Franziska Mayer-Hillebrand soll Brentano ein Jahr vor seinem Tod den Wunsch geäußert haben, „daß seine Schüler die Synthese, die er selbst geplant, aber nicht mehr vornehmen konnte, zur Ausführung bringen sollten" (Mayer-Hillebrandt in Brentano 1956, S. XIII).

Ein prinzipielles Diskurs-Problem resultiert aus der vieldeutigen Verwendung der Termini ‚Phänomenologie' und ‚phänomenologisch', die schon bei Brentano und Stumpf nicht übereinstimmte. Der philosophische Fachterminus wird inzwischen beinahe inflationär verwendet, häufig pauschal in der Bedeutung bloß subjektiver Beschreibung von Sachen, in ungefährer Annäherung an Edmund Husserls Äußerung, dass, ‚auf die Sachen selbst' zurückgegangen werden müsste. Darüber, was bezüglich der zu beschreibenden Sachen oder besser *Sachverhalte,* letztlich zu verstehen ist, herrschte von Anfang an Dissens; nach Brentano waren es die inneren Phänomene oder geistigen Akte, für Stumpf dagegen primär die Struktureigenschaften der sinnlichen Phänomene, der visuellen und vorzüglich der auditiv-musikalischen Phänomene, wie Töne, Klänge und Sprachlaute einschließlich ihrer strukturellen Gesetzmäßigkeiten. Letztere galten Stumpf als Fundament für die mit ihnen – nicht mit den äußeren Dingen – befassten psychischen Akte respektive Funktionen. Die diesbezügliche Entscheidung resultierte aus Stumpfs Überzeugung, dass Psychisches als Mentales sich nie *an sich* oder *als solches* zeigt, sondern nur als Betätigung an etwas anderem zu beobachten ist.[13]

Dass Stumpf als dieses Andere, an welchem Psychisches sich zeigt respektive günstig beobachtet werden kann, vornehmlich die auditiv-musikalischen Phänomene heranzog, dürfte zum ‚sperrigsten' Teil seiner Phänomenologie gehören, für den Heutige anscheinend am wenigsten zu gewinnen sind und auch Zeitgenossen sich bereits schwer taten.[14] Eine weitere Verständnishürde resultierte daraus, dass bezüglich der sinnlichen Phänomene einerseits nicht von ihrer naturwissenschaftlichen, physikalisch-physiologischen Verursachung abstrahiert werden konnte, die diesbezügliche Kenntnis vielmehr hilfreich war respektive vorausgesetzt wurde; andererseits sollte die naturwissenschaftliche Grundlage aber *nur* den Status einer Hilfswissenschaft und nicht das eigentliche Anliegen der phänomenologischen Forschung ausmachen. Stumpf formulierte diesen Standpunkt erstmals im Vorwort des ersten Bandes seiner „Tonpsychologie":

> „Mit der physikalisch-physiologischen Akustik hat die psychologische das Material gemein, die Tonempfindungen. Aber erstere untersucht die Antecedentien, letztere die Folgen der Empfindungen".[15]

---

[13]Vgl. „Erkenntnislehre": „Niemals kann man psychische Funktionen für sich, sondern immer nur als Betätigung an irgendeinem Material wahrnehmen, kann sie daher auch nicht abgesondert von allem Material vorstellen" (Stumpf 1939/2011, S. 341).

[14]Stumpf schreibt in seiner Autobiographie, zu der er sich erst entschließen konnte „als ich bemerkte, wie schwer es selbst Fachgenossen und Schülern bei verschiedenen Gelegenheiten wurde, den einheitlichen Faden meiner stark verzweigten Schriftstellerei und die Wurzel meiner wissenschaftlichen Lebensarbeit zu finden" (Stumpf 1924, S. 1). H. Lotze bemerkt in seiner „Geschichte der Ästhetik in Deutschland": „Musik hat selten zu den Lieblingen deutscher Philosophen gehört. Nicht viele von ihnen scheinen hinlänglich natürliche Fähigkeit für diese Kunst und genug erworbene Kenntniß ihrer Werke besessen zu haben, um wirklich aus einem reichhaltigen Genuß heraus sich ihre allgemeinen Ansichten zu bilden" (Lotze 1868, S. 461).

[15]Stumpf (1883), S. VI.

Für Stumpf scheint das methodologische Vorgehen, infolge der leib-seelischen Anlage des Menschen, eine Selbstverständlichkeit gewesen zu sein; er betonte die unterschiedlichen Arbeitsweisen, nach denen er sich immer schon gerichtet hatte, 1906 in seiner Akademiearbeit „Zur Einteilung der Wissenschaften".[16] Zu diesem Zeitpunkt scheint Edmund Husserl sich dann zu einer ganz anderen, von Stumpf diametral abweichenden Auffassung von Phänomenologie, die Interpretation einer eidetischen und transzendentalen Phänomenologie, entschieden zu haben, auf die hier aber nicht einzugehen ist.[17]

Das ursprünglich *philosophische* Erkenntnisinteresse der Phänomenologie erwuchs aus dem Anliegen, der Philosophie auf der Basis der Psychologie eine neue Richtung zu eröffnen, die einerseits mit der prosperierenden Naturwissenschaft Schritt halten konnte und die andererseits der veränderten Lebens- und Kulturwelt angemessener war als der erkenntnistheoretische und ethische Idealismus und Transzendentalismus des 18. Jahrhunderts. Wenn Stumpf noch 1919 in seinem Nachruf auf Brentano, der 1917 verstorben war, die Bedeutung der 4. Habilitationsthese Brentanos unterstreicht, referiert das auf die gemeinsam vertretene Opposition gegen die spekulative Philosophie des Deutschen Idealismus; dass sich inzwischen aber auch gravierende Differenzen zu Brentanos Lehre hergestellt hatten, brachte Stumpf 1919 in seinem Nachruf auf Brentano nicht zur Sprache; seine Stellungnahme referierte nur auf die ersten Jahre der Begegnung mit Brentano und hob besonders den Eindruck hervor, den Brentanos Habilitationsvortrag und die Verteidigung der 4. Habilitationsthese hinterließ: „Besonders freuten wir uns [er und sein Freund Anton Marty], daß er für die Philosophie keine andere Methode als für die Naturwissenschaft in Anspruch nahm und darauf seine Hoffnung für eine Wiedergeburt der Philosophie begründete. Es war eine neue, eine unvergleichlich tiefere und ernstere Auffassung der Philosophie".[18]

Was die methodologische Differenz zu Brentano anbelangte: Stumpf votierte in der Tat lebenslang für einen *Methodenpluralismus* in Bezug auf *alle* Wissenschaften, einschließlich der Philosophie: Das Experiment kann nach Stumpf in der Philosophie ebenso Anwendung finden wie introspektive Verfahren bei der Theoriebildung in der modernen Physik. Dagegen pochte er jedoch auf prinzipielle Unterschiede in Bezug auf die jeweiligen *Inhalte, Gegenstände* oder *Sachverhalte* der phänomenologischen Forschung. Brentanos Werk lässt in dieser wichtigen epistemologischen Frage keine eindeutige Position erkennen, sodass Edmund Husserl sich im Spätwerk erlauben konnte zu behaupten, dass Brentano

---

[16] 1907 im Verlag der Preußischen Akademie der Wissenschaften erschienen.

[17] Rudolf Bernet schildert in seiner Einleitung in Husserl (1985) akribisch „Wendepunkte" in der Phänomenologie Husserls, die 1906/1907 beginnen. „Ab 1908 bekennt sich Husserl dann ausdrücklich zu den idealistischen Konsequenzen seiner Lehre von der transzendental-phänomenologischen Reduktion […]" (Bernet 1985, S. XXXIV), womit die entscheidende Grenzmarkierung zu Stumpfs Auffassung von Phänomenologie getroffen wurde.

[18] Stumpf in Kraus (1919), S. 88.

in den Grundlagen des Naturalismus befangen geblieben sei; *Naturalisten* waren aber weder Brentano noch Stumpf, den Husserl vermutlich mitgemeint hatte, aber nicht namhaft machen wollte.[19]

3 Die dreifache Verwendung der 4. Habilitationsthese Brentanos „Die Methode der Philosophie ist keine andere als die der Naturwissenschaft"

3.1 In Bezug auf den Habilitationsvortrag „Über Schellings Philosophie" (1866)

Ich referiere im Folgenden Brentanos dreimalige Bezugnahme auf die 4. Habilitationsthese und schließe daran einen historischen Rückblick auf die persönlichen und wissenschaftlich relevanten Hintergründe dieser Mehrfachverwendung an; Einzelheiten zu den verschiedenen Positionierungen finden sich in den, zwischen Stumpf und Brentano gewechselten Briefen.

Der 1866 noch im Priestergewand habilitierende Franz Brentano erregte mit der 4. Habilitationsthese, bezugnehmend auf seinen Vortrag, Aufsehen. Präzise und eloquent hatte er in seinem Vortrag gegen die in dieser Zeit viel beachtete und selbst für Naturwissenschaftler attraktive, aber *rein spekulative* Naturphilosophie von Friedrich Wilhelm Schelling polemisiert. Das Thema des Habilitationsvortrages „Über Schellings Philosophie in ihren verschiedenen Phasen. Darstellung und Kritik" war ihm von philosophischen Anhängern Schellings gestellt worden. Der erwartete Eklat blieb wohl aus; den jungen Carl Stumpf motivierte der Vortrag zu seiner Entscheidung für das Philosophiestudium, wofür Stumpf Brentano in späteren Jahren mehrmals innigen Dank bekundete. 23 Jahre später (1889) hielt Brentano den Habilitationsvortrag noch einmal, diesmal unter dem Titel „Über Schellings Philosophie" und mit einer anderen Motivation. Wiederum vier Jahre später (1893) beruft sich Brentano in einem Vortrag nochmals auf die 4. Habilitationsthese. Die drei Texte wurden in Buchform erstmals 1929 und nochmals 1968 unter dem Titel „Über die Zukunft der Philosophie" veröffentlicht, von verschiedenen Herausgebern kommentiert und interpretiert.

In der ersten Version des Habilitationsvortrages geht Brentano scharf gegen mangelhaftes Methodenverständnis Schellings vor, inhaltlich beanstandet er die

---

[19] Husserl äußerte im Spätwerk „Die Krisis der europäischen Wissenschaften und die transzendentale Phänomenologie", vermutlich auf die 4. Habilitationsthese bezogen, dass Brentano „im Wesentlichen in den Vorurteilen der naturalistischen Tradition befangen" geblieben sei (Husserl 1954, S. 236). – Dagegen legte Martin Heidegger die These nach seinem Verständnis von Brentano aus, nämlich, dass Brentano keineswegs eine Übertragung naturwissenschaftlicher Methodik auf die Philosophie gefordert hätte,
„sondern umgekehrt: die Ausschaltung der naturwissenschaftlichen Methodik"; so wie die Naturwissenschaft in ihrem Feld sollte die Philosophie „unter grundsätzlicher Artung der betreffenden Sachen" verfahren (Heidegger 1925/1979, S. 24).

kühnen naturphilosophischen Konstruktionen über eine Identität von Natur und Geist, Schellings Konzeption einer Geschichtsphilosophie anstelle der Metaphysik, Schellings theologischen Versuch, Pantheismus und Theismus zu synthetisieren.[20]

Brentanos Haupteinwand gegen Schellings Philosophie gipfelte in dem Urteil, dass Schelling ein *Einheit stiftendes positives Prinzip* angekündigt, aber nicht geliefert hätte, weil er „von Anfang an Unmögliches erstrebte".[21] In der Hauptsache wollte Brentano Schellings Versuch erschüttern, eine Übereinstimmung zwischen geoffenbarter christlicher Religion (beispielsweise der Dreifaltigkeitslehre) und dem philosophischen Gedanken an ein schöpferisches Urwesen im Sinne einer *positiven* Philosophie zustande zu bringen.[22] Was Schelling über die Dreifaltigkeit Gottes geäußert habe, monierte Brentano, sei weder ein Erweis der betreffenden christlichen Lehre, noch überhaupt in Übereinstimmung mit der Wahrheit des Christentums zu bringen. Im Falle Schellings habe es sich um „einen Anthropomorphismus Gottes, hervorgegangen aus der Betrachtung unseres Erkenntnisprozesses" gehandelt, den Schelling aus Fichtes Ichphilosophie hergeleitet hätte.[23]

Die Passage ist bemerkenswert, weil Brentano hier vornehmlich Klarheit in *theologisch- kirchlicher* Positionierung anstelle naturphilosophischer Spekulation von Schellings Philosophie fordert. Noch war freilich nicht in Sicht, dass Brentano sich einige Jahre später von der christlichen Religion verabschieden, anstelle christlicher Theologie zum Gott der Philosophen übergehen und nun im Sinne Descartes (nicht Fichtes) vertreten wird, unmittelbar aus den Bewußtseinstatsachen einleuchtende Gewissheit über die Existenz Gottes und der Evidenz der Unsterblichkeit der Seele erlangen zu können.

In welchem *direkten* Zusammenhang soll nun die 4. Habilitationsthese mit der Gleichstellung von philosophischer und naturwissenschaftlicher Methode gestanden haben? Diese Frage scheint sich auch der erste Herausgeber, Oskar Kraus, gestellt zu haben. Er erwähnt in seinen Anmerkungen zum Vortrag ein ihm

---

[20]Schelling habe, so Brentano, „einen Parallelismus zwischen der Stufenfolge in der Natur und der Stufenfolge in der Entwicklung des Bewußtseins nachzuweisen [versucht] und fing an, von einer Weltseele zu sprechen, nämlich von einem organisierenden, die Welt zum System bildenden Prinzip, das sich ihm aus der Zusammenfassung oder Vorstellung des Konflikts zweier streitender Kräfte, eines positiven und negativen Prinzips, deren aktuelle Einheit die Welt sei, in Analogie zu unserer Seele ergab" (1968, S. 111).

[21]In Brentano (1929), S. 119.

[22]Brentano schreibt: „In das innere Leben der Gottheit dringt der menschliche Verstand aus eigener Kraft nicht ein, mag er nun a priori oder a posteriori philosophieren wollen. Er wird auf dem einen Wege gar nichts auf dem anderen aber nicht das, was er erstrebt, erreichen. Daß Gott Schöpfer und daß er über alle Vollkommenheit erhaben ist, lehrt uns die Kreatur erkennen, daß er dreifaltig ist, lehrt sie nicht, und darum muß die reine Philosophie einer philosophisch-theologischen Spekulation es überlassen, sich in die Tiefe der Dreifaltigkeit zu versenken" (l. c., S. 120).

[23]Brentano (1929), S. 120.

beigelegtes Blatt, auf dem Brentano mit Bleistift vermerkt hätte, dass er „unter empirischer Methode *negativ* die Abkehr von den willkürlichen Konstruktionen der spekulativen Philosophie verstand. Keine Konstruktion von Systemen: mühsame Einzelforschung, sei es auf dem Gebiete der Logik, sei es auf dem Gebiete der Psychologie oder selbst der Metaphysik".[24] Nun, das ist eine sehr allgemeine Stellungnahme, die gewissermaßen auf Brentanos, erst Jahre später verfasste „Psychologie vom empirischen Standpunkt" vorausweisen möchte, die zur Zeit der Habilitation aber nachweislich noch nicht in Sicht war.

3.2 Dreiundzwanzig Jahre später im Vortrag „Über Schellings Philosophie" (1889)

23 Jahre später, mit der Überschrift „Über Schellings Philosophie" versehen, richtete sich die Kritik zwar immer noch gegen Schelling und die rein spekulative Philosophie, jedoch nun ohne die theologische Anthropomorphismus-Kritik; die Kritik galt jetzt auch noch einem anderen Adressaten, dem Wiener Kollegen Robert Zimmermann, den Brentano anscheinend für seine missliche Situation an der Wiener Universität (worauf weiter unten zurückzukommen sein wird) mit verantwortlich machte. Der Wiener Philosophischen Gesellschaft, in der Brentano seinen Vortrag hielt, gehörten außer Schülern Brentanos auch namhafte Philosophen und Forscher an der Wiener Universität an; die Gesellschaft wurde derzeit von dem Philosophen Robert Zimmermann als Obmann vertreten, dem Brentano eine Intrige gegen ihn unterstellt zu haben scheint, die im Briefwechsel wiederholt angedeutet, aber nie ausformuliert wurde. Brentano scheint vermutet zu haben, dass Zimmermann dazu beigetragen hatte, eine Wiederberufung Brentanos auf den philosophischen Lehrstuhl in Wien zu verhindern, den Brentano durch seine Heirat verloren hatte und nun nur als Privatdozent zu lehren befugt war. Brentano nahm zum Anlass, dass Zimmermann sich gelegentlich positiv über Schelling geäußert hatte, um nochmals seine Methodenkritik an Schelling vorzutragen, während er an der, seinerzeit der Theogonie und Theologie geltenden Kritik nicht mehr interessiert war.[25]

Brentano zitiert Zimmermann mit dem Satz „Damals baute man auf Phantasie: heute will man Tatsachen zur Basis machen".[26] Offenbar hatte Zimmermann diese Gegenüberstellung mit einer positiven Wertung der älteren Philosophie (auf der

---

[24]Kraus in Brentano (1929), S. 161. [Hervorhebung im Original gesperrt].

[25]Stumpf schreibt im Briefdokument 181, 1885 (2014, S. 254): „Zimmermann – ich finde kein Wort für diese Gemeinheit, Obszönität, Schamlosigkeit. Als ob seine private Philosophie obligat wäre. Sollten Sie nicht wirklich einmal kräftiger auftreten und die Ränke bloßlegen?" Zimmermann wird noch mehrmals negativ zitiert, man erfährt aber an keiner Stelle im Briefwechsel, um welche „Gemeinheit" es sich gehandelt haben mag.

[26]Brentano (1929), S. 104.

Basis der Phantasie) verbunden. „Er [Zimmermann] nannte jene Zeit der Philosophie die Glanzzeit, er nannte sie die heroische Zeit der Philosophie", referiert Brentano. Dazu will er „in einen starken Gegensatz treten".[27] Seiner Meinung nach waren diese „heroischen Philosophen", „taumelnde Heroen gewesen", denen die Gesellschaft das Urteil „wissenschaftlich" überhaupt entziehen, sich stattdessen für „nüchterne, auf Tatsachen gegründete Einzelforschung" engagieren sollte.[28]

3.3 Vier Jahre später im Vortrag „Über die Zukunft der Philosophie" (1893)

Noch ein drittes Mal wurde die 4. Habilitationsthese benutz, diesmal aus Anlass der.
Rektoratsrede des Wiener Juristen Adolf Exner (1841–1894) „Über politische Bildung". Ausdrücklich wird jetzt Stumpf als Verbündeter erwähnt, der Brentano noch jüngst geschrieben hätte, dass die 4. Habilitationsthese ihn ehemals mit Begeisterung an Brentanos „Fahne fesselte".[29] Exner hatte sich in seiner Rektoratsrede negativ über die Invasion naturwissenschaftlicher Denkweisen in die Geisteswissenschaft ausgelassen; dagegen forderte Brentano in seinem Vortrag mit aller Entschiedenheit „naturwissenschaftliche Forschung auf das Geistesgebiet zu übertragen" Die Kritik galt in diesem Fall aber nicht, oder viel weniger, dem Kollegen Exner als vielmehr Wilhelm Dilthey, dem damaligen Hauptvertreter einer geisteswissenschaftlichen Psychologie.

Brentano spielte gegen die umfangreichen Bände Schellingscher Philosophie, von denen Exner sich beeindruckt gezeigt hatte, die Naturwissenschaftler Hermann von Helmholtz und Ewald Hering aus, die, obgleich nicht Philosophen, mit „ein paar Blättern" tatsächlich zum.
Fortschritt der Philosophie beigetragen hätten.[30] Er bekräftigt wiederholt, dass „die wahre Methode der Geisteswissenschaft, und insbesondere auch die der Politik und Soziologie, in nichts anderem als in einem Verfahren nach Analogie der Naturwissenschaft liegen könnte", ja dass „nur ein Verfahren nach Analogie der Naturwissenschaften der Geisteswissenschaft zum Heile gereichen könne!"[31]

---

[27]L. c., S. 130. – Zur Erhärtung seiner gegensätzlichen Auffassung zitiert Brentano Johann Friedrich Herbart als Zeuge, mit dem Brentano selbst sonst keineswegs, wohl aber Zimmermann, stark übereinstimmte, dass die gepriesene Zeit „gänzlich die wissenschaftliche Nüchternheit vermissen lasse" (ebd.).

[28]„welche entweder auf dem Gebiete der Philosophie einer wahrhaft wissenschaftliche Arbeit, einer nüchternen, auf Tatsachenforschung gründenden Einzelforschung sich unterzogen oder auf anderen Gebieten des Wissens erfolgreich tätig das Beispiel gegeben haben, wie man einen noch wenig bearbeiteten Boden glücklich zu kultivieren vermag" (Brentano 1929, S. 131).

[29]Brentano (1929), S. 30.
[30]Ebd., S. 13.
[31]Brentano (l. c.), S. 45.

Allerdings ist durch Insistieren auf Ähnlichkeit, Gleichheit von Verhältnissen und auf Hinweise auf Übereinstimmungen stets Vieles *durch Analogie* miteinander zu verknüpfen, was unter stringenteren Kriterien nicht zueinander passen würde. Brentanos Polemik galt in Wahrheit Wilhelm Dilthey; er benutzte Exner, um Diltheys Präferenz der Geisteswissenschaft bloßzustellen:

> „[…] Professor Dilthey, welcher in seiner ‚Einleitung in die Geisteswissenschaften' der Philosoph der historischen Schule zu werden beansprucht, [stellte] sich in eigentümlich neuer Weise polemisch zu ihr [der naturwissenschaftlichen Methode]. Es sind Zeichen dafür vorhanden, daß der Herr Rektor [Exner] wesentlich auf gleichem Standpunkt mit diesem Schriftsteller sich befindet".[32]

Über die Motivation Brentanos äußerte sich in einem Brief Carl Stumpf, an den Brentano sich in seinem Vortrag ja direkt adressiert hatte. Stumpf warnte Brentano davor, sich selbst zu schaden, wenn er öffentliche Vorträge mit persönlichen Zwecken vermischte, „nämlich die leitenden Kreise in Wien von der Notwendigkeit der Wiederbesetzung der Professur zu überzeugen und Ihre ganze Polemik speziell gegen Exner hängt ja auch damit zusammen". Dass Brentano Dilthey „quasi als philosophischen Gewährsmann Exners und so mit ihm abrechnen" würde, käme ihm persönlich ungelegen, schreibt Stumpf.[33] Dilthey hatte sich nämlich dafür eingesetzt, Stumpf nach Berlin zu berufen, sodass diskriminierende Bemerkungen über „den Schriftsteller" Dilthey aus dem Munde des Philosophen Brentano, der sich auf die Zustimmung Stumpfs berufen hatte, in der Tat wohl ungelegen kamen.[34]

Brentano dankte Stumpf in seiner Antwort für den freundschaftlichen brieflichen Rat und machte dann ein Geständnis, wie man es sonst nirgendwo im Briefwechsel findet: „Keine Frage", schreibt er, „was ich da biete, ist unvergleichlich geringeren Wertes, als es die Lösung der Aufgabe sein würde, die ich mir mit meiner Psychognosie gestellt habe. Und auch die Vollendung meiner Untersuchung über das Dasein Gottes wäre von weit überragender allgemeiner Bedeutung". Brentano erklärt seine Verhaltensweise mit den Schwierigkeiten, die ihm die Konzeption seiner Psychognosie bereiteten. Es verginge kein Jahr, in dem er nicht Neues entdeckte, manchmal glaubte er sich dem Ziel nahe, aber dann „rückte es wieder in weite Ferne". Er befürchtet, dass man die Psychognosie, wenn sie

---

[32] Brentano (l. c.), S. 9; Brentano versäumt es jedoch nicht, im Anhang zu seinem Vortrag auch auf die „Auswüchse" hinzuweisen „zu denen die öffentliche Meinung zugunsten naturwissenschaftlicher Methode auf dem Geistesgebiete Anlaß gibt" (S. 75 f.). Er erwähnt in diesem Kontext Gustav Theodor Fechners „Vorschule der Ästhetik", die ästhetische Fragen nach naturwissenschaftlicher Methode behandelte, was für Brentano ein klarer Fall von Missbrauch der naturwissenschaftlichen Methode war. Aber warum sollte Fechner für „die öffentliche Meinung" in Anspruch genommen werden, während Dilthey gegen die innerdisziplinäre wissenschaftlich geltende Meinung verstieß?

[33] In Briefwechsel Brentano-Stumpf (2014), Briefdokument 226 (1892), S. 307.

[34] Stumpf behandelt in dem Briefdokument 226 (1892 in [2014, S. 306]) die an ihn ergangene Berufung nach Berlin Brentano gegenüber noch als Geheimnis, das für sich zu behalten er versprochen hätte.

denn einmal bekannt würde, als „scholastisch" verschreien oder gar nicht erst zur Kenntnis nehmen würde.[35]

Diese, Stumpf gegenüber geäußerte Sorge, eventuell an seinem Ziel zu scheitern, nämlich eine überzeugende Verbindung zwischen Metaphysik und empirischer Psychologie zuwege zu bringen, lässt Brentanos Urteil über Schelling im Nachhinein in einem etwas anderen Licht erscheinen. Inzwischen hatten die Hauptintentionen Brentanos sich wieder auf die Lösung *metaphysischer* Fragen gerichtet, wie die Positionen von Aristoteles, Descartes und Leibniz im Rahmen einer modernen Variante von Metaphysik kontextualisiert werden könnten, sodass der Gedanke an eine empirische Psychologie, die Brentano jetzt Psychognosie nannte, in der Tat in weite Ferne gerückt war. Mit der verbalen Neuschöpfung ‚Psychognosie' anstelle von ‚Psychologie' waren die Grundlagenprobleme im Verhältnis von empirischer Psychologie und Philosophie respektive Metaphysik freilich nicht gelöst. Ich möchte im Folgenden die bewegte Hintergrundgeschichte der vieldeutigen Verwendung der 4. Habilitationsthese und Gründe für eine geistige Wende Brentanos nachliefern.

4 Der historische Kontext der persönlichen Beziehung und der verschiedenen Versionen der Habilitationsthese

4.1 Die Franz- Brentano-Geschichte

Aus dem Briefwechsel mit Stumpf erfährt man detailliert die Ereignisse, welche die missliche Situation Brentanos an der Wiener Universität und seine Polemik gegen Kollegen erklären. Den Anfang machte die Erschütterung, die Brentano nach Abschluss der Habilitation erlebte, als er wider Erwarten nicht auf den philosophischen Lehrstuhl in Würzburg berufen wurde, weil man dort einem katholischen Priester nicht die ganze Bandbreite der Philosophie anvertrauen wollte und in Erwägung zog, den Neukantianer Friedrich Albert Lange zu berufen. Lange hatte in seiner „Geschichte des Materialismus" mit seiner Empfehlung, sowohl den metaphysischen Seelenbegriff als auch die aristotelisch-teleologische Weltanschauung zu verabschieden, ein deutlich vernehmbares positivistisches Echo evoziert. So setzte sich im letzten Drittel des 19. Jahrhunderts der durch Gustav Theodor Fechner befürwortete Psychophysische Parallelismus anstelle der erstmals von Johann Friedrich Herbart initiierten Wechselwirkung zwischen dem Physischen und dem Psychischen, gefolgt von Hermann Lotze, Carl Stumpf und Franz Brentano, durch; als die Communis Opinio galt dann um 1900 der vornehmlich durch Wilhelm Wundt befürwortete, erkenntnistheoretisch vieldeutige Psychophysische Parallelismus. Die positivistischen Zeichen der Zeit, die den Kulturkampf anzukündigen schienen, lösten bei Brentano eine Umgestaltung

---

[35]Briefdokument 227, (1892 in [2014, S. 307–308]).

seiner Pläne und eine geistige Wende aus, sich von der katholischen Kirche zu trennen und eine konfessionslose theistische Weltanschauung auf der Basis einer phänomenologischen Psychologie oder psychognostischen Metaphysik durchzusetzen.[36]

Der Plan nahm Gestalt an, als Brentano acht Jahre später 1874 auf den philosophischen Lehrstuhl in Wien berufen wurde und dort mit der inzwischen veröffentlichten „Psychologie vom empirischen Standpunkt" auch sehr erfolgreich war. Zu dieser Zeit und in dieser Arbeit schien Brentano sich noch der Forderung Langes anzupassen, indem er anstelle von ‚Seele' oder Psyche *für psychische Phänomene* votierte; dass Brentano sich aber nicht von dem Begriff einer substanziellen unsterblichen Seele trennte, wird häufig übersehen.[37]

---

[36]Brentanos Gesinnungswandel wurde mit Glaubenszweifel in Verbindung gebracht, die durch das Infallibilitätsdogma des Papstes erzeugt worden wären (so Mayer-Hillebrandt, Einleitung in Brentano 1954, S. VI). Stumpf korrigierte diese Darstellung aber bereits in seinem Nachruf auf Brentano und machte geltend, dass Brentanos theistische Grundeinstellung nicht durch ein kirchlich verordnetes Dogma erschüttert werden konnte, sondern dass unüberwindliche theoretisch begründete Zweifel Brentano zur Trennung von der katholischen Kirche bewogen hätten (Stumpf in Kraus 1919, S. 108). Der Briefwechsel macht deutlich, dass Brentano sich weder mit den Befürwortern noch mit den Gegnern des Dogmas befreundete, mit seinem Austritt aus der katholischen Kirche im Übrigen zurückhielt, bis die Berufung auf den Wiener philosophischen Lehrstuhl geglückt war.

Was die philosophische Grundlage zu Brentanos „Psychologie vom empirischen Standpunkt" betrifft: Brentano hielt neben der Formulierung der ‚mentalen Inexistenz des Psychischen' lebenslang an der unsterblichen Seelensubstanz fest und ersetzte erkenntnistheoretisch die Aristotelische, der Empirie näherstehende Korrespondenztheorie der Wahrheit durch die, Descartes nachempfundene Evidenztheorie der Wahrheit.

[37]Brentano erörterte in seiner „Psychologie" ausführlich die metaphysische Seelenfrage, die „von solcher Wichtigkeit" sei, „daß ihr Mangel allein eine empfindliche Lücke zu lassen droht. [...] Ich meine die Frage über die Fortdauer nach dem Tode" (1874/1973, S. 21). Er verteidigte die ihm unverzichtbar erscheinende *unsterbliche Seelensubstanz,* die von der derzeitigen empirischen Forschung ignoriert würde. Es wäre jedoch, laut Brentano, auch für die derzeitige Psychologie eine „überaus bedeutende" Aufgabe und ein Eingehen auf „die metaphysische Untersuchung über die Substanz als Trägerin der Zustände unvermeidlich" (l. c., S. 23). In diesem Kontext kommt Brentano auf F. A. Lange zu sprechen, der im Briefwechsel mit Stumpf häufig Gegenstand von Brentanos Kritik und Polemik war. In der „Psychologie" scheint Brentanos sich auf den Standpunkt Langes zu stellen: „Denn mag es eine Seele geben oder nicht, die psychischen Erscheinungen sind ja jedenfalls vorhanden" (1973, S. 27). Der Kommentar von Oskar Kraus (Anmerkung 12, l. c., S. 258) widerspricht dieser Annäherung an Lange, indem er im Sinne Brentanos geltend macht, seelische Phänomene ohne einen substanziellen Träger anzunehmen, wäre geradezu „eine absurde Fiktion". Kraus macht aber auch darauf aufmerksam, dass Brentano seine metaphysischen Vorstellungen über den Substanzbegriff in späterer Zeit mehrmals änderte.

Besonders in der Schrift „Vom Dasein Gottes" (aus dem Nachlass 1980, S. 417 ff.) war „der psychologische Beweis" von der Unsterblichkeit der Seele als Gottesbeweis und die strikte Unterscheidung der Seele vom Körper Brentano ein besonderes Anliegen (l. c., S. 417 ff.); der Nachweis der Geistigkeit der Seele sei „der schwierigste Teil des psychologischen Beweises für den Schöpfer" (S. 431). Was diesbezüglich Aristoteles betrifft, schränkt Brentano jetzt ein: Aristoteles „Lehre von der menschlichen Seele [sei] semimaterialistisch [gewesen], wie es, nebenbei bemerkt, auch schon die von Platon war" (S. 242). Letztere und Descartes hätten es sich *zu leichtgemacht,* den Beweis für die Geistigkeit der Seele zu erbringen (l. c., S. 428).

1884 erfolgte, wegen der Heirat mit Ida von Lieben, der Verlust der Venia legendi, die Brentano leicht wiederzuerlangen hoffte, jedoch lebenslang auf keinen philosophischen Lehrstuhl mehr, weder in Österreich noch in Deutschland, berufen wurde.[38] Brentano lehrte als Privatdozent mit einer beträchtlichen Zahl interessierter Schüler in Wien; die zitierten Wiener Vorträge signalisierten jedoch, wie Stumpf richtig bemerkte, viel mehr den Ausdruck der Unzufriedenheit mit seiner universitären Situation, die er übelwollenen Kollegen zu verdanken glaubte, als dass Brentano einer naturwissenschaftlichen Grundeinstellung seine Zustimmung erteilt hätte, die mit der Metaphysik hätte konkurrieren oder gar auf eine Stufe mit ihr gestellt werden könnte. Er sprach sich im Gegenteil im Briefwechsel entschieden für den Primat der Metaphysik *vor* der Physik *und* vor der Psychologie aus.[39] Brentano soll sich in Briefen an Anton Marty darüber beklagt haben, dass Stumpf den Naturwissenschaftlern und Mathematikern zu viel Bedeutung beimaß,[40] während Brentano selbst sich wiederholt gegen den Darwinismus aussprach und lebenslang für den Kreationismus einer von Gott geschaffenen Seele eintrat. Die radikalen Entwicklungen in der theoretischen Physik, die Begriffe Raum, Zeit, Kontinuum betreffend, stießen bei Brentano wie bei vielen zeitgenössischen Philosophen auf Ablehnung. Brentano räumte alle Zeit der Metaphysik, freilich nur *seiner* Auffassung von Metaphysik, die weit größere Bedeutung ein als der Naturwissenschaft oder der Psychologie.[41]

Eine äußerst verbitterte und ungerechte Generalabrechnung mit Carl Stumpf, der sich schon in den 1870erjahren in Briefen an Brentano gegen Brentanos Metaphysik ausgesprochen hatte und auch nicht mehr für sie zu gewinnen war, erfolgte 1899, nachdem Stumpf auf den Lehrstuhl nach Berlin berufen worden war.[42]

---

[38] Als ehemaliger Priester konnte Brentano in Österreich nicht heiraten und um dies in Deutschland zu verwirklichen, musste er die österreichische Staatsangehörigkeit zurückgeben und mit ihr die Venia legendi. – Vermutlich kam keine Wiederberufung mehr durch das Veto des österreichischen Kaisers Franz Joseph I. zustande. Zuletzt war es allerdings ein früherer Schüler und Verwandter Brentanos, der Philosoph und spätere Reichskanzler Georg von Hertling, der zur Zeit seiner Lehrtätigkeit an der Münchener Universität verhinderte, dass Brentano als Nachfolger von Carl Stumpf nach München berufen wurde. (Briefdokument 322, 2014, S. 321 ff.).

[39] Verschiedentlich thematisierte Brentano die Bedeutung der Metaphysik für ihn, in Dokument 4, (2014, S. 6); Dokument. 114, l. c., S. 162 ff.; Dokument 116 ff.; in Dokument 188, l. c., S. 263 schreibt Brentano: „Ich bin augenblicklich ganz Metaphysiker d. h. Dasein Gottes, Darwinismus und was daran rührt. Ich gestehe, nachdem ich ein paar Jahre ganz Psychologe gewesen, freut mich der Wechsel".

[40] In Oberkofler (1989), S. xxiii.

[41] Vgl. Brentano „Philosophische Untersuchungen zu Raum, Zeit und Kontinuum", aus dem Nachlass 1976; das zentrale Problem von Brentanos Naturphilosophie bildet lebenslang das Problem des Kontinuums, dessen physikalische und mathematische Behandlung freilich nicht mit Brentanos metaphysischen Grundannahmen konvenierte.

[42] Briefwechsel Brentano-Stumpf, (2014, Briefdokumente 249, 252, 253, 254).

4.2 Die Carl-Stumpf-Geschichte

Carl Stumpf hatte ein Jahr bei Brentano studiert und war von dem verehrten Lehrer mit besonderer Fürsorge in die Philosophie eingeführt, aber auch dazu angehalten worden, sich in die Betrachtung religiöser Themen zu versenken. In dem jungen Stumpf entstand der Wunsch, nach Brentanos Vorbild ebenfalls katholischer Priester zu werden. Zuvor schickte Brentano Stumpf nach Göttingen, um bei Hermann Lotze, seinerzeit der angesehenste deutsche Philosoph, zu promovieren. Für die Durchführung der Promotionsarbeit „Verhältniß des Platonischen Gottes zur Idee des Guten" (1869 veröffentlicht) erhielt Stumpf von Lotze höchstes Lob. Anschließend trat Stumpf in das Würzburger Priesterseminar ein, jedoch wurde ihm nach kurzem Aufenthalt von Brentano nahegelegt, wieder auszutreten, andernfalls er als Priester den Gedanken an eine wissenschaftliche Karriere aufzugeben hätte.[43] Nur *ein* Brief des jungen Carl Stumpf zeugt von Widerstand gegen Brentanos Vorschlag, den aus Überzeugung eingeschlagenen Lebensweg wieder verlassen zu müssen[44]; Vorbehalte gegen das kirchliche Dogma oder Glaubenszweifel waren im Falle Stumpfs ja nicht rezent. Ein halbes Jahr lang ist im Briefwechsel nichts mehr über den Vorfall zu vernehmen. Der nächste Brief Stumpfs berichtet aus Göttingen über Lotzes Pläne, für Stumpf nach dessen Habilitation eine geeignete Universität zu finden und die Berufung auf einen philosophischen Lehrstuhl zu unterstützen. Ein Jahr vor Brentanos Berufung nach Wien wurde der 25-jährige Carl Stumpf dann auf den philosophischen Lehrstuhl in Würzburg berufen, den man Brentano vorenthalten hatte. In späteren Jahren baute sich Stumpfs wissenschaftliche Karriere im Abstand von ca. fünf Jahren durch Rufe nach Prag, Halle und München, zuletzt nach Berlin, auf, wo Stumpf zwei Jahrzehnte lang eine der führenden wissenschaftlichen Positionen an der Königlichen-Friedrich-Wilhelms-Universität innehatte.[45]

Der junge Stumpf hatte in Windeseile in Göttingen über das Thema „Verhältniß des Platonischen Gottes zur Idee des Guten" promoviert (1869 veröffentlicht)

---

[43]Briefdokument 14 (1870), S. 22.

[44]Briefdokument 15 (2014), S. 24.

[45]Stumpf äußerte sich an verschiedenen Stellen unterschiedlich über die Hintergründe des Austritts; 1919 erwähnt er zwar „einen merkwürdigen Brief" in Bezug auf die negativen Konsequenzen einer wissenschaftlichen Laufbahn für Priester, schildert dann jedoch ausführlich Brentanos Glaubenszweifel und lässt offen, ob diese ihn zum Austritt bewogen hätten. Jahre später in seiner „Selbstdarstellung" (1924) beschreibt er seine emotionale Betroffenheit: „In den Mauern des Priesterseminars erfolgte nun aber schon im Frühjahr 1870 die zweite, noch vollständigere Umwandlung, wieder unter dem Einfluß Brentanos. Das ganze Gebäude der katholisch-christlichen Glaubenslehre und Weltanschauung zerfiel vor meinen Augen. Unter furchtbaren Seelenschmerzen mußte ich das gewählte Lebensideal wieder aufgeben. […] so manche ungünstige wie günstige Nachwirkungen dieses Jahres machte sich noch lange in meinem Leben fühlbar" (1924, S. 210). – Er erwähnt dort auch, dass es Hermann Lotze war, dessen Verständnis und dessen persönliche Zuwendung ihm die Entscheidung für die wissenschaftliche Laufbahn erleichterten. Er habe Lotzes Worte „wie ein Kleinod im Herzen bewahrt" (l. c., S. 211).

und sich 1870 „Über die Grundlagen der Mathematik" habilitiert (erst 2008 veröffentlicht); er erregte 1873 mit seiner ersten phänomenologischen Arbeit „Über den psychologischen Ursprung der Raumvorstellung" und deren interdisziplinärer Behandlung der visuellen Wahrnehmung Aufsehen; er legte aber bereits in dieser Arbeit Gewicht auf spezifische Unterschiede der akustisch-musikalischen zur visuellen Wahrnehmung. Stumpf positionierte sich mit dieser Thematik im aktuellen Trend der intensiv betriebenen Wahrnehmungsforschung des 19. Jahrhunderts, welche die Thematik der erkenntnistheoretischen *Differenzen* bezüglich Sehen *und* Hören entdeckt hatte und interdisziplinär erforschte. Prominente Physiker, Physiologen und Philosophen respektive Psychologen wie Johannes Müller, Johann Friedrich Herbart, Ernst Mach, Gustav Theodor Fechner, Hermann Lotze, Wilhelm Wundt, Hermann von Helmholtz, Anhänger der Herbart-Schule, waren involviert. Stumpf fasste die zahlreich vorhandenen Ergebnisse über die Grundlagen des Sehens nach logischen Kriterien der Widerspruchsfreiheit zusammen und fokussiert auf den Nachweis der *einfachsten,* allgemein vertretbaren visuellen Sachverhalte. In späteren Jahren (1883 und 1890) übertrug er dasselbe Verfahren auf die beiden epochalen Bände der „Tonpsychologie". Hier galt es, die Analyse der Leistungsfähigkeit des Hörens und der musikalischen Perzeption als paradigmatische Grundlagen einer kulturellen Evolution in ihrer immensen Vielfalt aufzuschlüsseln.[46]

Die entscheidende Distanzierung von den Zielen Brentanos und eine *dritte Umwandlung* bahnte sich an, als Stumpf 1876 in mehreren Briefen Brentano davon zu überzeugen suchte, dass und warum er zukünftig nicht mehr für dessen theistische Weltanschauung, das Votum für die unsterbliche Seelensubstanz,

---

[46]Stumpf behandelte in seinem ersten phänomenologischen Buch „Über den Ursprung der Raumvorstellung" die zahlreichen, zum Teil widersprüchlichen Details in der Literatur über die Grundlagen des Flächensehen und des Tiefensehens, um durch Disjunktion der unterschiedlichen Hypothesen auf *eine,* in sich widerspruchfreie Basis *der einfachsten Sachverhalte* des Sehens zu gelangen; er verteidigt in der Monographie u. a. *gegen* die in Mode gekommene Theorie der Augenbewegungs- und Muskelempfindung (gegen Bain, Mach und Wundt, 163 f.) die *rein visuellen Attribute* und in diesem Kontext die Wechselwirkung im Verhältnis *quantitativer* und *qualitativer* Beschaffenheiten wie Gestalt (Raum, Ausdehnung) und farbliche Erfüllung als ein *Ur-Phänomen* visueller Wahrnehmung (Stumpf 1873, S. 9 und 106 f.); er setzte sich auch schon mit dem Aufkommen der Interpretation der Zeit als vierte Dimension des Raumes auseinander und lehnte sie, für die Physik als brauchbar, für die perzeptuelle Analyse als unbrauchbar, ab (1873, S. 177 f.); er formulierte erstmals den Primat des Ganzen (nach Aristotelischem Vorbild) vor den zwar *abstrakt* zu unterscheidenden, aber *perzeptiv* unabtrennbaren Teilen – nach Stumpf *in* die Wahrnehmung eingebetteter *Verhältnisse* (S. 138 f.). Mit der Verhältnislehre ersetzte Stumpf *wahrnehmungstheoretisch* die bis heute umstrittene Theorie der „primären und sekundären Qualitäten" (John Lockes, die schon von G. Berkeley und D. Hume kritisiert worden war) und suchte *erkenntnistheoretisch* (über Berkeley und Hume, aber auch über Leibniz' Apperzeptionslehre in dessen „Monadologie", Abschn. 14, hinausgehend) zwischen Kognition und Perzeption, Apriorismus und Empirismus respektive Nativismus eine Brücke zu bauen. – Das gleiche methodische Verfahren wendete er später auch auf die auditiv-musikalische Wahrnehmung an, im ersten Band der „Tonpsychologie" auf den Charakter *zeitlich sich folgender* Töne (Melodie), im zweiten Band auf die Struktur *gleichzeitiger* Töne (Intervalle, Akkorde), d. h. die Harmonie (Kadenz) in der Polyphonie an.

das aristotelisch-teleologische Naturverständnis und Brentanos Interpretation der Philosophie Leibniz' eintreten würde.[47] Stumpf appellierte theologisch an die Unlösbarkeit der Theodizee-Problematik und verteidigte seinen Entschluss, sich für *lebensweltlich* relevante Erkenntnisse einzusetzen, welche die totale Unkenntnis über Herkunft, Ziel und Ende menschlicher Existenz erträglicher machen, das Leid und das moralische Übel in der Welt mit etwas kontrastieren, mildern oder bereichern könnte, das weder die Physik, noch die traditionelle Metaphysik in Bezug auf *dieses* Leben zu bieten hätte, nämlich *Freude*, die Musik zu schenken vermag. Zur selben Zeit, um 1875, begann Stumpf mit der phänomenologischen und experimentellen Grundlagenforschung zur „Tonpsychologie", die sich akribisch mit der Untersuchung der Differenzen des Hörens zum Sehen befasste und sich auf die komplizierten physikalischen, physiologischen und phänomenologischen Grundlagen der musikalischen Perzeption stützen konnte. Analogien in Bezug auf eine Verwandtschaft zwischen dem Hören und dem Seelischen, in Abgrenzung zu dem auf die Außenwelt konzentrierten Sehen, wurden in der Philosophiegeschichte auch schon im 18. Jahrhundert thematisiert, beispielsweise durch J. G. Herder, im 19. bei A. Schopenhauer und H. Lotze, freilich nicht mit der beispiellosen Akribie von Stumpfs Vorgehensweise und dessen Bezugnahme auf zukünftige Entwicklungen in Psychologie, Naturwissenschaft und Metaphysik.[48]

Der Verdacht liegt freilich nahe, dass der von Haus aus musikalisch hochbegabte Carl Stumpf zu seiner ersten Liebe, der Musik, zurückgekehrt sei, und sie die Philosophie von diesem Platz wieder verdrängt hätte. Dieser Auffassung scheint Brentano gewesen zu sein, der lebenslang gegen die Bedeutung ankämpfte, die Stumpf der Musik unter erkenntnistheoretischen, psychologischen, ästhetischen und sogar metaphysischen Aspekten zubilligte. Jedoch betonte Stumpf wiederholt, dass trotz seiner exzessiven, logisch deskriptiven, aber auch experimentellen Beschäftigung mit der Musik, nicht sie, sondern stets die Philosophie ihm „Herrin im Hause" geblieben sei.[49]

Stumpfs Akzentuierung der *Freude* verweist philosophisch indirekt auf den musikkundigen Philosophen Gottfried Wilhelm Leibniz, der mit Bezug auf die Freude an der Musik einen Beitrag zum Theodizee-Problem leistete, um dem erstmals von Descartes provozierten Zweifel an der Güte Gottes begegnen

---

[47]Stumpf in den Briefdokumenten 113, 115, 118, 1876, in 2014, S. 156 ff.

[48]Mit den Besonderheiten des Hörens in der Musik, die in der deutschen Philosophie derzeit überhaupt keine Resonanz erfahren, befassten sich französische Philosophen wie Clément Rosset (2000) und der Phänomenologie J.-L. Nancy (2002) „A l'écoute", „Zum Gehör" (2010); im selben Jahr erschien auch Nancys Arbeit „Ausdehnung der Seele".

[49]In „Selbstdarstellung", (1924, S. 214); an derselben Stelle betont Stumpf, wie wichtig es sei, erkenntnistheoretische Prämissen im Feld empirischer (induktiver) Wissenschaft zu erhärten, „mit den Fachmännern als Fachmann zusammen zu arbeiten", während in der Philosophie „immer neue Systeme [entstünden], jedes auf Originalität, mindestens auf eine eigene Terminologie bedacht, keines von rechter Überzeugungskraft, mit dem Entwicklungsgange der Physik verglichen – welch ungeheure Kluft!" (Vgl. auch Anmerkung 2).

zu können.[50] Hat das höchste Wesen seine Geschöpfe mit mangelhaften Sinnen, minderwertigen Augen und Ohren ausgestattet, die sie über die von ihm geschaffenen Weltverhältnisse täuschen? Hat Gott sie mit einem unzuverlässigen, inferioren, bisweilen sogar krankmachenden, betrügerischen Gefühl versehen, um nur einigen wenigen Rationalisten die *intellektuelle Erkenntnis* Gottes zu gewähren? Hat Gott diesen Auserwählten den Auftrag erteilt, die *Summierung* einer rational-metaphysischen Erkenntnis Gottes bei den intellektuell weniger gut ausgestatteten Menschen voranzutreiben? Eine diesbezüglich bejahende Stellungnahme, die für Stumpf nicht infrage kam, kann man bei Descartes herauslesen und deutete auch Brentano in einem Brief an Stumpf an.[51]

Wie weit Stumpf sich tatsächlich von Brentano entfernte, als er die Analyse der auditiv-musikalische Wahrnehmung zu intensivieren begann und alsbald Gegenwind von Brentano erfuhr, wurde bereits in der Einleitung zum Briefwechsel detailliert beschrieben;[52] hier ist lediglich an das für den Charakter der Phänomenologie Wesentliche zu erinnern, insbesondere die Gegenstandsfrage betreffend, in welcher Weise die aktive menschliche Wahrnehmung, Vorstellung, Wertschätzung sowohl die äußere, räumliche Welt der dinglichen Gegenstände zu

---

[50] Leibniz in „Vernunftprinzipien der Natur und der Gnade" (1982, S. 23 ff.): „Die Musik entzückt uns, obschon ihre Schönheit in nichts anderem als in der Entsprechung von Zahlen und der uns unbewußten Zählung besteht, welche die Seele an den in gewissen Intervallen zusammentreffenden Schlägen und Schwingungen der tönenden Körper vornimmt. Die Freuden, die das Auge an den Proportionen findet, sind gleicher Art, und auch die der übrigen Sinne werden von ähnlichen Dingen herrühren, obwohl wir sie nicht deutlich erklären können.

Man kann in der nämlichen Weise sagen, daß die Gottesliebe uns schon jetzt einen Vorgeschmack der zukünftigen Glückseligkeit genießen läßt; wenngleich sie uneigennützig ist, so wirkt sie doch durch sich selbst unser größtes Gut und unseren größten Nutzen, selbst wenn man danach gar nicht sucht und nur die Freude, die sie schenkt, als solche in Erwägung zöge, ohne auf den Nutzen zu achten, der aus ihr entspringt; denn das verleiht uns ein vollkommenes Vertrauen in die Güte unseres Urhebers und Meisters, das eine wahre Ruhe des Geistes schafft, die nicht, wie bei den Stoikern, aus erzwungener Geduld stammt, sondern aus einer gegenwärtigen Zufriedenheit. Die uns auch eines künftigen Glückes gewiß macht".

[51] Brentano betont, dass es Stumpfs Scharfsinn alle Ehre machte, einen „Punkt von entscheidender Wichtigkeit" erkannt zu haben. Die Theodizee müsste fallen, wenn man, wie wohl Stumpf postuliert hatte, dass der allmächtige Gott in der Tat ein ungleich besseres Werk hätte vollbringen können, wenn er in *alle* psychischen Wesen unmittelbar eine Fülle und ein Übermaß aller psychischen Güter gegossen hätte. Da er das offenbar nicht tat, bleibt nach Brentano nur die Möglichkeit, „eine Summe vereinzelter kreatürlicher Existenzen [anzunehmen], isoliert, und nur im Einzelnen überschwänglich beglückt, geeignet, Ihnen und anderen zu zeigen, wie wenig eine Welt ohne Zusammenordnung uns als ein würdiges Werk Gottes erscheinen würde" (Briefdokument 116, 1876, in 2014, S. 168). – Descartes verteidigte in der 4. Meditation (1959, 8, S. 103): Selbst wenn Gottes Geschöpfe Mängel aufweisen würden, könnte man in ihm dennoch einen eminent tüchtigen Künstler erkennen, (während man bei menschlichen Künstlern die Qualität der Werke nach der Größe des Künstlers zu beurteilen pflege) da er doch „nicht jedem einzelnen seiner Werke alle Vollkommenheiten hätte verleihen müssen, die er einigen verleihen kann". Ob Descartes sich zu diesen „einigen" zählte, mag dahingestellt bleiben; bei Brentano dürfte das der Fall gewesen sein.

[52] Kaiser-El-Safti (2014), S. XXXIX ff.

erfassen und intellektuell zu begreifen vermag, als auch Letztere mit der Selbstwahrnehmung (Selbsterkenntnis) und dem kognitiv-einfühlenden Verstehen anderer Menschen zu synthetisieren imstande ist. Nach Stumpf reguliert ein *übergreifender,* jedoch nicht transzendental zu interpretierender *holistischer* Ansatz die anlagemäßige *Spezifizierung* in Auge *und* Ohr, von Sehen und Hören; dazu geht logisch parallel der nach Stumpf oberste Grundsatz der Logik, der *Satzes des Einschlusses.*[53] Letzterem subsumiert Stumpf *allgemeine* logische Axiome und *regionale* Axiome der sinnlichen Verhältnissen *in* den Erscheinungen, die Stumpf nach dem Beispiel Goethes als *Ur-Phänomene bezeichnete,* die, wie über- und untergeordnete musikalische Strukturen, kognitiv miteinander harmonieren.

Erst in diesem Licht erhält Stumpfs exzessive Beschäftigung mit der Musik, der ja in der Regel nur eine starke *emotionale* Wirkung konzediert wird, ihren *rationalen* Stellenwert, der zunehmend auf Widerstand stieß, als Brentano erkannte, dass Stumpfs phänomenologische Grundlagen nicht mit der Psychognosie, der Erkenntnistheorie, der Wahrheitstheorie und der Metaphysik Brentanos kompatibel waren. Von diesem Zeitpunkt an arbeitete Brentano an einer *Alternative* zu Stumpfs Phänomenologie, die auch wiederholt in den Briefen an Stumpf zur Sprache kommt. Wenn Brentano nach vielen Jahren permanenter Auseinandersetzung im Brief vom 07.05.1907 einräumt, es täte ihm leid, dass er den *Kern* von Stumpfs Musikpsychologie, Stumpfs Lehre „von der Verschmelzung, nicht vollkommen verstanden hatte" und anbietet, „den Fehler durch irgendwelche öffentliche Berichtigung wieder gut zu machen", hat er das Versprochen nie realisiert;[54] dafür offeriert der Brief, der dieses Zugeständnis machte, dass es Brentano nach zehn Jahren der Opposition gegen Stumpf nicht gelungen war, im Rahmen visueller Forschung ein überzeugendes phänomenologisches Grundgerüst zu erstellen, das mit seiner Erkenntnistheorie und seinem Seelensubstanzmodell kompatibel gewesen wäre.

Es würde hier zu weit führen, den Zusammenhang zwischen der musikalischen Verschmelzungslehre und dem Seelenbegriff aufzuschlüsseln; Brentano polemisierte in der Hauptsachen gegen den musikalisch fast schon trivialen Sachverhalt, dass Töne in konsonanten Intervallen einerseits verschmelzen (sich durchdringen, als Mehrheit keinen Raum einnehmen), und andererseits als Einzeltöne dennoch ‚herausgehört' und identifiziert werden können – vergleichbar der Seele oder dem menschlichen Bewußtsein, in dem eine Mehrzahl von psychischen Funktionen (eine Vorstellung, ein Wunsch, eine Befürchtung) gleichzeitig und quasi nebeneinander eine *Einheit* bilden, die ‚ortlos' erlebt wird, das heißt, ohne im Einzelnen an einer bestimmten Stelle (im Gehirn oder sonst irgendwo) lokalisiert werden zu können.[55] Nach Brentano verwischte Stumpfs Verschmelzungslehre und deren Analogie mit der immateriellen Seele (dem Bewußtsein) die von ihm strikte hochgehaltene metaphysische *Differenz* zwischen den bloß sinnlichen, nach Brentano

---

[53] Stumpf, „Erkenntnislehre" (1939/2011), S. 130 f.
[54] Brentano, Briefdokument 274 (1907/2014), S. 384.
[55] Ausführlich dazu in der Einleitung in den Briefwechsel 2014.

sogar *physischen* Phänomenen und den *psychischen* Phänomenen. Wie sehr Brentano daran gelegen war, vornehmlich in diesem Punkt gegen Stumpf Recht zu behalten demonstriert die Jahrzehnte lang durchgehalte Auseinandersetzung mit Carl Stumpfs Phänomenologie.[56]

5 Carl Stumpfs Interpretation der 4. Habilitationsthese „Es war eine neue, eine unvergleichlich tiefere und ernstere Auffassung der Philosophie"

Mir ist die persönliche Motivation von Stumpf nicht *ganz* nachvollziehbar, warum er mit seiner Interpretation der 4. Habilitationsthese: „Es war eine neue, eine unvergleichlich tiefere und ernstere Auffassung der Philosophie" eine Gemeinsamkeit mit Brentano suggerierte, die, schon was die Habilitationsthese, und mehr noch Stumpfs spätere Entwicklung der Phänomenologie betraf, *nicht* bestanden hatte.

---

[56]Bereits 1877 hatte Brentano Stumpf signalisiert, der gerade angefangen hatte, musikpsychologische zu experimentieren, dass er, Brentano, jetzt „zwischen die Untersuchungen über die Erkenntnisprinzipien und die Ontologie eine Phänomenologie ein[zu]schieben" gedächte (Briefdokument 125, 1877, 2014, S. 184). Dann folgten wiederholt Hinweise auf einen Gegenentwurf zu Stumpfs Tonpsychologie, der dem visuellen Sinn die Prädominanz anstelle des Hörens zurückgewinnen sollte und *Differenzen* zwischen den Sinnen schlechterdings negierte (Briefdokument 55, 58, 104, ab 1882 polemisch gegen Stumpfs Verschmelzungslehre in Dokument 155, 156, 158). Statt Verschmelzung (Durchdringung) von Tönen in harmonischen Klängen votierte Brentano für einen blitzschnellen „Wettstreit" von Tönen in mehrstimmigen Akkorden (in Briefdokument 177, 188, 229; 245).

Stumpf verteidigte im zweiten Band der „Tonpsychologie" die Verschmelzungslehre gegen Brentanos „Wettstreitlehre" (1890, § 16 und § 17, S. 9–66). – 1907 veröffentlichte Brentano in „Untersuchungen zur Sinnespsychologie" (die zweite Auflage *aus dem Nachlass erweitert* erschien 1976 seine gegen Stumpf gerichtete sinnespsychologische Alternative in mehreren Artikeln (Brentano 1896 in 1976, S. 66 ff.; 1905 in 1976, S. 93 ff.). Brentano insistierte anstelle der üblichen, von der Organtätigkeit abgeleiteten *fünf Sinne*, nur noch für *drei Sinne*: Sehen, Hören und Mitempfindungen der Lust/Unlust, während Sehen und Hören nach Brentano *emotionslos* fungieren sollen. „Nicht in dem Sehen und Hören selbst sind Empfindungen von emotionellem Charakter gegeben, wohl aber Mitempfindungen [der Lust und Unlust], die sie in normalen Fällen regelmäßig begleiten" (l. c. S. 101).

Gegen Stumpfs Verteidigung der Durchdringung (Verschmelzung) von Tönen votierte Brentano für *einen* Sinnesraum: „Wie in dem Weltraum Stoff für Stoff, so *erweist Qualität für Qualität in diesem Sinnesraum sich undurchdringlich*" (Brentano 1896 in 1910, S. 79).

Gegen Brentanos Forderung nach einem einheitlichen Sinnesraum wurde sowohl von philosophischer Seite (zusammengefasst bei Reimer 1911) als auch von Seiten der Physik protestiert. Der Physiker und Philosoph Moritz Schlick monierte nicht gegen Brentano, sondern gegen Kant (was jedoch auf denselben Sachverhalt hinausläuft), der mit seiner Bezeichnung von „*dem* Raum" Verwirrung gestiftet hätte, „ohne die anschaulichen Räume der verschiedenen Sinne voneinander und vom Raum der physischen Körper.[…] zu sondern" (Schlick 1913/2013, S. 80). Eine detailliertere Rekonstruktion von Brentanos sinnespsychologischen Konstruktionen ist in meiner Einleitung in den Briefwechsel nachzulesen (2014, besonders S. XLV f.).

Brentanos Phänomenologie der drei Sinne fand weder zu seiner noch zu einer späteren Zeit, außer bei den Adepten Brentanos, jemals Anklang.

Brentano hatte die These in allen Fällen überwiegend in polemischer Absicht gegen die spekulative Philosophie des deutschen Idealismus verwendet, mit der Stumpf allerdings übereinstimmte und 1907 in seiner Rektoratsantrittsrede auch zum Ausdruck brachte.

Wenn Stumpf sich in seinem Nachruf recht ausführlich über Brentanos Vorliebe für die deduktive Denkweise (Stumpf umschreibt sie als ein „Denken in der vertikalen Linie") unter Vernachlässigung induktiver Verfahren (Stumpf schreibt: „horizontal gerichtetes Denken"), auslieẞ und in Bezug auf Brentanos sinnespsychologische Konstruktionen respektive deren „sehr kühne, wenn auch gewiß nicht unmögliche Deutungen der Wahrnehmungstatsachen" umschrieb,[57] erinnert der sprachlich etwas verklausulierte Stil unüberhörbar an die spekulativen Verfahrensweisen der idealistischen Philosophie. Was Stumpf dagegen 1907 in seiner Rektoratsrede und in der programmatischen Akademiearbeit im selben Jahr „Zu Einteilung der Wissenschaften" erschienen, über seinen phänomenologischen Ansatz, über den Wert der experimentellen Methode, über die genaue Analyse der sinnlichen Erscheinungen geäußert hatte, verfolgte in der Tat ganz andere Erkenntnisziele und Methoden als Brentanos idealistische Grundposition und deren „kühne *Deutungen*" der Wahrnehmungs*tatsachen*.[58]

Stumpfs wissenschaftstheoretisch-holistischer Ansatz und das schon zu Studienzeiten in Göttingen kultivierte Interesse an der Naturwissenschaft, galten auch später den wissenschaftlich vertretbaren, allerdings auch den nicht vertretbaren, *kritisch* zu behandelnden Teilbereichen der Entwicklungstheorie Charles Darwins, dessen „geniales Eingreifen" jedenfalls Philosophie und Wissenschaft grundlegend verändert hätte.[59] In derselben Rede formulierte Stumpf eine Andeutung seiner induktiv-metaphysischen Grundrichtung über „die Einheit des letzten Weltprinzips", dem die Naturwissenschaft nicht widerspricht, sondern im Gegenteil, wenn auch nur abstrakt, dort hinzuführen vermag:

> „Statt beschränkter Zusammenordnung im Einzelnen bewundern wir nun das Ganze und die Abhängigkeit alles Einzelnen von ihr. Schließlich ist ja selbst das Zusammenstimmen der Elementarteilchen der Materie in ihren allgemeinsten Eigenschaften und Kräften nur ein viel extremerer Fall von Homologie oder Koordination als alle, die wir unter den Organismen finden, oder als die Übereinstimmung in der Bewegungsrichtung der Planeten. Darum ist auch die Einheit des letzten Weltprinzips ein logisch durchaus unabweisbarer Gedanke. Freilich kann es zunächst ebensowohl im pantheistischen wie theistischen Sinne gefaßt werden und bleibt so ein abstraktes Postulat weit entfernt vom Begriff eines lebendigen Gottes".[60]

---

[57] Stumpf (1919), S. 147–148.

[58] „Die Wiedergeburt der Philosophie", Stumpfs Rede zum Antritt des Rektorats an der Königlichen Friedrich-Wilhelms-Universität in Berlin, 1907, in Stumpf 1910, S. 161–196 ff. und Stumpf 1907b.

[59] In „Der Entwicklungsgedanke in der gegenwärtigen Philosophie" 1899 in 1910, S. 101; ähnlich positiv drückt Stumpf seine Wertschätzung Darwins auch in seiner „Selbstdarstellung" aus. (1924, S. 227).

[60] Stumpf (1899), S. 114.

Stumpfs Interesse an den radikalen Veränderungen in der theoretischen Physik zu Beginn des 20. Jahrhunderts wurde vermutlich durch seine Freundschaft mit dem Physiker und Nobelpreisträger Max Planck intensiviert. Stumpfs Behandlung der „Naturphilosophischen Probleme" fand in den 1930er Jahren im zweiten Band der „Erkenntnislehre" ihren Niederschlag, in dem Stumpf im Einzelnen zu der in dieser Zeit aufgeregten Diskussion über die begrifflichen Wandlungen von Raum und Zeit in Relativitätstheorie und Quantenphysik Stellung bezog.[61]

Dagegen positionierte Brentano sich *gegen* die modernen Entwicklungen in Biologie und Physik, aber auch Stumpf sympathisierte nicht mit dem anti-metaphysisch eingestellten Positivismus und Naturalismus, wie das obige Zitat demonstriert, der durch den Physiker und Wissenschaftshistoriker Ernst Mach zu dem Modell einer Einheitswissenschaft auf betont anti-metaphysischer physikalischer Basis inspirierte. Stumpfs öffentliche Opposition gegen Machs Phänomenalismus in „Zur Einteilung der Wissenschaften" galt einem anderen wissenschaftlichen Gegenstandsbegriff und einem anderen Verständnis der theoretischen,[62] mit dem Stumpf dem gleichermaßen kritisch gegen Mach eingestellten Leidener Referat von Max Planck zwei Jahre (1909) zuvorkam. In der Rektoratsrede informierte Stumpf erstmals in gedrängtem Stil öffentlich und allen zugänglich über seine phänomenologischen Basisansichten.[63]

Im Unterschied zu vielen Zeitgenossen, zu denen auch Brentanos Schüler und Herausgeber des Nachlasses, Oskar Kraus, zählte,[64] polemisierte Stumpf *nicht* gegen die Radikalität in der Modellbildung der theoretischen Physik, die durch die rein quantitative (mathematische) und experimentelle Seite der Forschung ein, sich immer weiter von der Lebenswelt distanzierendes Abstraktionsniveau erreicht hatte, das Geisteswissenschaftler und Philosophen verstörte, für das aber auch die Sinneswahrnehmung zwar noch einen wichtigen *Anstoß,* aber nicht mehr den *Ausschlag* geben konnte, den Ernst Mach noch *im Ganzen* von einer

---

[61]Stumpf in „Erkenntnislehre" (posthum 1940/2011), S. 578 ff.

[62]Physik (1907b), S. 14.

[63]L. c. S. 26 ff. – Eine Kurzform seiner Auffassung von Phänomenologie stellte Stumpf in der weiter oben zitierten Rektoratsrede vor: „Es ist aber noch ein Gebiet entstanden, woran Psychologen mit Naturforschern namentlich seit Helmholtz zusammenarbeiten: die Phänomenologie, d. h. eine bis zu den letzten Elementen vordringende Analyse der sinnlichen Erscheinungen in sich selbst. Die Erscheinungen von Farben, Tönen, Gerüchen, Gestaltungen in Raum und Zeit sind nicht die physische Welt selbst, wie sie sich dem Geiste des Naturforschers darstellt, noch auch sind sie die psychische Welt. Aber sie sind das Material, woraus der Physiker schöpft, und sie sind zugleich der Angelpunkt und der Nährstoff des gesamten Seelenlebens. Deshalb bedarf sowohl Natur- als auch Geistesforschung dieser Untersuchung, und am meisten natürlich die Philosophie, die die Gesetze der Natur und des Geistes gleichsehr berücksichtigen soll" (1907 in [1910, S. 186]).

[64]Kraus in Israel (1931), S. 17 f.

sinnesphysiologischen Position der Empfindungen ausgehend, für die physikalische Forschung postuliert hatte.[65]

Stumpfs Verständnis für die modernen Entwicklungen in der Naturwissenschaft postulierte etwas ganz anderes, nämlich den dort erfolgten Wandel nicht zu verdammen, sondern ein vergleichbar progressives Erkenntnisinteresse für die geisteswissenschaftliche methodische Erneuerung zu entwickeln; also nicht die Gesetze der Sukzession (Kausalgesetze) für die Geisteswissenschaften *nachzuahmen*, sondern ‚natürliche', *immanente Strukturgesetze nach dem Vorkommen wahrer Stetigkeit im Erscheinungsgebiet* zu generieren, da die Annahme der Kantianer ja nicht selbstverständlich sei, „daß alle Naturgesetzlichkeit sich nur mit den Anschauungen von Raum und Zeit ausdrücken lasse".[66] *Was mit dieser Konzeption im Einzelnen gemeint war, und an welcher Schnittstelle Stumpf in der Tat eine unmittelbare Berührung zwischen Naturwissenschaft und Philosophie entdeckt hatte, ist bei späterer Gelegenheit detailliert aufzuschlüsseln, die jedoch in den meisten (wenngleich nicht allen) Punkten konzeptionell weit von der Methodologie und der Metaphysik* Brentanos *abweicht*.

Zum Schluss wäre lediglich noch einmal nachzufragen, warum Stumpf in seinem Nachruf auf Brentano die Bezugnahme auf die 4. Habilitationsthese gewissermaßen als ‚Aufhänger' in Anspruch nahm; um den stark wechselnden Positionen in Brentanos Erkenntnis- und Gottessuche einen, irgendwie nachvollziehbaren roten Faden, eine Art von gedanklicher Kontinuität zu verleihen, die im Grunde kaum, und schon gar nicht, was Brentanos Verhältnis zur Naturwissenschaft betraf, zu verteidigen war, letztlich auch nicht in Bezug auf ein erreichtes oder erreichbares Ziel überzeugen konnte? Dass Stumpf bei dieser Gelegenheit seine schwierige, von Krisen durchzogene persönliche Beziehung zu Brentano nicht zur Sprache brachte, dürfte dem Anstandsempfinden und Stumpfs Charakter, das Persönliche nicht mit dem Sachlichen zu vermengen, geschuldet gewesen sein. Dass er mit dieser charakterlich bewundernswerten Haltung seiner eigenen wissenschaftlichen Sache nicht dienen würde, war ihm vermutlich nicht bewußt, zumal er nicht voraussehen konnte, in welcher Weise Brentanos Adepten mit seinen, Stumpfs Arbeiten, verfahren würden.

Stumpf hatte 1929 wohl in Erwägung gezogen, den Briefwechsel mit Brentano zu veröffentlichen, dann jedoch einen Rückzieher gemacht – vielleicht auch aus persönlichen Erwägungen, in der euphemistischen Darstellung seines verehrten Lehrers widerlegt zu werden. Ein einziger Satz aus dem Briefwechsel hätte das Bemühen Stumpfs, Gemeinsamkeiten zu suggerieren, konterkariert. In einem Brief, der im Briefwechsel nicht mehr enthalten war, angeblich einer anderen Quelle entstammte und nachträglich aufgefunden wurde, zieht Stumpf eine

---

[65]Mach vertrat in der „Analyse der Empfindungen": „Die sinnliche Tatsache ist also der Ausgangspunkt und auch das Ziel aller Gedankenanpassung des Physikers. Die Gedanken, welche unmittelbar der sinnlichen Tatsache folgen, sind die geläufigsten, stärksten und anschaulichsten" (Mach 1901l/1985, S. 267).

[66]Stumpf (1907a), S. 29.

traurige Bilanz über den persönlichen Charakter der Beziehung und wehrte sich gegen briefliche Unterstellungen, mit denen Brentano zu Beginn des 20. Jahrhunderts einen Schlussstrich unter die Beziehung zu Stumpf ziehen wollte. Maßlos enttäuscht, dass Stumpf nicht seinem, Brentanos Weg gefolgt war, und dass es Stumpf, der eine beachtliche Hochschulkarriere gemacht hatte, nicht gelungen war, Brentanos Nachfolge auf dem Münchener Lehrstuhl zu sichern, antwortete Stumpf: „Sie wissen nichts von mir, nichts von meinem inneren und äußeren Leben und Sie häufen eine Beleidigung auf die andere, greifen meine wissenschaftliche und persönliche Ehre in rücksichtsloser Weise an".[67]

So erfreulich es ist, dass es wieder zu einer Versöhnung zwischen Brentano und Stumpf kam, dessen Güte dem ehemaligen Lehrer gegenüber wohl unerschöpflich war, dürfte gerade Stumpfs Brentanobild dazu beigetragen haben, das wahre erkenntnistheoretische Potenzial der Phänomenologie nicht in Erscheinung treten zu lassen. Zwar grenzte Stumpf sich in zahlreichen Details von Brentanos Lehre, besonders in der „Erkenntnislehre" ab; aber seine fast schon als fanatisch zu bezeichnende Zurückhaltung seinen eigenen, höchst innovativen Entdeckungen gegenüber – sei es auf dem Gebiet der Phänomenologie, der musikalischen Perzeption, sei es im Bereich der Kognitions- und Gefühlspsychologie, die bei späterer Gelegenheit ausführlich zu rekonstruieren sein werden – erschweren es heute beträchtlich, den Nachweis zu erbringen, dass er, und nicht Brentano, das systematische Grundgerüst für das weite Gebäude der phänomenologischen Forschung geschaffen hat.

Literatur

Bernet, Rudolf (1985): Einleitung. In: ders (Hg.): *Edmund Husserl Texte zu Phänomenologie des inneren Zeitbewußtseins* (1893–1917). Hamburg 1985.
Brentano, Franz (1874/1973): *Psychologie vom empirischen Standpunkt* [1874]. Hamburg 1973.
Brentano, Franz (1929/1968): *Über die Zukunft der Philosophie nebst den Vorträgen: Über die Gründe der Ermutigung auf philosophischem Gebiet. Über Schellings Philosophie sowie den 25 Habilitationsthesen* [1929]. Hamburg 1968.
Brentano, Franz (1907/1979): *Untersuchungen zur Sinnespsychologie* [1907]. Hamburg 1979.
Brentano, Franz (1896/1979): Über Individuation, multiple Qualität und Intensität sinnlicher Erscheinungen, Vortrag 3. Intentionaler Kongress der Psychologie in München. In: *Untersuchungen zur Sinnespsychologie* [1896]. o. O. 1979, S. 66–89.
Brentano, Franz (1905/1979): Von der psychologischen Analyse der Tonqualitäten in ihre eigentlich ersten Elemente. In: *Untersuchungen zur Sinnespsychologie* [1905]. o. O. 1979, S. 93–103.
Brentano, Franz (1956): *Die Lehre vom richtigen Urteil*. Nach Vorlesungen über Logik mit Benützung anderer Manuskripte aus dem Gebiete der Erkenntnistheorie aus dem Nachlaß. Hg. von Franziska Mayer-Hillebrandt. Bern 1956.

---

[67] Briefwechsel (2014), S. 448.

Brentano, Franz (1976): *Philosophische Untersuchungen zu Raum, Zeit und Kontinuum.* Hamburg 1976.
Brentano, Franz (1954): *Religion und Philosophie Ihr Verhältnis zueinander und ihre gemeinsamen Aufgaben.* Bern 1954.
Brentano, Franz (1980): *Vom Dasein Gottes.* Hamburg 1980.
Brentano, Franz (1989): *Briefe an Carl Stumpf 1867–1917.* Unter Mitarbeit von P. Goller, hg. und eingl. von G. Oberkofler. Graz 1989.
Descartes, René (1977): *Meditationen über die Grundlagen der Philosophie.* Hamburg 1977.
Heidegger, Martin (1925/1975): *Prolegomena zur Geschichte des Zeitbegriffs* [1925]. Gesamtausgabe II. Frankfurt a. M. 1975.
Husserl, Edmund (1981): *Texte zu Phänomenologie des inneren Zeitbewußtseins herausgegeben und eingeleitet von Rudolf Bernet* [1910/11] (1893–1917). Hamburg 1981.
Husserl. Edmund (1954): *Die Krisis der modernen Wissenschaften und die transzendentale Phänomenologie. Martinus Nijhoff.* Amsterdam 1954.
Israel, Hans (Hg.) (1931): *Hundert Autoren gegen Einstein.* Leipzig 1931.
Kaiser-El-Safti, Margret (1992): Psychologie im Wandel der Kultur. Geschichtslosigkeit der Psychologie oder Gesichtslosigkeit einer Wissenschaft ohne Gegenstand? In: Christian Allesch/Elfriede Billmann-Mahecha/Alfred Lang (Hg.): *Psychologische Aspekte des kulturellen Wandels.* Wien 1992, S. 68–85.
Kaiser-El-Safti, Margret (2001): *Die Idee der wissenschaftlichen Psychologie Immanuel Kants kritische Einwände und ihre konstruktive Widerlegung.* Würzburg 2001.
Kaiser-El-Safti, Margret/Loh, Werner (2011): *Der Psychologismus-Streit.* Göttingen 2011.
Kaiser-El-Safti, Margret (2011): Einleitung in Carl Stumpf, „Erkenntnislehre". Lengerich 2011, S. 5–45.
Kaiser-El-Safti, Margret (2014a): Zwei Grundprobleme psychologischer Modellbildung. In: Aschermann Ellen/Margret Kaiser-El-Safti (Hg.): *Gestalt und Gestaltung in interdisziplinärer Perspektive.* In: Margret Kaiser-El-Safti und Martin Ebeling (Hg.): *Schriftenreihe der Carl Stumpf Gesellschaft* 4. Frankfurt a. M. 2014, S. 27–69.
Kaiser-El-Safti, Margret (2014b): Einleitung. In: Margret Kaiser-El-Safti (Hg.): *Franz Brentano-Carl Stumpf: Briefwechsel 1867–1917.* Frankfurt a. M. 2014.
Kraus, Oskar (1919): *Franz Brentano: Zur Erkenntnis seines Lebens und seiner Lehre.* München 1919.
Kraus, Oskar (1931): Zur Relativitätstheorie. In: Hans Israel (Hg.): *Hundert Autoren gegen Einstein.* Leipzig 1931, S. 17–19.
Lange, Friedrich Albert (1866/1974): *Geschichte des Materialismus* [1866/1874], 2 Bde. Frankfurt a. M. 1974.
Leibniz, Gottfried Wilhelm (1982): *Vernunftprinzipien der Natur und der Gnade. Monadologie.* Hamburg 1982.
Lotze, Hermann (1868): *Geschichte der Aesthetik in Deutschland.* München 1868.
Mach, Ernst (1886/1985): *Die Analyse der Empfindungen und das Verhältnis des Physischen zum Psychischen* [1886]. Darmstadt 1985.
Nancy, Jean-Luc (2010a): *Zum Gehör.* Zürich-Berlin 2010.
Nancy, Jean-Luc (2010b): *Ausdehnung der Seele.* Zürich-Berlin 2010.
Nida-Rümelin, Julian/Weidenfeld, Nathalie (2018): *Digitaler Humanismus. Eine Ethik für das Zeitalter der künstlichen Intelligenz.* München 2018.
Rosset, Clément (2000): *Das Reale in seiner Einzigartigkeit.* Berlin 2000.
Schlick, Moritz (1920/2013): *Raum und Zeit in der gegenwärtigen Physik Zur Einführung in das Verständnis der Relativitäts- und Gravitationstheorie* [1920]. Bremen 2013.
Spiegelberg, Herbert (1971): *The Phänomenological Mouvement. A Historical introduction,* Vol. 1. The Hague 1971.
Stumpf, Carl (1869): *Verhältniß des Platonischen Gottes zur Idee des Guten.* Halle 1869.
Stumpf, Carl (1873): *Über den psychologischen Ursprung der Raumvorstellung.* Stuttgart 1873.

Stumpf, Carl (1883): *Tonpsychologie*. 1. Bd. Leipzig 1883.
Stumpf, Carl (1890): *Tonpsychologie*. 2. Bd. Leipzig 1890.
Stumpf, Carl (1899): On the concept of Gemüthsbewegung. *Journal for Psychologie und Physiologie der Sinnesorgane*, 21, S. 4–99.
Stumpf, Carl (1907a): Zur Einteilung der Wissenschaften. *Aus den Abhandlungen der Königl. Preuss. Akademie der Wissenschaften vom Jahre 1906*. Berlin 1907, S. 1–94.
Stumpf, Carl (1907b): Die Wiedergeburt der Philosophie. Rede zum Antritte des Rektorates an der Königlichen Friedrich-Wilhelms-Universität in Berlin am 15. Oktober 1907. In: *Philosophische Reden und Vorträge*. Leipzig 1907, S. 161–196.
Stumpf, Carl (1910): *Philosophische Reden und Vorträge*. Leipzig 1910.
Stumpf, Carl (1919): Erinnerungen an Franz Brentano. In: Oskar Kraus (Hg.): Franz Brentano. *Zur Kenntnis seines Lebens und seiner Lehre*. o. O. 1919, S. 85–149.
Stumpf, Carl (1924): Selbstdarstellung. In: R. Schmidt (Hg.): *Die Philosophie der Gegenwart in Selbstdarstellungen*, 5. Bd. Leipzig 1924, S. 204–265.
Stumpf, Carl (1939–40/2011): *Erkenntnislehre* [1939–40]. Lengerich 2011.
Stumpf, Carl (1870/2008): *Über die Grundlagen der Mathematik* [1870]. Würzburg 2008.
Werbik, Hans/Benetka, Gerhard (2016): *Kritik der Neuropsychologie. Eine Streitschrift*. Gießen 2016.

Die Psychologie seit 1900: Von der „friedestiftende(n) Vermittlerin" zur „hub science" im 21. Jahrhundert

Susanne Guski-Leinwand

Die Psychologie, die nach Hermann Ebbinghaus (1850–1909) „eine lange Vergangenheit, doch nur eine kurze Geschichte"[1] hat, wurde seit etwa 1900 von Wilhelm Wundt (1832–1920) als „friedestiftende Vermittlerin"[2] zwischen den Wissenschaften bezeichnet: Denn als experimentelle Psychologie hatte sie im 19. Jahrhundert einen methodischen Zugang vergleichbar zu den Naturwissenschaften erhalten und war in ein Verhältnis zu den Naturwissenschaften eingetreten. Diese wiederum waren im 19. Jahrhundert die stark aufstrebenden Wissenschaften, die methodisch auch mit technischen Bereichen der Feinmechanik und Elektrik in Verbindung standen. Als Labore für experimentelle Psychologie zählte man schließlich weltweit bis um 1900 herum rund 40 Einrichtungen[3].

Das Verhältnis zwischen Naturwissenschaft und Psychologie definierte Wundt dazu wie folgt:

> „Die Naturwissenschaft untersucht die Objekte der Erfahrung in ihrer wirklichen objectiven Beschaffenheit; die Psychologie betrachtet sie, insofern sie von uns erfahren werden, und in Bezug auf die Entstehung solcher Erfahrungen."[4]

Mit dem seit 1875 neu entstandenen Forschungsfeld der experimentellen Psychologie beanspruchte sie gut zwei Jahrzehnte später eine präzise umrissene Zuständigkeit.

---

[1]Ebbinghaus (1907), S. 173.
[2]Wundt (1904/1907), S. 55.
[3]Schönpflug (2016), S. 3.
[4]Wundt (1896a), S. 7.

S. Guski-Leinwand (✉)
Dortmund, Deutschland
E-Mail: susanne.guski-leinwand@fh-dortmund.de

Eine bedeutsame, vorangegangene Idee zur Entwicklung der experimentellen Psychologie war beispielsweise das Konzept der *Psychophysik*[5] von Gustav Theodor Fechner (1801–1887). Zur Charakteristik seines experimentell-psychologischen Ansatzes resümierte Wundt, dass man

> „sogar im Vergleich mit der Naturwissenschaft die Psychologie die strenger empirische Wissenschaft nennen muss."[6]

Durch die methodische Strenge war die Psychologie bereits im 19. Jahrhundert eine interdisziplinär interessierende Wissenschaftsrichtung. Diese interdisziplinäre Attraktivität hat sich durch die Entwicklung zu einer eigenständigen Wissenschaft über mehr als ein Jahrhundert erhalten und erweitert. Im 21. Jahrhundert gilt die Psychologie außerdem als bedeutende Referenzdisziplin für unterschiedliche Professionen – wie z. B. die Soziale Arbeit[7] – und Metadisziplinen wie z. B. die Bildungsforschung,[8] dennoch stellt sich die Frage, worin ein möglicher „Unfrieden" zwischen den Wissenschaften um 1900 bestanden hat, wenn die Psychologie in ihrer Rolle als „friedestiftend"[9] und vermittelnd charakterisiert wurde. Im Weiteren wird gezeigt, dass dies vor allem mit ihrer erkenntnistheoretischen Ausrichtung zu tun hatte. Neben Wundt hatten auch andere Autoren bereits gegen Ende des 19. Jahrhunderts eine Zusammenschau bzw. vermittelnde Ansicht der verschiedenen Zugänge zu psychologischen Fragestellungen formuliert[10]: Der italienische Privatdozent für Philosophie, Guido Villa (1867–1949), erkannte:

> „Heutzutage […] ist die Erkenntnistheorie eifrig daran, allen historischen und sozialen Thatsachen eine psychologische Erklärung zu geben und so aus der Psychologie die Fundamentalwissenschaft des Systems der Geisteswissenschaften zu machen."[11]

Eine Einordnung der Psychologie als einer Fundamentalwissenschaft des Systems der Geisteswissenschaften widersprach Wundts Auffassung von der friedestiftenden Vermittlungsweise der Psychologie inhaltlich nicht, ging aber weiter darüber hinaus bzw. bestätigte die größere empirische Strenge, die Wundt in der Psychologie gegenüber den Naturwissenschaften sah. Insofern hatte Villa für die Bedeutsamkeit der Psychologie bereits früh eine Lanze gebrochen und entsprechend dem Geist der Zeit benannt, innerhalb derer sich die Wissenschaften um 1900 in allen Lebensbereichen beizutragen berechtigt sahen.

---

[5]Fechner (1860).
[6]Wundt (1896a), S. 28 [im Original z. T. gesperrt].
[7]Vgl. Birgmeier & Mührel (2011).
[8]Vgl. Aljets, (2014).
[9]Wundt (1904/1907), S. 55.
[10]Villa (1899); (1902).
[11]Villa (1902), S. 9 f.

Ziche (2007) arbeitete in neuerer Zeit zur damaligen Situation der Wissenschaften heraus, dass die „Ausweitung des Gültigkeitsanspruchs von Wissenschaften auf Durchdringung aller Lebensbereiche" zielte[12]. Dieser Anspruch zeigt, dass das zunehmend industrialisierte Leben auch an die Wissenschaften andere Ansprüche stellte. Dies galt auch für die Psychologie: Im 19. Jahrhundert konzentrierte man sich insgesamt auf: „Messen, was messbar ist, und was noch nicht messbar ist, messbar machen", denn es galten „die Naturwissenschaften als die messenden Wissenschaften. Wirklich sollte nur das sein, was (naturwissenschaftlich-quantitativ) erfassbar ist, ja wahr schien nur das, was messbar und reproduktiv und damit beweisbar ist"[13]. Diese Bestrebungen wurden auch die „Physikalisierung des Lebens" bzw. als „Zeitalter der Nerven"[14] beschrieben und es wurde „alle psychische Causalität auf physischer Seite" durch die experimentellen Untersuchungen erfassbar und wurde vom „Standpunkt des psycho-physischen Materialismus" erklärt[15]. Danach war

> „der Parallelismus nicht bloß ein Grundprincip, sondern das Grundprincip der Psychologie, das einzige, über das sie überhaupt verfügt. Während nämlich nach dieser Auffassung alle psychische Causalität auf physischer Seite liegt, wird zugleich zugestanden, dass die physischen Gesetze nicht genügen, um die psychischen Elemente, die Empfindungen [...] abzuleiten. Dagegen sollen diese Elemente nach dem Princip des psycho-physischen Parallelismus zu bestimmten physischen Elementarvorgängen in regelmäßiger Beziehung stehen. Hieraus erhellt, dass hier das Parallelprincip überhaupt als das einzige Erklärungsprincip der Psychologie gilt."[16]

Aufseiten der Philosophen, die diesem Denken jedoch zurückweisend gegenüber standen, wurde diese Denkweise abgelehnt mit der Begründung, es genüge nicht, nach „einem isolierten, starren Wirklichkeitsklötzchen zu suchen, das man absolut setzt, sondern in dem umfassenden Ganzen, aus dem, an dem und in dem es ist".[17]

Als Aufgabe der Psychologie formulierte Wundt:

> „Sie hat durch sorgfältige Analyse der complexen Thatsachen des Bewußtseins jene Grundphänomene aufzufinden, welche als die nicht weiter aufzulösenden Elemente des inneren Geschehens vorauszusetzen sind, um durch Nachweisung der Verbindungen, welche dieselben eingehen, und der Umwandlungen, die sie erfahren, eine künftige synthetische Entwicklung der psychologischen Thatsachen aus ihnen möglich zu machen"[18]

Der psychophysische Parallelismus erhielt starke – auch interdisziplinäre- Anerkennung, „weil er die verschiedenen Parteien im Disziplinenstreit versammelte

---

[12]Ziche (2007), S. 188.
[13]Klein & Rietschel (2007), S. 17.
[14]Zit. in Wegener (2009), S. 279.
[15]Vgl. Wundt, (1896a), S. 30 f.
[16]Ebd., S. 30 f. [im Original z. T. gesperrt].
[17]Paulsen (1893, S. 136).
[18]Wundt (1880), S. 455. vgl. auch Wundt (1894).

und sich dabei zugleich von ihnen als Kampfbegriff und Ausweis der neuen Wissenschaftlichkeit einsetzen ließ. Die Emphase erlosch in dem Moment, als die Physikalisierung des Lebens keine Frage mehr war, gleichsam erkaltete und die Umordnung des Wissens in den beteiligten Fächern – insbesondere die Etablierung der Neurologie und der Psychologie – vollzogen war".[19]

Die Etablierung der Psychologie zeichnete sich dabei jedoch zunächst „nur" durch Umwidmung philosophischer Lehrstühle mit Zusatzlehre in experimenteller Psychologie aus. Der erste Lehrstuhl für Psychologie wurde erst 1923 an der Friedrich-Schiller-Universität in Jena besetzt[20]. Der psychophysische Parallelismus war damit jedoch keinesfalls widerlegt oder gänzlich erforscht, die Forschungen dazu reichen bis in die heutige Gegenwart[21].

Hermann Ebbinghaus (1850–1909) benannte 1907 nicht nur die verhältnismäßig kurze Geschichte der Psychologie. Als physiologisch orientierter Psychologe legte er den Fokus auf das „Selbst":

> „Ein wie seltsam verworrenes Wesen ist doch der Mensch nach der volkstümlichen und leider oft nicht bloß volkstümlichen Vorstellung [...]. Sein Denken betätigt sich in Vorstellungen, die nach bestimmten Gesetzen kommen und gehen. Allein zugleich sitzt er nochmal in sich selbst, als kleiner Mensch in dem großen Menschen, und vermag nun mit souveräner Außerachtlassung jener Gesetzmäßigkeit völlig beliebig in die Vorstellungen einzugreifen, sich ihnen zuzuwenden, von ihnen abzuwenden, sie zu suchen, wenn sie verloren gegangen sind, festzuhalten, wenn sie da sind, sie zu verbinden, zu trennen usw. Die Grundrichtung seines Handelns ist die Förderung des eigenen Selbst, zumal des sinnlichen Selbst."[22]

Die Formulierung eines „sinnliche[n] Selbst" ermöglichte es zwar prinzipiell, die divergierenden Auffassungen der Forschungsgegenstände der experimentellen Psychologie nach Wundt, in der es um die Sinnesreizverarbeitung ging, und der beschreibenden Psychologie nach Dilthey (1894), die auf das Verstehen und Erklären von Sinn vermittelnden Elementen bezogen war, zu verbinden. Doch forderte Ebbinghaus (1907) dennoch die Trennung zwischen erklärender und beschreibender Psychologie.

Wundt bezog sich nicht auf das Selbst, sondern auf den lebenden Körper und verband mit ihm auch einen erweiterten Substanzbegriff:

> „Nach seiner physischen wie nach seiner psychischen Seite ist der lebende Körper eine Einheit. Diese Einheit beruht [...] auf der sehr zusammengesetzten Beschaffenheit seiner Substanz. Das Bewußtsein mit seinen mannigfaltigen und doch in durchgängiger Verbindung stehenden Zuständen ist für unsere Auffassung eine ähnliche Einheit wie für die äussere der leibliche Organismus und die durchgängige Wechselbeziehung zwischen

---

[19] Wegener (2009), S. 283.
[20] Eckardt (1973).
[21] Vgl. Wiesing (2009); Fuchs (2016); vgl. Toepfer (2016), S. 20–22.
[22] Ebbinghaus (1907), S. 243.

Physischem und Psychischem führt zu der Annahme, dass was wir Seele nennen das innere Sein der nämlichen Einheit ist, die wir äusserlich als den zu ihr gehörigen Leib anschauen."[23]

Neben diesen physiologischen Betrachtungen des Forschungsgegenstands der Psychologie definierte Wilhelm Dilthey (1833–1911) -wie oben bereits erwähnt- die Psychologie in ihrer Rolle als zergliedernde und beschreibende Psychologie unter der Vorstellung, dass „die Psychologie das Werkzeug des Historikers, des Nationalökonomen, des Politikers und Theologen werden"[24] könnte, was später auch unter dem Nachfolger auf den philosophischen Lehrstuhl Wundts, Felix Krueger (1874–1948), stärker verfolgt wurde[25]. Dilthey und andere[26] ordneten die Psychologie weiterhin als geisteswissenschaftliches Kulturgebiet ein.

Ebbinghaus forderte die Trennung der beiden Ansätze von Wundt und von Dilthey. Hierin vermag man nicht nur ein Streben nach Wissenschaftlichkeit durch Klarheit in der Darstellung der Grenzen der Psychologie zu erkennen, sondern kann dies auch als eine ethische Forderung verstehen, um den Menschen nicht einer willkürlichen Anwendungsmethodik auszuliefern. Denn eine Psychologie gleichsam mit Universalbezug, wie sie Dilthey für sämtliche Bereiche des menschlichen Lebens heranzog, enthob sie ihrer Erkenntnisfunktion und reduzierte sie damit auf ein Anwendungsinstrumentarium, für das es nach Wundt zwar eine Grenze per definitionem gab[27], deren Grenze jedoch von Geisteswissenschaftlern der damaligen Zeit nicht anerkannt wurde. Überdies entstand erst in den späteren Jahrzehnten des 20. Jahrhunderts eine Auseinandersetzung mit (berufs-)ethischen Grenzen und Verpflichtungen[28], woraus vor etwa 60 Jahren die berufsethische Richtlinien bindend hervorgegangen und über die Jahrzehnte hinweg erweitert bzw. verändert worden sind[29].

Die Auseinandersetzung mit den *Ideen über eine beschreibende und zergliedernde Psychologie*[30] und Vertretern der physiologischen Psychologie[31] stellte eine erste Konfrontation zwischen den beiden Richtungen dar und wurde wenige Jahrzehnte später als „literarische Fehde"[32] bezeichnet.

Während Ebbinghaus und Dilthey die verschiedenen Ausrichtungen der Psychologie vornehmlich auf methodischer Ebene verteidigten, fand zeitgleich gegen Ende des 19. Jahrhunderts auch eine Kontroverse hinsichtlich der

---

[23] Wundt (1880), S. 463.
[24] Dilthey (1894), S. 1327 f.
[25] Vgl. Krueger (1913).
[26] Z. B. Hinneberg (1907).
[27] Vgl. Wundt (1896a), S. 7.
[28] Bondy (1959); Baumgarten (1961).
[29] BDP/DGPs (2016).
[30] Dilthey (1894).
[31] Ebbinghaus (1896).
[32] Martius (1912), S. 261.

erkenntnistheoretischen Zugänge der Psychologie statt. Hier standen sich vor allem Wilhelm Wundt und Wilhelm Schuppe (1836–1913) gegenüber oder – mit Wundt gesprochen – es standen sich zwei Richtungen „ziemlich schroff"[33] gegenüber. Wilhelm Schuppe war Ordinarius für Philosophie an der Universität in Greifswald und vertrat die immanente Philosophie, unter deren Prämissen eher eine an subjektiven Erfahrungen orientierte Psychologie entstehen sollte. Im Folgenden werden die beiden erkenntnistheoretischen Zugänge diskutiert, im Anschluss daran wird die Psychologie in ihrer veränderten Charakteristik der „friedestiftenden Vermittlerin"[34] zur „hub science"[35] vorgestellt.

1   Zwei „ziemlich schroff" erkenntnistheoretische Zugänge: Die Schuppe-Wundt-Kontroverse

Die Kontroverse zwischen Wilhelm Wundt und Wilhelm Schuppe ist zwar eine der weniger bekannten (erkenntnis-)theoretischen Auseinandersetzungen zur Psychologie, dafür jedoch eine der ausführlichsten[36]. Sie fand ihren Niederschlag in zwei Fachorganen: Schuppe verteidigte seinen erkenntnistheoretischen Standpunkt der abstrakten Erkenntnistheorie vornehmlich in der *Zeitschrift für immanente Philosophie,* Wundt hingegen überwiegend in den *Philosophischen Studien.* Im Folgenden werden die charakteristischen Diskussionspunkte wiedergegeben:

Der Erkenntnischarakter in seiner Nachprüfbarkeit war zentrales Postulat in der experimentellen Psychologie Wilhelm Wundts. Er hatte sich paradigmatisch der Basis der Erkenntnistheorie der positiven Wissenschaften verpflichtet, wie sie auch für die Naturwissenschaften galt, und auf dieser Basis die experimentelle Psychologie entwickelt. Wilhelm Schuppe hingegen vertrat die „abstracte Erkenntnistheorie", wobei er davon ausging, „dass allem Individuellen und Speciellen als Determinationen das gemeinsame (…) Wesen zu Grunde liegt"[37]. Dieses „gemeinsame gattungsmäßige Wesen"[38] setzte eine „Gesetzlichkeit der Gefühlsreaktion"[39] voraus, was wiederum im Prinzip auf a priori endogene Wesensgrundlagen hindeutet, nach denen der Mensch sich entwickeln und seine Gefühlsreaktionen ausprägen würde. Diese Auffassung übernahm ebenfalls später Wundts Lehrstuhlnachfolger Felix Krueger[40].

---

[33] Wundt (o. J.), S. 142.
[34] Wundt (1904/1907), S. 55.
[35] Cacioppo (2013).
[36] Vgl. Guski-Leinwand (2010).
[37] Schuppe (1895b), S. 55; Schuppe (1897, 1902, 1904).
[38] Ebd., S. 55.
[39] Ebd., S. 53.
[40] Vgl. z. B. Krueger (1915).

Die Kontroverse zwischen Wundt und Schuppe zog sich über fast eine Dekade über die Jahrhundertwende vom 19. zum 20. Jahrhundert hin. Auch einzelne Dritte bezogen hierzu zwischen 1895 und 1904 Stellung[41]. Am Rande erwähnt werden soll hier auch, dass im letzten Jahr der öffentlichen Auseinandersetzung, 1904, die *Gesellschaft für experimentelle Psychologie* unter Initiative und Vorsitz von Georg Elias Müller (1850–1934) aus Göttingen und Robert Sommer (1864–1937) aus Gießen mit zweijährlich stattfindenden Kongressen gegründet wurde[42], ohne dass Wilhelm Wundt zu dieser Gesellschaft bzw. Mitgliedschaft eingeladen oder namentlich geführt wurde[43]. Die Gesellschaft für experimentelle Psychologie war zum Zwecke „der Förderung der experimentellen Psychologie und aller verwandten methodisch-psychologischen Bestrebungen"[44] gegründet worden und soll bereits seit 1899 geplant gewesen sein[45].

Innerhalb dieser Kontroverse lautete die wissenschaftliche Forderung Wilhelm Wundts, dass man die „Principien der Erkenntnis [...]nicht erfinden, sondern auffinden soll"[46]. Die Unterschiede der beiden diskutierten erkenntnistheoretischen Ansätze spiegeln sich vor allem in den Auffassungen über den Weltbegriff – mit dem auch der Wahrheits- und Wirklichkeitsbegriff verknüpft ist –, als auch in den Auffassungen über den Bewußtseinsbegriff und den Tatsachenbegriff: Schuppe sah die Voraussetzung *einer* Wahrheit und Wirklichkeit, die „für alle einzelnen die eine und selbe ist"[47]. Diese Voraussetzung wiederum bedingte nach seiner Lehre ein Bewußtsein, „welches allen Individuen als ihre eigentliche Gattung gemeinschaftlich zu Grunde liegt"[48]. Individualität und individuelles Bewußtsein stellten sich nach diesen Grundsätzen als Ausschnitte einer quasi verbindlichen oder verbindenen Wirklichkeit dar, die von verschiedenen Menschen aus verschiedenen Blickwinkeln erkannt wurde und aus einer „von ihnen allen unabhängige, ihnen allen gemeinschaftliche objektive Welt"[49] ausgehend gebildet wurde. Diese „objektive Welt" nannten Schuppe u. a. auch den „ursprünglichen Bestand (das unmittelbar Gegebene) des menschlichen Denkens"[50]. Der Begriff der „objektiven Welt" wollte für viele Vertreter der immanenten Philosophie nicht verstanden sein als ein „erkenntnistheoretischer, sondern [als] ein praktischer (oder causaler) Begriff"[51]. Die Vertreter der immanenten Philosophie kennzeichneten ihre wissenschaftliche Vorgehensweise

---

[41]Schwarz (1895a); (1895b); von Schubert-Soldern (1898); Ziehen (1904).
[42]Schumann (1904).
[43]Guski-Leinwand (2010), S. 193 f.
[44]Schumann (1904), S. XXI.
[45]Gundlach und Stöwer (2004), S. 12; Sommer (1932), S. 9.
[46]Wundt (1896b), S. 317.
[47]Schuppe (1895b), S. 50.
[48]Ebd., S. 49.
[49]Ebd., S. 49.
[50]von Schubert-Soldern (1898), S. 306.
[51]von Schubert-Soldern (1898), S. 314.

mit Bezug zur „abstracten Erkenntnistheorie" wie folgt: „von allem Gewordenen abstrahiren, den ursprünglichen Bestand (das unmittelbar Gegebene) des menschlichen Denkens feststellen, um dann von diesem Standpunkt aus das Gewordene (die Erfahrung) einer Prüfung zu unterziehen"[52]. Die abstrakte Erkenntnistheorie bezog sich „auf abstracte Ueberlegungen von zeitloser Allgemeinheit" und ging soweit, nicht nur psychische Prozesse zu erklären, sondern „das Weltganze" in den Erkenntnisprozess mit einzubeziehen und sich weit über die Erkenntnistheorie hinausreichend als „Weltanschauung"[53] über die „bloße Selbstbesinnung"[54] zu definieren. In der Zielsetzung für die „abstracte Erkenntnistheorie" deutet sich eine mögliche ideologische Greifbarkeit oder Nutzbarkeit der Ansätze der immanenten Philosophie vor dem späteren atmosphärischen Hintergrund in Deutschland für den Geltungsanspruch als „Weltanschauung" an. Diese Position der „abstracten Erkenntnistheorie" lässt sich als eine nach einem Normbestand suchende und normierende Erkenntnistheorie darstellen.

Wundt setzte sich über mehrere Jahre intensiv und kritisch mit der „abstracten Erkenntnistheorie" als auch dem ihr zuzuordnenden Weltbild des naiven Realismus auseinander[55]: Durch Gegenüberstellung mit der von ihm vertretenen naturwissenschaftlichen Erkenntnistheorie der positiven Wissenschaften[56] unterzog er nicht nur die beiden Erkenntnistheorien einem logischen Prüfstand, sondern diskutierte auch die einander gegensätzlichen Weltbilder des naiven und des kritischen Realismus. In diesen Erörterungen arbeitete er heraus, dass es sich bei der Objektivität, welche auf Basis der „abstracten Erkenntnistheorie" formuliert wurde und welche die „abstracte Erkenntnistheorie" und die immanente Philosophie für sich in Anspruch nahmen, jedoch um eine Subjektivität handelte, die sich aus der „Uebereinstimmung Vieler"[57] zusammen setzte. Diese Methode der Erkenntnisgewinnung benannte er kritisch als „Verfahren des Zeugenbeweises"[58] und lehnte ein solches Vorgehen für die Wissenschaft ebenso ab wie das absolute Kriterium der Wahrheit, wie es die „abstracte Erkenntnistheorie" für sich in Anspruch nahm[59]: Diese verstand die Nachbildung der Wirklichkeit als Erzeugung eines Objektes und nicht als Erzeugung einer Vorstellung von einem Objekt, wie dies jedoch für die Erkenntnistheorie der positiven Wissenschaften zugrunde lag. In diesem Punkt findet sich die stärkste Kritik an der „abstracten Erkenntnistheorie" und an der immanenten Philosophie als „Verdoppelung der Objecte"[60], während die Unterscheidung zwischen Objekt und Vorstellung von

---

[52] von Schubert-Soldern (1898), S. 306.
[53] Schuppe und von Schubert-Soldern, (1895); zit. in Wundt (1898b), S. 320.
[54] Wundt (1898b) S. 321.
[55] Wundt (1898a); (1898b); (1898c).
[56] Wundt (1896a); (1896b); (1898a); (1898b), (1898c).
[57] Wundt (1896b), S. 364.
[58] Ebd., S. 362.
[59] Ebd., S. 330.
[60] Ebd., S. 326.

einem Objekt zur Kritik an der naturwissenschaftlichen Erkenntnistheorie der Philosophie der positiven Wissenschaft als dem „angebliche(n) Dualismus" geführt hat, dessen Unhaltbarkeit Wundt herausarbeitete[61]. Für die naturwissenschaftliche Erkenntnistheorie formulierte Wundt in diesem Zusammenhang zwei Regeln:

> „Erstens: Kein Datum der Erfahrung darf grundlos negirt werden. Zweitens: Alle realen Inhalte der objectiven Erfahrung müssen in einen widerspruchslosen, nach allgemeingültigen Gesetzen geordneten Zusammenhang gebracht werden."[62]

Aus der zweiten Regel ergibt sich dann noch als Ergänzung zur ersten Regel:

> „Die Gründe, die zur Verneinung der objectiven Realität von Erfahrungsdaten führen, sind stets nur aus der Forderung des widerspruchslosen Zusammenhangs abzuleiten".[63]

In seinen Erörterungen über die verschiedenen Erkenntnistheorien stellte Wundt vor allem die Notwendigkeit heraus, „Anschauungen, die in Wirklichkeit weit auseinanderliegen", zu reflektieren und herauszuarbeiten, was „zusammen geworfen oder verwechselt werden"[64] kann, da sich innerhalb der Theoriegebäude eine Kennzeichnung bestimmter Richtungen des Denkens durch Verwendung gleicher Schlagwörter bzw. Begrifflichkeiten zeigte.

Hinsichtlich des Bewußtseinsbegriffes formulierte 1895 Hermann Schwarz (1864–1951) unter dem Aspekt der Selbstbesinnung eine eigene Ausrichtung der Psychologie: In seinem „Beitrag über die Grenzen der physiologischen Psychologie", stellte er der physiologischen Psychologie die „introspektive Psychologie"[65] als die ältere gegenüber. In diesem und einem weiteren Beitrag[66] forderte Schwarz, dass die introspektive Beobachtung der Bewußtseinsvorgänge der physiologischen Psychologie vorangehen müsse[67] und dass man bei Bewußtseinsvorgängen wie im Prozess des Urteilens „von den begleitenden körperlichen Vorgängen absehen […] muss"[68]. Er kritisierte die „physiologischen Tendenzen in der Psychologie"[69] stark und betrachtete sie als drohende Gefahr wie auch Konkurrenz für die introspektive Psychologie[70]. Ähnlich wie Schuppe forderte auch Schwarz als Aufgabe der Psychologie die Erschließung eines „ganzen Bewußtseinslebens"[71] und verteidigte

---

[61]Ebd., S. 334.
[62]Ebd., S. 332.
[63]Ebd., S. 332.
[64]Ebd., S. 307.
[65]Schwarz (1895a), S. 120.
[66]Schwarz (1895b).
[67]Schwarz (1895a), S. 125.
[68]Schwarz (1895b), S. 182.
[69]Schwarz (1895a), S. IX.
[70]Ebd., S. 125.
[71]Ebd., S. 196 [im Original z. T. gesperrt].

den Entwurf von einem „Vorhandensein eines eigenen und besonderen in sich geschlossenen Reichs der Bewußtseinsvorgänge"[72], dessen Erforschung durch das Vorgehen und die Ergebnisse der physiologischen Psychologie verdrängt worden sei und zu einer „Überschreitung der eigentlichen Psychologie, als ein Umschlag derselben in metaphysische Spekulation" geführt habe[73]. Die hiermit angedeutete „speculative Philosophie" wurde als ihre „Blüthezeit"[74] zu Beginn des 19. Jahrhunderts mit starken Veränderungen bis zu ihrem Verschwinden gegen Ende des 19. Jahrhunderts beschrieben. Die Konzeption der experimentellen Psychologie, ihre Vernachlässigung metaphysischer Auseinandersetzungen und ihre methodische Schärfe wurde in der Auswirkung auf die Philosophie von einigen Mitgliedern der akademischen Gemeinschaft in der Fachliteratur als eine Folge des „rapiden Niedergange des metaphysischen Interesses und der metaphysischen Leistung" als Beraubung eines „allgemeineren Rückhalts" der Philosophie dargestellt[75]. Innerhalb der akademischen Gemeinschaft der Ordinarien für Philosophie zeigt sich für die experimentelle Psychologie um die Jahrhundertwende keine durchgehende Anerkennung, obgleich Wundt in diesen Jahren den Erfolg der experimentellen Psychologie bei der Analyse von Bewußtseinsvorgängen durch die Entfernung subjektiver Einflüsse herausstellte[76].

In Untersuchungen der jüngeren Vergangenheit[77] wurde die Bedeutsamkeit und der Einflusses der experimentellen Psychologie bestätigt, warf aber gerade wegen ihres Erfolges die Frage nach einer akademischen Identität der Psychologie auf, da sie schon früh in ihrer Bedeutung und Anwendung für die übrigen Wissenschaften diskutiert wurde und ihr spezifisch wissenschaftlicher Ausgangspunkt des Experiments hierbei unterschiedlich stark beachtet bzw. bewertet wurde.

Letztlich wurde die Psychologie auf Basis der unterschiedlichen erkenntnistheoretischen Grundlagen von Cornelius (1897) in eine subjective und objective Psychologie eingeteilt. Die Begrifflichkeiten wurden nicht allgemein innerhalb der wissenschaftlichen Gemeinschaft aufgegriffen bzw. in Diskussionen übernommen, doch gibt es Hinweise darauf, dass die polarisierenden Begrifflichkeiten innerhalb von Diskussionen benutzt bzw. in andere Polaritäten überführt wurden: Bei Wundt ist der Begriff des „subjektiven Psychologen"[78] zu finden, bei Bühler der Begriff der *„objektiven Psychologie"*[79], bei Martius (1912) die synthetische vs. die analytische Psychologie. Aus der Polarisierung von subjektiver und objektiver

---

[72]Ebd., S. 117.
[73]Ebd., S. 124.
[74]Wundt (1896b), S. 308.
[75]Windelband (1900), S. 516.
[76]Wundt o. J.
[77]Ash (1980).
[78]Wundt, o. J. S. 127.
[79]Bühler (1965) S. 17.

Psychologie wurde späterhin die Polarisierung von „subjektivierender Psychologie" und „objektivierender Psychologie"[80]. Als Gegenstand untersuchte die subjective Psychologie „psychische Thatsachen"[81] als Bewußtseinsinhalte mittels „der Ausdrucksbewegungen und Mitteilungen anderer Individuen"[82]. Wenn die subjektive Psychologie zwar nach einer – metaphysikfreien – „rein empirischen Theorie der psychischen Thatsachen"[83] strebte, so verstand sie sich als Pendant zur physiologischen Psychologie als eine „reine Psychologie", die als „Primat"[84] vor der physiologischen Psychologie innerhalb der Gesamtwissenschaft Psychologie rangieren sollte. Hierin zeigen sich Entsprechungen zu der Forderung von Schwarz, der die Introspektion jeglicher physiologisch- psychologischer Forschung als vorgelagert ansah. Besonders jedoch lässt sich der Ansatz von Cornelius finden, über „Ausdrucksbewegungen und Mitteilungen anderer Individuen" psychologische Erkenntnisse zu gewinnen.

Festzuhalten bleibt, dass Cornelius' Lehre sich auf die Lehre Schuppes bezog[85] und somit auch alle Ansätze, die einer subjektiven Psychologie folgen, auf diesen Ursprung hin reflektiert werden müssen. Auf Cornelius' bezog sich ebenfalls Wundts Nachfolger Krueger. Daraus später resultierende Ansätze wie die einer *Psychologie der Deutung* nach Elsenhans (1904) hatten das Ziel, „aus sinnlich gegebenen Zeichen ein Geistiges erkennen und wiedergeben"[86] zu wollen. Mit dieser *Psychologie der Deutung* stärkte Elsenhans (1862–1918) die subjektive Ausrichtung der Psychologie unter der Annahme, dass „die Umsetzung des Gefühlten in Sachvorstellungen und dieser in Worten"[87] möglich ist. Eine Ausdehnung und Vertiefung geschichtlicher Kenntnisse führten nach Elsenhans über diesen Vorgang auch zu einem „Gemeingefühl von ganz bestimmter oder vielmehr sich innerhalb ganz bestimmter Grenzen sich bewegenden Nuance des Gefühlslebens, das nun mit dem Namen der Epoche oder des Volkes in assoziativer Verbindung steht"[88]. Deutungen auf Basis geschichtlicher Kenntnisse verhalfen somit gleichsam zu historischen psychischen Tatsachen, die als retrospektiv Gefühltes angenommen wurden und Eingang in die Psyche bzw. damit auch in die Psychologie erhielten: Wie psychische Elemente wurden sie in die weitere Ausrichtung der Psychologie integriert. Auch die *Ideen und Ideale biologischer Erkenntnis*[89] setzten auf der Hinzunahme subjektiver historischer Auslegungen auf und werteten den psychophysischen

---

[80]Müller-Freienfels (1929).
[81]Cornelius (1897), S. 1 ff.
[82]Ebd., S. 8 f.
[83]Ebd., S. III.
[84]Ebd., S. 10.
[85]Vgl. Mach (1906), S. VII.
[86]Elsenhans (1904), S. 7.
[87]Ebd., S. 24.
[88]Ebd., S. 22.
[89]Meyer (1934).

Parallelismus nach Wundt ab als „eine viel zu einfache Lösung des psychophysischen Problems" (Meyer 1934, S. 153). Die Psychologie sollte auf einem biologisch begründeten aristotelischen Verständnis ausgerichtet sein: das „Kennzeichen allen Aristotelismus in der Biologie ist der Psychobiologismus"[90].

In einem solchen historischen und biologischen Bezug deutet sich bereits die Gefahr kultureller Wertung an, die sich als Lehren zu einer polarisierenden Propaganda zwischen Völkern manifestieren kann: Nach dem verlorenen Ersten Weltkrieg ließ sich eine solche in einer veränderten Völkerpsychologie ab 1921 nieder, zuvor war in der Kriegszeit bereits eine Ausrichtung als Nationalpsychologie[91] bzw. differenzielle Völkerpsychologie[92] verfolgt worden. Ab etwa Ende der 1920er Jahre dann ist die Zugrundelegung des psychobiologischen Aristotelismus bereits durch Einrichtung und Besetzung des ersten Lehrstuhls für Erbpsychologie 1926 in München erkennbar und institutionalisiert. Nach dieser Genese war es schließlich möglich, auch Konzepte einer[93] völkischen Psychologie sowie einer Rassenpsychologie[94] zu vertreten und aus verschiedenen anthropologischen Ausdeutungen heraus, antisemitische Positionen in die Psychologie zu transportieren[95].

Der Grundgedanke einer *„Psychologie der Deutung"* (Elsenhans 1904) hatte angeblich jene Leerstelle ersetzt, die durch die experimentelle Psychologie entstanden sein soll: Den Gegenstand der objektiven Psychologie als Untersuchung der prozessualen und organisationalen Aspekte von Wahrnehmung und Bewußtsein wurde vernachlässigt, verdrängt und gewissermaßen auch abgewertet. Diese Abwertung geschah jedoch nicht erst zu Beginn des 20. Jahrhunderts – schon früh wurde die experimentelle Psychologie bezeichnet als „Psychologie ohne Seele", welche „die innere subjektive Seite des menschlichen Wesens vorläufig ganz in den Hintergrund"[96] gestellt sah.

Die Ansätze von Schuppe, Schwarz, Cornelius u. a. knüpften an die als Kritik formulierten Forderungen Friedrich Albert Langes an, welche dieser in der *Geschichte des Materialismus*[97] formuliert hatte. Seine Begrifflichkeit der „Psychologie ohne Seele" sollte in den ersten Jahrzehnten des 20. Jahrhunderts – gleichsam wie eine Ressource[98] – eine Reaktivierung erfahren: Bis Mitte des 20. Jahrhunderts wurde er – teilweise verändert als „Psychologie ohne Psyche"[99] – über

---

[90] Meyer (1929), S. 11.
[91] Bergmann (1918); Müller-Freienfels (1918).
[92] Jaensch (1924).
[93] Kesselring (1936).
[94] Keiter (1941).
[95] Vgl. z. B. Jaensch (1938).
[96] Lange (1875), S. 468.
[97] Lange (1875).
[98] Zu den innerwissenschaftlichen Ressourcen vgl. Ash (1999); (2004).
[99] Schering (1937), S. 49.

die Jahrzehnte zur Untermauerung bzw. Rechtfertigung der Genese der Psychologie in einer so zu bezeichnenden „Zeit der Nationalisierung"[100] transportiert[101]. Unter Verwendung des von Lange geprägten Begriffes, der als Schlagwort im Sinne des Wortes bezeichnet werden kann, wurden die Ansätze der experimentellen Psychologie als „beschränkende" und als „außerstande seelische Entwicklung zu begreifen"[102] inhaltlich aufgegriffen und später von anderen weiterhin zurückgewiesen. Wundts Lehrstuhlnachfolger Felix Krueger benutzte den Begriff „Psychologie ohne Seele" auch gegen die Gestaltpsychologie der Berliner Schule[103].

Im Zusammenhang mit der Schuppe-Wundt-Kontroverse ist interessant, dass bereits auf der als Dritter. Internationaler Congress für Psychologie benannten Veranstaltung 1896 die experimentelle Psychologie – anders als auf dem vorangegangenen Kongress vier Jahre zuvor – nominal zurückgedrängt wurde: Nach „Commissionsentscheid" sollte dieser Kongress explizit nicht den Begriff „experimentell" im Titel führen[104], obgleich der vorangegangene Kongress 1892 in London explizit als Kongress „für experimentelle Psychologie" formuliert worden war.

Zusammenfassend lässt sich sagen, dass die unterschiedlichen erkenntnistheoretischen Ausgangspositionen sich nach dem Tode Wilhelm Wundts im Jahr 1920 als eine Verlagerung der Psychologie von einer eher objektiven bzw. nach Objektivität und wissenschaftlicher Nachprüfbarkeit strebenden Psychologie zu einer subjektiv ausgedeuteten, schließlich stark biologisch beeinflussten bezeichnet werden müssen. Diese Veränderung kann als Folge der Differenzierung oder als Antwort auf die Differenzierung der Psychologie durch Präzisierung der physiologischen Psychologie durch Ebbinghaus und der experimentellen Psychologie durch Wundt angesehen werden. Die Veränderungen hin zu einer subjektive(re)n Psychologie müssen als quasi-wissenschaftlich bezeichnet werden. In den Entwürfen von Cornelius, Schwarz u. a. war die Methode des Vorgehens für die Psychologie als eine subjektive Ausrichtung bezeichnet, jedoch entsprechende Regeln zur Prüfung dieser Methode und damit auch zur Prüfung der Fehlbarkeit ließ sie vermissen. Sowohl die Rolle des Friedenstiftens als auch des Vermittelns war für die erste Hälfte des 20. Jahrhunderts für die Psychologie nicht gegeben. In ihrer zunehmenden Biologisierung wurde sie mehr und mehr zu einem politischen Instrument unter einem Herrschaftsdiktat der Nationalsozialisten und damit zu einem Unfriede stiftenden quasi-wissenschaftlichen Werkzeug.

---

[100]Guski-Leinwand (2010), S. 121–136.
[101]Krueger (1926), S. 49 u. S. 100; Sander (1937), S. 645.
[102]Sander (1937), S. 645.
[103]Krueger (1926), S. 100.
[104]Verlag Johann Friedrich Lehmann (1897), S. 4 f.

2 Die „friedestiftende(n) Vermittlerin"[105] als „hub science"[106] im 21. Jahrhundert

Die Rolle der experimentellen Psychologie als „friedestiftende(n) Vermittlerin" wurde um 1900 nur durch ihren hybriden, d. h. zusammengesetzten Charakter formulierbar: Durch die erkenntnistheoretische Nähe zu den Naturwissenschaften und durch die neue Methodik, die feinmechanische Apparaturen integrierte, lieferte sie Mehrwerte bzw. Synergien auch für andere Disziplinen. Als hybrid gilt, was als Kompositum beschaffen mindestens aus zwei Komponenten besteht und sich auch sprachlich verschiedener Herkünfte bedienen kann[107]: Die als experimentelle Psychologie bezeichnete Forschungsrichtung stand unter einer lateinisch-griechischen Wortkomposition, welche damit metaorientiert auch auf die historischen Wissenschaftszugänge verwies.

Der hybride Charakter der experimentellen Psychologie seit dem ausgehenden 19. Jahrhundert wurde von Wissenschaftssoziologen präzisierend als „role-hybridization"[108] bzw. „Rollenhybridisierung"[109] bezeichnet. Voraussetzungen für eine Rollenhybridisierung stellt nicht nur eine zumeist lang gehegte Idee für wissenschaftliche Entwicklung dar, sondern stellen vor allem auch die institutionellen und sozialen Rahmenbedingungen dar, die zu ihrer Realisierung führen[110] und wie sie im 19. Jahrhundert im Kontext der aufstrebenden Naturwissenschaften besonders günstig waren.

Die Mehrwerte bzw. Wissens- und Methodenzuwächse durch die experimentelle Psychologie lassen sich für die Zeit um 1900 zusammenfassen als größere empirische Strenge gegenüber den Naturwissenschaften allgemein. Zur Biologie lieferte sie zudem einen erweiterten Substanzbegriff. Die Physiologie profitierte von den methodischen Innovationen und dadurch präziseren Untersuchungsmöglichkeiten. Die Philosophie bekam Anschluss an die Erkenntnistheorie der positiven Wissenschaften und der Idealrealismus wurde in seinen (spekulativen) Begriffen durch Erkennen einer objektivierten Realität berichtigt.

Die personifiziert formulierte Rolle als „friedestiftende(n) Vermittlerin" wandelte sich über die Jahrzehnte des 20. Jahrhunderts. Zunächst wurde die experimentelle Psychologie zurückgedrängt, eine stark anwendungsorientierte und schließlich politisch-ideologisch instrumentalisierte Psychologie etablierte sich bis Mitte des 20. Jahrhunderts[111]. Wilhelm Wundt, von dem eine weltweite wissenschaftliche Neuorientierung in der Psychologie im 19. Jahrhundert aus-

---

[105] Wundt (1904/1907), S. 55.
[106] Cacioppo (2013).
[107] Vgl. Bibliographisches Institut GmbH (2018).
[108] Ben-David & Collins (1966), S. 465.
[109] Aljets (2014), S. 41 ff.
[110] Vgl. Aljets (2014).
[111] Gundlach (2004).

gegangen war, erschien in Einführungswerken zur Psychologie im 20. Jahrhundert kaum noch namentlich[112]. Seit den 1950er/1960er Jahren erfolgte eine stärker persönlichkeitspsychologische bzw. sozialwissenschaftliche Ausrichtung der Psychologie. Inzwischen ist die Psychologie eine facettenreiche Disziplin, welche unterschiedliche erkenntnistheoretische Zugänge integriert und vielfältigen Anwendungsbezug bietet. Damit fungiert sie mehr verbindend als vermittelnd und wird in jüngeren Arbeiten als „hub science"[113], genauer als eine von sieben Brückenwissenschaften neben der Mathematik, Physik, Chemie, Geo-Wissenschaften, Medizin und Sozialwissenschaften sichtbar[114]. Aus sogenannten Brückenwissenschaften beziehen andere spezialisierte Wissenschaften ihr Wissen bzw. werden neue Untersuchungs- und Wissenschaftsfelder ableitbar. Die Psychologie steht zuvorderst mit der Medizin und den Sozialwissenschaften in Verbindung, hält jedoch auch Impulse für Geo- und Technikwissenschaften bereit, wenn es um Themen nachhaltigen Verhaltens bzw. Technologieentwicklung geht.

Rückblickend lag Wilhelm Wundt mit der Charakterisierung der Psychologie in ihrer vermittelnden Rolle nicht falsch. Vielmehr hat sich diese weiter entwickelt zu einer interdisziplinär inspirierenden Disziplin mit viel Referenzcharakter zu den Nachbardisziplinen. Es ist zu erwarten, dass ihre Brückenfunktion wegen der zunehmenden Technologieentwicklung in den nächsten Jahren noch weiterreichen wird, da der Mensch sein Erleben und Verhalten einer zunehmend technisierten und digitalisierten Welt anpassen muss. Sein subjektives Empfinden im Umgang mit und in Einbettung in diese Welt wird ebenso das Erkenntnisinteresse der Psychologie treffen wie andere Fragen nach den neurobiologisch feststellbaren Funktionen und Reaktionen. Eine Entscheidung nur für eine erkenntnistheoretische Richtung der Psychologie ist seit ihrer Genese im 20. Jahrhundert nicht mehr möglich und auch nicht zielführend. Allerdings bedarf es dringend eines stärkeren Systematisierens und Theoretisierens der Psychologie bzw. eine Klärung der historischen Dimension der Theorienbildung[115], will die Psychologie nicht als atheoretische Disziplin gelten, wenn bereits für ihre Disziplingeschichtsschreibung leider bereits seit Jahrzehnten erkannt ist, dass durch sie „atheoretisch Geschichte konstruieren"[116] möglich ist. Es ist dringend an der Zeit, die erkenntnistheoretischen Zugänge der Psychologie seit dem 20. Jahrhundert zu reflektieren und ihre Forschung in Bezug auf „die logische und historische Rekonstruktion einer Theorie"[117] in die entsprechenden Zusammenhänge zu stellen.

---

[112]Haggbloom u. a. (2002).
[113]Cacioppo (2013), S. 305 f.
[114]Boyack, Klavans und Börner (2005).
[115]Graumann (1982), S. 2.
[116]Ebd., S. 11.
[117]Ebd., S. 11.

Literatur

Aljets, Enno (2014): *Der Aufstieg der Empirischen Bildungsforschung: Ein Beitrag zur institutionalistischen Wissenschaftssoziologie.* Wiesbaden 2014.
Ash, Mitchell G. (1980): Experimental Psychology in Germany before 1914: Aspects of an academic identity problem. In: *Psychological Research* 42 (1980), 1–2, S. 57–86.
Ash, Mitchell G. (1999): Scientific Changes in Germany 1933, 1945 and 1990: Towards a Comparison. In: *Minerva* 37 (1999), S. 329–354.
Ash, Mitchell G. (2004): Wissenschaftswandlungen in politischen Umbruchzeiten – 1933, 1945 und 1990 im Vergleich. In: *Acta Historica Leopoldina* 39 (2004), S. 75–95.
Baumgarten, Franziska (1961): Vorschläge für prinzipielle Regeln eines internationalen ethischen Kodex für Psychologen. In: *Psychologie und Praxis* 5 (1961), S. 177–182.
BDP/DGPs. (2016): *Berufsethische Richtlinien.* Berlin 2016, http://www.bdp-verBd.org/bdp/verBd./clips/BER-Foederation-2016.pdf (24.10.2018).
Ben-David, Joseph/Collins, Randall: Social Factors in the Origins of a New Science (1966): The Case of Psychology. In: *Sociological Review* 31 (1966), No. 4, S. 451–465.
Bergmann, Ernst (1918): Nationalpsychologie. In: *Nord und Süd. Eine deutsche Monatsschrift* 166 (1918), S. 128–133.
Bibliographisches Institut GmbH (2018): Hybrid, https://www.duden.de/rechtschreibung/hybrid_gemischt (28.10.2018).
Birgmeier, Bernd/Mührel, Eric (2011): *Wissenschaftliche Grundlagen der Sozialen Arbeit.* Schwalbach 2011.
Bondy, Curt (1959): Die ethischen Grenzen psychologischer Arbeit. In: *Psychologische Rundschau* 10 (1959), S. 237–250.
Boyack, Kevin W./Klavans, Richard/Börner, Katy (2005): Mapping the backbone of science. In: *Scientometrics* 64 (2005), S. 351–174.
Bühler, Karl (1927/1965): *Die Krise der Psychologie* [1927]. Stuttgart 1965 (ZA).
Cacioppo, John. T. (2013): Psychological Science in the 21st Century.In: *Teaching of Psychology* 40 (2013), S. 304–309.
Cornelius, Hans (1897): *Psychologie als Erfahrungswissenschaft.* Leipzig 1897.
Dilthey, Wilhelm (1894): *Ideen über eine beschreibende und zergliedernde Psychologie.* Sitzungsberichte der Preußischen Akademie der Wissenschaften zu Berlin (1894), S. 1309–1407.
Ebbinghaus, Hermann (1896): Über erklärende und beschreibende Psychologie. In: *Zeitschrift für Psychologie* 9 (1896), S. 185 ff.
Ebbinghaus, Hermann: Psychologie (1907). In: P. Hinneberg (Hg.): *Die Kultur der Gegenwart. Teil 1: Die geisteswissenschaftlichen Kulturgebiete.* Berlin/Leipzig 1907, S. 173–246.
Eckardt, Georg (1973): Die Gründung der Psychologischen Anstalt in Jena (1923). In: *Wissenschaftliche Zeitschrift – Gesellschafts- und Sprachwissenschaftliche Reihe. Beiträge aus der Sektion Psychologie* 22 (1973), Heft 4, S. 517–559.
Elsenhans, Theodor (1904): *Die Aufgabe einer Psychologie der Deutung als Vorarbeit für die Geisteswissenschaften.* Vortrag gehalten auf dem Kongresz für experimentelle Psychologie zu Gieszen am 21. April 1904. Gieszen 1904.
Fechner, Gustav Theodor (1860): *Elemente der Psychophysik. Erster Theil.* Leipzig 1860.
Fuchs, Thomas (2016): *Das Gehirn – ein Beziehungsorgan.* Stuttgart [5]2016.
Graumann, Carl Friedrich (1982): Theorie und Geschichte. *Berichte aus dem Archiv für Geschichte der Psychologie.* Historische Reihe Nr. 1, Psychologisches Institut der Universität Heidelberg. Heidelberg 1982, https://www.psychologie.uni-heidelberg.de/institutsberichte/HR/HR01.pdf (11.11.2018).
Gundlach, Horst (2004): Reine Psychologie, Angewandte Psychologie und die Institutionalisierung der Psychologie. In: *Zeitschrift für Psychologie/Journal of Psychology* 212 (2004), S. 183–199, https://doi.org/10.1026/0044-3409.212.4.183.

Gundlach, Horst/Stöwer, Ralf (2004): Die Gesellschaft für experimentelle Psychologie, später Deutsche Gesellschaft für Psychologie. In: *Psychologische Rundschau.* Supplementum 1, 55 (2004), 12–20.

Guski-Leinwand, Susanne (2010): *Wissenschaftsforschung zur Genese der Psychologie in Deutschland vom ausgehenden 19. Jahrhundert bis Mitte des 20. Jahrhunderts.* Münster 2010.

Haggbloom, Steven J. u. a. (Hg.) (2002): The 100 Most Eminent Psychologists of the 20th Century. In: *Review of General Psychology* 6 (2002), No. 2, S. 139–152.

Hinneberg, Paul (Hg.) (1907): *Die Kultur der Gegenwart. Teil 1: Die geisteswissenschaftlichen Kulturgebiete.* Berlin/Leipzig 1907.

Jaensch, Erich Rudolf (1924): Zur differentiellen Völkerpsychologie. In: Karl Bühler (Hg.): *Bericht über den VIII. Kongress für experimentelle Psychologie.* Jena 1924, S. 177–179.

Jaensch, Erich Rudolf (1938): *Der Gegentypus: psychologisch-anthropologische Grundlagen deutscher Kulturphilosophie, ausgehend von dem was wir überwinden wollen.* Leipzig 1938.

Keiter, Friedrich (1941): *Rassenpsychologie. Einführung in eine werdende Wissenschaft.* Leipzig 1941.

Kesselring, Michael (1936): Völkische Psychologie und Jugendkunde. In: *Zeitschrift für Pädagogische Psychologie und Jugendkunde* 37/9–10 (1936), S. 341–361.

Klein, Michael/Rietschel, Ernst-Theodor (2007): Schnittstellen zwischen Geistes- und Naturwissenschaften. In: *Aus Politik und Zeitgeschichte* 46 (2007), S. 15–21.

Krueger, Felix (1913): New aims and tendencies in psychology. In: *Philosophical Review* 22/3 (1913), S. 251–264.

Krueger, Felix (1915): *Über Entwicklungspsychologie. Ihre sachliche und geschichtliche Notwendigkeit.* Leipzig 1915.

Krueger, Felix (1926): Über psychische Ganzheit. In: *Neue Psychologische Studien* 1 (1926). München 1926.

Lange, Friedrich Albert (1875): *Geschichte des Materialismus und Kritik seiner Bedeutung in der Gegenwart. Zweites Buch: Geschichte des Materialismus seit Kant.* Leipzig 1875.

Mach, Ernst (1906): *Erkenntnis und Irrtum.* Leipzig 1905 (^{2}1906).

Martius, Götz (1912): Über synthetische und analytische Psychologie. In: F. Schumann (Hg.): *Bericht über den V. Kongress für experimentelle Psychologie.* Leipzig 1912, S. 261–281.

Meyer, Adolf (1929): Das Wesen der antiken Naturwissenschaft mit besonderer Berücksichtigung des Aristotelismus in der modernen Biologie. In: *Archiv für Geschichte der Medizin* 22/1 (1929), S. 1–23.

Meyer, Adolf (1934): Ideen und Ideale der biologischen Erkenntnis. Beiträge zur Theorie und Geschichte der biologischen Ideologien. IN: *BIOS. Abhandlungen zur theoretischen Biologie und ihrer Geschichte, sowie zur Philosophie der organischen Naturwissenschaften.* Band I. Leipzig 1934.

Müller-Freienfels, Richard (1918): Zur Psychologie der Nationalcharaktere. In: *Nord und Süd. Eine deutsche Monatsschrift* 42 (1918). Bd. 165, Heft 524, S. 131–138.

Müller-Freienfels, Richard (1931): *Die Hauptrichtungen der gegenwärtigen Psychologie* [1929]. Leipzig ^{2}1931 (3. neubearbeitete Auflage 1933).

Paulsen, Friedrich (1892/1893): *Einleitung in die Philosophie* [1892]. Berlin ^{2}1893.

Sander, Friedrich (1937): Deutsche Psychologie und nationalsozialistische Weltanschauung. In: *Nationalsozialistisches Bildungswesen* 2 (1937), S. 641–649.

Schering, Walter Malmsten (1937): *Zuschauen oder Handeln? Ein Beitrag zur Lage und Aufgabe der Psychologie.* Leipzig 1937.

Schönpflug, Wolfgang (2016): *Psychologie – historisch betrachtet. Eine Einführung.* Wiesbaden 2016.

Schuppe, Wilhelm (1895a): Rezension von Wilhelm Wundts Logik. In: *Göttinger Gelehrte Anzeigen.* Bd. 2 (1895), Nr. 10, S. 772–795.

Schuppe, Wilhelm (1895b): Begriff und Grenzen der Psychologie. In: *Zeitschrift für immanente Philosophie.* Bd. 1 (1895), S. 37–76.

Schuppe, Wilhelm (1897): Die immanente Philosophie und Wilhelm Wundt. In: *Zeitschrift für immanente Philosophie*. Bd. 2 (1897), Heft 2, S. 161–203.

Schuppe, Wilhelm (1902): *Der Zusammenhang von Leib und Seele. Das Grundproblem der Psychologie.* Wiesbaden 1902.

Schuppe, Wilhelm (1904): *Meine Erkenntnistheorie und das bestrittene Ich.* Eine Antwort auf Ziehens „Erkenntnistheoretische Auseinandersetzungen" in Bd. 33 dieser Zeitschrift. In: *Zeitschrift für Psychologie und Physiologie der Sinnesorgane*. Bd. 35 (1904), S. 454–479.

Schuppe, Wilhelm/von Schubert-Soldern, Richard (Hg.) (1895): Einführung. In: *Zeitschrift für immanente Philosophie*. Bd. 1 (1895).

Schumann, Friedrich (Hg.) (1904): *Bericht über den I. Kongress für experimentelle Psychologie in Gießen vom 18. bis 21. April 1904.* Leipzig 1904.

Schwarz, Hermann (1895a): *Die Umwälzung der Wahrnehmungshypothese durch die mechanische Methode. Nebst einem Beitrag über die Grenzen der physiologischen Psychologie.* Leipzig 1895.

Schwarz, Hermann (1895b): Ueber die Grenzen der physiologischen Psychologie. In: *Neue Pädagogische Zeitschrift* 19 (1895), S. 167–170 (Anm.: Fortsetzung des Artikels in Nr. 20, S. 179–182).

Sommer, Robert (1932): Zur Geschichte der Kongresse für experimentelle Psychologie. In: G. Kafka (Hg.): *Bericht über den XII. Kongress der Deutschen Gesellschaft für Psychologie in Hamburg vom 12.–16. April 1931.* Jena 1932, S. 9–12.

Toepfer, Georg (2016): Biologie und Anthropologie der Wahrnehmung. In: Gerald Hartung/Matthias Herrgen (Hg.): *Interdisziplinäre Anthropologie* 4. Wiesbaden 2016, S. 3–4.

Verlag Johann Friedrich Lehmann (Hg.) (1897): *Dritter Internationaler Congress für Psychologie in München.* München 1897 (Kraus Reprint 1974).

Villa, Guido (1899): *La Psicologia Contemporanea*. Rom 1899.

Villa, Guido (1902): *Einleitung in die Psychologie der Gegenwart*. Übers. von Chr. D. Pflaum. Leipzig 1902.

von Schubert-Soldern, Richard (1898): Erwiderung auf Prof. Wundt's Aufsatz „Ueber naiven und kritischen Realismus". In: *Philosophische Studien* 13 (1898), S. 305–317.

Wegener, Mai (2009): *Der psychophysische Parallelismus. Zu einer Diskursfigur im Feld der wissenschaftlichen Umbrüche des ausgehenden 19. Jahrhunderts. N. T. M,* 17 (2009), S. 277–316.

Wiesing, Lambert (2009): *Das Mich der Wahrnehmung. Eine Autopsie*. Frankfurt a. M. 2009.

Windelband, Wilhelm (1900): *Geschichte der Philosophie*. Tübingen 1900.

Wundt, Wilhelm (1880): *Grundzüge der physiologischen Psychologie*. Zweiter Band (1874). Leipzig ²1880.

Wundt, Wilhelm (1894): Über psychische Causalität und das Prinzip des psychophysischen Parallelismus. In: *Philosophische Studien* X (1894), S. 1–124.

Wundt, Wilhelm (1896a): Ueber die Definition der Psychologie. In: *Philosophische Studien* 12 (1896), S. 1–66.

Wundt, Wilhelm (1896b): Ueber naiven und kritischen Realismus. In: *Philosophische Studien* 12 (1896), S. 307–408.

Wundt, Wilhelm (1898a): Ueber naiven und kritischen Realismus. II. In: *Philosophische Studien* 13 (1898), S. 1–105.

Wundt, Wilhelm (1898b): Ueber naiven und kritischen Realismus. III. In: *Philosophische Studien* 13 (1898), S. 323–433.

Wundt, Wilhelm (1898c): Einige Bemerkungen zu vorstehendem Aufsatze. *Philosophische Studien* 13 (1898), S. 318–322.

Wundt, Wilhelm (1904/1907): Psychologie. In: Wilhelm Windelband (Hg.): *Die Philosophie im Beginn des 20. Jahrhunderts. Festschrift für Kuno Fischer* [1904]. Heidelberg ²1907.

Wundt, Wilhelm (o. J.): Die Aufgaben der experimentellen Psychologie. In: Dr. J. A. Wentzel (Hg.): *Zur Psychologie und Ethik. Zehn ausgewählte Abschnitte aus Wilhelm Wundt.* Leipzig o. J.

Ziche, Paul (2007): Wissenschaft als Weltanschauung. Weltanschauung als Wissenschaft. Der Darwinismus und die Verallgemeinerung von Wissenschaft um 1900. In: Kurt Bayertz/ Myriam Gerhard/Walter Jeschke (Hg.): *Weltanschauung, Philosophie und Naturwissenschaft im 19. Jahrhundert: Der Darwinismus-Streit.* Bd. 2. Leipzig 2007, S. 186–205.

Ziehen, Theodor (1904): Erkenntnistheoretische Auseinandersetzungen. In: *Zeitschrift für Psychologie und Physiologie der Sinnesorgane* 33 (1904), S. 91–93.

Völkerpsychologie und Sprachwissenschaft – eine Kontroverse um die Grundlagen der Culturwissenschaft

Gerald Hartung

Im weiten Feld der philosophischen Psychologie(n) ist die Völkerpsychologie randständig. Die eigentümliche Verbindung von Völkerpsychologie und Sprachwissenschaft, die nicht nur im Titel einer Zeitschrift, sondern auch als Forschungsprogramm nach 1860 auftritt, verstärkt diesen Eindruck. Tatsächlich aber wird gerade beim Versuch, Gegenstandsbereich und Methode der Völkerpsychologie zu bestimmen und eine Abgrenzung zur Individualpsychologie zu bestimmen, das Profil einer „Culturwissenschaft" (in der damaligen Schreibweise genannt, um keine Verwechslung mit dem aktuellen Profil der Kulturwissenschaften zu provozieren) herausgearbeitet. Um zu zeigen, in welchem Sinne die Völkerpsychologie als „Culturwissenschaft" in der zweiten Hälfte gelten kann, werde ich eine Debatte schrittweise rekonstruieren, in die der Sprachwissenschaftler Heymann Steinthal, die Sprachhistoriker Hermann Paul und Berthold Delbrück und der Psychologe Wilhelm Wundt verstrickt sind. In einem ersten Schritt werde ich das Programm der *Zeitschrift für Sprachwissenschaft und Völkerpsychologie* am Leitfaden der Frage, welche Funktion Sprache für die Ausbildung des Geisteslebens respektive des Volksgeistes oder Gesamtgeistes oder einer Kultur hat, skizzieren. Anschließend werde ich Wilhelm Wundts Konzeption der Völkerpsychologie, im Blick auf die Funktion der Sprache innerhalb seiner Theorie, vorstellen und dabei die Auseinandersetzung mit dem Sprachhistoriker Hermann Paul in den Blick nehmen sowie Heymann Steinthals Kommentar zum Stand der Diskussion um 1890 behandeln. Dazu gehört auch die spätere, durchaus berühmte, jedenfalls an den Grenzen von Sprachwissenschaft und Völkerpsychologie vielrezipierte, Debatte Wundts mit dem Sprachforscher Berthold Delbrück aus dem Jahr 1901, die einige prinzipielle, methodologische und ideenpolitische Fragen aufwirft. Abschließend werde ich nach den Resultaten dieser Debatte fragen.

G. Hartung (✉)
Wuppertal, Deutschland
E-Mail: hartung@uni-wuppertal.de

1 Das Programm der Zeitschrift für Völkerpsychologie und Sprachwissenschaft

Dazu möchte ich nur einige Hinweise geben. Sprache ist für Steinthal und Moritz Lazarus ein Forschungsfeld oder ein Phänomenbereich, in dem die Ambivalenz der Natur-Kultur-Phänomene paradigmatisch zutage tritt. Nach Steinthal ist Sprache „keine Erfindung, sondern eine Entstehung oder Erzeugung im Geiste." Sie ist geworden, ohne gewollt zu sein. Sprache ist jedoch zugleich auch nach Art der Entstehung ein Naturerzeugnis.[1] Gleichwohl wehrt Steinthal die Option einer naturalistischen Reduktion ab – Stichwort: August Schleichers Einführung des Darwinismus in die Sprachwissenschaft – und hält an der Eigengesetzlichkeit geistiger Bildungen fest. „Die Sprache ist also eine Geburt, eine Emanation aus dem Bewußtsein, eine Entwicklungsstufe des Geistes […]."[2] Hier wird mit Hegel gedacht: Obwohl der menschliche Geist keine Substanz ist, die der geistigen Tätigkeit vorausliegt, kommt es doch einem kategorialen Fehler gleich, wenn wir die geistige Tätigkeit auf die Materialität des Tätigkeitseins reduzieren. „Die Sprache ist nicht ein etwas, ein Pulver, sondern ein Ereigniss, wie die Explosion; sie ist nicht ein Organ, wie das Auge oder Ohr, sondern eine Fähigkeit und Tätigkeit, wie Sehen und Hören. So war und ist sie zu allen Zeiten."[3] Kurzum: die Sprache ist nach Art ihrer Entstehung an die Natur/Materialität gekoppelt; nach der Logik ihres Ursprungs und ihres Werdens ist sie jedoch ein geistiges Ereignis.[4]

Auf kongeniale Weise hat der Herbartianer Moritz Lazarus dem Thema Sprache eine seiner Monografien über *Das Leben der Seele* gewidmet.[5] Auch bei ihm wird die „allzeitige und allseitige Verbindung des Geistes mit der Sprache" herausgestellt, die diese zur „Form, Fessel und Gestalt des Geistes" macht.[6] Lazarus verlagert das Gewicht seiner Betrachtung von der geschichtlichen Betrachtung auf die psychologische Erörterung. „Die Anfänge der Sprache werden in einem Entwicklungsprozeß geschaffen, welcher, als historisches Ereignis betrachtet, sich vielleicht in Jahrhunderten, wahrscheinlich in Jahrtausenden vollzogen hat. Die Psychologie nun sucht die einzelnen Momente, welche nothwendig in diesem Prozeß durchlaufen wurden, zu schildern […]."[7] Lazarus interessiert das Wissen von den psychischen (und psychophysischen) Prozessen und Gesetzen, von denen die

---

[1] Steinthal (1881), S. 82: „Sprache ist also […] der Art der Entstehung nach, wie ein Erzeugnis der Natur, ein wachsender Organismus zu betrachten."
[2] Ebd., S. 85.
[3] Ebd., S. 85. Und er fügt S. 86 hinzu: „Ihr ganzes Wesen liegt in ihrem Ursprunge; weil es ihr Wesen ist, immer neu zu entspringen. Sie hat nicht einen einmaligen Ursprung in der Urzeit gehabt; sondern so oft sie erscheint, nimmt sie ihren Ursprung."
[4] Vgl. Hartung (2012).
[5] Lazarus (1885).
[6] Ebd., S. 5.
[7] Ebd., S. 8.

„Erzeugung" und „Fortbildung" der Sprache gesteuert wird.[8] Dabei geht es ihm um die funktional – nicht substanzial – zu verstehende Wechselwirkungen von Geist und Sprache: „kein Geist [ist] ohne Sprache [...]. Sprache aber gehört selbst schon in den geistigen Kreis."[9]

Der Terminus „Geist" bezeichnet bei Lazarus einen Komplex bewußter und unbewußter Tätigkeiten. Ausführlich dokumentiert er die Abhängigkeit seiner Theorie von Herbarts Analyse psychischer Prozesse. Im Zentrum steht das Konzept der „Apperzeption", das Lazarus als „Verdichtung des Denkens" weiterentwickelt. Der psychische Prozess der Verdichtung bezeichnet einen psychischen Mechanismus, der uns in jedem Moment des Erlebens ermöglicht, sinnliche Datenmassen, die uns über unsere fünf Sinne geliefert werden, zu komprimieren. Lazarus behauptet nun, dass diese verdichteten Sinnesdaten das Material für das menschliche Urteilsvermögen bieten, das sein Urteil dann aktual – im Kantischen Sinne: aus Spontaneität – d. h. „gegenwärtig erzeugt".[10]

Erst die Analyse des psychischen Prozesses der Verdichtung gibt uns, so Lazarus, einen belastbaren Anhaltspunkt, um das Rätsel der Individualität zu verstehen. Das Konzept der Verdichtung im Denken erlaubt uns, Individualität im Entstehen zu begreifen. Wir bekommen einen Eindruck davon, wie mannigfaltige Eindrücke in eine Einheit überführt, das Unübersichtliche übersichtlich gemacht, das flüchtige Moment stillgestellt, der unbestimmte Gedanken bestimmt wird. In der Analyse des Prozesses der Verdichtung arbeiten wir heraus, wie viel Zeit welcher Aufwand an Kraft und welche „objective Energie oder Intensität des Inhalts" notwendig sind, um Individualität des Erlebens zu ermöglichen. Darüber hinaus eröffnet uns eine Analogisierung individualpsychologischer und kulturtheoretischer Vorgänge die Option, Individualitätsbildung im Einzelnen und im Kollektiv zu verstehen. Mit der Verdichtung des Denkens ist eine geistige Kompetenz angesprochen, unter den wechselnden Bedingungen sinnlicher Eindrücke mitsamt ihren variablen Intensitäten ein Ich und ein Wir auszubilden. Was für die Bildung von Individualität gilt, das hat auch einen Erklärungswert für die Entstehung kollektiver Einheiten. Die Klammer ist hier die Hegelsche Lehre vom subjektiven und objektiven Geist.[11]

2 Die Debatte zur Völkerpsychologie und Sprachwissenschaft

Wilhelm Wundt ist ein strategischer Denker, und zwar sowohl in institutionellen Fragen als auch in theoriepolitischer Hinsicht. In dem hier skizzierten Fall geht es ihm darum, die Disziplin der Völkerpsychologie zu prägen und zu vereinnahmen.

---

[8]Ebd., S. 12.
[9]Ebd., S. 74–75.
[10]Ebd., S. 233.
[11]Vgl. Hartung (2012), Kap. 1 und 2.

Im Hinblick auf seine Zeitgenossen Heymann Steinthal und Moritz Lazarus, die im Jahr 1860 bereits das Projekt einer *Zeitschrift für Völkerpsychologie und Sprachwissenschaft* gestartet haben, fährt er eine Doppel-Strategie der Aneignung und Zurückweisung. Dennoch gehört er zu den klügeren Kritikern des Programms der Zeitschrift, insofern auch er auf eine Inkonsistenz hinweist: die Herausgeber verstehen unter dem Namen Völkerpsychologie sowohl eine Logik der Kulturwissenschaften als auch eine vergleichende Theorie der Kultursysteme. Klüger als der überwiegende Teil ihrer Kritiker sind jedoch die Herausgeber Lazarus und Steinthal, die genau diese Zweideutigkeit intendiert und zum Ausweis ihres Programms gemacht haben. Auf diesen Punkt werde ich später wieder zurückkommen.

2.1 Wilhelm Wundt und die Völkerpsychologie

Den Ausgangspunkt meiner Überlegungen bieten einige Bemerkungen Wundts zu seinem wissenschaftlichen Erfolg als eigentlicher Begründer der Völkerpsychologie in der Autobiografie *Erlebtes und Erkanntes* (Stuttgart 1920).[12] Hier merkt Wundt an, dass schon in frühen Jahren sein Interesse an völkerpsychologischen Studien erwacht ist. Maßgebend für ihn sind die Arbeiten von Theodor Waitz zur *Anthropologie der Naturvölker* (1850), die *Zeitschrift für Völkerpsychologie und Sprachwissenschaft* (Bd. 1.: 1860) von Moritz Lazarus und Heymann Steinthal, der Einfluss Theodor Fechners, dessen *Elemente der Psychophysik* ebenfalls 1860 erschienen ist und die Debatte um Darwins Hypothesen über den Ursprung der Arten.[13] In seinem Frühwerk, den *Vorlesungen über die Menschen- und Tierseele* (1863) sieht Wundt rückblickend ein klares Bekenntnis zur Entwicklungslehre Darwins und ein nicht-eingelöstes Versprechen einer psychologischen Entwicklungsgeschichte der Menschheit. Die Kritik der Herbartianer, allen voran der Leipziger Logiker und Psychologe Moritz Wilhelm Drobisch, war vernichtend – und berechtigt, wie Wundt anmerkt. Drobisch habe bemerkt, dass einerseits seine, auf experimentelle Verfahren in der Individualpsychologie gegründeten Beobachtungen trivial sind, während andererseits seine, die soziale Sphäre betreffenden Generalisierungen unzulässig sind. Gleichwohl hält Wundt daran fest, dass eine Völkerpsychologie als fundamentale Kulturwissenschaft gerechtfertigt werden kann und muss.

Wundts Thesen lauten: Die Auflösung der behaupteten Beziehung von Grammatik und Logik zugunsten einer engen Verknüpfung von Sprachwissenschaft und Psychologie bei Steinthal und Paul ist zutreffend.[14] Der Individualpsychologie

---

[12]Vgl. Diamond (2001), S. 1–68. Für eine Betrachtung der Arbeiten Wundts zur Psychologie und Philosophie ist insgesamt die Studie von Saulo de Freitas Araujo (2016) maßgebend.

[13]Vgl. Wundt (1920).

[14]Wundt (1863), S. 215.

Herbarts und der mit dieser liierten Sprachwissenschaft (Hermann Paul, Berthold Delbrück und andere Junggrammatiker sind gemeint) muss eine Völkerpsychologie an die Seite gestellt werden. In anderen Worten gesagt, plädiert Wundt dafür, die Psychologie Herbarts mit Hegels Lehre vom geistigen Leben zu korrigieren.[15] Drittens soll die Völkerpsychologie als Darstellung einer wahren psychologischen Entwicklungsgeschichte der zusammengesetzten Vorgänge des Denkens etabliert werden.[16] Denn auf dem Gebiet der Sprache liegt nach Wundts Auffassung ein bisher ungehobener „Schatz" der Forschung, d. i. die Möglichkeit der Einsicht in den Vorrang sozialer Phänomene vor individuellen Beziehungen. Und viertens sucht Wundt, seine wissenschaftstheoretischen Überlegungen mit einer sozialpolitischen Aussage, nämlich einer Kritik am Liberalismus – in seiner Sprache: am egoistischen Utilitarismus – zu verbinden. „Keine Weltanschauung gibt es daher, die verkehrter ist als diejenige, die in der Gemeinschaft oder schließlich sogar in der Gesamtheit der lebenden Menschen nichts anderes sieht als die Summe dieser Menschen [...]."[17] Wundt benennt als „Hauptabsicht" seines Projekts einer „Völkerpsychologie" den Kampf gegen den Irrtum einer atomistischen, die Gesellschaft vom vereinzelten Individuum aufbauenden Gesellschaftsformation.

Wundt ist zugleich nah dran und fern von diesen programmatischen Überlegungen zur Völkerpsychologie und Sprachwissenschaft, in denen das rätselhafte „und" im Namen der Zeitschrift Kontur gewinnt. In einem Vortrag *Die Sprache und das Denken* aus dem Jahr 1875[18] diskutiert Wundt angesichts der philosophischen Frage, ob die Sprache ein Kunstwerk oder ein Naturerzeugnis ist, die Unbeantwortbarkeit dieser Fragestellung. Sein Lösungsansatz liegt in einem psychologischen Begriff des Willens, d. h. im Begriff der inneren Willenshandlung, für den er den leibnizschen Terminus „Apperzeption" bemüht. Die Betätigung des inneren Willens unterliegt Gesetzmäßigkeiten, die sich durch Beobachtung einer allgemeinen Übereinstimmung im Willensausdruck trotz einer Verschiedenheit der sprachlichen Zeugnisse feststellen lässt. Nach Wundts Auffassung finden in der Sprache sowohl willenlose als auch willentliche, willkürliche und unbewusste als auch bewusste Ausdrucksbewegungen statt[19], die einerseits der Arbeit individuellen Wollens als auch der schöpferischen Kraft eines „Gesamtwillens" zuzurechnen sind. So ist die Sprache „beides zugleich, Kunstwerk und Naturerzeugnis."[20]

Der Unterschied zu Lazarus und Steinthal wird sofort deutlich: Das voluntaristische Element der Wundtschen Psychologie liefert zum einen keine Erklärung für

---

[15]Ebd., S. 214.
[16]Ebd., S. 217.
[17]Ebd., S. 383.
[18]Wundt (1906), S. 269–317.
[19]Ebd., S. 316. Eine Darstellung der Debatte findet sich in Cassirer (1922). Vgl. dazu: Hartung (2004), Teil 2.
[20]Wundt (1906), S. 316–317.

die psychischen Prozesse; zum anderen führt die Rede von einem schöpferischen Einzel- und Gesamtwillen tendenziell dazu, dass die Existenz dessen, was erklärt werden soll, nämlich Individualität und Kollektivität von sprachlichen, religiösen, sittlichen Einstellungen und Praktiken, bereits vorausgesetzt, als in einem Willensakt gegründet angesehen, wird.[21] Diese grundlegende Differenz bleibt wirksam, wenn Wundt in seiner Kritik an einer individualpsychologischen Perspektive auf die Notwendigkeit einer korrelierenden Betrachtung der allgemeinen Entwicklung der Sprache und ihrer internen Gesetzmäßigkeit hinweist. In seinem *Grundriss der Psychologie* (1896)[22] weist er der Individualpsychologie die Aufgabe zu, die psychischen Vorgänge im Individuum zu untersuchen; ergänzend benennt er als weitergehende Aufgabe der Völkerpsychologie, „über die allgemeinen psychischen Bedingungen und über die aus diesen Bedingungen entspringenden psychischen Vorgänge Rechenschaft zu geben, durch die sich das Leben der Gemeinschaft von dem des Einzelnen sondert."[23]

Wundt stellt die Frage: Welche allgemeinen psychischen Bedingungen müssen erfüllt sein, damit eine geistige Gemeinschaft möglich wird? Und er verweist darauf, dass diese allgemeinen Bedingungen den individuellen Bedingungen zwar verwandt sind (was zu zeigen wäre), aber nicht auf diese zurückführbar sind. Anstatt nun aber die Logik allgemeiner geistiger Prozesse zu erforschen, behauptet Wundt das Wirken eines Gesamtwillens und stellt drei psychologische Entwicklungs- oder Beziehungsgesetze auf.[24]

In seiner großen, zehnbändigen *Völkerpsychologie* aus dem Jahr 1900 verspricht Wundt einleitend, aus den Behauptungen des Frühwerks und den systematischen Erwägungen der mittleren Jahre ein Gesamtkonzept zu entwickeln. Im Untertitel nennt er dieses Projekt eine „Untersuchung der Entwicklungsgesetze" der Sprache, des Mythos und der Sitte.[25]

Im Blick auf eine Bestimmung des Konzepts „Völkerpsychologie" bekennt Wundt sich zu den unbezweifelbaren Vorleistungen von Lazarus und Steinthal für die Etablierung einer neuen Wissensdisziplin der Völkerpsychologie; gleichwohl erklärt er deren Anhänglichkeit an die Psychologie Herbarts für einen Hemmschuh weiterer Entwicklung.[26] Ohne überhaupt ins Detail zu gehen, erklärt Wundt Steinthals Verdienst damit, dass dieser mit dem Begriff „Volksgeist" angesprochen habe, dass geschichtliche Entwicklungen nicht bloß Summenverhältnisse individueller Eigenschaften und Tätigkeiten sein können. Doch Steinthal habe nicht

---

[21]Vgl. Araujo (2016), S. 202–209.
[22]Wundt (1897).
[23]Wundt (1897), S. 349.
[24]Ebd., S. 381–384. Gemeint sind hier: 1) Das Gesetz des geistigen Wachstums; 2) Das Gesetz der Heterogonie der Zwecke; 3) Das Gesetz der Entwicklung in Gegensätzen. Wundt erkennt diese Gesetzmäßigkeiten in ihrer Wirksamkeit sowohl im individuellen wie im geistigen Leben.
[25]Wundt (1911).
[26]Wundt (1911), S. 30–31.

das begriffliche Instrumentarium gehabt, um seinen Denkansatz argumentativ zu verteidigen und sei daher – wie auch Lazarus in seinen Abhandlungen *Leben der Seele* (I.-III) – in geschichtsphilosophische Spekulationen abgeirrt.[27]

2.2 Wundts Auseinandersetzung mit Hermann Paul

Im Vergleich zu dieser knappen Zurechtweisung der beiden Gründungsfiguren der Völkerpsychologie ist Wundts Auseinandersetzung mit Hermann Pauls großem und einflussreichem Werk *Prinzipien der Sprachgeschichte* (1. Auflage: 1880) geradezu ausführlich. Die Gründe liegen darin, dass Paul eine klare, doppelte Kritik an Wundts Theorie aufführt. Zum einen bestreitet Paul die Möglichkeit einer Völkerpsychologie; zum anderen weist er daraufhin, dass Wundts Konzeption lediglich aus Behauptungen und nicht aus Argumenten besteht. Das ist, wenn auch konziliant formuliert, keine freundliche Einladung zu einem Gespräch.

Paul benennt in seiner Kritik an Wundt folgende Punkte[28]: Nach Wundt resultieren Veränderungen der Sprache aus Veränderungen in der Volksseele und nicht in der Einzelseelen; das zentrale psychologische Problem, wie Wechselwirkung der Individuen untereinander vollzogen wird, ist für Wundt kein Problem; er behandelt die Sprache immer nur vom Standpunkt des Sprechenden, nicht des Hörenden; dadurch kann er kein volles Verständnis der Sprachentwicklung gewinnen. Dabei ist jede Sprachentwicklung, auch die allereinfachste, „nach der von mir vertretenen Auffassung schon das Ergebnis mannigfacher Sprech- und Hörbetätigungen vieler Individuen."[29] Der Kernpunkt der Kritik an Wundt enthält den Vorwurf, dass dieser nur vorgegeben habe, aus der Sprachanalyse psychologische Erkenntnisse zu gewinnen, in Wahrheit aber seine Prämissen, d. h. seine Gesetzmäßigkeiten der Sprachentwicklung schon mitbringt.

Aber ist die Differenz zwischen Wundt und Paul wirklich so groß, wie hier behauptet wird? Die Antwort auf diese Frage führt ins Grundsätzliche: Der Sprachforscher Paul ist mit folgendem programmatischen Eröffnungssatz seines Hauptwerkes bekannt geworden:

„Die Sprache ist wie jedes Ereignis menschlicher Kultur ein Gegenstand der geschichtlichen Betrachtung; aber wie jedem Zweige der Geschichtswissenschaft so muss auch der Sprachgeschichte eine Wissenschaft zur Seite stehen, welche sich mit den allgemeinen Lebensbedingungen des geschichtlich sich entwickelnden Objektes beschäftigt, welche die in allem Wechsel gleichmässig vorhandenen Faktoren nach ihrer Natur und Wirksamkeit untersucht."[30]

---

[27]Ebd. S. 32.
[28]Paul (1909). Vorrede zur vierten Auflage (v ff.).
[29]Ebd., S. vi.
[30]Ebd., S. 1.

Paul fordert hier eine Prinzipienlehre, keine Gesetzeswissenschaft. Eine Gesetzeswissenschaft isoliert die Wirkung jeder einzelnen Kraft aus einem allgemeinen Zusammenhang, wie es Naturwissenschaften tun; eine Prinzipienlehre kümmert sich um die Analyse der ständigen Wechselwirkung, in diesem Fall wird die „Betätigung psychischer Faktoren" untersucht; die Prinzipienlehre ist, wenn sie bspw. die „Bedingungen des Sprachlebens"[31] behandelt, eine Kulturwissenschaft. Paul ist in dieser Hinsicht nah an dem Lazarus-Steinthalschen Projekt einer Logik der Kulturwissenschaften. Seine Prinzipienlehre der Kulturwissenschaft soll die allgemeinen Bedingungen darlegen, unter denen die psychischen und physischen Faktoren, ihren eigenartigen Gesetzen folgend, zusammenzuwirken und will darüber hinaus zeigen, „wie die Wechselwirkung der Individuen auf einander vor sich geht, wie sich der Einzelne zur Gesamtheit verhält, empfangend und gebend, bestimmt und bestimmend, wie die jüngere Generation die Erbschaft der älteren antritt."[32]

Erstaunlich ist nun, dass Paul einerseits anmerkt, dass seine „Prinzipienlehre der Gesellschaftswissenschaft ungefähr das gleiche sei wie das, was Lazarus und Steinthal Völkerpsychologie nennen"[33], dass andererseits jedoch „viel fehlt" zu einer Übereinkunft mit dem Programm der Zeitschrift von Steinthal und Lazarus. Die Hauptdifferenz benennt Paul wie folgt: Im Hinblick auf die Beantwortung der Frage, welche Einwirkungen das Individuum von der Gesellschaft erfährt, bspw. wie im Individuum psychische Gebilde oder Vorstellungskomplexe erzeugt werden, finden sich in der Konzeption von Lazarus und Steinthal verwirrende Begriffsbestimmungen. So „konfundieren" diese bspw. die Begriffe Natur und Geist, Naturgeschichte und Geschichte der Menschheit sowie Beschreibungsmuster eines gesetzmäßigen Prozesses und einer geschichtlichen Entwicklung.

Im Resultat erhält bei ihnen die Psychologie eine Mittelstellung zwischen Natur- und Geisteswissenschaften und die Grenze zwischen Individual- und Völkerpsychologie bleibt nach Pauls Auffassung ungeklärt.[34] Das zeigt sich an der Lehre vom „Volksgeist", in der Paul eine Hypostasierung von Abstraktionen sieht, die reale Vorgänge des Laut- und Bedeutungswandels verdecken. Seiner Ansicht nach werden alle psychischen Prozesse in den Einzelgeistern vollzogen und nirgends sonst. Weder der Volksgeist noch seine Elemente (Kunst, Religion usw.) haben eine konkrete Existenz. „Daher weg mit diesen Abstraktionen."[35]

Der Sprachforscher Paul ist konsequent in seinem Festhalten an der Individualpsychologie. Jenseits ihrer Grenzen erkennt er haltlose Abstraktionen, Hypostasierungen unüberprüfbarer Annahmen und einfach: schlechte Philosophie. Aber genau dieser Vorwurf wirkt auf ihn zurück, wenn beispielsweise der Sprachforscher

---

[31] Ebd., S. 6.
[32] Ebd. S. 7.
[33] Ebd., S. 8.
[34] Ebd., S. 10.
[35] Ebd., S. 11.

Franz Mistelli in der *Zeitschrift für Völkerpsychologie und Sprachwissenschaft* (1882) Pauls Buch rezensiert.[36] Mistelli setzt ein mit der Frage, warum Paul Prinzipien der „Sprachgeschichte" und nicht der „Sprachwissenschaft" geliefert habe „Den Titel erklären heißt hier eben das Buch besprechen; denn zutreffender könnte er nicht sein."[37] Den Unterschied zwischen Pauls Konzeption und dem Programm der Zeitschrift, in der sein Beitrag erscheint, sieht Mistelli darin, dass bei Paul Sprache „nur" ein Gegenstand der geschichtlichen Betrachtung ist. Durch die Einschränkung auf das Feld der individuellen Psychologie und deren Bestimmung als historische Kulturwissenschaft, in expliziter Abgrenzung zu den Naturwissenschaften, verschenkt Paul nach Mistellis Ansicht mehrerlei. Zum einen verkennt er die Eigenlogik der sozialen Sphäre mitsamt ihrer Rückwirkung auf den Bereich des Individuellen; zum anderen verpasst er die Zweideutigkeit menschlicher Phänomene – nicht nur der Sprache –, die wir als Erzeugnis des Geistes und in ihrer Entwicklung im Horizont der Natur betrachten können. Die schroffe Entgegensetzung von Geist und Natur bedeutet gleichsam, wie Mistelli betont, sowohl die Erbschaft Humboldts (in der Aneignung durch Steinthal als Theorie der Kulturwissenschaften) aufzugeben als auch die Impulse der Hegelschen Philosophie ungenutzt zu lassen.[38] Darum handelt es sich nun vielmehr bei der Prinzipienlehre der Sprachgeschichte um schlechte Philosophie, denn es fehlt an philosophischen Verständnis empirischer Daten der Sprachforschung, bspw. den Laut- und Bedeutungswandel betreffend.

In eine ähnliche Richtung weist auch Wundt im ersten Band seiner Völkerpsychologie, wo er die Sprache zum Thema macht. Die Individualpsychologie „verzichtet durchgängig auf eine Analyse jener Erscheinungen, die aus der wechselseitigen Wechselwirkung einer Vielheit von Einzelnen entspringen."[39] Deshalb muss sie seiner Ansicht nach durch die Völkerpsychologie ergänzt werden. Diese führt eine „Untersuchung derjenigen psychischen Vorgänge, die der allgemeinen Entwicklung menschlicher Gemeinschaften und der Entstehung gemeinsamer geistiger Erzeugnisse von allgemeingültigem Werte zugrunde liegen."[40]

Im schroffen Gegensatz zu Pauls Konzeption beschäftigt sich die Völkerpsychologie Wundts mit den Wechselwirkungen zwischen den Individuen und der Gemeinschaft. Das geistige Leben einer Gemeinschaft hängt Wundt zufolge unauflöslich mit dem Leben Einzelner zusammen; alle geistigen Erzeugnisse, die wir auf die Gemeinschaft als solche zurückführen, haben in den individuellen Eigenschaften ihre letzte Quelle. Zwei Merkmale machen das, was im Leben eines Volkes ein gemeinsames Erzeugnis genannt wird, nach Wundts Auffassung von einer individuellen Schöpfung prinzipiell unterscheidbar. Erstens wirken am Leben eines Volkes unbestimmt viele Glieder einer Gemeinschaft in einer Weise

---

[36]Mistelli (1882), S. 376–409.
[37]Ebd., S. 380.
[38]Ebd., S. 409.
[39]Wundt (1911), S. 1.
[40]Ebd., S. 1.

mit, welche die Zurückführung auf die Tätigkeit bestimmter Individuen ausschließt. Zweitens bieten die gemeinsamen Erzeugnisse in ihrer Entwicklung zwar vielfältige, geschichtlich bedingte Unterschiede dar, diese lassen „trotz dieser Mannigfaltigkeit aber gewisse allgemeine Entwicklungsgesetze erkennen."[41]

Mit dem Hinweis auf den Gesetzescharakter von Entwicklung in der Natur und in der Kultur markiert Wundt den Hauptpunkt seiner Kritik an Pauls Verknüpfung der Individualpsychologie mit der Forschung zur Sprachentwicklung. Denn mit der Einschränkung auf die individualpsychologische Perspektive wird der Bereich des Sozialen dem Okkasionellen und Triebhaften unterstellt. Der Zufall wird zum Schöpfer sozialer Erscheinungen, überhaupt werden diese, wie Wundt mit einem Seitenverweis auf Gabriel Tarde bemerkt, als eine Art somnambulische Wirkung aufgefasst.[42] Wundt geht aber noch weiter, denn im Gegensatz zur individualpsychologischen Forschungsrichtung behauptet er, dass Wirkungen, die bspw. zu Lautentwicklung oder Bedeutungswandel führen, allein im Zusammenleben der Menschen begründet sind. Seines Erachtens gibt es keinen Grund zu der Annahme, dass sprachliche, sittliche, religiöse Veränderungen von einem einzelnen Individuum ausgehen: Zustände sind immer „generell".[43] D. h. Sozialgemeinschaften fügen zwar den Bewußtseinsinhalten ihrer Mitglieder keine neuen psychischen Elemente hinzu, aber sie erzeugen durch die Verbindung und Wechselwirkung dieser Bewußtseinsinhalte neue geistige Schöpfungen. Erst durch diese Annahme erhält die Völkerpsychologie Wundts Auffassung nach ihre selbstständige Aufgabe.[44]

In der vierten Auflage seiner *Prinzipien der Sprachgesc*hichte (1909) antwortet wiederum Paul auf seine Kritiker. Generell weist er diese als Gruppe der „unbewussten Realisten"[45] zurück, die viel „Unfug" treiben und verhindern, dass die Psychologie zu einer Wissenschaft wird. In einer längeren Fußnote verwahrt Paul verwahrt sich gegen die Belehrungen durch Mistelli und Ludwig Tobler:

> „Ich [Paul] muss gestehen, es ist niederschlagend für mich, dass zwei Gelehrte, die doch gerade Interesse für allgemeine Fragen bekunden, so wenig erkannt haben, was der eigentliche Angelpunkt meines ganzen Werkes ist. Alles dreht sich mit darum die Sprachentwicklung aus der Wechselwirkung abzuleiten, welche die Individuen auf einander ausüben. Eine Kritik der Lazarus-Steinthalschen Anschauungen, deren Fehler eben in der Nichtberücksichtigung dieser Wechselwirkung besteht, hängt daher auf das engste mit der Gesamttendenz meines Buches zusammen."[46]

Nach Pauls Auffassung kann eine Völkerpsychologie es nicht mit einem „Gesamtgeist" zu tun haben, denn diese Vorstellung ist eine bloße Fiktion.

---

[41]Ebd., S. 4.
[42]Ebd., S. 22.
[43]Ebd., S. 23.
[44]Ebd., S. 25.
[45]Paul (1909), S. 11.
[46]Ebd. S. 12. Anmerkung.

„Vielmehr ist es eine Tatsache von fundamentaler Bedeutung, die wir niemals aus dem Auge verlieren dürfen, das alle rein psychische Wechselwirkung sich nur innerhalb der Einzelseele vollzieht. Aller Verkehr der Seelen unter einander ist nur ein indirekter auf physischem Wege vermittelter. Es bleibt also dabei, es kann nur eine individuelle Psychologie geben, der man keine Völkerpsychologie oder wie man es sonst nennen mag gegenüber stellen darf."[47]

In einer weiteren Fußnote zum unveränderten Text der zweiten Auflage (Anmerkung, S. 13) repliziert Paul auf eine Kritik an seinem Standpunkt durch Steinthal in dessen Abhandlung *Begriff der Völkerpsychologie* (ZfSpV. Bd. 17. 1887) und Wundts *Völkerpsychologie* (1900). Paul bringt sein Unverständnis darüber zum Ausdruck, dass sowohl die Individualseele als auch die Volksseele gleichermaßen als empirische Größen genommen werden, worin er „einen verhängnisvollen Irrtum" sieht. Bewußtsein kann es nur als Bewußtsein einzelner Individuen geben (Anmerkung, S. 14), während man vom Bewußtsein eines Volkes nur „bildlich" reden kann; auch der Kausalzusammenhang zwischen Bewußtseinsakten innerhalb des individuellen Bewußtseins und zwischen den Bewußtseinsakten verschiedener Individuen ist „ganz anders". Das muss seiner Ansicht nach berücksichtigt werden, wenn man „die Verhältnisse, die durch das Zusammenwirken der Individuen geschichtlich geworden sind, richtig beurteilen will."[48] Eine falsche Psychologie, die immer auch schlechte Philosophie ist, hat nach Pauls Ansicht für die Sprachforschung verheerende Folgen. Demgegenüber möchte er festhalten, dass „jede sprachliche Schöpfung [...] stets nur das Werk eines Individuums [ist]. [...] Niemals schaffen mehrere Individuen etwas zusammen, mit vereinigten Kräften, mit verteilten Rollen."[49] In der Sprache geht es nicht um das „Zusammenwirken", sondern um das „Nacheinanderwirken verschiedener Individuen". Das allein ist das richtige Verständnis von „Wechselwirkung".[50]

An dieser Stelle wird es noch einmal notwendig, den Gesprächspartner ins Spiel zu bringen, der in der Wundt-Paul-Debatte nur Seitenhiebe abbekommen hat: Heymann Steinthal.

2.3 Steinthals Kritik an Paul und Wundt

Steinthals Beitrag *Der Begriff Völkerpsychologie* ist im 17. Band und 27ten Jahr des Erscheinens der Zeitschrift erschienen.[51] Es ist in vielerlei Hinsicht ein interessanter Text, aus dem für unseren Zusammenhang vornehmlich ein Aspekt von Interesse ist. Steinthal blickt auf die Programmatik des Anfangs zurück, lässt

---

[47]Ebd., S. 12–13.
[48]Ebd., S. 14. Anmerkung.
[49]Ebd., S. 18.
[50]Ebd., S. 18.
[51]Steinthal (1887), S. 233–264.

die Debatten der Zwischenzeit Revue passieren und unternimmt einen erneuten Anlauf, um zu klären, was mit dem „Begriff" Völkerpsychologie gemeint war und immer noch ist. Es ging ihm von Anfang an nicht um eine Doktrin, sondern um ein offenes, interdisziplinäres Forschungsfeld; die Herausgeber waren bereit, sich korrigieren zu lassen, zu lernen und mit anderen gemeinsam zu entwickeln. „Uns lag ja überhaupt nicht sowol daran, eine Disciplin zu umgrenzen, als einen Complex von Aufgaben (gleichviel innerhalb welcher Disciplinen dieselben liegen) und eine Weise wissenschaftlicher Betrachtung zu charakterisiren."[52]

Da in dieser Hinsicht einige Gelegenheiten ungenutzt blieben, nimmt Steinthal einen aktuellen Anlass, die zweite Auflage von Pauls *Prinzipien der Sprachgeschichte* (1887) und Wundts Abhandlung *Über Ziele und Wege der Völkerpsychologie* (In: Philosophische Studien. Bd. 4. S. 1–27) für einen erneuten Klärungsversuch. Es geht ihm um die Bestimmung des systematischen Ortes der Völkerpsychologie: Ähnlich wie Humboldt und Droysen sich um eine Theorie der Geschichtsschreibung gekümmert haben, soll die Völkerpsychologie eine Theorie der Interpretation und Kritik philologischer, historischer, anthropologischer Tatsachenbefunde sein.[53] Steinthal kritisiert an Wundt, dass dieser von allgemeinen Naturvorgängen spricht. Seiner Ansicht nach gibt es keine Wissensdisziplin, die sich mit nichts anderem als allgemeinen Naturvorgängen beschäftigt. Ebenfalls sind ihm allgemeine Zustände unbekannt. Wundts Unterscheidung, dass die Naturwissenschaften ein Allgemeines zu erkennen suchen, die Geisteswissenschaften umgekehrt nur auf die Erforschung im Einzelnen gehen, hält Steinthal für uninteressant und auch falsch. Viel wichtiger ist es seiner Ansicht nach zu untersuchen, in welcher Weise ein Allgemeines in unserem Erkenntnisvorgang wirksam ist, wenn wir im Feld natürlicher oder geistiger Objekte sind. Möglicherweise sind diese Wirksamkeiten auch unwissentlich oder unwillkürlich, aber trotzdem von Interesse für die Konstitution der sozialen Sphäre.[54] Daher stimmt es auch nicht, wenn Wundt meint, dass die Einzelforschung in Sprachwissenschaft, Psychologie usw. bereits die Arbeit der Völkerpsychologie erledigt.

Die Hauptpunkte der Kritik Steinthals an Wundt lauten: Erstens ist die Völkerpsychologie eine selbstständige Disziplin, aber nicht weil diese einen eigenen Gegenstand im Sinne einer, der Geschichte, den sozialen und kulturellen Prozessen vorausliegenden, Allgemeinheit oder Substanzialität hat. Zweitens muss alles, was Geschichte des Geistes heißt, durch die Völkerpsychologie eine „psychologische Zutat"[55] erhalten, d h. die Wechselwirkungsverhältnisse müssen auf der Ebene individueller und kollektiver Tätigkeiten analysiert werden. Und drittens kann der Bereich völkerpsychologischer Forschung nicht auf Sprache, Mythos,

---

[52]Ebd., S. 246.
[53]Ebd., S. 242.
[54]Ebd., S. 244–246.
[55]Ebd., S. 246.

Sitte als ihre Gegenstände begrenzt sein, sondern betrifft alle geistigen Erzeugnisse, die eine Entwicklungsgeschichte im Horizont von Natur und Gesellschaft haben.

Steinthals Kritik an Paul hat eine andere Stoßrichtung, da dieser mit seiner Prinzipienlehre ja eine eigenständige Wissenschaft jenseits der Einzelforschung etablieren will, dabei aber der Völkerpsychologie jegliches Existenzrecht abspricht.[56] Im Gegensatz zu Wundt, der die Stabilität im Kulturprozess in einem mysteriösen Allgemeinen und einer ahistorischen Gesetzlichkeit der Kulturentwicklung sucht, unterstellt Paul den Kulturprozess, und inmitten seiner die Sprachentwicklung, einer Prozessualität der Wechselwirkung, behauptet aber zugleich, dass in allem Wechsel sich gleichbleibende individuelle Faktoren wirksam sind. Steinthal bestreitet die Existenz solcher Faktoren. Pauls „metaphysischer Fehler" ist es anzunehmen, dass isolierte Kräfte und Faktoren (Individualität) existieren, die in Wechselwirkung stehen, woraus sich erst nachträglich komplexe Gebilde ergeben.[57] Nach Steinthal komplizieren sich die Kräfte und Faktoren mit den komplizierten Stoffen und je nach Niveau ihrer Gestaltung (Atom, Molekül, Zelle, Organismus usw.).

Dieser Gedanke kann mit Steinthal folgendermaßen positiviert werden: Echte Prozessualität – sowohl in Natur und Kultur – zu denken heißt, in Rechnung zu stellen, dass sich die Gebilde durch Wechselwirkung verändern und dass sich die wirksamen Faktoren in der Wechselwirkung mit der Komplexität der Gebilde ändern. Individualität ist auf der Stufe physischer, organischer oder geistiger Gebilde nicht dasselbe wie auch bspw. Kausalität auf den jeweiligen Stufen der Entwicklung nicht derselbe Vorgang ist.

Trotz der Übereinstimmung mit Paul in dem Punkt, dass die Psychologie als „Culturwissenschaft" aufzufassen ist, benennt Steinthal einen fundamentalen Gegensatz: Während Paul eine Wissenschaft zu etablieren sucht, die das Ineinanderwirken von Natur und Geist betrachtet, erscheint nach Steinthal ein solches Ineinanderwirken ein „ganz verworrener Gedanke"[58] zu sein. „Die Geistes- oder Culturwissenschaft enthält eben [...] das Leben des Geistes in der Natur, seine Ausnutzung und Gestaltung derselben. Freilich bin ich von dem was ich ausnutze abhängig; aber dasselbe wirkt darum doch nicht auf mich."[59]

Im Zentrum der Überlegung stehen zwei Fragen: Was meint Entwicklung und was heißt Wechselwirkung? Beide Fragen fallen im Hinblick auf die Sprachschöpfung, Sprachtätigkeit und Sprachentwicklung zusammen. Seiner Ansicht nach findet Sprachschöpfung durch Tätigkeit mehrerer Individuen, in der Komplikation ihres Zusammenwirkens – bei Paul ein bloßes Nebeneinanderwirken verschiedener Individuen – statt. Steinthals Beispiele sind neben der Sprache und

---

[56]Ebd., S. 248.
[57]Ebd., S. 249–250.
[58]Ebd., S. 253.
[59]Ebd., S. 253.

dem Gespräch, das Handwerk in einem Betrieb, das Musizieren in einem Orchester.[60] Auch wenn hier Individuen tätig sind, so ist ihre Tätigkeit doch einheitlich, aber nicht, weil diese zu einem Volk oder Gesamtgeist gehören (wie Wundt meint), sondern weil sie einen einheitlichen objektiven Zweck verfolgen. Das ist nur möglich, wenn eine Verbindung zwischen dem Denken, Fühlen usw. des Einen mit dem des Anderen stattfindet. Die einheitliche Tätigkeit bewirkt die reale Einheit des Betriebs, des Orchesters usw. „Die Einheit aber ist nicht ein leibliches Nebeneinander auf einem eingezäunten Boden, sondern ist eine zunächst und wesentlich rein psychische, einheitliche Gesammtheit."[61]

Ist die Sprache nicht, wie Humboldt sagt, ein Orchester? Paul versteht diesen allgemeinen Charakter der Sprache, wie aller menschlichen Gebilde nicht; Wundt hingegen hypostasiert ihn. Steinthal entlehnt an dieser Stelle den Hegelschen Terminus des objektiven Geistes, der allgemeine Phänomene menschlicher Kultur sowohl in ihrer Natürlichkeit als auch Künstlichkeit, sowohl in ihrer Flüssigkeit als auch Festigkeit bezeichnet.[62] Vor diesem Hintergrund fällt die Kritik Steinthals hart aus. Paul ist seiner Ansicht nach kein Sprachwissenschaftler, weil er keine Theorie und Kritik seines Gegenstandes, der Sprache, entwickelt hat, so weiß er bspw. nicht, was mit Wechselwirkung gemeint ist. Noch weniger ist Wundt ein Sprach- und Kulturforscher, weil er mit seinen Gegenständen ein vollkommen unkritisches Verhältnis eingeht, indem er die Existenz und Wirksamkeit allgemeiner Kräfte behauptet, die niemand bisher nachweisen konnte.

2.4 Die Delbrück-Wundt-Debatte

Die Debatte der 1870er Jahre hat ein spätes Nachspiel. In seiner Abhandlung *Grundlagen der Sprachforschung* (1901) sucht der Sprachwissenschaftler Berthold Delbrück nach einer Klärung der Meinungsverschiedenheiten zwischen Steinthal oder Paul einerseits und Wundt andererseits. Delbrück bekennt, dass „im eigentlichen Sinne als Humboldt' Nachfolger" nur eine Person in Betracht kommt, nämlich Heymann Steinthal, „dieser merkwürdige Mann".[63] Delbrück hat viele Schriften Steinthals gelesen, deren ausgebliebene Rezeption seiner Ansicht nach ihren wissenschaftlichen Wert nicht widerspiegelt.[64] Delbrück zeigt für die Disziplin der „Völkerpsychologie" kein Interesse mehr, insbesondere da zwischenzeitlich sowohl die Zeitschrift als auch die Wissensdisziplin von der Völkerkunde

---

[60]Ebd., S. 259–261.

[61]Ebd., S. 261.

[62]Ebd., S. 255: „Kurz, ich muss behaupten, wer nicht aus der Völkerpsychologie den Begriff des ‚objectiven Geistes' gewonnen hat, versteht nichts von Geschichte, weder von ihrem Objecte, noch von der Weise ihres Fortganges".

[63]Delbrück (1901), S. 3.

[64]Ebd., S. 3: „Das lag und liegt aber, so viel ich sehe, weniger an der Verstocktheit der Lehre als an gewissen Eigenschaften des Schriftstellers selbst. Steinthal ist nicht leicht zu lesen".

absorbiert worden ist. Damit ist die eben skizzierte Programmatik Steinthals vollständig aus dem Blick geraten. Steinthals Denken hat keinen disziplinären Ort mehr, obwohl er sowohl von Simmel mit seinen Entwürfen zur Soziologie, Geschichtsphilosophie und Kulturphilosophie als auch von Dilthey in den Studien zur Logik der Geisteswissenschaften oder Philosophie der Philosophie auf unterschiedliche Weise beerbt wird. Aber auch diese sind Grenzgänger im disziplinären Gefüge der Wissenschaften um 1900.

Erstaunlich ist Delbrücks Lesart der Wirkungsgeschichte der Völkerpsychologie im Sinne Steinthals dennoch. So erkennt er ausgerechnet in Hermann Paul den legitimen Erben Humboldts und Steinthals und sieht in Pauls Werk das Steinthalsche Projekt, verstanden als Integration der Untersuchungen zur Sprachentstehung und -entwicklung in psychologische Forschungen, verwirklicht. Wundt ergänzt Delbrück zufolge diese Arbeit nach anderer Seite hin, insofern er eine einheitliche, anti-dualistische Theorie des Bewußtseins anstrebt, in der psychische Tatsachen, wie bspw. Gefühle und Empfindungen, nicht als Objekte, sondern als Ereignisse aufgefasst werden. Auch wenn Delbrück bemüht ist, eine Wirkungsgeschichte der Steinthalschen Programmatik für Völkerpsychologie und Sprachwissenschaften zu behaupten und dafür die Gräben zuschüttet, die Jahrzehnte zuvor als Konfliktlinien offensichtlich waren, provoziert sein Vorstoß einen Epilog der Debatte.

Wundt antwortet noch im selben Jahr in der Studie *Sprachgeschichte und Sprachpsychologie,* in der er noch einmal ausdrücklich auf das Verhältnis der Psychologie zur Sprachwissenschaft zu sprechen kommt. Steinthals Schrift *Grammatik, Logik und Psychologie* erscheint auch ihm als ein Zukunftsprogramm, weil hier die Psychologie als Leitwissenschaft für die Sprachforschung etabliert wird. Wundt erklärt sich nun selbst zum legitimen Nachfahren Steinthals – in Gegensatz zu Paul, den er in Distanz rückt, indem er ihm allein die Aufgabe einer neuen Bestimmung des Verhältnisses der Sprachgeschichte zur Sprachpsychologie zuspricht. Bei allem Lob für Paul, der „die Thatsachen der sprachlichen Entwicklung psychologisch zu deuten suchte",[65] aber eben nicht versteht, was er tut, reklamiert Wundt für sich, „die Gewinnung psychologischer Erkenntnisse aus den Thatsachen der Sprache und vor allem der Sprachgeschichte"[66] vorangetrieben zu haben. Als Forschungsziel gibt Wundt aus, dass Sprachgeschichte und Sprachpsychologie ebenbürtig nebeneinanderstehen sollen, während doch die eine Disziplin die Gesetze aufstellt (Psychologie) und die andere Tatsachen liefern soll (Sprachgeschichte), und in der Verbindung erst eine Sprachwissenschaft entsteht. Im letzten Passus seiner Schrift kokettiert Wundt tatsächlich mit dem Gedanken, dass die Vereinigung beider Kompetenzen in einer Person und deren Werk (also in den Arbeiten Wundts) hilfreich sein könnte.[67] Tatsächlich hat Wundt in dieser

---

[65]Wundt (1901), S. 6.
[66]Ebd., S. 9.
[67]Ebd., S. 110.

Jahren nicht mehr die Kraft oder Willen, neben der Sicherung einer Forschungstradition und Etablierung einer Wissensdisziplin unter seinem Namen, die Debatte in systematischer Hinsicht zu befruchten.

2.5 Der Ertrag der Debatte – eine Schlussbetrachtung

Ich möchte zum Abschluss meine Beobachtungen zusammenfassen. Im Zentrum der Debatte steht die Etablierung der Völkerpsychologie als einer eigenständigen Disziplin. Auf den ersten Blick scheint dabei die Wundtsche Definition robust zu sein. Wundt versteht unter Völkerpsychologie die Darstellung einer psychologischen Entwicklungsgeschichte der zusammengesetzten Vorgänge des Denkens. Die Sprachforschung dient ihm als Materialreservoir, um diese Ansicht zu stützen. Paul hält dagegen, dass Wundt einerseits seine psychologischen Gesetze setzt, statt sie aus der Empirie zu schöpfen; andererseits behauptet Wundt seiner Auffassung nach das Zusammengesetztsein der Vorgänge des Denkens, für das er keine Erklärung aufbieten kann. Der behauptete Vorrang sozialer Phänomene vor individuellen Beziehungen führt in leere Abstraktionen wie bspw. die Rede vom Volksgeist. Die Konzeption Steinthals bietet hier ein drittes Theorieangebot mit überraschenden Konsequenzen. Ich möchte den Gegensatz abschließend in Thesen fassen:

a. Historismus – Wundt und Paul implementieren jeweils a-historische Elemente in ihren Konzeptionen; und verpassen dadurch einerseits die Radikalität der Herbartschen Konzeption von psychischer Wechselwirkung, der Lazarusschen Theorie von der Verdichtung des Denkens und der Steinthalschen Übernahme der Hegelschen Lehre vom objektiven Geist.

b. Naturalismus – Paul naturalisiert das Individuum und seine Kräfte/Faktoren – Wundt naturalisiert die allgemeinen sozialen Kräfte; dagegen stehen Lazarus-Steinthal und ihre Nicht-Konfundierung von Geist/Natur, Kulturgeschichte/Naturgeschichte und ihr Hinweis auf die Zweideutigkeit aller menschlichen Tätigkeit/Phänomene, die Erzeugnisse des Geistes und Entwicklungsmomente im Horizont der Natur sind.

c. Relativismus – Daraus ergibt sich die Konsequenz, dass sowohl Wundt als auch Paul dem Problem des Relativismus nicht adäquat begegnen. Paul sieht das Problem nicht und Wundt führt über-historische Kategorien wie bspw. Volk, Volksgeist, Gesamtgeist ein, um das Problem zu bannen.

Steinthal hingegen richtet den Blick auf die Wechselwirkungen auf allen Ebenen – zwischen Individuen, zwischen Individuen und Kollektiven, zwischen Kollektiven selbst – und sucht, die Völkerpsychologie als eine Theorie der Kulturwissenschaften zu etablieren, in der die Logik(en) dieser Wechselwirkungen im Blick auf die Differenzierung und Komplexion der Strukturen gesellschaftlicher Interaktion und die Ausbildung von Institutionen (Wissen, Religion, Sitte usw.), kurzum: die Gebilde des objektiven Geistes, untersucht wird. Auf diese Weise bietet Steinthal mit seiner Theorie des objektiven Geistes einen Ansatz, um eine Logik der Formen des Denkens, Wissens und Handelns zu entwerfen. Es handelt sich um eine nicht-reduktionistische Theorie des Geistes, geistigen Formen und ihrer sozio-kulturellen Geltung in der Perspektive auf ihre Entstehungs- und Entwicklungsbedingungen (Natur, Gesellschaft) gerecht zu werden. Diese Theorie, genannt Völkerpsychologie, erlaubt es, das Problem der Relativität der Prinzipien der Logik, der Moral, der Religion u. a. zum Gegenstand wissenschaftlicher Forschung zu machen. Das heißt um 1860 „Culturwissenschaft". Die Reichweite und systematische Relevanz dieser Konzeption hat keiner derjenigen, welche die Völkerpsychologie etablieren (Wundt) oder ihre Berechtigung bestreiten wollen (Paul), im späten 19. Jahrhundert gesehen. Erst Georg Simmel, in frühen Jahren Beiträger der Zeitschrift von Lazarus und Steinthal, hat das Erbe angetreten, aber sehr früh schon den Disziplinentitel „Völkerpsychologie" verabschiedet.[68] Über die Wirkungslinien der programmatischen Thesen, die im Umkreis der Zeitschrift für Völkerpsychologie und Sprachwissenschaft formuliert wurden, gibt es erste Ansätze in der philosophie- und wissenschaftsgeschichtlichen Forschung.[69]

Literatur

Cassirer, Ernst (1922): *Philosophie der symbolischen Formen*. Bd. 1. Berlin 1922.
Delbrück, Berthold (1901): *Grundfragen der Sprachforschung. Mit Rücksicht auf W. Wundts Sprachpsychologie erörtert*. Strassburg 1901.
Lazarus, Moritz (1885): Das Leben der Seele in Monographien über seine Erscheinungen und Gesetze. Zweiter Band: *Geist und Sprache, eine psychologische Monographie*. Berlin ³1885.
Mistelli, Franz (1882): Besprechung. In: *Zeitschrift für Völkerpsychologie und Sprachwissenschaft*. Bd. 13 (1882), S. 376–409.
Paul, Paul (1880/1909): *Prinzipien der Sprachgeschichte* [1880]. Halle ⁴1909.
Steinthal, Heymann (1881): *Einleitung in die Psychologie und Sprachwissenschaft*. Zweite, mit Zusätzen versehene Auflage: Berlin² 1881.
Steinthal, Heymann (1887): Begriff der Völkerpsychologie. In: *Zeitschrift für Völkerpsychologie und Sprachwissenschaft*. Siebzehnter Band. Leipzig 1887, S. 233–264.
Wundt, Wilhelm (1863): *Vorlesungen über die Menschen- und Tierseele*. Leipzig 1863.
Wundt, Wilhelm (1897): *Psychologie*. Leipzig ²1897.
Wundt, Wilhelm (1901): *Sprachgeschichte und Sprachpsychologie. Mit Rücksicht auf Berthold Delbrücks „Grundfragen der Sprachforschung"*. Leipzig 1901.
Wundt, Wilhelm (1906): *Essays*. Leipzig ²1906.
Wundt, Wilhelm (1911): *Völkerpsychologie. Eine Untersuchung der Entwicklungsgesetze von Sprache, Mythus und Sitte*. Erster Band. *Die Sprache*. 1. Teil. Leipzig ³1911.
Wundt, Wilhelm (1912): Völkerpsychologie. Eine Untersuchung der Entwicklungsgesetze von Sprache, Mythus und Sitte. Erster Band. Die Sprache. 2. Teil. Leipzig ³1912.
Wundt, Wilhelm (1920): *Erlebtes und Erkanntes*. Stuttgart 1920.
Diamond, Solomon (2001): Wundt before Leipzig. In: Robert W. Rieber/David K. Robinson (Hg.): *Wilhelm Wundt in History. The Making of a Scientific Psychology*. New York u. a. 2001, S. 1–68.
Freitas Araujo, Saulo de (2016): *Wundt and the Philosophical Foundations of Psychology. A Reappraisal*. Cham-Heidelberg-New York u. a. 2016.

---

[68]Vgl. Köhnke (1996).

[69]Vgl. Hartung (2019).

Hartung, Gerald (2012): *Sprach-Kritik – Sprach- und Kulturtheoretische Reflexionen im deutsch-jüdischen Kontext*. Weilerswist 2012.

Hartung, Gerald (2003): *Das Maß des Menschen. Aporien der philosophischen Anthropologie und ihre Auflösung in der Kulturphilosophie Ernst Cassirers*. Weilerswist 2003 (^{2}2004).

Hartung, Gerald (2019): Georg Simmel und die Zeitschrift für Völkerpsychologie und Sprachwissenschaft – Vorläufer einer interdisziplinären Anthropologie? In: *Jahrbuch Interdisziplinäre Anthropologie* 6 (2019), S. 251–269.

Köhnke, Klaus Christian (1996): *Der junge Simmel in Theoriebeziehungen und sozialen Bewegungen*. Frankfurt a. M. 1996.

Die Aktualität der empirischen Psychologie Brentanos in der heutigen Philosophie des Geistes

Edoardo Fugali

1 Einleitung

Obwohl fast ubiquitär in der Literatur zitiert und trotzt ihrem ausschlaggebenden Einfluss auf die Philosophie des Geistes, wurden Brentanos psychologische Theorien zumeist missverstanden oder sogar zum Zweck der Erarbeitung eigener Ansätze in ihrer genuinen Physiognomie verzerrt, die sowohl von Brentanos Ansichten als auch von den aus ihnen zu ziehenden Implikationen weit entfernt sind. Besonders verbreitet ist ein andauerndes Vorurteil, welches in Brentano den Vertreter eines methodisch mangelhaften und überholten, auf Introspektion beruhenden Ansatzes sieht, wobei Wundt hingegen als echter Begründer einer wissenschaftlichen, diese Bezeichnung völlig verdienender Psychologie gilt. Brentano ist in Wirklichkeit weit davon entfernt, eine Art philosophische Psychologie anzubieten, die sich mit naiven Ansichten und Beobachtungen begnügt. Ganz im Gegenteil hat er nie die experimentelle Forschung im Bereich etwa der Sinnesphysiologie beiseitegelassen, sondern hielt sie ständig für eine unentbehrliche Quelle der eigenen empirischen Untersuchungen.

Im vorliegenden Beitrag geht es nicht so sehr darum, in voller Treue Brentanos originären Beitrag zur Entstehung der Philosophie des Geistes wiederzugeben, sondern ihn im Hinblick auf die Entwicklung einer Auffassung von Kognition zu verwenden, die ein zwiefaches Erfordernis zu befriedigen hat: Erstens müssen die Einseitigkeiten und die theoretischen Sackgassen gehoben werden, in welche die heutigen meistverbreiteten Theorien in beiden Feldern, d. h. der Philosophie des Geistes auf der einen und der Kognitionswissenschaften auf der anderen Seite geraten sind. Diese sind m. E. der beinahe restlosen Nivellierung des Mentalen

---

E. Fugali (✉)
Universität Messina, Messina, Italien
E-Mail: edoardoaugusto.fugali@unime.it

auf der Ebene des alltäglichen Sprachgebrauchs zur Last zu legen, sowie einer reduktionistischen Richtung, welche sich dogmatisch auf den veralteten und vagen Grundsatz der kausalen Abgeschlossenheit der physikalischen Welt stützt. Dies hat ein verarmtes Bild des menschlichen Geistes zur Folge, in welchem dessen konkrete, dynamische Verfassung, als auch der Aspekt des erstpersönlichen Erlebtwerdens zugunsten der sprachlogischen Produktionen, in welchen sich das psychische Leben kristallisiert, nahezu ignoriert werden.

Diese Betrachtungen führen uns zu einem weiteren wichtigen Punkt. Eine reife Psychologie resp. Kognitionswissenschaft, welche der Aufgabe einer plausibler Erklärung der mentalen Erscheinungen gerecht werden will, braucht als notwendigen Ausgangspunkt eine rigorose und nicht verschwommene Beschreibung des Explikandum, die gleichzeitig seine wesentlichen Zusammenhänge hervorhebt. Das betrifft sowohl die vielfachen phänomenalen Aspektformen als auch die strukturellen Verflechtungen der psychischen Zustände in der gesamten kognitiven Ökonomie des erfahrenden Subjekts. Zu diesem Zweck kann sich Brentanos Psychologie des Aktes als besonders fruchtbar erweisen. Nach ihrem Anwendungsbereich betrachtet, beschränkt sich ihre theoretische Zielsetzung nicht darin, eine vollständige Taxonomie der psychischen Phänomene zusammenzustellen, sondern kennzeichnet sich hauptsächlich durch das ambitionierte Projekt, die Ordnung der Gesetzmäßigkeit ans Licht zu bringen, welche ihrer Verbindungsweise zugrunde liegt. So gestaltet sich Brentanos Versuch als eine systematische und einheitliche Theorie der Erfahrung, welche in der Doppelbindung zwischen Intentionalität und Bewußtsein – sowohl im phänomenalen Sinn als auch in jenem der Zugriffsfunktion – die allgemeine Charakteristik aller psychischen Erscheinungen erkennt.

In diesem Beitrag werde ich versuchen, zugunsten der unlösbaren Verbindung zwischen Intentionalität und Bewußtsein und gegen diejenigen theoretischen Modelle im Feld der Philosophie des Geistes und der Kognitionswissenschaft zu argumentieren, welche beide Merkmale trennen, um sie auf grundverschiedene Funktionen zurückzuführen. So kommt Intentionalität nach den Vertretern des Funktionalismus – welcher noch immer die Hauptrichtung in heutiger Debatte darstellt – lediglich unterpersönlichen, symbolischen Items zu, aus welchen ebenso unbewusste Vorstellungen durch syntaktische Manipulationsverfahren hervorgebracht werden, oder laut einflussreicher Neurowissenschaftler wie A. Damasio sogar Gehirnprozesse[1]. Anderseits wird einem auf bloß ornamentales Epiphänomen reduzierten Bewußtsein nur die residuale Aufgabe zugewiesen, gleichsam das Skelett der ‚echten' kognitiven Strukturen mit dem Fleisch des Qualitativen zu versehen, ohne dass dessen aufschließende Rolle in Bezug auf eine tatsächlichen Erfahrung der Welt berücksichtigt wird. Bei der Verfolgung dieses Ziels werde ich versuchen: 1) Das Missverständnis zu beheben, wonach die Intentionalität dem semantischen Inhalt von Sprachaussagen gleichgesetzt wird.

---

[1]Vgl. Damasio (2013).

2) Die These zu verteidigen, dass Intentionalität als Charakteristikum *aller* mentaler Zustände gilt. 3) Die Originalität Brentanos Auffassung des Vorstellens und des Urteilens als Spezifikationen der intentionalen Beziehung zu zeigen. 4) Die konstitutive Einheit des Bewußtseins trotz der Mannigfaltigkeit der in ihm vorkommenden psychischen Akte hervorzuheben. 5) Die Haltbarkeit der selbstrepräsentationalen Theorie der inneren Wahrnehmung zu überprüfen.

2 Intentionalität ist nicht primär als semantischer Inhalt von Aussagen auszudeuten

Das logizistische Programm des Wiener Kreises und die darauffolgende linguistische Wende haben dazu beigetragen, dass Brentanos Vorschlag einer Analyse der psychischen Akte fast in Vergessenheit geraten ist, weil dieser für unzureichend gehalten wurde, eine bedeutende Rolle hinsichtlich der Erklärungsversuche der epistemologischen Grundlage der Wissenschaften als auch der Psychologie zu spielen. Das Fregesche Paradigma wurde der Aktpsychologie Brentanos entgegengesetzt, soweit dessen objektivistische Auffassung der Gedankeninhalte für angemessener gehalten wurde, die Entstehung des Sinnes und der Bedeutung zu erklären. In dieser Perspektive ist die öffentliche Dimension der Sprache das einzige Medium, in welchem die Gedanken erst ihre normative Gültigkeit und ihre eindeutige Beziehung auf die Wirklichkeit erhalten, wobei die subjektive Seite der individuellen Gedankenakte durch Willkür und Schwammigkeit gekennzeichnet ist.

Gegen Brentanos Beanspruchung der Selbstständigkeit des Mentalen bekennt man sich also in den orthodoxen Richtungen der Philosophie des Geistes eher zu einem radikalen Antimentalismus, welcher von Mach und Russell angebahnt wurde. Aus der Untersuchungsdomäne der Psychologie ist zumindest methodisch, jeder Bezug auf die subjektive Seite der Erfahrung zu verbannen. Machs und Russells Phänomenalismus beschränkt sich auf die Sinnesdaten als unmittelbare Korrelate eines punktförmigen und nicht-intentionalen Bewußtseins, das völlig mit ihnen zusammenfällt. In Machs *Analyse der Empfindungen* wird ein strenger neutraler Monismus vertreten, welcher dem Mentalen als solchem keine selbstständige Existenz einräumt.[2] Machs Empfindungen sind nichts anderes als weder psychische noch physische Atome, welche nur als selbstbezogene Entitäten bestehen. Sie sind nur dank äußerlicher kausal-funktionaler Beziehungen miteinander verknüpft, die ihnen durch die logischen Mittel des Verstands auferlegt werden, sodass sie Komplexe mit unterschiedlichem Kohäsionsgrad hervorbringen, egal ob es sich um materiale Gegenstände oder mit mentalen Zuständen ausgestattete Organismen handelt.

In ähnlicher Weise verwirft Russell in seiner *Analysis of Mind* selbst den Begriff des Mentalen und umso mehr den der intentionalen Beziehung, ausgehend von einer scharfen Kritik an Brentanos Unterscheidung zwischen physischen und

---

[2]Vgl. Mach (1906).

psychischen Phänomenen.[3] Bei Brentano gehe es eigentlich um nichts anderes als theoretisch fiktive Konstrukte, auf die man wegen ihrer operationellen Unwirksamkeit in empirischen Perspektiven durchaus verzichten kann. Was sich in voller Evidenz zeigt, ist nur ein Gedankeninhalt, von dem sich kein Gedankenakt absondern lässt. Brentanos eigene Spielart des Phänomenalismus – den man als einen intentional-transzendentalen Phänomenalismus bezeichnen kann – lässt sich allerdings nur im Rahmen seiner realistischen Ontologie adäquat verstehen. Anders als im analytischen Phänomenalismus eines Mach oder eines Russell sind Erscheinungen im Sinne Brentanos keine bloßen Aggregate elementarer Sinnesdaten, aus welchen die Erfahrungsgegenstände durch logische Operationen zusammengebaut werden. Ganz umgekehrt behauptet Brentano, dass die physischen Phänomene schon von vornherein vollendete und reale, wenn auch nicht in Wirklichkeit existierende, Gegenstände ausmachen. Hier sind am Deutlichsten die Einflüsse der Aristotelischen Wahrnehmungslehre, wonach eine ganzheitliche Gestalt aus dem Sinnesobjekt und nicht verstreute Merkmale abstrahiert werden.

Nach einstimmiger Anerkennung besteht Brentanos bedeutendster Beitrag zur Philosophie des Geistes in der Behauptung der intentionalen Inexistenz als Hauptkriterium für die Unterscheidung zwischen psychischen und physischen Phänomenen. Frege zufolge haben sich jedoch formallogische und formalsemantische Ansätze verbreitet, sowie die Analyse der gemeinsamen Sprache, welche dasselbe Misstrauen gegen metaphysische und ontologische Erklärungsweisen des Mentalen teilen und jede Diskussion über Ursprung, Funktion und Tragweite der Intentionalität auf diese Ebene verlagern. In diesem Zusammenhang ist die einzige bedeutende Ausnahme bis zu den 1980ern Chisholms Versuch, die Intentionalitätsthese Brentanos auf die Analyse der Aussagen über mentale Zustände anzuwenden. Chisholm muss zwar das Verdienst anerkannt werden, Brentanos Lehre der Intentionalität in die analytische Philosophie eingeführt zu haben. Allerdings ist das um den Preis grundsätzlicher Missverständnisse geschehen. Obwohl Chisholm sich davor hütet, die Selbstständigkeit des Mentalen und seine Priorität vor der Sprache abzustreiten, sieht er gerade in der Sprache die privilegierte Ebene für eine Verteidigung der Annahme der Irreduzibilität des Mentalen auf eine physische Basis. Als Antwort auf Russells Verleugnung der Wirklichkeit des Mentalen vertritt er in Anschluss an Brentano die These, dass die Intentionalität des Gedanken jener der Sprache vorangeht und dass sich die Referenz der zweiten nur aufgrund der ersten adäquat erklären lässt. In Einklang mit der Tradition beginnend mit Frege und Russell schreibt jedoch Chisholm die Intentionalität im Sinne Brentanos nicht den mentalen Zuständen als solchen zu, sondern wandelt sie in die kennzeichnende Eigenschaft der Aussagen um, die sie beschreiben.

Chisholms Einsatz besteht darin, die Unreduzierbarkeit des Mentalen auf das Physikalische und demzufolge die Falschheit des Physikalismus in der Philosophie des Geistes zu beweisen. In seinem Aufsatz „Sentences about Believing" spricht er sich für die Irreduzibilität der ‚intentionalen Aussagen' aus und räumt dadurch

---

[3]Vgl. Russell (1921).

die Annahme, dass unter Intentionalität in erster Linie eine logische Eigenschaft unserer Diskurse über das Mentale zu verstehen ist, ein.[4] Hier verwechselt Chisholm jedoch das Intentionale mit dem Intensionalen. Es geht eigentlich nicht um die Feststellung der Eigenschaften eines intentionalen Zustandes als mentales Phänomen, sondern um die grammatikalische Struktur der durch die Dass-Klausel eingeleiteten Aussagen, welche nicht-extensionale Kontexte eröffnen. Eine Aussage wie z. B. „Peter glaubt, dass Donald Trump ein paranoider Narzisst ist" ist nicht zu existenzieller Verallgemeinerung fähig, d. h. hat nicht notwendigerweise denselben Wahrheitswert wie die Aussage „Peter glaubt, dass der 45. Präsident der Vereinigten Staaten ein paranoider Narzisst ist", da Peter nicht wissen könnte, dass „Donald Trump" und „der 45. Präsident der Vereinigten Staaten" denselben Menschen bezeichnen. Somit sind beide Ausdrücke nicht *salva veritate* ersetzbar. So sind gerade die Sprachregeln, was erlaubt, intentionale Aussagen nur für die Beschreibung mentaler Zustände zu verwenden, und verbietet, sie in ein nicht-intentionales Idiom zu übersetzen, ohne dass das Kriterium für die Unterscheidung zwischen dem psychischen und dem physischen Bereich durch eine Analyse der intrinsischen Eigenschaften des Ersteren festzulegen ist. Die Intentionalität im Sinne des Gerichtetseins ist in der Philosophie des Geistes und der Kognitionswissenschaft also zumeist als semantischer Inhalt umgedeutet, wobei Brentanos genuine Auffassung ein weitaus breiteres Spektrum von Phänomenen abdeckt.[5]

Im Zuge Chisholms Ausdeutung vertritt Quine die irreführende Annahme, dass sich Brentanos Begriff der Intentionalität auf die Verben der propositionalen Einstellung anwenden lässt.[6] Mit anderen Worten ist Brentanos Auffassung der Intentionalität als der Versuch zu lesen, die Unmöglichkeit der Übersetzung der mentalistischen Idiome in die physikalischen zu behaupten, die nach Quine wegen ihrer Unbestimmtheit und der Schwierigkeit, deutlich ihre Referenzobjekte zu identifizieren, ohne weiteres zurückzuweisen und durch das Vokabular der Naturwissenschaften zu ersetzen sind. An diese Leseart der Intentionalität knüpft sich D. Davidsons anomaler Monismus an.[7] Brentanos These der Unreduzierbarkeit des Mentalen beruht nach Davidson, der wie Quine auf der Unbestimmtheit der Übersetzung der intentionalen Idiome beharrt, auf der Eigentümlichkeiten des intentionalen Vokabulars. Daraus ist das Missverständnis entstanden, laut dessen die Intentionalität nicht das Hauptmerkmal des Mentalen bezeichnet, sondern die durch die mentalen Verben eröffneten intensionalen Kontexte. Ganz im Gegenteil gehört das grundlegende Charakteristikum der Intentionalität einfach den psychischen Phänomene als solchen und nicht sprachlichen Ausdrücken oder weiteren Vergegenständlichungen der Ersten an.[8]

---

[4]Vgl. Chisholm (1956).
[5]Fréchette (2013a), S. 110–111. Anmerkung.
[6]Vgl. Quine (1960).
[7]Vgl. Davidson (1980).
[8]Crane (2017), S. 45–48, Fréchette (2013b), S. 12–13, (2013a), S. 91–93.

3 Intentionalität als allgemeines Merkmal des Mentalen

Weit davon entfernt, eine akzidentelle Eigenschaft der psychischen Zustände unter anderen zu sein, stellt die Intentionalität das grundlegende Merkmal des Mentalen dar, das jeden mentalen Akt als solchen konstituiert. Dasselbe gilt für das Bewusstsein: Es gibt keinen mentalen Zustand, der nicht bewusst ist und alle mentalen Zustände sind in einem einzigen Bewusstseinsakt vereinigt. Zusätzlich ist auch die Tatsache zu berücksichtigen, dass einzig und allein die psychischen Akte im eigentlichen Sinne existieren, wie es durch die Evidenz der inneren Wahrnehmung bestätigt wird.[9] Wenn auch sie nicht als einziges Merkmal des Mentalen betrachtet werden kann, hat die Intentionalität dennoch einen gewissen Vorrang gegenüber den Übrigen, weil sie die innere Strukturierung jedes psychischen Akts nach distinktiven Teilen – das physische Phänomen, die darauf bezogene Wahrnehmung und das innere Bewusstsein der Wahrnehmung – ermöglicht. Obwohl das erste Element eine sinnliche Gegebenheit ist, hat Brentanos Ansatz nichts mit einer Theorie des sinnlich Gegebenen assoziationistischer Prägung zu tun. Wesentliche Bestandteile jeder Erfahrung sind auch das intentionale Bewusstsein der physischen Erscheinung sowie jenes der dieses Bewusstsein hervorbringenden Wahrnehmung.[10]

Eine bestrittene Frage in der heutigen Philosophie des Geistes betrifft die Möglichkeit, die Intentionalität auf alle Arten von psychischen Phänomenen auszudehnen. Im Fall einer negativen Antwort zu dieser Frage würde die Haltbarkeit der Unterscheidung zwischen psychischen und physischen Phänomene und demzufolge das Erfordernis der Irreduzibilität der ersten auf die zweiten in Zweifel gezogen. Einige Philosophen teilen die Ansicht, dass viele mentale Zustände eigentlich keinen identifizierbaren intentionalen Inhalt besitzen.[11] Wenn Zustände wie Wahrnehmung oder Glauben notwendigerweise auf einen Gegenstand intentional gerichtet sind, wird die Zuschreibung dieser Eigenschaft rein phänomenal-qualitativen Zuständen sehr viel problematischer. Unter diese fallen z. B. rohe Empfindungen bzw. die sogenannten *qualia,* und zwar die sinnlichen Eigenschaften der wahrgenommenen Gegenständen von diesen abstrakt betrachtet, sowie affektive Stimmungen. Die Unterscheidung zwischen immanentem Gegenstand und Inhalt sollte eine Lösung zum Problem der Intentionalität der Empfindungen anbieten. Als sinnliche Eigenschaften betrachtet sind die Empfindungen reine Bestandteile der Präsentationen, die an sich keine Beziehung zu einem Objekt haben. Das würde ja die Allgemeinheit der Intentionalität als wesentliches Merkmal der mentalen Zustände gefährden, vorausgesetzt, dass die

---

[9]Kriegel (2013a), S. 23; Textor (2013), S. 67–68.
[10]Brandl (2013), S. 46–47.
[11]Vgl. Searle (1990); Rosenthal (1997); Block (1995); Kim (1996).

Intentionalität nur mit ihrem Gerichtetsein auf einen Gegenstand zu identifizieren ist. Die Intentionalität kann aber auch auf die Empfindungen ausgedehnt werden, wenn man sie unter dem Aspekt des Inhalts ansieht.[12]

Auf dieser Spaltung zwischen zwei Aspekten des Bewusstseins, die in Brentano erfahrungsgemäß unlösbar vereinigt sind, besteht N. Block, indem er ein Zugriffsbewusstsein von einem phänomenalen Bewusstsein unterscheidet und nur dem ersteren epistemischen bzw. intentionalen Wert gewährt.[13] Somit bleibt dem Bewusstsein nichts übrig als der residuale Raum eines von der Welt abgeschnittenen Subjektiv-Qualitativen. In dieser Perspektive hat ein *quale* keinen intentionalen Inhalt, weil es sich auf keinen besonderen Gegenstand bezieht, während Schmerz- und Lustgefühle, generalisierte und diffuse Angst- oder Euphoriezustände eher in emotionalen Veränderungen unserer körperlichen Verfassung zu bestehen scheinen. Unter den Vertreter des Repräsentationalismus haben manche Philosophen wie M. Tye und T. Crane versucht, auch diesen Zuständen einen intentionalen Inhalt zuzurechnen. So ist im Falle des Schmerzes, dieser mit seiner körperlichen Lokalisierung zu identifizieren, während Zustände wie Angst oder Euphorie auf ein Objektskorrelat gerichtet sind, welches unbestimmt und breit genug ist, um die allgemeine Umweltlage des sie empfindenden Subjekts zu umfassen.[14] In dieser Hinsicht gelten die physiologischen Korrelate der Angst strenggenommen als physische Erscheinungen, obwohl sie phänomenal und subjektiv stärker konnotiert sind, und als solche zeigen sie auch eine Art intentionale Gerichtetheit, wenn auch diese nicht notwendig auf ein dinghaftes Objekt hinweist.

Angesichts dieser Erwägungen ist es unbestreitbar, dass die These der Intentionalität als Abgrenzungslinie zwischen psychischen und physischen Phänomenen sowie das Erfordernis der Einheit des Bewusstseins als ein nicht ausgedehntes und in sich geschlossenes Kontinuum eine Version von Dualismus in irgendeiner Form vermuten lassen. Zumindest in der *Psychologie vom empirischen Standpunkt* scheint Brentano eine Art Eigenschaftendualismus zu vertreten, welcher gleichzeitig die Abhängigkeit des Mentalen von physiologischen Bedingungen und seine Emergenz über diese behauptet, wobei beide Typen von Zuständen von einem einzigen Träger instanziiert sind. Trotz dieser evidenten dualistischen Prägung[15], hat Brentano laut verschiedener Kommentatoren nie entschieden gegen die ontologische Reduktion des Mentalen auf ein materiales Substrat oder zugunsten einer stark dualistischen Opposition zwischen dem Geistigen und dem Körperlichen argumentiert[16]. Außerdem hebt Brentano an manchen Stellen seiner Psychologie mehrmals die Abhängigkeit der psychischen Prozesse

---

[12]Fréchette (2013a), S. 108–111.
[13]Vgl. Block (1995).
[14]Vgl. Tye (1995) und Crane (2001).
[15]Tassone (2012), S. 196.
[16]Vgl. Moran (1996) und Kriegel (2013a).

von den physiologischen hervor.[17] Es steht jedenfalls außer Zweifel, dass der theoretische Rahmen Brentanos Hauptwerk einem Substanzdualismus keinen Raum gewährt, da von vornherein die Hypothese einer selbstständigen Seele als Träger der psychischen Phänomene außer Betracht gelassen wurde. Brentano kommt dem Appell F. Langes an eine „Psychologie ohne Seele"[18] nach und beschränkt das thematische Umfeld seiner Analyse auf den psychischen Phänomenen als solchen.[19]

Diese Annahme ist dadurch bestätigt, dass die auf der Ebene des Mentalen geltenden Regelmäßigkeiten nicht mit strikten, physikalischen Kausalgesetzen gleichzusetzen sind. Außerdem würde auch eine vollständige Erklärung aller physiologisch relevanten Tatsachen überhaupt keinen Beitrag zur Erhellung der Natur und der Funktion der psychischen Phänomene sowie ihrer eigentümlichen Verknüpfungsweisen leisten. Dieser Punkt qualifiziert Brentanos Ansatz auch im Sinne eines intentionalen Dualismus, demgemäß die intentionale Beziehung nicht mithilfe physischer Gesetze im kausalen, sondern im teleologischen Sinn durch motivationale Verbindungen auszudeuten ist. Psychische und physische Phänomene verweisen auf grundverschiedene ontologische Schichten, wie durch die Tatsache bewiesen ist, dass nur die ersten die Eigenschaft der intentionalen Beziehung als ihre fundamentale Charakteristik besitzen. Aufgrund dieser Distinktion führt Brentano ab den 1880er Jahren seine Unterscheidung zwischen einer genetischen und einer deskriptiven Psychologie[20], die noch heute als gültiges Muster maßgebend ist, wenn man den neuesten Entwicklungen im Bereich der phänomenologisch orientierten Ontologie des Geistes und der Neurophänomenologie[21] Aufmerksamkeit schenkt. Die Erstere fasst Physiologie und Hirnforschung, wobei die Letztere in einer theoretischen Reflexion über die epistemologischen Grundlagen der Psychologie sowie in einer scharfen Klarstellung und Bestimmung ihres thematischen Gegenstands besteht.

Die Methode Brentanos empirischer Psychologie kombiniert sowohl Introspektion als auch Analyse. Einerseits ist der in der ersten Person erlebte Bewusstseinsstrom die Dimension, auf welche die Introspektion sich anwenden lässt. Andererseits, gemäß Brentanos zergliederndem Ansatz ist dieser Strom als ein Ganzes aufzufassen, das aus trennbaren Teilen besteht. Den Einfachsten unter diesen entsprechen die Grundbegriffe, auf welchen die Klassifikation der psychischen Phänomene beruht. Auch als minimalste Einheit betrachtet lassen sich allerdings in jedem Phänomen noch immer Teile unterscheiden, obwohl nicht trennbar, da es durch die Eigenschaft der intentionalen Beziehung auf einen Inhalt bzw. Gegenstand gekennzeichnet ist. Darin ist eine Art phänomenologischer Dualismus[22] zu

---

[17]Siehe etwa Brentano (1874), S. 7–11; 31; 66 ff.
[18]Vgl. Lange (1866).
[19]Brentano (1874), S. 16.
[20]Vgl. Brentano (1982).
[21]Vgl. Varela (1996).
[22]Vgl. Dewalque und Seron (2015).

erkennen, laut dessen jedes psychische Phänomen etwas anderes erscheinen lässt oder in etwas anderem erscheint. Daher gilt der intentionalen Gegenstand als untrennbarer Bestandteil des Akts, welcher als solcher ein strukturiertes Ganze ausmacht und nicht auf atomare und beziehungslose Einheiten – wie etwa Wundts Empfindungen – reduzibel ist. Der intentionale Akt ist also kein Aggregat, welches aus Zusammensetzung entsteht, sondern konstituiert eine integrale Einheit, deren Teile („Divisiva') sich nur abstrakt im begrifflichen Sinn unterscheiden lassen[23].

Einige Überlegungen über Brentanos Theorie der Intentionalität können vielleicht für eine plausible Erklärung dieses Begriffs hilfreich sein. Brentanos Theorie der Intentionalität lässt sich nicht im Sinne eines Repräsentationalismus cartesianischer Prägung ausdeuten, laut dessen sie in der inneren Verknüpfung zwischen dem denkenden Subjekt und einem völlig immanenten Inhalt bestehen würde.[24] Zwar sind die Ausdrücke „mentale Inexistenz" und „immanentes Objekt" nicht metaphorisch, sondern wortgetreu auszulegen:[25] Der Gegenstand eines psychischen Akts wohnt diesem selbst inne als seine immanente Form.[26] Mit anderen Worten enthalten die psychischen Phänomene als Gegenstand mentale Bilder als eigene nicht-unabhängige Teile, was allerdings seitens Brentano keine Verpflichtung zugunsten einer radikalen immanentistischen Annahme impliziert. Im Gegensatz zu einer verbreiteten Interpretationslinie unterscheidet Brentano zwischen dem Akt, seinem immanenten Inhalt und dem transzendenten Gegenstand, auf welchen er sich richtet. In diesem Sinne lässt sich Brentanos Position als eine Art phänomenaler Internalismus bzw. „methodologischer Phänomenalismus"[27] bezeichnen, laut dessen wir imstande sind, nur die mentalen Inhalte mit absoluter Gewissheit zu erkennen, während wir über die Existenz der äußeren Gegenständen nur probabilistische Mutmaßungen anstellen können. Das hat schwerwiegende Implikationen auch hinsichtlich der Möglichkeit, eine wissenschaftliche Psychologie zu begründen. Wie jede übrige Wissenschaft beschäftigt sich die Psychologie ausschließlich mit Erscheinungen, abgesehen von jeglicher ontologischen Stellungnahme zugunsten der Existenz oder Nicht-Existenz der Gegenstände der intentionalen Beziehung. Noch weniger allerdings äußert Brentano ein Bekenntnis für jegliche Form von naivem Realismus, welcher das Bestehen einer vom Geist unabhängigen Domäne von Gegenständen voraussetzt.[28]

---

[23]Seron (2017), S. 36–38.
[24]Vgl. Moran (1996).
[25]Anbei das oft zitierte Intentionalität-Zitat: „Jedes psychische Phänomen ist durch das charakterisiert, was die Scholastiker des Mittelalters die intentionale (auch wohl mentale) Inexistenz eines Gegenstandes genannt haben, und was wir, obwohl mit nicht ganz unzweideutigen Ausdrücken, die Beziehung auf einen Inhalt, die Richtung auf ein Objekt (worunter hier nicht eine Realität zu verstehen ist) oder die immanente Gegenständlichkeit nennen würden". Brentano (1874), S. 124–125.
[26]Smith (1994); Crane (2017), S. 44.
[27]Simons (1995), S. XIII.
[28]Crane (2017), S. 43.

Diese Lektüre kann allerdings den Eindruck erwecken, dass die Hauptfunktion des Gerichtetseins nach etwas Anderem – welche die Intentionalität im vorzüglichsten Sinn charakterisiert – außer Acht gelassen wird.[29] Ob sich allerdings eine realistische Auslegung der Theorie der Intentionalität im Rahmen Brentanos Phänomenalismus reibungslos ermitteln lässt, ist alles andere als unbestritten. Noch fragwürdiger ist, ob Brentanos Versuch, eine unmittelbare, nicht durch logische Begriffe bzw. Konstrukte ermöglichte Verbindung zwischen psychischen Akten und Erfahrungsgegenständen zu etablieren, wirklich gelungen ist. Um eine Antwort darauf zu artikulieren, erweist es sich als notwendig, den Begriff vom immanenten Objekt als Ziel der intentionalen Beziehung genauer zu betrachten. Darunter ist kein realer Teil des Akts zu verstehen, sondern das dynamische Gerichtetsein auf einen inneren oder äußeren Gegenstand, wobei der zweite nicht in Wirklichkeit zu bestehen braucht. Was eigentlich darin als ‚immanent' zu bezeichnen ist, konstituiert keinen selbstständigen Gegenstand im geläufigen Sinn, sondern ist einer Aspektform gleichzusetzen, welche im Fall eines äußeren aus ihm abstrahiert wird und im Fall eines inneren Gegenstands – eines psychischen Phänomens – mit ihm zusammentrifft. Mit anderen Worten sind Akt und Inhalt nur begrifflich zu unterscheiden, da sie als untrennbare Glieder (‚divisive Teile' in Brentanos Sprachgebrauch) eines gerade durch die intentionale Relation zusammengehaltenen einheitlichen Ganzes zu verstehen sind.[30] Ihrerseits ist die intentionale Beziehung kein Bindeglied, welchem die Aufgabe zukommt, Akt und Inhalt sowie Inhalt und Gegenstand in Zusammenhang zu bringen.

Gegen die immanentistische Auslegung Chisholms, der in seiner Leseart des Brentanoschen Ausdrucks ‚intentionale Inexistenz' die Richtung nach dem intentionalen Gegenstand mit dem Inhalt gleichstellt, hat vor Kurzem z. B. G. Fréchette auf die Notwendigkeit hingewiesen, diese Bedeutungen scharf zu unterscheiden. Mit anderen Worten sind in den psychischen Akten die zwei Aspekte der intentionalen Beziehung auf einen Gegenstand und der intentionalen Inklusion eines Inhalts nicht zu vermengen. Chisholm ist zu dieser Missdeutung dadurch geführt, dass er im Gegensatz zu den äußeren Gegenständen dem intentionalen Inhalt eine abgeschwächte Art rein mentaler Existenz zuspricht. In Wirklichkeit jedoch streitet Brentano dem intentionalen Objekt nicht die Existenz ab, sondern die Realität, indem es keine selbstständige individuelle Entität bildet und als ein nicht-unabhängiger, modifizierter Teil des psychischen Akts gilt. So schlägt Fréchette in seinem Interpretationsversuch des Begriffs der Intentionalität Brentanos vor, zwischen dem intentionalen oder immanenten Gegenstand und dem Inhalt als Korrelat eines psychischen Akts zu unterscheiden, und zwar in Brentanos Terminologie zwischen dem primären und dem sekundären Objekt. Während das primäre Objekt das objektive Glied, auf welches sich die intentionalen Akte richten, und die Form

---

[29]Tassone (2012), S. 121.
[30]Siehe unten, § 4.

(oder die Wirkung auf das psychische Subjekt) des äußeren Gegenstands bildet, gilt das sekundäre Objekt als integraler Bestandteil des psychischen Akt, sodass er in diesem enthalten ist[31].

Die zweifache Definition der Intentionalität als Inhalt und Richtung auf einen Gegenstand dient außerdem als Kriterium für die Unterscheidung zwischen reinen Präsentationen und psychischen Akten höherer Ordnung wie Urteile und Gemütsbewegungen (Begehren, Akte der Liebe und des Hasses und dgl.). An sich betrachtet besteht eine isolierte Präsentation nur in einem sinnlichen Inhalt, der noch nicht mit einem intentionalen Gegenstand verbunden ist. Das geschieht eigentlich nur dank einer Wahrnehmung, die das Moment des Urteils und somit das der Existenzzuschreibung impliziert: In der Tat sind nur die höheren psychischen Zustände auf einen Gegenstand gerichtet, den sie als existierend oder nicht-existierend setzen[32].

4 Vorstellung und Urteil: Die intentionale Beziehung als Inklusion eines Inhalts und Gerichtetsein auf einen Gegenstand

Diese Betrachtungen führen zu zwei Fragen. Die erste betrifft die Funktion der Vorstellungen in Brentanos Psychologie, sowie ihre Beziehung zur äußeren Wirklichkeit und zu ihrem persönlichen Träger. In enger Verbindung mit der intentionalen Tragweite der Vorstellung stellt sich die zweite Frage hinsichtlich ihres Verhältnisses zum Urteil und der von ihr gespielten Rolle in dieser eigentümlichen Art der intentionalen Beziehung[33]. Was ist eigentlich unter Vorstellung zu verstehen? Hier haben wir es weder mit einem Bild noch mit einer mysteriösen intrapsychische Wirklichkeit, die als realer Teil des intentionalen Akts gelten würde und umso weniger mit einem Aggregat von symbolischen Items wie im klassischen Funktionalismus zu tun. Der durch den Funktionalismus und die Semantiken der funktionalen Rolle erhobene Anspruch, das Grundkennzeichen der Vorstellungen lediglich im Sinne ihrer wechselseitigen kausalen bzw. funktionalen Beziehungen zu bestimmen, lässt die Frage nach ihrer Beziehung auf die außermentale Wirklichkeit unbeantwortet, trotz der objektivistischen Berufung dieses Ansatzes. Brentano zufolge hat die intrinsische Intentionalität der mentalen Zustände den Vorrang gegenüber jener derivativen der symbolischen Repräsentationen. Diese Hervorhebung der mentalistischen Dimension der Intentionalität antizipiert deutlich Searles Unterscheidung zwischen intrinsischer und derivativer Intentionalität.[34]

---

[31]Fréchette (2013a), S. 95–97; 100.
[32]Ebd., S. 112–115.
[33]Über die Unterscheidung zwischen Vorstellung und Urteil siehe Brentano (1911), S. 38–82.
[34]Tassone (2012), S. 223.

In dieser Hinsicht ist es laut dem Neo-Brentanoschen Philosoph U. Kriegel notwendig, in jeder Vorstellung eine zweifache Beziehung zu ihrem intentionalen Objekt („Repräsentation-von") und zu ihrem persönlichen Träger („Repräsentation-zu") zu unterscheiden, wobei die Erste durch die Zweite ermöglicht und diese in einer Selbstrepräsentation verwirklicht wird. Jede konkrete Okkurrenz von „Repräsentation-von" muss unbedingt einer Art von Repräsentationen gehören, unter welcher zumindest einige davon gleichzeitig Repräsentationen-von und Repräsentationen-zu sind. Gerade diese Fälle von persönlichen Repräsentationen gelten als paradigmatische Beispiele der gesamten Klasse, weil sie die Einzigen sind, die ihrem Träger direkt bekannt sind. Dank dieser Art primitiver Repräsentationen ist er imstande, auf der höheren Ebene des Urteilens für die Existenz oder die Nicht-Existenz der transzendenten Objekte, auf welche sich die repräsentationalen Inhalte beziehen, Stellung zu nehmen. In Gegensatz dazu sind die von den Funktionalisten postulierten Repräsentationen nur derivative theoretische Konstrukte, die höchstens einen euristischen Wert besitzen und deswegen ausschließlich innerhalb des jeweiligen Forschungsfelds relevant sind.[35]

In ähnlicher Weise streitet J. Searle den Repräsentationen im Sinne von funktionalen Zuständen jede Wirklichkeit ab, sodass er wie Brentano das Mentale auf das Bewusste beschränkt und nur Gehirnprozesse als einzige außermentale Gebilde und kausale Faktoren der mentalen Zustände anerkennt.[36] Kriegel räumt die Möglichkeit ein, dass der funktionalistische Ansatz besser dazu geeignet ist, die „Repräsentationen-zu" zu erklären, da sie keine Beziehung auf einen objektiven Inhalt implizieren.[37] So haben z. B. R. Millikan und P. Carruthers eine Art „Konsumenten-Semantik" vorgeschlagen.[38] Laut dieser Theorie besteht die funktionale Rolle der „Repräsentationen-zu" in ihrer Verfügbarkeit für bestimmte zentrale kognitive Module, welche eine Überwachungsfunktion ausüben. Allerdings lässt sich dieser Ansatz nur auf dispositionelle Eigenschaften und nicht auf vorkommende Zustände wie einen bewussten Akt von Selbstrepräsentation anwenden, soweit der tatsächliche Gebrauch von "Repräsentationen-zu" zunächst einem persönlichen Subjekt und nur in zweiter Linie einem kognitiven Modul zusteht.[39]

An sich betrachtet haben Vorstellungen nur einen neutralen Wert, da sie sich darauf beschränken, einen Gegenstand zur Erscheinung zu bringen, ohne ihn nach dem Wahren und dem Falschen oder nach dem Guten und dem Bösen zu bewerten.[40] Die Vorstellungen sind am Innersten mit ihrem Objekt verbunden, da sie ihn auf unmittelbarster Weise und in originaler Gegenwart darbieten.

---

[35]Kriegel (2013a), S. 24–29.
[36]Vgl. Searle (1990).
[37]Kriegel (2013a), S. 31–32.
[38]Vgl. Millikan (1984) und Carruthers (2000).
[39]Kriegel (2013a), S. 31–32.
[40]Kriegel (2017b), S. 98.

Außerdem zeigen die Vorstellungen anders als Urteile und Gemütsbewegungen keinen Intensitätsunterschied. Unter Vorstellung versteht somit Brentano jeden Akt, welcher einen intuitiven Inhalt zum Bewusstsein führt, ohne dass eine weitere Stellungnahme seitens ihres Trägers im Sinne eines affirmativen oder negativen Urteils bzw. des affektiven Annehmens oder Verwerfens verlangt wird. Damit sich die intentionale Beziehung auf eine äußere Wirklichkeit in ihrer vollen Tragweite entfalten kann, ist es allerdings notwendig das Moment des Urteilens in Betracht zu ziehen, welches auch die aktive Teilnahme des persönlichen Subjekts an der Zuschreibung eines Wahrheitswerts den Vorstellungsinhalten mitinvolviert.

Bemerkenswert in Brentanos Theorie des Urteils ist der Umstand, dass dieses nicht nur die Tätigkeiten des begrifflichen Denkens einschließt, sondern auch die des Wahrnehmens. Auch solche Erfahrungen erheben einen Wahrheitsanspruch, wenn auch sie in einer expliziten und vollkommenen Sprachaussage nicht formuliert werden.[41] Aufgrund der auf dem Niveau der Vorstellung dargelegten Inhalte werden durch Vergleichs- und Abstraktionsvorgänge weitere Begriffe erhalten, welche die Erweiterung der Erkenntnis durch die Tätigkeit des Urteilens möglich machen. Nach Brentano ist ein Urteil nicht hauptsächlich durch seinen objektiven Inhalt, den es mit den Repräsentationen gemeinsam hat, gekennzeichnet sondern durch die Einstellung des denkenden Subjekts und die Art seines Gerichtetseins nach dem intentionalen Gegenstand. So ist der Inhalt eines Urteils die Vorstellung des Gegenstands, soweit dessen Existenz behauptet oder verneint wird. Das ist allerdings nicht als eine Art bildhaftes oder ideelles Vermittlungsglieds zu verstehen, welchem die Rolle zukäme, den Gedankenakt mit den äußeren Gegenständen in Verbindung zu bringen. Der Inhalt eines Urteilsakts besteht vielmehr in der durch ihn hervorgebrachten Richtung der intentionalen Beziehung auf das Objekt, wobei im Fall einer Vorstellung das intentionale Korrelat eher im Sinne eines immanenten Inhalts zu verstehen ist.

Zu diesem Punkt ist die Originalität Brentanos nicht-propositionaler Theorie des Urteils hervorzuheben, die nicht auf propositionalen, sondern auf Objekteinstellungen beruht.[42] Dass der Inhalt eines Urteils lediglich in dem Gegenstand besteht, den es als existierend anerkennt, spricht gegen die in der analytischen Philosophie geläufige These, dass jede Einstellung propositional ist. Diese Annahme impliziert, dass jedes Urteil durch seine Wahrheitsbedingungen bestimmt ist und dass es Sachverhalte gibt bzw. nicht gibt, welche sie zu erfüllen haben. Anders gesagt, besteht das Wesen eines Urteils vollständig in seiner logischen Form als Satz. Ganz im Gegenteil stellt Brentano die subjektiv-psychologische Komponente des Akts des Urteilens in den Vordergrund und ist dadurch imstande, seinen nicht-begrifflichen Kern anzuerkennen, welcher seiner Reifizierung auf der

---

[41]Ebd., S. 98.
[42]Vgl. Chisholm (1976).

Sprachebene vorangeht.[43] Das Wesen des Urteils erschöpft sich also nicht in der äußeren objektivierten Form der sprachlichen Prädikation, als reine Verbindung von logischen Begriffen verstanden. Ganz im Gegenteil konstituiert der psychische Akt des Urteilens den ursprünglichen Grund jeder Prädikation. Das markiert einen wesentlichen Unterschied zwischen Brentanos Auffassung des Urteils und jener der analytischen Philosophie von Frege, Russell und Moore ausgehend. Während sie unter Urteil eine Beziehung auf einen mit Wahrheitswert ausgestatteten Satz verstehen, drückt das Urteil laut Brentano lediglich die Annahme oder die Verwerfung der Existenz des durch das Urteil bezeichneten Gegenstands seitens des psychisch Tätigen aus.[44]

Was alle Urteile gemeinsam haben, ist ihr affirmativer oder negativer Wert in Bezug auf die Existenz von etwas, wobei die Existenz kein reales, einem Gegenstand zuzuschreibendes Prädikat ist. Was hauptsächlich ein Urteil charakterisiert, besteht nach Brentano in der unmittelbaren Anerkennung oder Ablehnung der Existenz eines vorgestellten Inhalts, wobei die Existenz überhaupt nicht als ein Prädikat zu verstehen ist, das zum Subjekt als eine weitere reale Bestimmung hinzuzufügen wäre.[45] Die Position der Existenz von etwas gilt vielmehr als das intentionale Korrelat eines Akts von direkter Anerkennung seitens des psychisch Tätigen, dass dieses Etwas besteht, ohne dass die Existenz ihm als eine objektive Eigenschaft hinzugefügt wird, wie bei der traditionellen Auffassung des Urteils als Verbindung von Subjekt und Prädikat. Auch Urteile dieser Form können auf existenziale Urteile reduziert werden: Die Aussage: „Einige Schwäne sind schwarz" lässt sich in „Es gibt (zumindest) einen schwarzen Schwan" umformulieren. Was den heterodoxen Charakter der Theorie Brentanos gegenüber der propositionalen Logik ausmacht, ist die Hervorhebung der Rolle der subjektiven Einstellung des Urteilenden zulasten des Urteilsinhalts. Die Behauptung der Existenz bzw. der Inexistenz von etwas betrifft nicht den Inhalt des Urteils als Satz, sondern die spezifische intentionale Weise des Urteilens als psychischer Akt, da derselbe Inhalt sowohl von einer Vorstellung als auch von einem Urteil geteilt wird.

Diese Schwerpunktverlagerung erklärt sich einerseits durch die Aufmerksamkeit Brentanos auf die Wirklichkeit der psychischen Phänomene, andererseits durch dessen Anliegen, eine unnötige Vervielfältigung von Entitäten zu vermeiden. Ein affirmatives Urteil beschränkt sich darauf, etwas als existent zu setzen, ohne dass die Existenz als eine der ontologischen Ausstattung der Welt zugehörige Eigenschaft anerkannt wird. Mit anderen Worten gibt es nur individuelle Dinge und keine Sachverhalte d. h. Ding plus Existenz, dessen Bestehen durch ein weiteres Urteil zu behaupten ist usf. Bemerkenswert in Brentanos Auffassung der existenzialen Urteile ist die Irreduzibilität des negativen Urteils auf das affirmative: Bejahung und Verneinung sind gleichursprüngliche Modi des Urteilens, welche auf grundverschiedene psychische Tätigkeiten – Anerkennung und Verwerfung – verweisen.

---

[43]Vgl. Kriegel (2017a).
[44]Crane (2017), S. 44–45.
[45]Über die Lehre der Existenzialurteile siehe Brentano (1911), S. 165 f.

5 Die Einheit des Bewusstseins als ganzheitliches Gefüge mannigfacher psychischer Akte

Ich werde jetzt anzeigen, wie Brentano in einzigartiger Weise das Apriori des Bewusstseins im Rahmen einer radikal empiristischen Auffassung thematisiert, indem er völlig von jedem kategorialen Apparat absieht, das für alle Subjekte maßgebend sein sollte. Um den Vorrang des Bewusstseins als allgemeingültiges Charakteristikum des Mentalen sowie als Möglichkeitsbedingung jeder Erkenntnis und jeder Erfahrung zu gewährleisten, reicht es in Brentanos Augen vollkommen aus, die apodiktische Evidenz und die Unfehlbarkeit der inneren Wahrnehmung hinzuziehen. Diese dient gleichzeitig zum Zweck einer strengen Fundierung der Erste-Person-Perspektive, damit das von Brentano bereitgestellte epistemologische Muster, auf welches seine eigene Philosophie des Geistes beruht, befestigt wird. In diesem Zusammenhang verleiht Brentano der Psychologie – als eine Art ‚zweiter Metaphysik' aufgewertet – die wichtige Aufgabe, die erkenntnistheoretische Legitimität der übrigen Einzelwissenschaften zu garantieren. Überdies gilt die Einheit des Bewusstseins als grundlegende Voraussetzung – zumindest von einem empirisch-subjektiven Standpunkt – für die Einheit des Mentalen schlechthin und für die Erarbeitung einer Ontologie des Geistes aufgrund der Zusammengehörigkeit nicht-unabhängiger Teile innerhalb eines ganzheitlichen Gefüges.

Bemerkenswert ist allerdings die Tatsache, dass in der *Psychologie vom empirischen Standpunkt* Brentano die Frage nach der Einheit des Bewusstseins nicht in Bezug auf den gesamten zeitlichen Ablauf unseres mentalen Lebens erörtert, da er sich nur auf einen momentanen Abschnitt desselben beschränkt, abgesehen von der Frage nach der Existenz eines substanziellen Trägers der psychischen Phänomene.[46] Die Einheit des Bewusstseins ist in Brentanos Psychologie nicht auf der Einfachheit einer im Cartesianischen Sinne als permanenter Substanz aufgefassten Seele begründet, sondern auf der synthetisierenden Funktion der inneren Wahrnehmung. Aufgrund seines methodologischen Verzichts auf jede metaphysische Untersuchung sucht Brentano die Einheit der psychischen Erfahrungen ausschließlich innerhalb der Grenzen ihrer Erscheinungsweise. Wenn auch nur in einem momentanen Zeitabschnitt unseres bewussten Lebens, gewährleistet allerdings die innere Wahrnehmung den unmittelbaren Zugang zum Selbst als dem ganzheitlichen Gefüge aller psychischen Phänomene.

Der Umstand, dass die innere Wahrnehmung die einzigen methodischen Mittel für die psychologische Untersuchung zur Verfügung stellt, macht den epistemischen Wert des Bewusstseins umso wichtiger in Hinsicht auf den Anspruch, ein zuverlässiges und tatsachengerechtes Bild der mentalen Phänomene zu erlangen. Der informative Gehalt der inneren Wahrnehmung besteht darin, sie uns der Natur eines bestimmten psychischen Phänomens bewusst zu machen

---

[46]Textor (2013), S. 68–69.

und es von anderen aufgrund sowohl phänomenaler als auch struktureller Eigenschaften zu unterscheiden.[47] Der inneren Wahrnehmung setzt Brentano die innere Beobachtung entgegen, welche mit der Introspektion gleichgesetzt ist. Der Unterschied zwischen beiden Funktionen besteht darin, dass die Erstere ein psychisches Phänomen – d. h. den Akt selbst in seiner ganzheitlichen Gestaltung – zum Gegenstand hat, während die Letztere nur physische Phänomene betrifft, und zwar die elementaren Bestandteile des Aktes. Hauptgegenstand der Psychologie sind somit die psychischen Akte und nicht deren Inhalte.

Innere Wahrnehmung und innere Beobachtung sind jedoch nicht als zwei grundverschiedene psychische Vermögen anzusehen, sondern als Spielarten eines einzigen Selbstbewusstseins, welche sich nur graduell innerhalb eines Spektrums unterscheiden lassen, je nachdem sie einen anschaulichen Charakter haben, wie im Fall der inneren Wahrnehmung, oder einen reflexiven, wie bei der inneren Beobachtung.[48] Brentano hebt die Unmittelbarkeit und den nicht-begrifflichen Charakter der Gegebenheiten der inneren Wahrnehmung hervor, was die direkte Beobachtung ihrer Korrelaten nicht ermöglicht. Aufgrund des Unterschieds zwischen innerer Wahrnehmung und Beobachtung kann ein psychischer Akt nur zum sekundären und nicht zum primären Gegenstand eines weiteren Bewusstseinsakts werden. In anderen Worten ist der psychische Akt, dessen ich mir hier und jetzt bewusst bin, kein thematischer Gegenstand eines Akts der Beobachtung.[49]

Als Bewusstsein, welches die psychischen Akte als ihren intentionalen Gegenstand hat, ist die innere Wahrnehmung kein getrennter Akt zweiter Ordnung, der zum primären Akt hinzukommt, sondern macht zusammen mit diesem ein einheitliches Phänomen aus, wobei die beiden als ‚divisiva' – d. h. *de facto* untrennbare Teile – zu betrachten sind. Wie jede Wahrnehmung schließt auch die innere das Moment des Urteilens ein, welches zu einer „unmotivierten, unmittelbar selbstevidenten, unbezweifelbaren und unfehlbaren Erkenntnis des Akts selbst" führt.[50] Diese Merkmale sind überhaupt nicht inkompatibel mit dem Umstand, dass innere Wahrnehmung des Öfteren unklar ist, da ihre Bestandteile nicht simultan deutlich unterschieden werden, sondern nur durch im Laufe der Zeit wiederholte reflexive Akte. Den Philosophen, welche die unmittelbare Selbstevidenz der inneren Wahrnehmung als eines ungerechtfertigten Gegebenen bestreiten, kann man erwidern, dass innere Wahrnehmung nicht als eine Art transitives Bewusstseins auszudeuten ist, welches einen dinghaften Gegenstand als intentionalen Inhalt hat. Die innere Wahrnehmung ist eher im Sinne eines intransitiven Bewusstseins zu verstehen, welches auf den Träger der psychischen Akten – d. h. auf ihre subjektive Seite – gerichtet ist und sich hauptsächlich durch ihren phänomenalen Charakter auszeichnet.[51]

---

[47]Über innere Wahrnehmung und inneres Bewusstsein siehe Brentano (1874), S. 40 und 141–220.
[48]Brandl (2013), S. 43.
[49]Textor (2015), S. 4.
[50]Soldati (2017), S. 127–128.
[51]Vgl. Thomasson (2000) und Kriegel (2013b).

Somit machen die Transparenz und der konstitutive Widerstand gegen jeden Versuch, sie deutlich zu vergegenständlichen, es äußerst schwierig, auf die intentionalen Inhalte der inneren Wahrnehmung sowie auf diese selbst Aufmerksamkeit zu lenken. Es ist gerade die Richtung der Aufmerksamkeit, was den Unterschied zwischen dem primären und dem sekundären Bewusstsein ausmacht, da die Aufmerksamkeit in normalen Umständen nur auf den Gegenstand des Ersten gerichtet ist, während wir uns unserer mentalen Zustände nur am Rand bewusst sind[52]. So tritt innere Wahrnehmung wie ein intuitives Datum auf, das jedem reflexiven Zugriffsversuch vorangeht, da sich immer ein zeitliches Intervall zwischen innerer Wahrnehmung und Beobachtung hineinschiebt. Notwendig ist es deswegen, die Gegebenheiten der inneren Wahrnehmung durch die Hilfsfunktion des Gedächtnisses zu ergänzen, welches eine Rückschau ins gerade vergangene Phänomen ermöglicht, oder durch weitere zusätzliche Mittel wie sprachliche Beschreibungen, Begriffsanalysen, (inter)subjektive Berichte und Mitteilungen.

In jedem kurzmöglichsten Abschnitt unseres bewussten Lebens merkt man als erstes und unmittelbares Datum die Koexistenz von simultan vorkommenden mentalen Erfahrungen mannigfaltiger Art, wie etwa körperliche Empfindungen, Gedanken, Farb- und Tonwahrnehmungen usw. Wie immer das Bewusstseinsleben komplex sein mag, gibt es jedoch nur einen einzigen Akt der inneren Wahrnehmung, welcher sie als Gegenstand hat[53]. In jeder psychischen Erscheinung sind das primäre Bewusstsein des intentionalen Inhalts und das sekundäre Bewusstsein des psychischen Akts so innig verbunden, dass keine Verdoppelung auf der Seite des Akts besteht. Die Tatsache, dass in einer auditiven Wahrnehmung gleichzeitig der wahrgenommene Ton und das Bewusstsein der Wahrnehmung vorkommen, lässt sich durch zwei Weise ausdrücken, ein und denselben Akt begrifflich zu veranschaulichen. Wie im Folgenden ausgeführt wird, sind primäres und sekundäres Bewusstsein als untrennbare Teile eines einzigen Akts zu betrachten, wenn sie sich auch auf unterschiedliche Gegenstände richten – der Erste auf ein physisches Phänomen, der Zweite auf den psychischen Akt, der dieses Phänomen als intentionales Objekt hat.[54] Das intentionale Korrelat der inneren Wahrnehmung ist somit kein Nebeneinander, sondern bildet ein einheitliches Ganzes, in welchem keine selbstständigen, trennbaren Teile zu unterscheiden sind. Dieses ist unter anderem der Grund dafür, dass sich innere Wahrnehmung nie in einen Akt der Beobachtung umwandeln lässt.[55] Die innere Wahrnehmung ist also ein Bewusstseinsakt, der in der unmittelbaren Anerkennung der Existenz der eigenen psychischen Phänomene und von sich selbst als deren Träger besteht. Dieser Akt besteht in einem Urteil,

---

[52]Kriegel (2003a), S. 17; Caston (2002), S. 787; Textor (2015), S. 4.
[53]Brentano (1874), S. 121; Brentano (1911), S. 138–139.
[54]Textor (2013), S. 76–77.
[55]Textor (2015), S. 10–12 und 15.

das keine propositionale Einstellung benötigt, durch welche die Existenz des Wahrnehmungsgegenstands explizit auf der prädikativen Ebene festgestellt wird.[56]

Diesen Betrachtungen zufolge gilt innere Wahrnehmung als notwendige aber unzureichende Bedingung für die Begründung der Psychologie als Wissenschaft. Ihre strukturellen Grenzen sowie ihre scheinbar unfassbare Physionomie sollen allerdings nicht dazu verleiten, sie durch reduktionistische oder eliminativistische Erklärungen auszuschalten. Man kann ja eine relative Zuverlässigkeit der inneren Beobachtung zuschreiben, dank der durch die Einheit des Bewusstseins gewährleisteten Verbindungsfunktion, welche eine Art intentionale Verknüpfung auf der horizontalen Ebene zwischen allen psychischen Akten sichert. So ist Brentanos Beschreibungs- und Klassifikationsversuch der psychischen Phänomene aufgrund der inneren Wahrnehmung alles andere als eine auf aprioristischen Mutmaßungen basierte, willkürliche Konstruktion, indem er sich streng an die besonderen Erscheinungsweisen der Erfahrungsgegebenheiten hält, um aus ihnen allgemeine Definitionen herzuleiten, die in ihrer effektiven ‚materiellen' Verfassung verwurzelt sind. In dieser Hinsicht ist Brentanos Vertrauen in die Evidenz der inneren Wahrnehmung insofern gerechtfertigt, als diese uns unmittelbar sowohl die kognitive Zugriffsfunktion eines psychischen Akts als auch seine phänomenalen Eigenschaften kundgibt.

Die Einheit der psychischen Akte ist also durch jene Modalisierung des Bewusstseins gewährleistet, welche als Hauptfunktion der unmittelbaren Evidenz der inneren Wahrnehmung zu verstehen ist. Zugleich leistet sie Bürgschaft für die wirkliche Existenz ihrer Inhalte. Wie sich aus den vorangehenden Betrachtungen ergibt, hat diese Gewissheit ihren Ursprung nicht in den Aktinhalten, sondern wohnt von Anfang an im Vollzug selbst des Akts der inneren Wahrnehmung inne. Dem Bewusstsein schreibt Brentano eine Art Einheit zu, die mit einer inneren, organisch aufgegliederten Mannigfaltigkeit nicht inkompatibel ist.[57] Über diesen eigentümlichen Einheitscharakter muss Brentanos Ontologie des Ganzen und der Teile Rechenschaft ablegen. Der ontologische Rahmen der Mereologie Brentanos liegt auch dessen Psychologie zugrunde: Psychische Phänomene sind als einheitliche Ganze aufzufassen, wie sie in unserem bewussten Leben erlebt werden. Zu ihrer Konstitution trägt wesentlich die Verknüpfungsordnung ihrer Teile bei, sodass sie in jedem psychischen Ganzen ihre Unabhängigkeit verlieren und verschiedene Funktionen spielen können, je nach den weiteren Teilen, mit denen sie verbunden sind.[58]

Das gilt nicht nur für das ganzheitliche Gefüge, zu welchem die psychischen Phänomene gehören. Jeder einzelne psychische Akt kennzeichnet sich als solcher durch seine mereologische Struktur und bildet somit eine komplexe Einheit. Zuerst ist in ihm eine doppelte Richtung der intentionalen Beziehung zu

---

[56]Ebd., S. 13.
[57]Über die Einheit des Bewusstseins siehe Brentano (1874), S. 221–251.
[58]Baumgartner (2013), S. 236–237.

erkennen: Wie vorher in Bezug auf die innere Wahrnehmung erwähnt, ist einerseits der psychische Akt ein transitives Bewusstsein, welches sich auf ein primäres Objekt wie ein physisches Phänomen oder einen vergangenen psychischen Akt richtet. Andererseits bezieht es sich gleichzeitig intransitiv auf ein sekundäres Objekt, und zwar den gegenwärtigen psychischen Akt selbst. Zweitens trägt jeder Akt in sich auch einen immanenten Inhalt, welcher im Fall eines primären, außerpsychischen Objekts seine Form darstellt und im Fall des sekundärem völlig mit ihm zusammenfällt. So gehören primäres und sekundäres Bewusstsein samt den jeweiligen Inhalten einem und demselben Akt an, dessen Glieder nur begrifflich auf dem Niveau der abstrakten Betrachtung getrennt werden können.[59]

Einheit und Mannigfaltigkeit sind somit in der Konstitution unseres psychischen Lebens korrelative Begriffe, welche sich gegenseitig voraussetzen, wobei die Einheit verschiedene Kohäsionsgrade je nach der Strenge der Verbindungen zwischen den Bestandteilen zulässt. So gelten die Einheit als reine Identität von etwas mit sich selbst und die verstreuteste Mannigfaltigkeit als ideale Extrempole eines Kontinuums, wo beide mitimpliziert sind. Während in einem Kollektivum – etwa eine Stadt mit ihren Gebäuden – die Verbindung der Teile sehr schwach ist, weil der Verlust eines Teils seine Konsistenz nicht beeinträchtigt, bezeichnet Einheit im Fall des Bewusstseinsfelds eine so beschaffene intrinsische Relation, dass es nicht ohne seine Teile bestehen kann.[60] In ihrer Gesamtheit betrachtet, machen die psychischen Akte kein Konglomerat diskreter Daten aus, in Bezug auf welchen man sich fragen sollte, welches Bindeglied ihre Einheit sichert.

Die Behauptung der konstitutiven Einheit des Bewusstseins kann gegen die Humesche Theorie des ‚Bündels von Wahrnehmungen' sowie die neo-Humeschen Ansätze Dennetts und Parfits geltend gemacht werden, welche die Identität des psychischen Subjekts auf eine Zusammensetzung von isolierten, miteinander nur durch äußerliche Assoziationsverbindungen verknüpften mentalen Zuständen reduzieren wollen.[61] Anders gesagt erübrigt Brentanos Lösung schon von vornherein das Problem der Vereinigung von zerstreuten und getrennten mentalen Zuständen.[62] Die psychischen Tätigkeiten, jede für sich betrachtet, sind also keine selbstständigen realen Individuen, sondern konstituieren alle zusammen eine ‚totale Erfahrung', in welcher sie als nicht-unabhängige ‚Divisiva' – in Brentanos Sprachgebrauch – gelten.

Ein Divisivum lässt sich vom Ganzen, welchem es angehört, nur abstrakt im Gedanken und nicht in Wirklichkeit trennen. Als deutlichstes Beispiel von Divisiva sind die innere Wahrnehmung und der psychische Akt, den sie als Gegenstand hat, zu betrachten. Die Beziehung zwischen den Beiden ist so innig, dass die Eine nicht ohne den Anderen bestehen kann und umgekehrt, was auch daran hindert,

---

[59]Ebd., S. 238–239.
[60]Brentano (1874), S. 220 f.
[61]Vgl. Parfit (1984) und Dennett (1991).
[62]Textor (2013), S. 73–76.

die innere Wahrnehmung als einen getrennten mentalen Zustand zweiter Ordnung aufzufassen.[63] Insofern als die innere Wahrnehmung mit jedem Akt untrennbar verbunden ist, gilt sie als unentbehrliche Bedingung für ihre Existenz und führt darüber hinaus zu einer Verschmelzung der phänomenalen Eigenschaften sowohl der Gesamt- als auch der Teilerfahrungen. Die psychischen Erfahrungen kennzeichnen sich also durch ihre relative Durchlässigkeit, indem sich ihr phänomenaler Charakter durch den der Übrigen, die simultan auftreten, derart modifizieren lässt, dass jede von ihnen ihre besondere Identität nur innerhalb der jeweiligen Kombination bewährt.[64]

Allerdings, im Fall von zwei oder mehreren Akten unterschiedlicher Typen – etwa eine Tonwahrnehmung und eine sie begleitende körperliche Empfindung –, kann der Eine aufhören und der Andere fortdauern, obwohl sie zu einem früheren Zeitpunkt gleichzeitig stattgefunden haben. Das scheint gegen die Annahme zu sprechen, dass alle psychischen Phänomene divisive Teile sind, da zumindest einige davon unabhängig von den Übrigen bestehen können. In Wirklichkeit fordert der von Brentano vertretene Holismus, welcher die ontologische Priorität des Ganzen gegenüber seinen Teilen behauptet, dass jeder partielle psychische Akt in einer Gesamterfahrung zusammen mit den Anderen unauflöslich verbunden ist, sodass die Einheit eines Bewusstseinsabschnitts nicht die relative Mannigfaltigkeit der Teile ausschließt. Anders gesagt ist diese intrinsische Einheit nicht dadurch bedroht, dass Teilerfahrungen in verschiedenen Zeitpunkten und nach verschiedenen Kombinationsweisen vorkommen, da sie nicht in der bloßen Gleichzeitigkeit der psychischen Akte besteht, sondern durch die innere Wahrnehmung gewährleistet ist. Anders gesagt: Hierzu ist nicht die gegenseitige ontologische Abhängigkeit solcher Zustände allein für sich genommen in Betracht zu ziehen, da das in der inneren Wahrnehmung involvierte Urteil dazu ausreicht, ihre Verbindung zu sichern.[65]

So erweist sich die intrinsische Zusammengehörigkeit von Intentionalität und Bewusstsein als die theoretische Grundlage für das Erfordernis der Einheit des Psychischen. In dieser Hinsicht, hat Brentanos ontologisches Modell des Ganzen und der Teile den Vorteil, den Rekurs auf jegliches, den psychischen Zuständen zugrundeliegendes permanentes Substrat völlig überflüssig zu machen. Was zudem die Beziehung zwischen dem Mentalen und dessen physikalische Basis anbelangt, verbieten die Ontologie des Ganzen und der Teile und die durch die intentionale Beziehung gesicherte Einheit des Bewusstseins jede Art von Reduktion, welche die psychischen Phänomene in ihrer Einheit auf atomistisch betrachtete Mikroeigenschaften oder modulare, voneinander getrennte Prozesse restlos zurückzuführen.

---

[63]Siehe unten, § 5.
[64]Dainton (2017).
[65]Textor (2013), S. 79 und 81.

6 Brentanos selbstrepräsentationale Auffassung des Bewusstseins und seine gegenwärtige Wiederbelebung

In diesem Zusammenhang lässt sich die strittige Frage erörtern, ob die innere Wahrnehmung als ein mentaler Zustand erster oder zweiter Ordnung zu betrachten ist. In der heutigen Philosophie des Geistes wird Brentanos *Psychologie vom empirischen Standpunkt* das Verdienst zugeschrieben, eine repräsentationale Theorie des Bewusstseins vorgeschlagen zu haben, welche im Sinne entweder eines einstufigen oder eines höherstufigen Ansatzes gedeutet wird. Brentano selbst vertritt ein einstufiges Modell des Bewusstseins, wonach das Bewusstsein des primären Objekts (d. h. des physischen Phänomens als intentionales Korrelat eines psychischen Akts) und das Selbstbewusstsein beide Spezifikationen eines einzigen, in sich einheitlichen Akts sind.[66] Bemerkenswert ist in dieser Hinsicht, dass Brentanos eigener selbstrepräsentationale Ansatz nicht hauptsächlich auf phänomenologischen, sondern auf strukturellen Betrachtungen beruht.[67]

Die einstufigen bzw. selbstrepräsentationalen Modelle des Bewusstseins gehen von der Annahme aus, dass jeder mentale Zustand nur insofern bewusst ist, als er sich selbst als intentionalen Gegenstand hat. Es besteht kein Unterschied zwischen einem psychischen Akt und dem sich darauf beziehenden Bewusstseinsakt, da beide ein einziges Phänomen konstituieren, dessen sie nur begrifflich trennbare Teile sind.[68] Umgekehrt vertreten die höherstufigen Theorien die Ansicht, dass ein mentaler Zustand die Eigenschaft des Bewusstseins genießt, soweit er Gegenstand eines weiteren mentalen Zustands ist – sei er ein Begriff, sei er eine Wahrnehmung. Der Hauptunterschied zwischen beiden Ansätzen besteht darin, dass der erste nicht die Existenz unbewusster mentaler Zustände einräumt, wobei der zweite es nicht für notwendig hält, dass ein mentaler Zustand einen anderen als Gegenstand hat und ihn bewusst macht.[69]

Laut D. Rosenthal, der als Hauptvertreter der Theorie der höherstufigen Gedanken (HOT = High Order Thoughts) gilt, muss Brentanos Begriff der inneren Wahrnehmung wegen seines vagen anschaulichen Charakters zugunsten jenem eines getrennten und propositional strukturierten, höherstufigen Gedankens rein logischer Natur aufgegeben werden. In normalen Umständen ist man sich seiner eigenen Empfindungszustände und nicht des auf sie richtenden Bewusstseins bewusst, welches also durch einen weiteren, zumeist unbewussten höherstufigen Zustand hervorgebracht werden muss.[70] Ein weiterer Grund für diese Ersetzung

---

[66]Brentano (1874), S. 176–179.
[67]Textor (2015), S. 2.
[68]Ebd., S. 8.
[69]Ebd., S. 1.
[70]Rosenthal (1986), S. 345.

ist das von Brentano geteilte Cartesianische Vorurteil, dass jeder mentalen Zustand und damit auch die ihn begleitende innere Wahrnehmung bewusst ist, während ein höherstufiger Gedanke auch eine Art unbewusster dispositioneller Zustand sein kann und nicht unbedingt simultan mit der Repräsentation vorkommen muss, die er als Gegenstand hat. Dieser Einwand lässt sich laut Brandl leicht entkräften, wenn man bedenkt, wie vorher gesagt, dass eine modifizierte Version der Brentanoschen Theorie der Intentionalität die Existenz unbewusster mentaler Zustände erlaubt. Außerdem erfüllt Rosenthals Ansatz nicht das Erfordernis einer engeren Verbindung zwischen den Bestandteilen einer bewussten Erfahrung und damit ihres einheitlichen Charakters.

Ein schwerwiegenderer Einwand betrifft aber die Tatsache, dass Brentano zwei ganz verschiedenartige Inhalte verwechselt, die sich nicht in einem einzigen psychischen Akt verschmelzen lassen, da sie unterschiedlichen Wahrheitsbedingungen unterliegen, obwohl sie gleiche performative Bedingungen haben. Das ist deutlich erkennbar, wenn man beide Inhalte in sprachliche Aussagen umsetzt – z. B. „die Sonne scheint" für den Wahrnehmungszustand und „ich glaube, dass die Sonne scheint" für den entsprechenden höherstufigen Gedanke –, die sich auch durch ihre funktionale Rolle unterscheiden. Die erste Aussage kann in der Tat falsch sein, auch wenn die Zweite wahr ist. Auch dieser Einwand verfehlt allerdings das Ziel, soweit sich die innere Wahrnehmung gemäß Brentanos Ansatz als nicht begriffliches Bewusstsein nicht einem voll entfalteten logischen Gedanken gleichsetzen und nicht scharf vom primären Bewusstsein unterscheiden lässt.[71]

Die Vertreter der einstufigen Theorien[72] halten den Rekurs auf höherstufige Gedanken in der Erklärung der bewussten Erfahrungen für überflüssig und deuten Brentanos Theorie des inneren Bewusstseins im Sinne einer einstufigen Theorie aus.[73] Diese Interpretation bestreitet Brentanos Unterscheidung zwischen primärem und sekundärem Bewusstsein, weil diese das Problem des unendlichen Regresses mit sich bringt: Auch das sekundäre Bewusstsein, welches als intentionalen Gegenstand das primäre hat, sollte wiederum Gegenstand eines Bewusstseinsakts dritter Ordnung sein usw. Gegen den höherstufigen Ansatz haben sich in neuerer Zeit einige Autoren[74] zugunsten der Neubewertung Brentanos These geäußert: Jeder bewusste, auf einen Gegenstand sich richtende intentionale Akt ist gleichzeitig seiner selbst bewusst und ist immer durch eine qualitative Färbung begleitet. Indem sie auf einer scharfen Unterscheidung zwischen einem Bewusstsein erster Ordnung und einem zweiter Ordnung beharren, führen die zweistufigen

---

[71] Brandl (2013), S. 57–59.

[72] Vgl. Dretske (1995) und Tye 1995.

[73] Vgl. Thomasson (2000) und Smith (2004). Ähnlich zum selbstrepräsentationalen Ansatz sind Burges Theorie der Cogito-Gedanken (Burge 1988) und Shoemakers Theorie der „verfügbaren Überzeugungen" (Shoemaker 1996), welche wie die Ersten eine selbstrepräsentierende Funktion erfüllen. Siehe dazu Kriegel 2013a, S. 37.

[74] Vgl. Siewert (1998), Horgan und Tienson (2002) und Kriegel (2003b).

Modelle des Bewusstseins ungerechtfertigt die Subjekt-Objekt-Spaltung in ein einheitliches Phänomen ein.

Rosenthal hat insbesondere unrecht, insofern als er nicht nur einen numerischen, sondern auch einen zeitlichen Unterschied zwischen Bewusstseinsschichten erster und zweiter Stufe postuliert. Letztere sind mit Gedanken gleichzusetzen, was dem unreduzierbar anschaulichen und nicht begrifflichen Charakter der inneren Wahrnehmung widerspricht. Es scheint zuletzt die Annahme einer Aufschichtung von Bewusstseinsebenen völlig unplausibel, welche durch einen unbewussten Gedanken gekrönt wird, um die Alternative eines Regressum ad infinitum zu vermeiden. Um diese Schwierigkeit zu beheben, sollte man sich davor hüten, unseren bewussten Akten weitere ebenso bewusste Bestandteile hinzuzufügen[75], und die innere Wahrnehmung Brentanos ausschließlich im Sinne eines präreflexiven Bewusstseins umdeuten. Ihrerseits sehen D. Henrich und M. Frank in Brentanos Theorie der inneren Wahrnehmung eine irreführende Anwendung des Subjekt-Objekt-Musters auf das Selbstbewusstsein, da sich unsere eigenen psychischen Akte nicht zu intentionalen Objekten wie die Weltdinge vergegenständlichen lassen.[76]

In jüngster Zeit haben viele Kommentatoren versucht, Brentanos selbstrepräsentationales Modell zu verteidigen.[77] Insbesondere hat U. Kriegel einen Neobrentanoschen selbstrepräsentationalen Ansatz entwickelt, welcher das authentisches Merkmal der psychischen Akte in ihrem Bewusstsein für den jeweiligen Träger sieht. Ein mentaler Zustand ist dank seiner Fähigkeit bewusst, sich selbst vorzustellen, sodass jede Präsentation immer durch einen Akt von Selbstpräsentation begleitet ist. Mit anderen Worten hängt jede Präsentation eines intentionalen Objekts von einer Selbstpräsentation ab, welche diese Präsentation als Gegenstand hat und sich auf ihren persönlichen Träger bezieht. Eine noch radikalere Umdeutung des Begriffs der inneren Wahrnehmung bestreitet vollständig ihren Repräsentationscharakter: So ist das sekundäre Bewusstsein der eigenen mentalen Akte auf keinen repräsentationalen Korrelat gerichtet, da sich es vielmehr im adverbialen Sinne interpretieren lässt. Im Fall einer Wahrnehmung ist der einzige intentionale Gegenstand das physische Phänomen, wobei ‚sich eines psychischen Akts bewusst zu sein' bedeutet ‚in einer bewussten Weise etwas wahrzunehmen'[78].

Das Bewusstsein eines intentionalen Gegenstands und das Bewusstsein, welches sich auf diesen Akt richtet, sind also keine unterschiedlichen Repräsentationen. Andernfalls würde eine Verdoppelung des präsentierten Gegenstands stattfinden, wobei beide Akte so innig verbunden sind, dass der Eine ohne den Anderen nicht bestehen kann. Was zahlreiche Autoren in dieser Annahme fragwürdig finden, ist die Idee, dass eine Repräsentation sich selbst als Gegenstand haben

---

[75]Vgl. Zahavi (2004) und Ders. (2006).
[76]Vgl. Henrich (1966) und Frank (2010).
[77]Vgl. Caston (2002); Kriegel (2003a); Kriegel und Williford (2006).
[78]Smith (2004).

kann – vorausgesetzt, dass auch die innere Wahrnehmung mit jedem psychischen Akt die Eigenschaft der Intentionalität teilen muss.[79] Innere Wahrnehmung ist eigentlich kein zusätzlicher Akt, welcher zu einem psychischen Phänomen hinzukommt, sondern ein strukturelles Element der gesamten bewussten Erfahrung, welches sie ständig begleitet und von ihr nicht abtrennbar ist.

Wie schon oben ausgeführt, ist von der inneren Wahrnehmung die innere Beobachtung oder Introspektion zu unterscheiden, die einen weiteren Akt als thematischen Gegenstand hat. Obwohl diese als eine Spezifizierung der inneren Wahrnehmung betrachtet werden kann, unterscheidet sie sich von dieser dadurch, dass sie nicht simultan mit dem zu beobachtenden Akt stattfindet und den Beitrag der Aufmerksamkeit benötigt, um die Funktion der Reflexion zu erfüllen. Dagegen qualifiziert sich die innere Wahrnehmung als eine Art präreflexives Selbstbewusstseins, welches trotz seiner Evidenz und Unfehlbarkeit undeutlich ist und sich nicht direkt, sondern nur nebenbei auf sein Objekt richtet. Zwischen innerer Wahrnehmung und innerer Beobachtung besteht also nur ein Unterschied im Grad je nach der Deutlichkeit und der Richtung der Aufmerksamkeit. Gewöhnlich lenken wir unsere Aufmerksamkeit auf die Gegenstände unserer psychischen Zustände und nicht auf diese, die nur indirekt mitbewusst sind: Wenn wir stattdessen explizit einen mentalen Zustand betrachten, dann wandelt sich innere Wahrnehmung in innere Beobachtung um[80].

Brentanos einstufiges Modell des Selbstbewusstseins wurde zahlreichen kritischen Beobachtungen unterzogen, weil es die problematische Koexistenz zweier oder mehrerer unterschiedlichen repräsentationalen Inhalte postuliert, ohne ihre Beziehung zu erklären und der phänomenologischen Evidenz Rechnung zu tragen. Zu diesem Zweck scheint ein zweistufiger Ansatz adäquater.[81] Diese Schwierigkeit lässt sich beseitigen, wenn man die intentionale Gerichtetheit nicht ausschließlich als Relation zu einem Gegenstand, sondern eher im adverbialen Sinn auslegt. Laut dieses Ansatzes ist die Intentionalität als eine Eigenschaft des subjektiven Akts anstatt des Gegenstands anzusehen.[82] Zumindest im Fall des sekundären Bewusstseins impliziert diese Ansicht, dass der intentionale Inhalt in diesem Akt selbst als sein untrennbarer Teil innewohnt, was den Rekurs auf weitere Akte höherer Ordnung überflüssig macht.[83]

Auch laut Brandl ist ein reiner einstufiger Ansatz ohnehin zu verwerfen, aufgrund seiner Unfähigkeit, den Unterschied zwischen dem primären und dem sekundären Bewusstsein zu erklären. Stattdessen räumt er der inneren Wahrnehmung einen gewissen Grad an Variabilität ein, je nachdem sie auf den psychischen Akt dank der Aufmerksamkeit thematisch gerichtet ist oder ihn in einer

---

[79]Brandl (2013), S. 48–49.
[80]Ebd., S. 50–56.
[81]Zahavi (2004), S. 72–73; Thomasson (2000), S. 192 und 199.
[82]Smith und Smith 2005, S. 14.
[83]Tassone 2012, S. 204–208.

präreflexiven Weise erfasst. Im ersten Fall ist der Akt das primäre Objekt, im Zweiten ist es sein intentionaler Gegenstand, wobei der Akt nur nebenbei miterfahren ist.[84] Das von Brentano dargelegte einheitliche Modell des Bewusstseins kann allerdings mit vollem Recht beibehalten werden, unter der Voraussetzung, dass die innere Wahrnehmung als ein nuanciertes, dynamisches Phänomen anerkannt wird, das je nach dem Grad und der Richtung der Fokussierung sowohl auf sich selbst als auch auf die Gegenstände der psychischen Akte, die sie ständig begleiten, gelenkt werden kann.

Literatur

Baumgartner, Wilhelm (2013): Franz Brentano's Mereology. In: Denis Fisette/Guillaume Fréchette (Hg.): *Themes from Brentano*. Amsterdam 2013, S. 227–245.
Block, Ned (1995): On a Confusion About a Function of Consciousness. In: *Behavioral and Brain Sciences* 18/2 (1995), S. 227–247.
Brandl, Johannes: What is Pre-Reflective Self-Awareness? Brentano's Theory of Inner Consciousness Revisited. In: Denis Fisette/Guillaume Fréchette (Hg.): *Themes from Brentano*. Amsterdam 2013, S. 41–65.
Brentano, Franz (1874/1973): *Psychologie vom empirischen Standpunkt* [1874]. Hamburg 1973.
Brentano, Franz (1911/1971): *Psychologie vom empirischen Standpunkt. Von der Klassifikation der psychischen Phänomene* [1911]. Hamburg 1971.
Brentano, Franz (1982): *Deskriptive Psychologie*. Hamburg 1982.
Burge, Tyler (1988): Individualism and Self-knowledge. In: *Journal of Philosophy* 85/11 (1988), S. 649–663.
Carruthers, Peter (2000): *Phenomenal Consciousness. A Naturalistic Theory*. Cambridge UK/ New York 2000.
Caston, Victor (2002): Aristotle on Consciousness. In: *Mind* 111/444 (2002), S. 751–815.
Chisholm, Roderick M. (1956): Sentences About Believing. In: *Proceedings of the Aristotelian Society* 56/1 (1956), S. 125–148.
Chisholm, Roderick M. (1976): Brentano's Nonpropositional Theory of Judgment. In: *Midwest Studies in Philosophy of Mind* 1/1 (1976), S. 91–95.
Crane, Tim (2001): *Elements of Mind*. Oxford 2001.
Crane, Tim (2017): Brentano on Intentionality. In: Uriah Kriegel (Hg.): *The Routledge Handbook of Franz Brentano and the Brentano School*. New York 2017, S. 41–48.
Dainton, Barry (2017): Brentano on the Unity of Consciousness. In: Uriah Kriegel (Hg.): *The Routledge Handbook of Franz Brentano and the Brentano School*. New York 2017, S. 61–74.
Damasio, Antonio (2013): *Selbst ist der Mensch. Körper, Geist und die Entstehung des menschlichen Bewusstseins*. München 2013.
Davidson, Donald (2001): *Essays on Actions and Events* [1980]. New York 2001.
Dennett, Daniel C. (1994): *Philosophie des menschlichen Bewusstseins*. Hamburg 1994 (engl. 1991).
Dewalque, Arnaud/Seron, Denis (2015): Existe-t-il des phénomènes mentaux? In: *Philosophie* 124/1 (2015), S. 105–126.
Dretske, Fred I. (1995): *Naturalizing the Mind*. Cambridge, Mass. 1995.
Frank, Manfred (2010): Probleme mit der inneren Wahrnehmung. In: Ders./Niels Weidtmann (Hg.): *Husserl und die Philosophie des Geistes*. Frankfurt a. M. 2010, S. 31–42.

---

[84]Brandl 2013, S. 60–62.

Fréchette, Guillaume (2013a): Brentano's Thesis (Revisited). In: Denis Fisette/Guillaume Fréchette (Hg.): *Themes from Brentano*. Amsterdam 2013, S. 91–119.
Fréchette, Guillaume (2013b): Introduction: Brentano's Impact. In: Denis Fisette/Guillaume Fréchette (Hg.): *Themes from Brentano*. Amsterdam 2013, S. 9–16.
Henrich, Dieter (1966): Fichtes ursprüngliche Einsicht. In: Ders./Hans Wagner (Hg.): *Subjektivität und Metaphysik. Festschrift für Wolfgang Cramer*. Frankfurt a. M. 1966, S. 188–232.
Horgan, Terence/Tienson, John (2002): The Intentionality of Phenomenology and the Phenomenology of Intentionality. In: David J. Chalmers (Hg.): *Philosophy of mind. Classical and contemporary readings*. New York 2002, S. 520–532.
Kim, Jaegwon (1996): *Philosophy of Mind*. Boulder 1996.
Kriegel, Uriah (2003a): Consciousness as Sensory Quality and as Implicit Self-Awareness. In: *Phenomenology and the Cognitive Sciences* 2/1 (2003), S. 1–26.
Kriegel, Uriah (2003b): Consciousness, Higher-Order Content, and the Individuation of Vehicles. In: *Synthese* 134/3 (2003), S. 477–504.
Kriegel, Uriah (2013a): Brentano's Most Striking Thesis: No Representation Without Self-Representation. In: Denis Fisette/Guillaume Fréchette (Hg.): *Themes from Brentano*. Amsterdam 2013, S. 23–40.
Kriegel, Uriah (2013b): Consciousness as Intransitive Self-Consciousness: Two Views and an Argument. In: *Canadian Journal of Philosophy* 33/1 (2013), S. 103–132.
Kriegel, Uriah (2017a): Brentano on Judgment. In: Ders. (Hg.): *The Routledge Handbook of Franz Brentano and the Brentano School*. New York 2017, S. 103–109.
Kriegel, Uriah (2017b): Brentano's Classification of Mental Phenomena. In: Ders. (Hg.): *The Routledge Handbook of Franz Brentano and the Brentano School*. New York 2017, S. 97–102.
Kriegel, Uriah/Williford, Kenneth (Hg.) (2006): *Self-Representational Approaches to Consciousness*. Cambridge, Mass. 2006.
Lange, Friedrich A. (1866): *Geschichte des Materialismus und Kritik seiner Bedeutung in der Gegenwart*. Iserlohn 1866.
Mach, Ernst (1906): *Die Analyse der Empfindungen und das Verhältnis des Physischen zum Psychischen*. Jena 1906.
Millikan, Ruth G. (1984): *Language, Thought, and Other Biological Categories. New Foundations For Realism*. Cambridge, Mass. 1984.
Moran, Dermot (1996): Brentano's Thesis. In: *Aristotelian Society Supplementary Volume* 70/1 (1996), S. 1–28.
Parfit, Derek (1984): *Reasons and persons*. Oxford 1984.
Quine, Willard Van Orman (1960): *Word and Object*. Cambridge, Mass. 1960.
Rosenthal, David M. (1986): Two Concepts of Consciousness. In: *Philosophical Studies* 49/3 (1986), S. 329–359.
Rosenthal, David M. (1997): A Theory of Consciousness. In: Ned Joel Block/Owen J. Flanagan/Güven Güzeldere (Hg.): *The Nature of Consciousness. Philosophical debates*. Cambridge, Mass. 1997, S. 729–753.
Russell, Bertrand (1921): *Die Analyse des Geistes*. Hamburg 2000 (engl. 1921).
Searle, John R. (1990): *Intentionalität. Eine Abhandlung zur Philosophie des Geistes*. Frankfurt a. M. 1990 (engl. 1983).
Seron, Denis (2017): Brentano's Project of Descriptive Psychology. In: Uriah Kriegel (Hg.): *The Routledge Handbook of Franz Brentano and the Brentano School*. New York 2017, S. 3–40.
Shoemaker, Sydney (1996): Moore's Paradox and Self-Knowledge. In: Ders. (Hg.): *The First-Person Perspective and Other Essays*. Cambridge/New York 1996, S. 74–96.
Siewert, Charles P. (1998): *The Significance of Consciousness*. Princeton 1998.
Simons, Peter (1995): Introduction. In: Franz Brentano: *Psychology from an empirical standpoint*. London 1995, S. XIII–XX.
Smith, Barry (1994): *Austrian Philosophy. The Legacy of Franz Brentano*. Chicago 1994.
Smith, Barry/Smith, David Woodruff (2005): Introduction. In: Dies. (Hg.): *The Cambridge Companion to Husserl*. Cambridge 2005, S. 1–44.

Smith, David Woodruff (2004): *Mind World. Essays in Phenomenology and Ontology.* Cambridge/New York 2004.
Soldati, Gianfranco (2017): Brentano on Self-Knowledge. In: Uriah Kriegel (Hg.): *The Routledge Handbook of Franz Brentano and the Brentano School.* New York 2017, S. 124–129.
Tassone, Biagio (2012): *From Psychology to Phenomenology. Franz Brentano's Psychology from an Empirical Standpoint and Contemporary Philosophy of Mind.* London 2012.
Textor, Mark (2013): Unity Without Self: Brentano's on the Unity of Consciousness. In: Denis Fisette/Guillaume Fréchette (Hg.): *Themes from Brentano.* Amsterdam 2013, S. 67–86.
Textor, Mark (2015): ‚Inner Perception Can Never Become Inner Observation': Brentano on Awareness and Observation. In: *Philosopher's Imprint* 15/10 (2015), S. 1–19.
Thomasson, Amie L. (2000): After Brentano: A One-Level Theory of Consciousness. In: *European Journal of Philosophy* 8/2 (2000), S. 190–209.
Tye, Michael (1995): *Ten Problems of Consciousness. A Representational Theory of the Phenomenal Mind.* Cambridge, Mass. 1995.
Varela, Francisco (1996): Neurophenomenology: A Methodological Remedy for the Hard Problem. In: *Journal of Consciousness Studies* 3 (1996), S. 330–350.
Zahavi, Dan (2004): Back to Brentano? In: *Journal of Consciounsness Studies* 11/10–11 (2004), S. 66–87.
Zahavi, Dan (2006): Two Takes on a One-Level Account of Consciousness. In: *Psyché* 12/2 (2006), S. 1–9.

Die Genese von Diltheys deskriptiver Psychologie

Hans-Ulrich Lessing

In seiner großen Programmschrift *Ideen über eine beschreibende und zergliedernde Psychologie* definiert Dilthey die deskriptive Psychologie als eine Psychologie, „welche, von dem allgemeingültig erfaßten Zusammenhang des Seelenlebens ausgehend, die einzelnen Glieder dieses Zusammenhangs analysiert, ihre Bestandteile und die sie verbindenden Funktionen beschreibt und erforscht, so tief sie kann, aber keine Konstruktion des ganzen Kausalzusammenhangs der psychischen Vorgänge unternimmt". (V, S. 175) Sie ist „die Darstellung der in jedem entwickelten menschlichen Seelenleben gleichförmig auftretenden Bestandteile und Zusammenhänge, wie sie in einem einzigen Zusammenhang verbunden sind, der nicht hinzugedacht oder erschlossen, sondern erlebt ist. Diese Psychologie ist also Beschreibung und Analysis eines Zusammenhangs, welcher ursprünglich und immer als das Leben selbst gegeben ist" (V, S. 152). Ihre Problemstellung und spezifischen methodischen Zugriffe/Mittel sind nach Dilthey die folgenden:

Aus Diltheys *Gesammelten Schriften* (hg. von Bernhard Groethuysen u. a. 26 Bände. Leipzig und Berlin 1914 ff., Stuttgart/Göttingen 1957 ff., Göttingen 1970 ff.) wird im Folgenden unter der Angabe der (römischen) Band- und der (arabischen) Seitenzahl zitiert und aus dem ersten Band von Diltheys *Briefwechsel* (hg. von Gudrun Kühne-Bertram und Hans-Ulrich Lessing. Göttingen 2011) unter der Sigle „BW I". Hervorhebungen in zitierten Texten werden durch Kursivierung wiedergegeben. – Ich stütze mich bei den folgenden Ausführungen z. T. auf meine Darstellung in: Lessing, Hans-Ulrich: Wilhelm Dilthey. Eine Einführung. Köln-Weimar-Wien 2011, S. 75–104, und meinen Aufsatz *Von der Realpsychologie zur Strukturtheorie. Grundmotive von Wilhelm Diltheys Konzeption einer deskriptiven Psychologie*. In: *Die Autonomie der Geisteswissenschaften. Studien zur Philosophie Wilhelm Diltheys*. Zweiter Band: *Systematische Untersuchungen zu Diltheys Werk*. Nordhausen 2016, S. 63–83.

H.-U. Lessing (✉)
Bochum, Deutschland
E-Mail: Hans-Ulrich.Lessing@ruhr-uni-bochum.de

„Sie hat die Regelmäßigkeiten im Zusammenhange des entwickelten Seelenlebens zum Gegenstand. Sie stellt diesen Zusammenhang des inneren Lebens in einem typischen Menschen dar. Sie betrachtet, analysiert, experimentiert und vergleicht. Sie bedient sich jedes möglichen Hilfsmittels zur Lösung ihrer Aufgabe. Aber ihre Bedeutung in der Gliederung der Wissenschaften beruht eben darauf, daß jeder von ihr benutzte Zusammenhang durch innere Wahrnehmung eindeutig verifiziert werden kann und daß jeder solche Zusammenhang als Glied des umfassenderen aufgezeigt werden kann, der nicht erschlossen, sondern ursprünglich gegeben ist." (V, S. 152; vgl. V, S. 157 und 168 ff., 197 ff.)

Im Gegensatz zur erklärenden oder konstruktiven Psychologie endet die von Dilthey postulierte beschreibende und zergliedernde Psychologie „mit Hypothesen, während die erklärende mit ihnen beginnt. Ihre Möglichkeit beruht eben darauf, daß ein solcher allgemeingültiger, gesetzlicher, das ganze Seelenleben umfassender Zusammenhang für uns ohne Anwendung der in den erklärenden Naturwissenschaften gebotenen Konstruktionsmethode möglich ist" (V, S. 175). Die beschreibende Psychologie ist ihrer Tendenz nach eine verstehende Psychologie, obwohl Dilthey diesen Ausdruck für seine Konzeption nie benutzt (Vgl. V, S. 144, 147, 157, 172, 175). Sie steht in strikter Opposition zur erklärenden oder konstruktiven Psychologie (vgl. V, S. 140), die „einen Kausalzusammenhang auf[stellt], welcher alle Erscheinungen des Seelenlebens begreiflich zu machen beansprucht. Sie will die Konstitution der seelischen Welt nach ihren Bestandteilen, Kräften, Gesetzen genau so erklären, wie die Physik und Chemie die der Körperwelt erklärt" (V, S. 139; vgl. V, S. 158 ff., 194 f.). Dieses Ziel kann die erklärende Psychologie – so Diltheys Kritik – „nur durch eine Verbindung von Hypothesen erreichen" (V, S. 140; vgl. V, S. 142), die allerdings einerseits empirisch nicht verifizierbar (vgl. S. 142) und andererseits für die Erkenntnis des seelischen Zusammenhangs nicht unerlässlich sind (vgl. V, S. 144).

Notwendig ist seiner Einschätzung nach eine sichere psychologische Basis sowohl für die Entwicklung der Geisteswissenschaften (vgl. V, S. 145 ff. und 156 f., 193) als auch für die Erkenntnistheorie. (Vgl. V, S. 145 und 148–152). Jede Geisteswissenschaft – so Diltheys These – „bedarf psychologischer Erkenntnisse", denn „eine Empirie, welche auf die Begründung dessen, was im Geiste geschieht, aus dem verstandenen Zusammenhang des geistigen Lebens, verzichtet, ist notwendig unfruchtbar". (V, S. 147, Beispiele: u. a. Kultursysteme: S. 147 f.; vgl. V, S. 145 f. und 168).

Die deskriptive Psychologie als Analysis der psychophysischen Lebenseinheiten, aus denen Geschichte und Gesellschaft aufgebaut sind, ist nicht nur – wie Dilthey in der *Einleitung in die Geisteswissenschaften* postuliert – „die am meisten fundamentale Gruppe von Wissenschaften des Geistes" (I, S. 28), sondern sie bildet auch das erkenntnis-anthropologische Zentrum seiner Philosophie selbst. So besitzt Diltheys Philosophie der Geisteswissenschaften ihre Mitte in seiner Konzeption einer deskriptiv-analytischen Psychologie, aber auch seine Ethik, seine Pädagogik, seine Philosophie der Weltanschauungen und nicht zuletzt seine Poetik sowie seine literarhistorischen Studien fußen auf seiner beschreibenden Psychologie.

Die Genese von Diltheys deskriptiver Psychologie

Im Folgenden soll die Entwicklung seine Konzeption einer deskriptiven, nicht am Methodenideal der Naturwissenschaften orientierten Psychologie von den Anfängen seines philosophischen Denkens bis zur *Einleitung in die Geisteswissenschaften* verfolgt werden.

Diltheys wissenschaftliches Frühwerk ist bekanntlich einerseits durch seine mittelalterlichen kirchen- und dogmengeschichtlichen Studien, andererseits durch seine hermeneutikgeschichtlichen Forschungen und seine Arbeit am Schleiermacher-Nachlaß geprägt. Während er seine kirchenhistorischen Untersuchungen bald abbricht, erwächst Ende 1860 aus der Edition der Schleiermacher-Briefe sein Projekt einer großen Schleiermacher-Biographie. (Vgl. BW I, S. 163) Nach seiner Habilitationsschrift *Versuch einer Analyse des moralischen Bewusstseins* (1864; VI, S. 1–55) beginnt der Privatdozent Dilthey im Wintersemester 1864/1865 seine Vorlesungstätigkeit.

Schon die Habilitationsschrift zeigt, dass sich Dilthey intensiv mit psychologischen Problemen auseinandersetzt. So findet sich hier, verbunden mit einer Kritik an der Völkerpsychologie, die Forderung nach einer den Inhalt des Geistes berücksichtigenden Psychologie:

> „Die psychologischen Gesetze sind reine Formgesetze; sie haben es nicht mit dem Inhalt des menschlichen Geistes, sondern mit seinem formalen Benehmen und Verhalten zu tun. Sie sind gewissermaßen die Sprache, die Syntax und das Metrum des Gesichtes, als welches man hier einmal die menschliche Seele ansehen mag. So ist es der Fehler der modernen völkerpsychologischen Schule, daß sie die Geschichte, somit die Summe des bisherigen menschlichen Daseins aus der Psychologie, somit aus der Wissenschaft der Formen, in welchen unser geistiges Leben verläuft, zu erklären unternimmt." (VI, S. 43)

Dem entspricht eine Notiz in einem Fragment aus der Mitte der sechziger Jahre: „Die bisherige Psychologie entwickelt Formen und Gesetze des geistigen Geschehens und kann auch Klassifikationen in sich aufnehmen. Die Inhalte des psychischen Geschehens, welche in erster Linie über die Bedeutung unseres Daseins entscheiden, sind von ihr ausgeschlossen" (XVIII, S. 5).

Auch die frühen Berliner Logik-Vorlesungen lassen, wie der „Grundriß von 1865" belegt, nicht nur Diltheys intensive Einarbeitung in die zeitgenössische Psychologie erkennen (vgl. XX, S. 26 f.), sondern zeigen auch, dass sich neben dem Forschungsschwerpunkt Schleiermacher ein anderes Interesse herauskristallisiert hat, das sich zu dem zweiten Hauptarbeitsfeld Diltheys entwickeln wird: das Forschungsprogramm einer philosophischen Begründung der Geisteswissenschaften. In diesem Forschungsprojekt, dessen Wurzeln bis in die frühen sechziger Jahre zurückreichen und das auf sehr verwickelte Weise – gleichsam subkutan – mit dem anderen Projekt, der Biographie Schleiermachers, verbunden ist, spielt „Psychologie" eine komplexe Rolle.

Die Absicht einer philosophischen Grundlegung der Geisteswissenschaften entspringt aus der wissenschaftlichen und philosophischen Lage zu Beginn der 1860er Jahre in Deutschland, die gekennzeichnet ist durch die Konfrontation der Historischen Schule mit dem französischen Positivismus Auguste Comtes sowie dem englischen Empirismus John Stuart Mills und Henry Thomas Buckles.

Diltheys frühe Schriften offenbaren seine Anstrengungen um eine methodische Neuausrichtung der Psychologie sowie seine Auseinandersetzung mit psychologischen Ansätzen, die sich in ihrer Methodik eng an die Naturwissenschaften anschließen, indem sie u. a. versuchen, die Geisteswissenschaften auf eine am Methodenideal der Naturwissenschaften ausgerichtete erklärende Elementar-Psychologie zu begründen. Dagegen argumentiert Dilthey schon in seinen frühen Aufzeichnungen zur Logik und Wissenschaftslehre, dass eine naturwissenschaftlich orientierte, d. h. „erklärende" Psychologie „im ganzen" unmöglich sei „wegen der Kumulation der Hypothesen, welche sie herbeiführen muß". Gegen eine solche „erklärende Psychologie" postuliert er schon in den Fragmenten der frühen sechziger Jahre, zur Erkenntnis der gesellschaftlich-geschichtlichen Welt „das Studium des Menschen mit dem der Geschichte" zu verknüpfen (XVIII, S. 3).

In diesem Zusammenhang entwickelt Dilthey das Konzept einer neuen, nicht-erklärenden Psychologie als Grundwissenschaft der Geisteswissenschaften. Diese Psychologie trägt zunächst den Namen „Realpsychologie", den er von Novalis übernimmt.

Dieser Vorgang ist insofern bedeutsam, als er zeigt, dass sich Diltheys Überlegungen zu einer nicht-erklärenden Psychologie aus zwei Quellen speisen: Einerseits aus seinem Projekt einer philosophischen Grundlegung der Geisteswissenschaften, andererseits aus seinen literarhistorischen und poetologischen Interessen.

Mit dem Begriff „Realpsychologie" nimmt Dilthey Überlegungen des Romantikers Novalis auf, die dieser in einigen Fragment gebliebenen Aufzeichnungen zur Idee der Psychologie als einer Verbindung von Psychologie bzw. Anthropologie und Geschichte niedergeschrieben hatte. Dilthey bezieht sich dabei u. a. auf jenes Fragment, in dem es heißt: „Baader ist ein realer Psycholog und spricht die ächt psychologische Sprache. reale Psych(ologie) ist auch vielleicht das für mich bestimmte Feld".[1]

In seinem Novalis-Aufsatz von 1865, der in Zusammenhang mit seinen Schleiermacher-Forschungen entsteht und später in *Das Erlebnis und die Dichtung* (1906), die Sammlung literaturgeschichtlicher Arbeiten, aufgenommen werden wird, arbeitet Dilthey die Bedeutung von Novalis' Fragmenten für die Geisteswissenschaften heraus, wobei er eindeutige Parallelen zwischen der Zeit um 1800 und seiner Gegenwart kenntlich macht. Denn damals wie jetzt sei es um eine philosophische Begründung der Einzelwissenschaften gegangen. Für seine Zeit stellt Dilthey fest: „Das natürliche Problem, welches aus der gegenwärtigen Lage unsrer Wissenschaften entspring, [besteht darin], den geschichtlichen Wissenschaften eine strengere wissenschaftliche Grundlage zu geben" (XXVI, S. 195; zur Bedeutung von Novalis' Realpsychologie für die zeitgenössischen Geisteswissenschaften vgl. auch S. 423 f., und 439).

---

[1]Novalis (1978), S. 383.

In Novalis' Überlegungen zur realen Psychologie oder Anthropologie entdeckt Dilthey bedeutsame Ansätze für die eigenen Forschungsintentionen. Insbesondere in Novalis' Gedanken, dass der unendliche Gehalt der menschlichen Natur nur in seiner Entwicklung in der Geschichte zu studieren sei, findet Dilthey, wie er schreibt, die Antizipation eines ihm naheliegenden Standpunkts (vgl. XXVI, 197), den er später mit seiner gegen Nietzsche gerichteten Formel „Was der Mensch sei, sagt ihm nur die Geschichte" (z. B. VIII, S. 226) zum Ausdruck bringen wird.

In einer längeren, sehr aufschlussreichen Passage seines Aufsatzes skizziert Dilthey erstmals die Idee einer solchen, von Novalis antizipierten Idee einer Realpsychologie:

„Was heißt Realpsychologie? Eine Psychologie, welche den *Inhalt* unserer Seele selber zu ordnen, in seinen Zusammenhängen aufzufassen, soweit möglich zu erklären unternimmt. Indem ich die Gesetze erforsche, nach welchen Empfindungen sich in Vorstellungen ausbilden und Vorstellungen sich zu einander verhalten: so finde ich nichts als *Formen*, innerhalb derer die Seele thätig ist. Liegt in diesen Formen der zureichende Erklärungsgrund für die Verwandlung der Empfindungen, in welchen unsre Seele auf die Reize antwortet, in das zusammenhängende Ganze menschlicher Weltansicht? Angeborene Ideen, Kategorien und Grundsätze haben die beiden großen älteren deutschen Philosophen diesen Gesetzen als einen zweiten Faktor gegenübergestellt. Die Bedeutung des Problems wird aber erst in seinem ganzen Umfang gesehen, sobald man erkennt, dass die Phänomene des Willens und der Gefühle auf die Verhältnisse der Vorstellungen nicht zurückführbar sind. Wenn Spinoza von der Selbsterhaltung ausgeht, wenn Kant in dem Sittengesetz eine eigene aus dem Vorstellungsleben nicht erklärbare Wurzel unserer moralisch-religiösen Weltansicht annimmt: so ergiebt sich hier aus eine noch viel weiterreichende Erklärung des Inhaltes unserer Seele. In dieser Richtung weiterschreitend, erblicken wir Schleiermacher, Hegel, Schopenhauer. Es sind Anfänge. Wir heute müssen unsern eigenen Weg uns bahnen, aber doch mit dem Gefühl, dass andere vor uns mit diesen höchsten Problemen rangen, mit beständigem Rückblick auf ihre Arbeiten, so ganz unvollkommen auch die Methode derselben war." (XXV, S. 224 f.; vgl. XXVI, S. 198)[2]

Das gesamte Frühwerk Diltheys enthält Spuren seiner Kritik an einer bloß formalen, von den Inhalten des Seelenlebens absehenden „erklärenden" Psychologie. So findet sich in Diltheys Habilitationsschrift von 1864 die Bemerkung:

„Die psychologischen Gesetze sind reine Formgesetze; sie haben es nicht mit dem Inhalt des menschlichen Geistes, sondern mit seinem formalen Benehmen und Verhalten zu tun. Sie sind gewissermaßen die Sprache, die Syntax und das Metrum des Gedichtes, als welches man hier einmal die menschliche Seele ansehen mag. So ist es ein Fehler der modernen völkerpsychologischen Schule, dass sie die Geschichte, somit die Summe des bisherigen menschlichen Daseins aus der Psychologie, somit aus der Wissenschaft der Formen, in welchen unser geistiges Leben verläuft, zu erklären unternimmt." (VI, S. 43)

---

[2]Zu Novalis' Projekt einer Realpsychologie vgl. auch Diltheys Schleiermacher-Biographie XIII/1, S. 380. – Noch in der *Einleitung* (I, S. 34) verwendet Dilthey den Begriff „Realpsychologie", um sein Projekt einer grundlegenden deskriptiven psychologischen oder anthropologischen Wissenschaft (I, S. 32) zu bezeichnen. – Vgl. auch V, S. 156 und VIII, S. 197.

Diese Passage wiederholt Dilthey im Übrigen wörtlich in der Ethik-Vorlesung von 1890 (vgl. X, S. 111 f.), was die erstaunliche Kontinuität seiner psychologischen Überzeugungen dokumentiert.

Ein weiteres aufschlussreiches Zitat findet sich in dem Fragment *Einleitung in das wissenschaftliche Studium des Menschen, der Gesellschaft und Geschichte* von 1866 (XVIII, S. 2–16), wo es heißt:

> „Die bisherige Psychologie entwickelt Formen und Gesetze des geistigen Geschehens und kann auch Klassifikationen in sich aufnehmen. Die Inhalte des psychischen Geschehens, welche in erster Linie über die Bedeutung unseres Daseins entscheiden, sind von ihr ausgeschlossen. Indem wir nun weder annehmen, dass dieselben aus der Erfahrung stammen, noch dass sie a priori gegründet seien, machen wir diese Inhalte zum Gegenstand der Untersuchung. Das kann nur heißen, da diese Inhalte in geschichtlicher Bewegung durch die Individuen hindurchgehen, dass wir in gewisser Weise die Tendenz der Phänomenologie des Geistes wieder aufnehmen." (XVIII, S. 5)

Das Projekt der Ausarbeitung einer nicht-erklärenden, induktiv vorgehenden und die Inhalte des psychischen Lebens sicher erfassenden Realpsychologie oder Anthropologie, nimmt in den späteren sechziger Jahren eine konkretere Form an und zählt seitdem zu den wesentlichen Aufgaben von Diltheys Versuch einer Grundlegung der Geisteswissenschaften. Etwa seit der Mitte der siebziger Jahre spricht Dilthey auch von „beschreibender" bzw. „deskriptiver Psychologie".

Dass Diltheys Idee einer nicht-erklärenden Psychologie nicht nur angeregt wird durch seine Überlegungen zu einer Theorie der Geisteswissenschaften, sondern wesentlich auch durch sein großes Interesse an der dichterischen Einbildungskraft,[3] belegt eindrucksvoll sein großer Aufsatz *Charles Dickens und das Genie des erzählenden Dichters* von 1877, in dem Dilthey die Frage aufwirft, ob die „heutige Psychologie" Mittel biete, „den Weg der dichterischen Imagination" von den elementaren Gefühlserlebnissen bis zur vollendeten Dichtung zu verstehen (XXV, S. 407). Seiner Auffassung zufolge scheitert die „gewöhnliche starre Fassung der Associationsgesetze", wie sie seit Hume in der Psychologie diskutiert werden. Daher erhebt Dilthey die Forderung nach einer „inductiven" oder „empirischen Psychologie", deren wichtigste Aufgabe sei, die Bedingungen festzustellen, unter welchen ein Eindruck einen anderen hervorruft. Diese induktive Psychologie „begnügt sich mit der Feststellung der psychischen Thatbestände, ohne heute schon irgend eine Erklärung als die allein mögliche zu behaupten" (XXV, S. 408). Ihre Voraussetzung ist allerdings, dass „die Thatsache selber" genau beschrieben wird, denn nur so kann Dilthey zufolge die Kluft überbrückt werden, die zwischen der Theorie der Assoziation und der Tatsache der schöpferischen Einbildungskraft besteht. Die „Wirklichkeit des Vorgangs" fordert somit eine beschreibende Psychologie, die sich vorschneller Erklärungen enthält.

---

[3]Vgl. dazu vor allem auch Diltheys Erstfassung des Goetheaufsatzes von 1877 *Über die Einbildungskraft der Dichter* (XXV, S. 125–169) und die späte Fassung des Aufsatzes *Goethe und die dichterische Phantasie* (XXVI, S. 113–172). – Zur Phantasie-Problematik. Vgl. auch Rodi (1969); Rodi (2003), S. 85–106; Lessing (2015a), S. 132–146.

Erst nach dem Abschluss des ersten Bandes seines *Leben Schleiermachers,* d. h. mit Beginn seiner Breslauer Zeit (1871–1882), führt Dilthey seine Überlegungen zu einer Realpsychologie als Grundlage der Geisteswissenschaften weiter. Dies geschieht im Zusammenhang seines Projekts einer philosophischen Begründung der Geisteswissenschaften, das nun in das Zentrum seines wissenschaftlichen Interesses rückt, wie zahlreiche Texte belegen. Die wichtigste systematische Publikation aus dieser Zeit ist die sogenannte „Abhandlung von 1875" *Über das Studium der Geschichte der Wissenschaften vom Menschen, der Gesellschaft und dem Staat* (V, S. 31–73), die unmittelbare Vorstufe der *Einleitung*. Daneben entstehen zahlreiche Pläne, Entwürfe, Fragmente, Vorarbeiten und Fortsetzungsversuche der „Abhandlung von 1875" sowie zwei umfangreiche Ausarbeitungen zur deskriptiven Psychologie, *Die Mannigfaltigkeit des psychischen Lebens und ihre Einteilung* (ca. 1880) und die sogenannte „Breslauer Ausarbeitung". Diese Manuskripte belegen, dass Diltheys Breslauer Jahre für die Entwicklung seiner deskriptiven Psychologie von entscheidender Bedeutung sind.

In Diltheys zahlreichen Versuchen zu einer Theorie der Wissenschaften des Menschen, der Gesellschaft und der Geschichte spielt die Auseinandersetzung um die Methodik der Psychologie eine zentrale Rolle, da die Psychologie und die „Logik als Wissenschaftslehre […] die zwei großen Hilfsmittel für das Studium des Zusammenhangs der von den Geisteswissenschaften behandelten Tatsachen sind" (XVIII, S. 3; vgl. S. 18, 31, 61).

Schon in diesen frühen Texten wendet sich Dilthey entschieden gegen eine erklärende Psychologie und weist wiederholt mit Nachdruck Versuche einer deduktiv-erklärenden Psychologie zurück:

> „Deduktiver Gebrauch psychologischer Erkenntnisse, welche noch gar nicht das handelnde Leben eines Individuums in seinem ganzen Umfange erklären, mag ein helles Licht auf manches interessante Phänomen der Gesellschaft und der Geschichte werfen: geistreiche Erörterungen, auch belehrende, wird er möglich machen; aber als methodisches Mittel zur Erklärung irgendeines Teils der Vorgänge, welche die Geschichte ausmachen, ist er nicht nur unzureichend, sondern geradezu schädlich und verwirrend, denn da in jedem Teil solcher Vorgänge der ganze gesetzliche Zusammenhang unserer Handlungen wirksam ist, so verkürzt die Erklärung notwendig den Reichtum des Vorganges eben um diejenigen Bestandteile, welche die Erkenntnis von Gesetzen fordern würden, die bisher nicht festgestellt sind." (XVIII, S. 51; vgl. XVIII, S. 64)

„Erklären heißt", wie Dilthey Mitte der sechziger Jahre definiert, „zu einer Tatsache ihre Ursachen, zu einem Satz die Bedingungen seiner Denkbarkeit hinzudenken" (XVIII, S. 7 f.). Die erklärende Psychologie muss, wie Dilthey am „Empirismus der Engländer" (XVIII, S. 7) kritisiert, „einfachen Annahmen die verwickelten Tatbestände" in Kultur und Gesellschaft unterwerfen. Erfolgversprechender ist es allerdings – so seine These –, wenn man

> „den Weg verfolgt, welcher eben durch das gegenwärtige Bedürfnis der Wissenschaft vorgeschrieben wird. Dieser Weg ist induktive Feststellung der Tatsachen und gewisser Gruppen von Verbindungen derselben durch Verknüpfung aller hierfür in Geschichte und Kulturwissenschaften und Psychologie gegebenen Hilfsmittel." (XVIII, S. 8)

In Opposition zu den deduktiven Ansätzen in der Psychologie entwickelt Dilthey das Konzept einer Realpsychologie oder Anthropologie, die auf „viel breiterer Basis" als die gegenwärtig herrschende Psychologie die Grundlage bilden könnte, „welche wir für Geschichte und tätiges Leben von der Wissenschaft erwarten". Entscheidendes Merkmal dieser Psychologie ist dabei Dilthey zufolge:

> „Dieselbe würde gar nicht die Abstraktion des Einzelmenschen vollziehen, sondern ausgehend von dem in Wechselwirkung mit der Außenwelt und der Gesellschaft lebenden Individuum aufsteigen zu denjenigen Wahrheiten vom Menschen, welche Menschenkenntnis und ethische Untersuchungen vorbereitet haben." (XVIII, S. 54)

Besonders aufschlussreich für das frühe Stadium von Diltheys Psychologie-Konzeption sind die Fortsetzungen der „Abhandlung von 1875" (um 1876), *Die Mannigfaltigkeit des psychischen Lebens und ihre Einteilung*, die große Ausarbeitung der deskriptiven Psychologie von ca. 1880, und die etwa zeitgleich entstandene sogenannte „Breslauer Ausarbeitung", der Entwurf des erkenntnistheoretischen Buchs der *Einleitung in die Geisteswissenschaften*.

Im Fortsetzungsmanuskript I *Über das Studium der Geschichte der Wissenschaften vom Menschen, der Gesellschaft und dem Staat* schreibt Dilthey:

> „Die Psychologie macht hier [bei der Analyse der Gesellschaft, HUL] den Anspruch einer fundamentalen Wissenschaft. Eine solche aber hat jeden Anspruch auf Fülle der Erkenntnisse dem ihrer Evidenz zu opfern. Diese Evidenz aber ist nur erreichbar, wenn die Psychologie den gegenwärtig noch immer aufrechterhaltenen Anspruch, die psychischen Vorgänge zu erklären, vollständig aufgibt und sich mit der *Beschreibung* der einzelnen Tatsachen wie der Gleichförmigkeit von Tatsachen begnügt." Und er fügt etwas später hinzu: „die Methode der Forschung kann nur sein [und] erstes methodisches Bedürfnis ist, den Vermögensbestand einer beschreibenden psychischen Wissenschaft gänzlich auseinanderzuhalten von dem einer erklärenden". (XVIII, S. 70)

Neben der schon bekannten Abwehr erklärender Methoden in der Psychologie ist dieser Text für die genetische Betrachtung seiner Konzeption einer deskriptiven Psychologie von besonderer Bedeutung, verwendet Dilthey in diesem Manuskript doch neben dem Begriff einer „beschreibenden psychischen Wissenschaft" erstmals – soweit ich sehe – den Begriff einer „beschreibenden Psychologie":

> „Die Psychologie geht [...] von den einfach gegebenen Tatsachen des Bewußtseins zu den komplizierteren voran, in dem Bestreben, die geistigen Inhalte auf diese einfacheren Elemente zurückzuführen. Und hier [...] wird sich beschreibende Psychologie von erklärenden Hypothesen unterscheiden." (XVIII, S. 71; vgl. XVIII, S. 74)

Im Fortgang seiner Argumentation findet sich auch die Bemerkung, dass „nur eine Unterscheidung von drei Klassen psychischer Tatsachen aufgestellt werden [kann] als eine der deskriptiven Wissenschaft angehörige Klassifikation". (XVIII, S. 72) Gegen die erklärende Methode in der Psychologie, für die Dilthey beispielhaft die Gefühlslehre bei Lotze, Wundt und anderen anführt, bringt er „unsere beschreibende Methode" in Stellung; diese biete eine „sichere deskriptive Grundlage", jene „eine ganz hypothetische, erklärende". (XVIII, S. 76).

Erste materiale Durchführungen der beschreibenden Psychologie finden sich im „Manuskript II" *Erstes Buch: Die Erforschung der Tatsachen* und der großen Ausarbeitung der deskriptiven Psychologie *Die Mannigfaltigkeit des psychischen Lebens und ihre Einteilung* (ca. 1880).

Im „Manuskript II" thematisiert Dilthey u. a. den Unterschied von psychischen Tatsachen und Tatsachen der Außenwelt sowie die Wahrnehmung psychischer Tatsachen. In der umfangreichen *Mannigfaltigkeit* steht die Klassifikation der psychischen Zustände im Mittelpunkt von Diltheys Überlegungen, die „im Gegensatz zu der herrschenden Tendenz der gegenwärtigen Psychologie" stehen. Das Hilfsmittel der deskriptiven Psychologie ist – so Dilthey – die Analysis, während die erklärende Psychologie durch „die Methode einer Ableitung aus Hypothesen der Metaphysik" charakterisiert ist. (XVIII, S. 118) Kurz gesagt: die „wahrhaft deskriptive Psychologie" Diltheys (XVIII, S. 162) besitzt eine empirische Grundlage, die durch Beobachtung, Vergleichung (vgl. XVIII, S. 133) und Analysis gegeben ist, während die erklärende Psychologie ihre Gesetze aus unbeweisbaren metaphysischen Hypothesen deduziert.[4] Ziel der deskriptiven Psychologie ist – wie Dilthey hier postuliert – die „Feststellung von Gleichförmigkeiten" des psychischen Lebens (XVIII, S. 169; vgl. XVIII, S. 173 ff.).

Auch in Diltheys frühen Entwürfen zur Erkenntnistheorie und Logik (vor 1880) finden sich Forderungen, die deskriptive Psychologie von der erklärenden abzugrenzen: „In der Psychologie ist die Deskription und Analysis der psychischen Tatsachen gänzlich zu sondern von den Versuchen der Erklärung" (XIX, S. 38). Die Bearbeitung der Tatsachen der inneren Erfahrung durch die Psychologie bedarf zunächst – so Dilthey – einer Description:

> „Die Verwirrung, welche eingetreten ist, indem sich eine auf Hypothesen gebaute Psychologie als Erfahrungspsychologie hinstellte und ihre Sätze als Erfahrungstatsachen aufstellte, kann nur gelöst werden, indem die Deskription, die reine Erfahrung, zunächst ganz unbefangen den Inbegriff der psychischen Tatsachen feststellt, für diese Tatsachen feste Termini anwendet und so einen Boden schafft." (XVIII, S. 38)

Die „Breslauer Ausarbeitung" *Die Tatsachen des Bewußtseins* lässt sich nicht nur als erster Abschnitt des vierten Buchs *Grundlegung der Erkenntnis* des zweiten Bandes der *Einleitung* lesen, sondern auch als eigenständiger, substanzieller Beitrag zur Entwicklung einer deskriptiven Psychologie, wie die Mehrzahl der Kapitel dieses Manuskripts belegt.[5]

---

[4]Vgl. XVIII, S. 184: „ich gehe ganz empirisch und beschreibend voran und schütze mich nur so vor dem Spiel der Hypothesen".

[5]2. Kapitel: Der Zusammenhang, in welchem Wahrnehmungen usw., Begriffe auftreten und stehen, ist ein psychologischer, d. h. er ist in der Totalität des Seelenlebens enthalten. 5. Kapitel: Das Gegebene, welches den Ausgangspunkt der Psychologie bildet, und der Umfang des in ihm liegenden Problems. 6. Kapitel: Die Gliederung der Tatsachen des Bewußtseins.

Auch hier charakterisiert Dilthey seine psychologischen Untersuchungen der Tatsachen des Bewusstseins als deskriptive Wissenschaft, und dies – so Dilthey – „ist der erste und, wie wir hoffen, folgenreiche methodische Kunstgriff dieser Untersuchungen, der sie gänzlich von den bisherigen Arbeiten sondert" (XIX, S. 95; vgl. XIX, S. 99).

In der „Abhandlung von 1875" hatte Dilthey Versuche kritisiert, die gesellschaftlichen (Kultur-)Systeme, wie die Sitte, das Rechts und die Wirtschaft, auf angeborene starre psychologische Grundtriebe zu reduzieren:

> „Es ist falscher Individualismus, die Individuen, welche Elemente der gesellschaftlichen Wechselwirkung sind, aus dieser auszulösen und mit angeborenen Trieben auszustatten. Keine exakte Psychologie vermag mit den gegenwärtigen Mitteln eine so weitgehende Annahme zu begründen, welche über das Feld unserer Erfahrungen hinweg die ursprüngliche Konstitution eines isolierten Individuums, welches doch nirgends existiert, zu konstruieren unternimmt." (V, S. 60)

Eine Psychologie, die als ein fruchtbares Instrument zur Erforschung der Erscheinungen der gesellschaftlich-geschichtlichen Wechselwirkung konzipiert wird, muss vielmehr eine „konkrete Psychologie" sein. Das heißt, sie muss das Individuum in seiner Wechselwirkung mit seinem umgebenden natürlichen und gesellschaftlichen Milieu studieren.

Dieselbe Kritik an einem falschen Idealismus, wie Dilthey ihn bei Smith, Mill, Knies oder Arnold auszumachen glaubt, die, anstatt sichere Erkenntnisse über psychologische Elementarvorgänge ihren Forschungen zugrunde zu legen, die Grundlagen der Geisteswissenschaften mit nicht beweisbaren Hypothesen belasten und damit Unsicherheiten in diese hineintragen, die den ganzen weiteren Aufbau gefährden, ist auch leitend für die Psychologie-Konzeption, die Dilthey im ersten Band der *Einleitung in die Geisteswissenschaften* von 1883 entwickelt.

In der *Einleitung* definiert Dilthey die Geisteswissenschaften als „das Ganze der Wissenschaften, welche die geschichtlich-gesellschaftliche Wirklichkeit zu ihrem Gegenstande haben" (I, S. 4). Diese „Wissenschaften des Menschen, der Geschichte, der Gesellschaft" besitzen ihre Objekte in den „geistigen Tatsachen, welches sich geschichtlich in der Menschheit entwickelt haben" (I, S. 5). Durch Analyse und Abstraktion, den elementaren methodischen Mitteln, mit denen die komplexe gesellschaftlich-geschichtliche Wirklichkeit auf wissenschaftlich bearbeitbare Einheiten reduziert wird, finden die Geisteswissenschaften – so

---

7. Kapitel: Unterscheidung des psychischen Prozesses und seines Inhaltes. 8. Kapitel: Der Wahrnehmungs-Vorstellungsgehalt steht im Bewußtsein in drei Beziehungen. So können an den psychischen Lebensakten drei Seiten unterschieden werden: Wahrnehmung-Vorstellung-Denken; Fühlen; Wollen. 9. Kapitel: Von den Graden und Weisen der Bewußtheit. 10. Kapitel: Die Enge des Bewußtseins und das Gesetz der Aufmerksamkeit. 11. Kapitel: Die Einheit des Bewußtseins und der psychische Akt. 12. Kapitel: Das Selbstbewußtsein im Zusammenhang der bisher dargelegten Eigenschaften des psychischen Lebens.

Diltheys Hauptthese – „in den Lebenseinheiten, den psychophysischen Individuis, die Elemente, aus welchen Gesellschaft und Geschichte sich aufbauen". Daher bildet das Studium dieser Lebenseinheiten die Basis der Geisteswissenschaften (Vgl. I, S. 28). Die Theorie dieser Lebenseinheiten, d. h. der gesellschaftlich-geschichtlich vermittelten Individuen, ist Anthropologie und Psychologie (vgl. I, S. 29). Der Gegenstand dieser anthropologisch-psychologischen Grundwissenschaft ist – wie Dilthey nachdrücklich betont – das konkrete, in der gesellschaftlichen Wechselwirkung verstrickte Individuum. Daraus ergibt sich für Dilthey die folgende fundamentale Einsicht: „Der Mensch als eine der Geschichte und Gesellschaft voraufgehende Tatsache ist eine Fiktion der genetischen Erklärung; derjenige Mensch, den gesunde analytische Wissenschaft zum Objekt hat, ist das Individuum als ein Bestandteil der Gesellschaft" (I, S. 31 f.).

Psychologie und Anthropologie sind folglich die „Grundlage aller Erkenntnis des geschichtlichen Lebens, wie aller Regeln der Leitung und Fortbildung der Gesellschaft". Diese besondere Funktion der Psychologie für das Verständnis von Gesellschaft und Geschichte erfordert Dilthey zufolge eine Umfangserweiterung ihrer Problemstellung:

> „Über die bisherige Erforschung der Gleichförmigkeiten des geistigen Lebens hinaus muß sie typische Unterschiede desselben erkennen, die Einbildungskraft des Künstlers, das Naturell des handelnden Menschen der Beschreibung und Analysis unterwerfen und das Studium der Formen des geistigen Lebens durch die Deskription der Realität seines Verlaufs sowie seines Inhaltes ergänzen. Hierdurch wird die Lücke ausgefüllt, welche in den bisherigen Systemen der gesellschaftlich-geschichtlichen Wirklichkeit zwischen der Psychologie einerseits, der Ästhetik, Ethik, den Wissenschaften der politischen Körper sowie der Geschichtswissenschaft andererseits existiert: ein Platz, der bisher nur von den ungenauen Generalisationen der Lebenserfahrung, den Schöpfungen der Dichter, Darstellungen der Weltmänner von Charakteren und Schicksalen, unbestimmten allgemeinen Wahrheiten, welche der Geschichtschreiber in seine Erzählung verwebt, eingenommen war." (I, S. 32)

Diese Aufgabenbestimmung der Psychologie als Grundwissenschaft in einem System der Geisteswissenschaften hat bestimmte methodische Konsequenzen, die Dilthey unter Rückgriff auf Überlegungen, die er in verschiedenen Texten seit Mitte der siebziger Jahre entwickelt hatte, in der *Einleitung* folgendermaßen formuliert: „Die Aufgabe einer solchen grundlegenden Wissenschaft kann die Psychologie nur lösen, indem sie sich in den Grenzen einer deskriptiven Psychologie hält, welche Tatsachen und Gleichförmigkeiten an Tatsachen feststellt, dagegen die erklärende Psychologie, welche den ganzen Zusammenhang des geistigen Lebens durch gewisse Annahmen ableitbar machen will, von sich reinlich unterscheidet" (I, S. 32).

Dilthey plädiert in diesem Zusammenhang mit Nachdruck für eine „deskriptive Psychologie" als Grundwissenschaft und weist gleichzeitig die These einer Fruchtbarkeit der erklärenden Psychologie zurück, da diese, „ihrer Natur nach hypothetisch, einfachen Annahmen die Tatsachen des geistigen Lebens zu unterwerfen unternimmt" (I, S. 33). Die genaue inhaltliche und methodologische Bestimmung dieser deskriptiven Psychologie, die für die auf sie aufbauenden

Geisteswissenschaften, also den „Wissenschaften der Systeme der Kultur" (als Begriff schon: XVIII, S. 36 f.) und den „Wissenschaften der äußeren Organisation der Gesellschaft", Begriffe und – wie Dilthey formuliert – „Wahrheiten erster Ordnung" liefern, sollte seiner Konzeption zufolge im zweiten, nie fertig gestellten, Band der *Einleitung in die Geisteswissenschaften,* an dem er bis in die Mitte der neunziger Jahre mit großer Intensität gearbeitet hat, vorgenommen werden.

Der weitere Weg der deskriptiven Psychologie ist bekannt: 1886 veröffentlicht Dilthey seine Rede *Einbildungskraft und Wahnsinn,* 1887 als Beitrag zur Zeller-Festschrift seine Poetik *Das Schaffen des Dichters,* 1888 den Aufsatz *Über die Möglichkeit einer allgemeingültigen pädagogischen Wissenschaft,* 1892 *Die drei Epochen der modernen Ästhetik und ihre heutige Aufgabe* und 1894 als Abhandlung der Berliner Akademie der Wissenschaften seine heftig diskutierte Programmschrift *Ideen über eine beschreibende und zergliedernde Psychologie* (V, S. 139–237), die aus zwei Akademievorträgen erwachsen war und die die ausführliche Begründung und Erläuterung seines Konzepts einer beschreibenden Psychologie als Grundwissenschaft der Geisteswissenschaften liefern sollte. Weitergeführt wurden diese Gedanken in der nicht abgeschlossenen Abhandlung *[Über vergleichende Psychologie.] Beiträge zum Studium der Individualität* (1895/1896). Die Krise, die Ebbinghaus' vernichtende Kritik der *Ideen*[6] ausgelöst hatte, bedeutet zunächst den Abbruch der Arbeiten um Projekt einer deskriptiven Psychologie. Wiederaufgenommen werden Diltheys Überlegungen zur deskriptiven Psychologie erst nach der Jahrhundertwende, und zwar in den *Studien zur Grundlegung der Geisteswissenschaften,* in der Abhandlung *Das Wesen der Philosophie* von 1907 und in den späten Arbeiten zur Weltanschauungslehre (um 1911).

Die deskriptive Psychologie gehört – wie gezeigt – zu Diltheys ältesten philosophischen Konzeptionen und nimmt seit den frühen sechziger Jahren des 19. Jahrhunderts in seinem Werk eine zentrale Stelle ein. Diltheys deskriptive Psychologie, die in Opposition zur herrschenden, naturwissenschaftlich orientierten „erklärenden" Psychologie entwickelt wird, versteht sich als eine Erfahrungspsychologie. Ihre Methoden sind die unbefangene Beobachtung, Zergliederung und Vergleichung der psychischen Tatsachen, und ihr Ziel ist die empirisch gesicherte Feststellung von Gleichförmigkeiten des psychischen Lebens.

Literatur

Dilthey, Wilhelm (1864/1924): Versuch einer Analyse des moralischen Bewußtseins. In: Ders.: *Gesammelte Schriften.* Bd. VI: Die *geistige Welt. Einleitung in die Philosophie des Lebens.* Zweite Hälfte: *Abhandlungen zur Poetik, Ethik und Pädagogik,* hg. von Georg Misch. Leipzig/Berlin 1924, S. 1–55.

Dilthey, Wilhelm (1864/1990): Grundriß der Logik und des Systems der philosophischen Wissenschaften. In: Ders.: Gesammelte Schriften. Bd. XX: Logik und System der philosophischen

---

[6]Vgl. Ebbinghaus (1896), S. 161–205; Lessing (2015b), S. 147–166.

Wissenschaften. Vorlesungen zur erkenntnistheoretischen Logik und Methodologie (1864/1903), hg. von Hans-Ulrich Lessing und Frithjof Rodi. Göttingen 1990, S. 19–32.

Dilthey, Wilhelm (1865/2005): Novalis. In: Ders.: *Gesammelte Schriften*. Bd. XXVI: *Das Erlebnis und die Dichtung. Lessing – Goethe – Novalis – Hölderlin*, hg. von Gabriele Malsch. Göttingen 2005, S. 173–223.

Dilthey, Wilhelm (1866/1977): Einleitung in das wissenschaftliche Studium des Menschen, der Gesellschaft und Geschichte. In: Ders.: *Gesammelte Schriften*. Bd. XVIII: *Die Wissenschaften vom Menschen, der Gesellschaft und der Geschichte. Vorarbeiten zur Einleitung in die Geisteswissenschaften 1865–1880*, hg. von Helmut Johach und Frithjof Rodi. Göttingen 1977, S. 2–16.

Dilthey, Wilhelm (1870/1970): Leben Schleiermachers. Erster Bd. In: Ders.: *Gesammelte Schriften*. Band XIII/1: *Leben Schleiermachers*, hg. von Martin Redeker. Göttingen 1970.

Dilthey, Wilhelm (1875/1924): Über das Studium der Geschichte der Wissenschaften vom Menschen, der Gesellschaft und dem Staat. In: Ders.: *Gesammelte Schriften*. Bd. V: *Die geistige Welt. Einleitung in die Philosophie des Lebens. Erste Hälfte: Abhandlungen zur Grundlegung der Geisteswissenschaften*, hg. von Georg Misch. Leipzig/Berlin 1924, S. 31–73.

Dilthey, Wilhelm (1876/1977): [Manuskript II] Erstes Buch: die Erforschung der Tatsachen. In: Ders.: *Gesammelte Schriften*. Bd. XVIII: *Die Wissenschaften vom Menschen, der Gesellschaft und der Geschichte. Vorarbeiten zur Einleitung in die Geisteswissenschaften 1865–1880*, hg. von Helmut Johach und Frithjof Rodi. Göttingen 1977, S. 78–109.

Dilthey, Wilhelm (1877a/2006): Über die Einbildungskraft der Dichter. In: Ders.: *Gesammelte Schriften*. Bd. XXV: „Dichter als Seher der Menschheit". Die geplante Sammlung literarhistorischer Aufsätze von 1895*, hg. von Gabriele Malsch. Göttingen 2006, S. 125–169.

Dilthey, Wilhelm (1877b/2006): Charles Dickens und das Genie des erzählenden Dichters. In: Ders.: *Gesammelte Schriften*. Band XXV: „Dichter als Seher der Menschheit". Die geplante Sammlung literarhistorischer Aufsätze von 1895*, hg. von Gabriele Malsch. Göttingen 2006, S. 364–412.

Dilthey, Wilhelm (1880a/1977): Die Mannigfaltigkeit des psychischen Lebens und ihre Einteilung. In: Ders.: *Gesammelte Schriften*. Bd. XVIII: *Die Wissenschaften vom Menschen, der Gesellschaft und der Geschichte. Vorarbeiten zur Einleitung in die Geisteswissenschaften 1865–1880*, hg. von Helmut Johach und Frithjof Rodi. Göttingen 1977, S. 117–183.

Dilthey, Wilhelm (1880b/1982): Die Tatsachen des Bewußtseins („Breslauer Ausarbeitung"). In: Ders.: *Gesammelte Schriften*. Bd. XIX: *Grundlegung der Wissenschaften vom Menschen, der Gesellschaft und der Geschichte. Ausarbeitungen und Entwürfe zum Zweiten Band der Einleitung in die Geisteswissenschaften (Ca. 1870–1895)*, hg. von Helmut Johach und Frithjof Rodi. Göttingen 1982, S. 58–173.

Dilthey, Wilhelm (1883/1922): Einleitung in die Geisteswissenschaften. Versuch einer Grundlegung für das Studium der Gesellschaft und der Geschichte. In: Ders.: *Gesammelte Schriften*. Bd. I, hg. von Bernhard Groethuysen. Leipzig/Berlin 1922.

Dilthey, Wilhelm (1886/1924): Einbildungskraft und Wahnsinn. In: Ders.: *Gesammelte Schriften*. Bd. VI: *Die geistige Welt. Einleitung in die Philosophie des Lebens. Zweite Hälfte: Abhandlungen zur Poetik, Ethik und Pädagogik*, hg. von Georg Misch. Leipzig/Berlin 1924, S. 90–102.

Dilthey, Wilhelm (1887/1924): Das Schaffen des Dichters [Die Einbildungskraft des Dichters. Bausteine für eine Poetik]. In: Ders.: *Gesammelte Schriften*. Bd. VI: *Die geistige Welt. Einleitung in die Philosophie des Lebens. Zweite Hälfte: Abhandlungen zur Poetik, Ethik und Pädagogik*, hg. von Georg Misch. Leipzig/Berlin 1924, S. 103–241.

Dilthey, Wilhelm (1888/1924): Über die Möglichkeit einer allgemeingültigen pädagogischen Wissenschaft. In: Ders.: *Gesammelte Schriften*. Bd. VI: *Die geistige Welt. Einleitung in die Philosophie des Lebens. Zweite Hälfte: Abhandlungen zur Poetik, Ethik und Pädagogik*, hg. von Georg Misch. Leipzig/Berlin 1924, S. 56–82.

Dilthey, Wilhelm (1890/1958): *Gesammelte Schriften*. Bd. X: *System der Ethik*, hg. von Herman Nohl. Stuttgart/Göttingen 1958.

Dilthey, Wilhelm (1892/1924): Die drei Epochen der modernen Ästhetik und ihre heutige Aufgabe. In: Ders.: *Gesammelte Schriften*. Bd. VI: *Die geistige Welt. Einleitung in die Philosophie des Lebens*. Zweite Hälfte: *Abhandlungen zur Poetik, Ethik und Pädagogik*, hg. von Georg Misch. Leipzig/Berlin 1924, S. 242–287.

Dilthey, Wilhelm (1894/1924): Ideen über eine beschreibende und zergliedernde Psychologie. In: Ders.: *Gesammelte Schriften*. Bd. V: *Die geistige Welt. Einleitung in die Philosophie des Lebens*. Erste Hälfte: *Abhandlungen zur Grundlegung der Geisteswissenschaften*, hg. von Georg Misch. Leipzig/Berlin 1924, S. 139–237.

Dilthey, Wilhelm (1895/96/1924): [Über vergleichende Psychologie.] Beiträge zum Studium der Individualität. In: Ders.: *Gesammelte Schriften*. Bd. V: *Die geistige Welt. Einleitung in die Philosophie des Lebens*. Erste Hälfte: *Abhandlungen zur Grundlegung der Geisteswissenschaften*, hg. von Georg Misch. Leipzig/Berlin 1924, S, 241–316.

Dilthey, Wilhelm (1905a/1927): Erste Studie zur Grundlegung der Geisteswissenschaften: Der psychische Strukturzusammenhang. In: Ders.: *Gesammelte Schriften*. Bd. VII: *Der Aufbau der geschichtlichen Welt in den Geisteswissenschaften*, hg. von Bernhard Groethuysen. Leipzig/Berlin 1927, S. 3–23.

Dilthey, Wilhelm (1905b/1927): Zweite Studie zur Grundlegung der Geisteswissenschaften: Der Strukturzusammenhang des Wissens. In: Ders.: *Gesammelte Schriften*. Bd. VII: *Der Aufbau der geschichtlichen Welt in den Geisteswissenschaften*, hg. von Bernhard Groethuysen (Hg.). Leipzig/Berlin 1927, S. 24–69.

Dilthey, Wilhelm (1906/2005): Goethe und die dichterische Phantasie. In: Ders.: *Gesammelte Schriften*. Bd. XXVI: *Das Erlebnis und die Dichtung. Lessing – Goethe – Novalis – Hölderlin*, hg. von Gabriele Malsch. Göttingen 2005, S. 113–172.

Dilthey, Wilhelm (1914 ff.): *Gesammelte Schriften*, hg. von Bernhard Groethuysen u. a. 26 Bde. Leipzig/Berlin/Stuttgart/Göttingen 1914.

Dilthey, Wilhelm (1931): *Gesammelte Schriften*. Bd. VIII: *Weltanschauungsanalyse. Abhandlungen zur Philosophie der Philosophie*, hg. von Bernhard Groethuysen. Leipzig/Berlin 1931.

Dilthey, Wilhelm (1977): *Gesammelte Schriften*. Bd. XVIII: *Die Wissenschaften vom Menschen, der Gesellschaft und der Geschichte. Vorarbeiten zur Einleitung in die Geisteswissenschaften 1865–1880*, hg. von Helmut Johach und Frithjof Rodi. Göttingen 1977.

Dilthey, Wilhelm (2011): *Briefwechsel*. Bd. I: *1852–1882*, hg. von Gudrun Kühne-Bertram und Hans-Ulrich Lessing. Göttingen 2011.

Ebbinghaus, Hermann (1896): Über erklärende und beschreibende Psychologie. In: *Zeitschrift für Psychologie und Physiologie der Sinnesorgane* 9, S. 161–205. (Wiederabdruck in: Frithjof Rodi/Lessing, Hans-Ulrich (1984): *Materialien zur Philosophie Wilhelm Diltheys*. Frankfurt a. M. 1984, S. 45–87.)

Lessing, Hans-Ulrich (2011): *Wilhelm Dilthey. Eine Einführung*. Köln/Weimar/Wien 2011.

Lessing, Hans-Ulrich (2015a): Diltheys früher Phantasiebegriff im systematischen und historischen Kontext. In: Ders.: *Die Autonomie der Geisteswissenschaften. Studien zur Philosophie Wilhelm Diltheys*. Bd. I.: *Dilthey im philosophie- und wissenschaftsgeschichtlichen Kontext*. Nordhausen 2015, S. 132–146.

Lessing, Hans-Ulrich (2015b): Der Ebbinghaus-Dilthey-Streit von 1895. In: Ders.: *Die Autonomie der Geisteswissenschaften. Studien zur Philosophie Wilhelm Diltheys*. Bd. I.: *Dilthey im philosophie- und wissenschaftsgeschichtlichen Kontext*. Nordhausen 2015, S. 147–166.

Lessing, Hans-Ulrich (2016): Von der Realpsychologie zur Strukturtheorie. Grundmotive von Wilhelm Diltheys Konzeption einer deskriptiven Psychologie. In: Ders.: *Die Autonomie der Geisteswissenschaften. Studien zur Philosophie Wilhelm Diltheys*. Bd. II.: *Systematische Untersuchungen zu Diltheys Werk*. Nordhausen 2016, S. 63–83.

Novalis (1978): *Werke, Tagebücher und Briefe Friedrich von Hardenbergs*. Bd. II.: *Das philosophisch-theoretische Werk*, hg. von Hans-Joachim Mähl. München/Wien 1978.

Rodi, Frithjof (1969): *Morphologie und Hermeneutik. Zur Methode von Diltheys Ästhetik*. Stuttgart/Berlin/Köln/Mainz 1969.

Rodi, Frithjof (2003): Bezugspunkt Goethe: Bild-Metamorphose und „Bedeutsamkeit". In: Ders.: *Das strukturierte Ganze. Studien zum Werk Wilhelm Diltheys*. Weilerswist 2003, S. 85–106.

„Die Forderungen der Gegenstände". Theodor Lipps' Begriff der Gültigkeit

Faustino Fabbianelli

1 Einleitung

Werner Flach hat einmal behauptet, die disziplinäre Eigenart, „auf die die Philosophie mit ihrer eigenen Institution festgelegt ist", sei „die der Wissenschaft der Geltungsqualifikation" vom Wissen. Dies bedeute, dass dem Wissen, das Objekt der philosophischen Reflexion ist, eine Gegenstandsreferenz zukommt, wodurch es als ein Erkennen verstanden werden muss. „D. h.: In der Geltungsqualifikation begründet sich die Gegenständlichkeit des gegenständlichen Sinnes."[1] Die von der Geltungsqualifikation des gegenständlichen Wissens vermittelte Bestimmtheit enthält nun laut Flach zwei Momente, die voneinander getrennt werden müssen: Das Wissen ist nämlich einerseits „Geltung prätendierend" und andererseits auch „geltungsvalent". Dies bedeute, dass das auf Gegenständlichkeit gerichtete Wissen nicht nur den verbindlichen Anspruch erhebt, ein geltendes Erkennen zu sein, sondern sich auch durch eine Valenz kennzeichnet, die als eine „alternative Wertigkeit" verstanden werden muss: Die Erkenntnis erweise sich somit als ein gültiges wie ungültiges Wissen. „Das Wissen ist notwendig entweder gültig oder ungültig."[2] Flach hat mit Recht die eben dargestellte Bestimmung des philosophischen Wissens als Gedanken interpretiert, den zuerst Kant formuliert und dann besonders der südwestdeutsche Neukantianismus fortgeführt hat.

Man weiß nun, wie z. B. Heinrich Rickert das Thema der Gültigkeit ins Zentrum seiner philosophischen Reflexion gerückt hat. Sein Begriff vom Sollen als

---

[1]Flach (2002), S. 13.
[2]Flach (1994), S. 23–24.

F. Fabbianelli (✉)
Parma, Italien
E-Mail: faustino.fabbianelli@unipr.it

© Springer-Verlag GmbH Deutschland, ein Teil von Springer Nature 2019
T. Kessel (Hrsg.), *Philosophische Psychologie um 1900,* Abhandlungen zur Philosophie, https://doi.org/10.1007/978-3-476-05092-2_8

dem eigentlichen Gegenstand der Erkenntnis übernimmt in dieser Hinsicht die Funktion des objektiven Kriteriums, das der Richtigkeit eines Urteils zugrunde liegt. Es handelt sich um einen zeitlos geltenden Wert, den man im Urteilsakt bejaht bzw. anerkennt. Die Notwendigkeit des richtigen Denkens wird von Rickert als eine „Notwendigkeit des *Sollens*[3]" bezeichnet,[4] die als solche weder mit einer Notwendigkeit des Seins oder des Müssens noch mit einer psychologischen Notwendigkeit des Zwangs vermengt werden kann. Die das richtige Urteil konstituierende Notwendigkeit des Wertes stellt vielmehr eine Forderung dar, die die Bedeutung hat, das Subjekt zur Anerkennung des Sachverhalts zu motivieren. Ein Urteilsakt ist demzufolge richtig, wenn er anerkennt, was anerkannt werden soll.

> „Die Wahrheit der wirklichen Urteile darf in ihrer allgemeinsten Bedeutung nur als der theoretische Wert definiert werden, den sie dadurch erhalten, daß sie ein Sollen anerkennen, und zwar jenes Sollen, das mit seiner Notwendigkeit dem erkennenden Subjekt Richtung gebend als Maßstab gegenübertritt."[5]

Es ist nun für unsere Reflexion von Relevanz, dass Rickert die von Flach genannte Geltungsqualifikation des Erkenntnisaktes aufgrund einer Begrifflichkeit determiniert, die auch von Theodor Lipps angewendet wird. Rickert spricht z. B. von der Forderung, die der Gegenstand der Erkenntnis als Sollen an das Subjekt stellt, oder aber vom Imperativ, den man beim Bejahen „gewissermaßen" in den Willen aufnimmt und sich zu eigen macht.[6] Er selbst hebt die Differenz hervor, die seine eigene Lehre von Lipps' entsprechender Auffassung trennt.

Ein Moment insbesondere soll seiner Ansicht nach die Distanz beider Positionen charakterisieren: Die Forderung, die im Urteilsakt bejaht wird, ist ein Sollen und kein Sein. Da Lipps annehme, dass das in der Forderung enthaltene Sollen von einem existierenden Gegenstand ausgeht, bleibe er einer Ansicht verpflichtet, nach der die Gedanken des erkennenden Subjekts, um richtig zu sein, mit dem realen Sein übereinstimmen müssen. Gerade diese Auffassung sei aber insofern unzureichend, als sie noch unter dem Einfluss des „traditionellen, einseitig ‚ontologischen' Denkens" steht. Um behaupten zu können, das Sein stelle eine Forderung, setze Lipps nämlich die Erkenntnis, dass etwas ist, schon voraus und übersehe demgemäß, dass gerade in dieser Erkenntnis das Problem steckt.

> „Lipps *antwortet* mit dem, wonach wir *fragen*. Wir meinen, wenn wir den Gegenstand der Erkenntnis ein Sollen nennen, etwas, das nichts anderes ist als eben ein Sollen, und das als Sollen gerade *nicht* real existiert, sondern irreal gilt."[7]

---

[3][Im Original gesperrt].
[4]Rickert (1915), S. 205.
[5]Ebd., S. 207–208.
[6]Ebd., S. 205–206.
[7]Ebd., S. 219. Vgl. auch Rickert (1909), S. 184. [Hervorhebung im Original gesperrt].

In den folgenden Ausführungen möchte ich nun zeigen, in welchem Sinn der von Rickert gegen Lipps erhobene Vorwurf des ontologischen Denkens nicht ohne weiteres zutreffend ist. Mein Hauptziel besteht darin, das metaphysische sowie transzendentale Moment hervorzuheben, das Lipps' Begriff der Gültigkeit kennzeichnet. Dazu ist die Erfüllung von zwei preliminären Aufgaben notwendig. Erstens müssen die Hauptmerkmale von Lipps' Theorie der Gegenstandsforderung innerhalb seiner Psychologie erläutert werden. Dies verlangt, zuvor die unterschiedlichen Arten von Psychologie voneinander zu trennen, die in Lipps' Denken ebenso verschiedene Aufgaben übernehmen und differente Ziele bezwecken. Zweitens gilt es zu zeigen, in welchem Sinn der gegenüber Rickert breiter angelegte Begriff des Sollens bei Lipps mit einer Auffassung einhergeht, die den Anspruch erhebt, die Denknotwendigkeit nicht nur formal, sondern auch material zu definieren.

2   Arten der Psychologie

Das Thema der Gegenstandsforderung hängt nach Lipps mit einer Art von Psychologie zusammen, die sich mit Gegenständen befasst. Keine Untersuchung, die sich darauf beschränkt, die psychologischen Tatsachen bloß zu beschreiben, kann als solche das Thema des Forderns von Gegenständen behandeln. Will die Psychologie von der gegenständlichen Wirklichkeit sprechen, muss sie anders gesagt mehr als bloße „Beschreibung und Zerlegung" von Bewusstseinserlebnissen sein.[8] Wenn sie sich hingegen darauf beschränkt, bloß deren Existenz festzustellen, muss sie als eine deskriptive Psychologie angesehen werden, die die Tatsachen des Bewusstseins auf ein Ich zurückführt. Das Ich stellt nämlich den Einheitspunkt des Bewusstseins dar, „ohne welchen das Wort ‚Bewusstsein' ein leeres Wort wäre".[9] Es handelt sich um das unmittelbar erlebte Ich, das Lipps „Bewusstseins-Ich" oder „Gefühls-Ich" nennt[10] und das er als Bewusstsein des „Meinseins" als „die absolute Voraussetzung für alles Bewusstseinsleben" betrachtet.[11] Indem man erkennt, dass die deskriptive Psychologie mit Begriffen operiert, die sich von den naturwissenschaftlichen wesentlich unterscheiden, ist man auch imstande, der Gefahr vorzubeugen, die Wissenschaft der Psychologie mit anderen Wissenschaften zu vermengen.

> „Die Psychologie redet von Dingen, die nirgends in der Welt vorkommen, wenn sie von Bewusstseinserlebnissen, z. B. von Empfindungen und Vorstellungen, und schliesslich gar von Gefühlen redet, als gäbe es dergleichen ausserhalb des unmittelbar erlebten Ich."[12]

---

[8] Lipps (1893), S. 80 (= Lipps (2013a), S. 321).
[9] Lipps (1905a), S. 58 (= Lipps (2013c), S. 291).
[10] Lipps (1901), S. 14 (= Lipps (2013b), S. 24).
[11] Lipps (1903), S. 2 (= Lipps (2013c), S. 24); Lipps (1905a), S. 58 (= Lipps (2013c), S. 291).
[12] Lipps (1905a), S. 58 (= Lipps (2013c), S. 291–292).

Sofern die Psychologie sich dem Thema des Gegenstandes mit seiner Forderung zuwendet, hört sie auf, bloß deskriptive Psychologie zu sein: Sie betrachtet nämlich die Tatsachen des Bewusstseins nicht mehr so, wie sie unmittelbar vorliegen. Dies kann erstens eine empirische Psychologie tun, die den Tatsachen des Bewusstseins ein reales Substrat zugrunde legt – die Seele –, das das „principium individuationis für die individuellen Iche" darstellt.[13] Dies tut aber zweitens auch eine reine Psychologie – auch reine Bewusstseinswissenschaft bzw. Geisteswissenschaft genannt[14] –, die alle psychologischen Tatsachen als Fakten eines reinen Ich betrachtet. Sucht die erklärende und empirische Psychologie nach einem psychisch Realen, das das psychisch Gegebene innerhalb eines kausalen Zusammenhanges erläutert, versucht die reine Psychologie, Motivationsbeziehungen unter unmittelbar erlebten Bewusstseinsinhalten herauszustellen, die auf einer ganz anderen Ebene zu orten sind. Diese Geisteswissenschaft muss im Gegensatz zur erklärenden Psychologie nicht als Seitenstück, sondern als Gegenstück der Naturwissenschaft im engeren Sinn, d. h. der Physik betrachtet werden.[15] Die zwei Arten der Psychologie können auch anhand des Unterschieds zwischen Substanzialität und Aktualität charakterisiert werden. Als Seitenstück der Naturwissenschaft betrachtet die empirische Psychologie die Bewusstseinstatsachen als Erscheinungen eines Substrates, das sie als objektiv wirklich oder dinglich real auffasst. In diesem Sinne steht die empirische Psychologie „auf dem Standpunkte der Substanzialität";[16] sofern ihr Objekt die in Zusammenhang mit den Bewusstseinserscheinungen betrachtete individuelle Seele ist, kann sie auch als „*Seelenlehre*[17]" definiert werden.[18] Die reine Psychologie hingegen weiß nichts von einer den unterschiedlichen Erscheinungen zugrunde liegenden Substanz, sie bleibt „bei der Aktualität des Ich oder des Bewußtseins".[19] Dies bedeutet, dass sie das Ich in seiner Reinheit und Vollständigkeit untersucht; da aber das reine Ich reine Tätigkeit ist, bestimmt sich die Aufgabe der Psychologie als Bewusstseinswissenschaft „als die Aufgabe, die reine und volle Tätigkeit heraus zu stellen und zu erkennen".[20] Diese Tätigkeit vollendet sich nun aber in den Akten des Ich; die Akte verhalten sich, anders formuliert, zur Tätigkeit „wie zur Linie die Punkte".[21] Die reine Psychologie muss deshalb die reinen Akte zum Gegenstand ihrer Untersuchungen machen. Es handelt sich dabei nicht um bloß erkenntnistheoretische

---

[13]Lipps (1905a), S. 63 (=Lipps (2013c), S. 298).
[14]Lipps (1905a), S. 63 (=Lipps (2013c), S. 298).
[15]Lipps (1905a), S. 62 (=Lipps (2013c), S. 297); Lipps (1905c), S. 650 (=Lipps (2013c), S. 556).
[16]Lipps (1905c), S. 623 (=Lipps (2013c), S. 538).
[17][Im Original gesperrt].
[18]Lipps (1905c), S. 571 (=Lipps (2013c), S. 503).
[19]Lipps (1905c), S. 623 (=Lipps (2013c), S. 538).
[20]Lipps (1905c), S. 624 (=Lipps (2013c), S. 539).
[21]Lipps (1906), S. 3 (=Lipps (2013d), S. 31). Zu Lipps' Bewusstseinswissenschaft vgl. Centi (2002), S. 171–202.

Akte (im besonderen Verstandes- und Urteilsakte), sondern auch um Akte des Wertens und des Wollens. Die reine Psychologie erweist sich deshalb als die Wissenschaft der Wahrheit und des Guten bzw. des Schönen. „Sie ist insbesondere die Wissenschaft von den *Gesetzen*, nach welchen Wissenschaft entsteht, und die Wissenschaft von den *Gesetzen*, welchen das sittliche Wollen unterliegt."[22]

3 Psychologie und Gegenstand

Für die empirische sowie die reine Psychologie gilt der Hauptunterschied zwischen Inhalt und Gegenstand des Bewusstseins. Werden die Bewusstseinsinhalte bloß perzipiert, werden die Bewusstseinsgegenstände hingegen apperzipiert. Stellt die Perzeption das bloße „Dasein im psychischen Lebenszusammenhang überhaupt" dar, kann die Sphäre der Apperzeption insofern als „die Sphäre des Geistigen" verstanden werden, als sie diejenigen Elemente des Bewusstseins enthält, mit welchen Fühlen, Wollen und Denken zusammenhängen. Es handelt sich letztendlich um die Differenz, die zwischen Vorstellungen bzw. mentalen Bildern einerseits und Gegenständen andererseits besteht. Jeder Gegenstand ist insofern an einen Inhalt gebunden, „d. h. er ist durch einen solchen repräsentiert."[23] Der Gegenstand wird anders gesagt gemeint bzw. gedacht, der Inhalt hingegen wird nur erlebt.

> „Ich spreche jetzt von meinem Freund, urteile über ihn, sehne ihn herbei. Dabei stelle ich etwas vor, d. h. ich habe ein Bild. Aber der Gegenstand, von dem ich spreche, ist nicht dies Vorgestellte, oder dies Bild. Nicht über das Bild urteile ich, sondern über den Freund; nicht das Bild sehne ich herbei, sondern diesen Gegenstand, den Freund. Ihn *denke* ich in dem Bilde, das ich habe, oder in dem vorgestellten Inhalt."[24]

Noch ein Beispiel von Lipps: Ein Blau kann erlebt, d. h. empfunden oder vorgestellt werden, es kann aber auch zum Objekt meines Denkens werden. Dies geschieht, nachdem ich es „innerlich ins Auge" fasse oder mir gegenüberstelle. Lipps spricht diesbezüglich von einer „neuen Daseinsweise" dessen, worauf sich das Bewusstsein bezieht. Während das Blau als Inhalt des Bewusstseins im Bewusstsein selbst enthalten ist, ist es als Gegenstand für das Bewusstsein, „d. h. ihm *gegenüber*[25]" vorhanden.[26]

Das Gegenüberstellen des Bewusstseinsinhaltes sowie dessen Transformation in einen Gegenstand wird von Lipps als „die entscheidendste Tat" angesehen, denn es stellt „das Fundament aller geistigen Tätigkeit" dar, durch die „der fundamentalste Gegensatz" entsteht: derjenige „zwischen mir oder dem Bewußtsein einerseits und

---

[22]Lipps (1905c), S. 626 (= Lipps (2013c), S. 540). [[Kursivierungen im Original gesperrt].
[23]Lipps (1903), S. 53–55 (= Lipps (2013c), S. 62–63).
[24]Lipps (1903), S. 55 (= Lipps (2013c), S. 63). [Hervorhebung im Original gesperrt].
[25][Im Original gesperrt].
[26]Lipps (1905b), S. 20, 22 (= Lipps (2013c), S. 323–324).

der gegenständlichen Welt andererseits." Damit ich denken kann, reicht es nicht, dass ich mich etwas zuwende, sondern ich muss einen Akt vollziehen. „Ich ‚*denke*' etwas, d. h. ich setze es. Genauer gesagt: Ich setze es oder stelle es mir gegenüber oder stelle innerlich mich ihm gegenüber. Kurz, ich mache es mir zum Gegenstand."[27] Dies bedeutet, dass das Denken sich nicht in einer bloßen Tätigkeit des Merkens oder Achtens erschöpft, es ist vielmehr ihr natürlicher Abschluss. Das Denken verhält sich zur genannten Tätigkeit „wie das Einschnappen der Klinge eines Taschenmessers zur vorangehenden, auf dies Einschnappen abzielenden *Bewegung.*"[28] Lipps hebt hier den wesentlichen Unterschied zwischen dem aktiven Charakter des Denkaktes und dem bloßen rezeptiven Haben von Bewusstseinserlebnissen hervor. Damit weist er erneut auf eine Psychologie hin, die sich nicht in der bloßen Deskription der Bewusstseinsfakten erschöpft. Das Unterstreichen der im Denken enthaltenen Tätigkeit bezweckt aber darüber hinaus, das Moment zu determinieren, das allen geistigen Akten zukommt, mit denen sich eine reine und somit nicht bloß empirische Psychologie befasst. Lipps unterscheidet in dieser Hinsicht zwischen drei Arten von Augen, die entsprechend verschiedene Dinge sehen. Es gibt demgemäß ein körperliches Auge, das weder empfindet noch denkt; „sondern es finden in ihm körperliche Vorgänge statt."[29] Es gibt aber auch ein seelisches Auge, das nur empfindet. Und schließlich gibt es ein geistiges Auge, das denkt.

> „Im körperlichen Auge gibt es mechanische Prozesse. Im seelischen Auge gibt es *Inhalte;* für das geistige Auge gibt es *Gegenstände.* Gewiß liegen das seelische und das geistige Auge nicht außereinander. Sondern beide treffen zusammen im ‚Ich'. Aber beide Augen funktionieren verschieden."[30]

4   Urteil und Forderung

Lipps betrachtet das Denken eines Gegenstandes nicht als endgültigen Abschluss der inneren Zuwendung zu etwas, das im Bewusstsein enthalten ist. Nachdem man sich nämlich den Inhalt zum Gegenstand gemacht hat, kann man sich weiter dem Gegenstand zuwenden und ihn als solchen betrachten. Es handelt sich um eine Denktätigkeit, die nicht mehr mit dem schlichten Akt des Denkens übereinstimmt, denn sie stellt ein Denken bzw. ein Reflektieren über den Gegenstand dar. Lipps spricht auch von Bedenken und Nachdenken über den Gegenstand: Etwas wird nicht mehr schlicht gedacht, sondern wird so apperzipiert, dass man von ihm eine Antwort auf eine Frage erhalten kann. Rede ich z. B. von der Gerechtigkeit, von Gott oder von der Welt, denke ich nicht bloß einen Gegenstand; ich denke über ihn

---

[27]Lipps (1905b), S. 24 (=Lipps (2013c), S. 326). [Hervorhebung im Original gesperrt].
[28]Lipps (1905b), S. 22, 24 (=Lipps (2013c), S. 325–326). [Hervorhebung im Original gesperrt].
[29]Lipps (1905b), S. 25 (=Lipps (2013c), S. 327).
[30]Lipps (1905b), S. 25 (=Lipps (2013c), S. 327). [Hervorhebung im Original gesperrt].

so nach, dass ich wissen möchte, wie es mit ihm steht. Das Ziel meines Denkens bildet hier „das Gewinnen der *Antwort* auf die Frage, die ich an den Gegenstand stelle, das Bewußtsein etwa, daß der in den Worten ‚Gerechtigkeit', oder ‚Gott', oder ‚Welt' gemeinte Gegenstand ein so oder so beschaffener sei".[31] Indem ich den Gegenstand befrage, bin ich daran interessiert, zu wissen, welches sein Recht oder Anspruch ist, ich frage also, was in Bezug auf ihn gilt. Und der Gegenstand antwortet auf meine Frage, indem er mit bestimmten Forderungen an mich herantritt.

Lipps definiert diese neue Art des Denkens anhand des Begriffs Urteil.[32] Ein Urteil wird somit durch das Verhältnis erklärt, das es zum Befragen des Gegenstandes hat. Fälle ich ein Urteil, werde ich mir der gegenständlichen Antwort bewusst, die der Gegenstand auf meine Frage gibt. Nur im Urteilsakt findet sich demzufolge diejenige Objektivität oder Gegenständlichkeit, durch welche ich die Forderungen des Gegenstandes zur Kenntnis nehme und annehme. Ich könnte nun den objektiven Rechtsanspruch auch abweisen; dies würde mit sich bringen, dass ich Urteile fälle, die nicht sachgemäß sind. Lipps ist der Meinung, dass man die Forderungen der Gegenstände auf eine natürliche Weise anerkennt, wenn man ausschließlich durch sie bestimmt ist. Höre ich hingegen die Geltungsansprüche der Gegenstände nicht rein, bin ich anders gesagt durch persönliche Vorlieben in meiner Betrachtung der Welt mitbestimmt, fälle ich ein Urteil, das die Objektivität des mir Gegenüberstehenden abweist und verneint.

> „Anerkennen heißt: gelten lassen. Die Anerkennung verweigern heißt: nicht gelten lassen. Und das Geltenlassen ist das Jasagen zu einem Geltungs*anspruche;* das Nichtgeltenlassen ist das innerliche Neinsagen zu einem solchen."[33]

Nach Lipps hängen Wahrheit und Falschheit des Urteilens offensichtlich davon ab, ob das Subjekt auf die Forderungen des Gegenstandes hört oder nicht. Sie gehören als solche nur der subjektiven Seite der Relation des Ich zur Welt: Ist der Geltungsanspruch „die Sache des Gegenstandes", ist das wahre und falsche Urteil hingegen „*meine* Sache."[34]

Da man die Forderung des Gegenstandes anerkennen oder abweisen kann, darf die mit der Objektivität einhergehende Denknotwendigkeit nicht mit einer natürlichen Notwendigkeit vermengt werden. Behauptet man z. B., man müsse dem Dreieck zuerkennen, dass seine Winkelsumme gleich groß ist wie die von zwei rechten Winkeln, meint man nicht, dass die daran geknüpfte mathematische Notwendigkeit einem Zwang gleichkommt. Stellt der Gegenstand eine bestimmte Forderung an mich, verlangt er von mir nicht, dass ich ihn denken muss, er erhebt vielmehr den Rechtsanspruch, dass ich über ihn ein bestimmtes Urteil fälle.

---

[31] Lipps (1905b), S. 54 (= Lipps (2013c), S. 348). [Hervorhebung im Original gesperrt].
[32] Zu Lipps' Urteilslehre vgl. Anschütz (1914).
[33] Lipps (1905b), S. 58–59 (= Lipps (2013c), S. 352). [Hervorhebung im Original gesperrt].
[34] Lipps (1905b), S. 60 (= Lipps (2013c), S. 352). [Hervorhebung im Original gesperrt].

Diese Notwendigkeit der Gegenstandsforderung darf ebenso nicht mit einer psychologischen Nötigung vermengt werden. Ich kann nämlich eine Neigung verspüren, den Gegenstand so oder so zu denken; dies hat aber nichts zu tun mit dem, was der Gegenstand von mir verlangt: „der Gegenstand bleibt, wie er ist, d. h. es bleibt die Forderung, daß er so gedacht werde, dieselbe, die sie ist."[35]

Die Notwendigkeit der Gegenstandsforderung ist somit keine Notwendigkeit des Müssens, sie stellt vielmehr eine Notwendigkeit des Sollens dar. Fälle ich ein Urteil über etwas, soll ich es so betrachten, wie es gilt. Lipps übernimmt in diesem Zusammenhang Kants Begriff des kategorischen Imperativs: Die Forderungen der Gegenstände gelten nämlich nicht nur hypothetisch, sondern auf eine unbedingte Weise. Die Gültigkeit der ihnen entsprechenden Urteile erweist sich als analog zur Gültigkeit der ethischen Urteile. „Die wissenschaftliche Aussage darüber, welches Verstandesurteil *richtig* sei, steht in vollkommenster Analogie mit der ethischen Aussage darüber, was *recht* sei oder getan werden ‚solle'."[36]

5 Forderung und Tatsache

Es ist nun für unsere Überlegungen von Bedeutung, dass Lipps die Forderung der Gegenstände in Zusammenhang mit dem Charakter der Tatsächlichkeit verstanden wissen will. Dies bringt uns auf das Problem zurück, das bereits Rickert in seiner Kritik an Lipps unterstreicht. Auch die Tatsachen fordern laut Lipps Anerkennung; er führt in dieser Hinsicht das Beispiel der Ermordung Cäsars an den Iden des März 44 v. Chr. an. Es handelt sich um einen Zusammenhang von Gegenständen, der von mir Anerkennung fordert. Das objektive Gefordertsein, das von dieser Tatsache an mich herantritt, stellt nun nichts anderes als ihre Gültigkeit dar. Indem ich die Forderung der gegenständlichen Tatsache wahrnehme, werde ich mir des Gültigseins bewusst, das sie kennzeichnet. Indem ich das entsprechende Urteil fälle, anerkenne ich die Gültigkeit der Tatsache, dass Cäsar an den Iden des März 44 v. Chr. ermordet wurde.

Die eben erläuterte innere Verschränkung von Gültigkeit und Tatsächlichkeit bringt offensichtlich zum Ausdruck, dass für Lipps die Geltung einer Gegenstandsforderung insofern als absolut betrachtet werden muss, als sie jedes weitere Fragen nach dem Recht ausschließt, mit dem sie gestellt werden kann. Kann ich z. B. hinsichtlich einer menschlichen Forderung nach ihrer Legitimität fragen, enthält die Forderung des Gegenstandes bereits ihre Berechtigung. Diese Differenz zeigt sich auch mit Bezug auf die Zeit, in der die unterschiedlichen Forderungen gelten. Sind die Ansprüche der Menschen deshalb „jederzeit aufhebbare Forderungen", weil sie „nach Umständen für dies Individuum, aber nicht für jenes" gültig

---

[35] Lipps (1905b), S. 81 (= Lipps (2013c), S. 368).
[36] Lipps (1905b), S. 91 (= Lipps (2013c), S. 376). [Hervorhebung im Original gesperrt].

sind, gelten die Forderungen der Gegenstände dagegen „allezeit und für jedermann in gleicher Weise."[37]

Die Kantische *quaestio iuris* scheint hier im Sinne der *quaestio facti* beantwortet zu sein; und gerade darauf bezieht sich Rickert, wenn er gegen Lipps den bereits erwähnten Einwand des Ontologismus erhebt. Auch wenn nun zuzugeben ist, dass das Thema der objektiven Gültigkeit mit dem Thema der Berechtigung des tatsächlichen Gefordertseins durch Gegenstände einhergeht, muss festgehalten werden, dass dies nicht unbedingt dem ontologischen Verständnis der Realität gleichkommt. Zwei Momente sind in dieser Hinsicht nicht zu übersehen: 1) der Sinn dessen, was Lipps Tatsache nennt; 2) die Relation zwischen Denken und Gegenstand, die dem Begriff der Forderung seinen Sinn gibt.

Was den ersten Punkt betrifft, ist darauf hinzuweisen, dass nach Lipps Tatsache und Norm keine Gegensätze darstellen. Ihm ist wichtig, die Gültigkeit bzw. den normativen Charakter der Tatsachen hervorzuheben. Er betrachtet das Sollen als eine Tatsache, aus welcher das ihren Inhalt darstellende Gesollte hervorgeht.

> „Daß die Körper dem Gravitationsgesetz gehorchen, besagt, daß sie *fordern*, so *gedacht* zu werden, wie es das Gravitationsgesetz aussagt. Daß die Rose rot sei, dies sagt, sie fordere als rot gedacht zu werden; kurz alle Tatsächlichkeit ist für uns nichts als Forderung. Und allgemeine Tatsachen sind allgemeine Forderungen. Und diesen Forderungen geschieht nichts zu Leide, wenn sie als Normen bezeichnet werden."[38]

Die Norm ist also eine Tatsache, die als solche gültig ist; der Begriff der Gültigkeit kann somit dem Bereich des Seins zugesprochen werden.

Der zweite Punkt betrifft die Legitimität der Identifizierung von Tatsache und Norm. Mit Bezug auf diese Frage erweist sich als von Belang, was bereits über den Unterschied zwischen empirischer und reiner Psychologie gesagt wurde. Tatsache kann in diesem Zusammenhang als „das mit dem Gesetze der Vernunft Einstimmige"[39] verstanden werden. Tatsache ist anders gesagt, was die Vernunft von mir als individuellem Ich fordert und ich gerade deshalb denken soll. Die Denkgesetze sind nur insofern als allgemeingültig zu betrachten, als sie nicht in einem bestimmten Moment oder für ein Individuum, „sondern fürs Denken oder fürs denkende Ich, den Geist überhaupt" gelten. Das individuelle Ich kann deshalb ein gültiges Urteil fällen, das als solches die Gegenstandsforderung anerkennt, weil es sich „als Repräsentant des denkenden Bewußtseins überhaupt und des denkenden Bewußtseins aller Zeiten" versteht.[40] Das richtige Hören und Denken der Rechtsansprüche, die aus der Welt der Gegenstände zum Subjekt gelangen, findet erst dann statt, wenn man „der Individualität ledig" wird. Sofern man die Gegenstände

---

[37]Lipps (1905b), S. 79 (=Lipps (2013c), S. 367).
[38]Lipps (1905c), S. 529–530 (=Lipps (2013c), S. 475). [Hervorhebung im Original gesperrt].
[39]Lipps (1908), S. 27 (=Lipps (2013d), S. 350).
[40]Lipps (1905c), S. 543 (=Lipps (2013c), S. 484).

hört und ihre Forderungen erlebt, hört und erlebt man in sich gleichzeitig das überindividuelle und überzeitliche Ich mit seinen allgemeingültigen Gesetzen.

Lipps ist der Auffassung, dass dieses Sichbefreien von der eigenen Individualität nur auf eine relative Weise möglich ist. Für unsere Überlegungen ist dieser Punkt von relativer Relevanz; viel wichtiger ist, dass er die Identität von Tatsache und Norm, von Sein und Sollen als ein wesentliches Moment vom richtigen philosophischen Verständnis der Welt ansieht. Es geht anders gesagt nicht darum, das Ausmaß zu bestimmen, in dem die Übereinstimmung des Tatsächlichen mit dem Normativen gelten kann, sondern vielmehr darum, diese Identität als Möglichkeitsbedingung der Konstitution der Gegenständlichkeit zu betrachten. Das reine Ich muss demzufolge als „das notwendige Korrelat" der Welt verstanden werden: „Es ist das dem reinen Objekte entsprechende reine Subjekt." Indem ich in der Gegenstandswelt lebe, werde ich zu einem Subjekt, das dem reinen Objekt entspricht.

> „Ich löse aus mir, dem individuell bestimmten Ich, ‚das' Ich heraus. Ich tue dies, indem ich aus *meiner* Welt ‚die' Welt herauslöse; ich schaffe in *mir* ‚das' Ich, indem ich aus *meiner* Welt ‚die' Welt denkend schaffe, und umgekehrt. Denn dies Beides sind nur die zwei Seiten einer und derselben Sache."[41]

Das reine Ich stellt in dieser Relation das Primäre dar, von dem die Gesetze der Welt und die entsprechenden Forderungen der Gegenstände ein Reflex sind. Lipps kann somit behaupten, dass die Denkgesetze nicht Denkgesetze sind, weil sie Gesetze der Gegenstände sind, sondern dass sie Gesetze der Gegenstände sind, weil sie Denkgesetze sind. „Daß sie jenes sind, ist das Primäre. Sie sind Gesetze der Gegenstände, weil das Ich Tätigkeit ist und Tätigkeit die Gegenstände in sich schließt."[42]

6 Ein anderes Sollen

Lipps macht sich offensichtlich den transzendentalen Ansatz von Kant auf eine charakteristische Weise zu eigen. Er verweist ausdrücklich auf ihn, indem er seine Theorie übernimmt, nach der der Geist der Gesetzgeber der Natur ist. Er stellt aber andererseits infrage, dass die Natur nur im Kantischen Sinne als der Zusammenhang der Erscheinungen aufgefasst werden muss. Und gerade dieser „Irrtum Kants"[43] stellt für ihn das Motiv dar, um über Kants Transzendentalphilosophie hinauszugehen und sich Thesen anzuschließen, die in der Nachfolge von Kant innerhalb des deutschen Idealismus, insbesondere bei Fichte, zu finden sind.

---

[41] Lipps (1905c), S. 545 (= Lipps (2013c), S. 485). [Hervorhebung im Original gesperrt].
[42] Lipps (1905c), S. 643–644 (= Lipps (2013c), S. 552).
[43] Lipps (1905c), S. 644 (= Lipps (2013c), S. 552).

Es handelt sich um einen Punkt, der innerhalb dieser Ausführungen nicht behandelt werden kann.[44] An dieser Stelle möchte ich vielmehr vier Folgen besprechen, die sich aus den bisherigen Überlegungen ergeben und mir von Bedeutung scheinen. Sie lassen sich aus dem bereits diskutierten Verhältnis von Norm und Tatsache ableiten und können anhand eines neuen Begriffs des Sollens gerechtfertigt werden.

1) Die erste Konsequenz ist eine breitere Auffassung dessen, was als Sollen verstanden werden kann. Die Identität der Forderungen der Gegenstände mit den Denkgesetzen des reinen Ich bringt nämlich mit sich, dass es nicht mehr ohne weiteres gestattet ist, mit Rickert zu behaupten, der ihr zugrunde liegende Ansatz sei einem einseitig ontologischen Denken verpflichtet. Wenn Lipps die These vertritt, dass „Tatsache ist, was ich denken soll, oder was zu denken von mir gefordert ist",[45] meint er nämlich, dass das wahre Faktum nur das ist, was der Vernunft entspricht. Wenn nun Rickert diese Stelle als Beweis für die Distanz auslegt, die zwischen seiner eigenen Auffassung eines nichtexistierenden Sollens und der gegenteiligen Auffassung eines existierenden Sollens besteht, scheint er das zu gering zu bewerten, was sich in Lipps' Text gerade daran anschließt: Die Forderung des Gegenstandes könne nur insofern als eine Tatsache interpretiert werden, als man davon ausgehe, dass die Vernunft selbst die „letzte Richterin [...] über das, was ich denken soll und denken darf", darstelle.[46] Das Sollen kann nicht mehr als bloßer Gegensatz des Seins angesehen werden, wenn man versteht, dass das Sein selbst nicht mit dem zeitlich bedingten und deshalb nicht absolut gültigen Dasein übereinstimmt.

Rickerts theoretisches Anliegen, das Denken vom Vorstellen zu trennen und jede Art von Psychologismus sowie von empirischem Idealismus im Sinne Kants abzulehnen, wird auch von Lipps geteilt. Das vom Sollen dargestellte Moment der Transzendenz, das bei Rickert beide Differenzen begründet, wird von Lipps durch den Begriff der reinen Vernunft gewährleistet, die sich in den Forderungen der Gegenstände ankündigt und sich als solche nicht mit dem individuellen Denken gleichsetzen lässt. „Das ‚Du sollst' rufe ich nicht nach Belieben denkend ins Dasein. Sondern es ist mir gegeben oder gesetzt, es ist, ohne mein Zutun, nur einfach da."[47] Das Denken erweist sich dabei als heterogenes Moment gegenüber dem Vorstellen; es zeigt sich darüber hinaus als ein vernünftiges Denken, das nichts mit den empirischen Merkmalen des individuellen Subjekts zu tun hat. Man könnte auch behaupten, dass der zuerst von Husserl geltend gemachte Psychologismuseinwand nur dann gegen Lipps erhoben werden könnte, wenn er bloß von Tatsachen des empirischen Bewusstseins spräche, und nicht – wie es hingegen der Fall ist – von Tatsachen der Vernunft, die selbst Normen sind.

---

[44]Vgl. dazu Fabbianelli (2013), S. VII–LXIII.
[45]Lipps (1908), S. 27 (= Lipps (2013d), S. 350).
[46]Lipps (1908), S. 27 (= Lipps (2013d), S. 350).
[47]Lipps (1908), S. 30 (= Lipps (2013d), S. 352).

2) Stimmen Sein und Sollen der reinen Vernunft überein, wird als zweite Konsequenz möglich, ein umfangreiches Referenzgebiet der Gegenstandsforderungen ausfindig zu machen und somit ein Konzept der Gültigkeit zu vertreten, das nicht nur erkenntnistheoretisch ist und nicht ausschließlich die Fragen nach der Wirklichkeit betrifft. In dieser Hinsicht ist von Bedeutung, dass für Rickert hingegen die Frage nach der wahren Erkenntnis gerade die Geltung der Wirklichkeitsurteile betrifft. Das Moment des Sollens stellt für ihn demzufolge ein Grundproblem der Erkenntnistheorie dar. Dies ist nicht der Fall bei Lipps' Auffassung der Gegenstandsforderung. Indem er die Realität als Vernunftwirklichkeit in ihren mannigfaltigen Arten versteht, bestimmt er das Thema der Forderungen konsequent aufgrund der unterschiedlichen Formen, durch welche die Realität selbst sich dem individuellen Bewusstsein ankündigt. Es gibt also nicht nur Verstandesurteile, in denen ein Denken gefordert wird; darüber hinaus finden sich affektive Urteile, in denen „eine *Weise* der *Erfassung* oder der inneren *Zuwendung*, der *Beachtung*"[48] ebenso in Form eines Anspruchs gestellt wird. Es handelt sich um Werturteile, die nicht mehr mit der Frage zu tun haben, ob der Gegenstand ein Recht habe, auf eine bestimmte Weise gedacht zu werden. Die Frage lautet jetzt, auf welche Beachtung von mir er Recht oder Anspruch hat. Und zu den affektiven Urteilen lassen sich auch die ethischen Urteile hinzufügen, in denen eine Forderung an das Wollen gerichtet wird: „Ich soll etwas wollen, und, falls ich dazu die Macht habe, es tun, oder zu seiner Verwirklichung etwas beitragen."[49]

3) Es gibt eine dritte Konsequenz, die man aus den bisherigen Überlegungen ziehen kann. Stellt das Sein der reinen Vernunft ein Sollen für das individuelle Bewusstsein dar, kann man nicht ohne Weiteres mit Rickert behaupten, die Ansicht, nach der der Rechtfertigungsgrund eines Wirklichkeitsurteils in der bloßen Kenntnisnahme des Wirklichen besteht, bewege sich im Zirkel. Dies wäre offensichtlich der Fall, wenn man ebenso mit Rickert sagen dürfte, diese Auffassung führe erstens zur These, dass das Urteilen über das Wirkliche „ein bloß wiederholendes Abbilden des Wirklichen" bzw. „ein sich Richten nach dem Seienden" darstellt, und diese Lehre sei zweitens nur innerhalb eines transzendentalen Realismus vertretbar, nach dem die Realität ein Prädikat der Dinge an sich ist.[50] Lipps vertritt in dieser Hinsicht keine bloße Abbildungstheorie. Er meint zwar, dass die Gegenstandsforderungen „Bestimmtheiten am Gegenstande" darstellen, dass sie als dasjenige „Gegenständliche, das doch nicht Gegenstand ist", betrachtet werden müssen. Er nennt sie mit Meinong „Objektive", die als solche nicht zum Gegenstand hinzugedacht, „sondern an ihm vorgefunden, oder vorfindbar und *erlebbar*"[51] werden. Er ist ebenso der Meinung, dass die Wirklichkeit als „eine

---

[48][Hervorhebung im Original gesperrt].
[49]Lipps (1905b), S. 72, 74 (= Lipps (2013c), S. 362, 364).
[50]Rickert (1915), S. 212.
[51][Hervorhebung im Original gesperrt].

Qualität der wirklichen Gegenstände"[52] aufgefasst werden kann.[53] All dies impliziert jedoch nicht – wie hingegen Rickert meint –, dass das „Sein der Objekte" von ihrem „Objektsein" getrennt werden kann. Auch für Lipps ist es sinnlos, von einem bloß immanenten Objektsein zu sprechen, das als solches nur im Urteil zu finden wäre und dem ein „eigenschaftsloses, d. h. inhaltlich leeres ‚Sein der Objekte'" entgegengesetzt wäre, das sich hingegen in seiner Transzendenz in den Dingen an sich befände.[54] Die allgemeingültige Realität transzendiert für ihn nämlich nur das individuelle Bewusstsein, sie ist aber insofern der reinen Vernunft immanent, als sie von ihr selbst gesetzt wird. Sein Realismus kann demzufolge nicht einfach als transzendental im kantischen Sinne definiert werden, denn es gibt keine Dinge an sich, die nicht vom reinen Ich abhängen.

4) Die eben dargelegte Distanz hinsichtlich der Definition dessen, was wirklich genannt werden kann, führt uns zu einer vierten und letzten Bemerkung, zu der Lipps' Theorie der Gegenstandsforderung unmittelbar Anlass gibt. Auch in diesem Fall ist es angebracht, die entsprechende Auffassung Rickerts in Betracht zu ziehen, die sich – wie bereits gesehen – ebenso auf ein Sollen als auf die an das Subjekt gestellte Forderung des Gegenstandes bezieht. Rickert hebt in dieser Hinsicht die Differenz zwischen Inhalt und Form der Erkenntnis hervor, um gegenüber dem üblichen Begriff des Erkennens geltend zu machen, dass das Verständnis der Objektivität nur ein formales Problem darstellt. Auf die Frage, was dem Urteil, dass ein Inhalt wirklich ist, die Gegenständlichkeit verleihe, könne man nicht antworten, dass dies „das wirkliche Material sei". Das Wirkliche ist nämlich erkenntnistheoretisch betrachtet bereits das als Wirkliches Erkannte, „und danach fragen wir ja gerade, was *diese* Erkenntnis objektiv macht."[55] Das Sollen, das in der Wirklichkeitserkenntnis „als Objektivität verleihender Faktor" vorkommt, kann für Rickert nur ein formales Element darstellen.[56]

Wendet man sich nun Lipps' Auffassung des Sollens zu, ist festzustellen, dass die Forderungen der Gegenstände sich nicht bloß durch ihren formalen Charakter kennzeichnen. Da sie die wahre Vernunftwirklichkeit zum Ausdruck bringen, enthalten sie Qualitäten, die man wohl als materiale Elemente betrachten kann. Man findet sich offensichtlich vor einer materialen Auffassung dessen, was unter dem Begriff des Apriorischen verstanden wird. In dieser Hinsicht kann Lipps behaupten, dass die Forderungen der Gegenstände das vermittelnde Moment darstellen, das das Aposteriorische der Erfahrung mit dem Apriorischen des denkenden Ich verbindet. Dieses Apriori, das in den Gegenstandsforderungen verlautet, enthält gegenständliche Elemente, die nicht mit dem inhaltlichen Material des Aposteriori vermengt werden dürfen. Lipps nennt sie „kategoriale Gegenstände";

---

[52][Hervorhebung im Original gesperrt].
[53]Lipps (1905b), S. 86, 89 (= Lipps (2013c), S. 372, 374).
[54]Rickert (1915), S. 213.
[55][Hervorhebung im Original gesperrt].
[56]Ebd., S. 222–223.

es sind formale Komponenten, die „doch gegenständliche Elemente sind, nicht bloß in dem Sinne, daß sie den Gegenständen angeheftet werden, sondern auch in dem Sinne, daß sie den Gegenständen zugehören." Obwohl sie aus dem Denken stammen, sind sie doch in den Gegenständen begründet; sie sind gleichzeitig „Weisen des Denkens und doch Bestimmtheiten der Gegenstände oder an den Gegenständen, ihr eigenstes Eigentum, sofern eben die Gegenstände diese Weisen des Denkens fordern oder als ihr Recht beanspruchen."[57]

Um das apriorische Moment zu kennzeichnen, spricht Lipps auch vom „Mörtel", der aus der überindividuellen Sphäre des Geistes bzw. des reinen Ich stammt. Dieser Mörtel enthält Bestandteile, die der empirischen Erfahrung fremd sind, die in ihr nicht gegeben sind, die aber „gedacht werden müssen, wenn die Gegenstände so gedacht werden sollen, wie es durch sie und die Gesetzmäßigkeit des Denkens gefordert ist."[58] Wir wissen bereits, worum es sich handelt: Es ist der Mörtel, „den der denkende Geist hinzubringt", und der als solcher die Gesetzmäßigkeit des gültigen Denkens kennzeichnet.

Literatur

Anschütz, Georg (1914): Theodor Lipps' neuere Urteilslehre. Eine Darstellung. In: Archiv für die gesamte Psychologie 30 (1914), S. 240–326 und S. 329–414.
Centi, Beatrice (2002): Oltre la psicologia: la *Bewusstseinswissenschaft* di Theodor Lipps. In: Stefano Besoli/Marina Manotta/Riccardo Martinelli (Hg.): *Una „scienza pura della coscienza": l'ideale della psicologia in Theodor Lipps* (=Discipline Filosofiche 12/2, 2002), S. 171–202.
Fabbianelli, Faustino (2013): Theodor Lipps' metaphysische Psychologie. In: Faustino Fabbianelli (Hg.): Theodor Lipps, *Schriften zur Psychologie und Erkenntnistheorie*. Bd. 1. Würzburg 2013, S. VII–LXIII.
Flach, Werner (1994): *Grundzüge der Erkenntnislehre. Erkenntniskritik, Logik, Methodologie.* Würzburg 1994.
Flach, Werner (2002): *Die Idee der Transzendentalphilosophie. Immanuel Kant.* Würzburg 2002.
Lipps, Theodor (1893): Besprechung: H. Münsterberg, Über Aufgaben und Methoden der Psychologie, Leipzig 1891. In: *Zeitschrift für Psychologie und Physiologie der Sinnesorgane* 4 (1893), S. 79–82.
Lipps, Theodor (1901): *Das Selbstbewusstsein; Empfindung und Gefühl.* Wiesbaden 1901.
Lipps, Theodor (1903): *Leitfaden der Psychologie.* Leipzig 1903.
Lipps, Theodor (1905a): Die Wege der Psychologie. In: *Atti del V Congresso Internazionale di Psicologia tenuto in Roma dal 26 al 30 aprile 1905 sotto la presidenza del prof. Giuseppe Sergi, pubblicati dal dott. Sante de Sanctis.* Roma 1905, S. 57–70.
Lipps, Theodor (1905b): Bewußtsein und Gegenstände. In: *Psychologische Untersuchungen,* hg. von Theodor Lipps, 1/1 (1905), S. 1–203.
Lipps, Theodor (1905c): Inhalt und Gegenstand; Psychologie und Logik. In: *Sitzungsberichte der philosophisch-philologischen und der historischen Klasse der K. B. Akademie der Wissenschaften zu München,* Heft IV. München 1905, S. 511–669.

---

[57]Lipps (1905c), S. 555 (=Lipps (2013c), S. 492).
[58]Lipps (1905c), S. 553 (=Lipps (2013c), S. 491).

Lipps, Theodor (1906): Über „Urteilsgefühle". In: *Archiv für die gesamte Psychologie* 7 (1906), S. 1–32.
Lipps, Theodor (1908): *Philosophie und Wirklichkeit*. Heidelberg 1908.
Lipps, Theodor (2013a): *Schriften zur Psychologie und Erkenntnistheorie*. Bd. 1: *1874–1899*, hg. von Faustino Fabbianelli. Würzburg 2013.
Lipps, Theodor (2013b): *Schriften zur Psychologie und Erkenntnistheorie*. Bd. 2: *1900–1902*, hg von Faustino Fabbianelli. Würzburg 2013.
Lipps, Theodor (2013c): *Schriften zur Psychologie und Erkenntnistheorie*. Bd. 3: *1903–1905*, hg von Faustino Fabbianelli. Würzburg 2013.
Lipps, Theodor (2013d): *Schriften zur Psychologie und Erkenntnistheorie*. Bd. 4: *1906–1914*, hg. von Faustino Fabbianelli. Würzburg 2013.
Rickert, Heinrich (1909): Zwei Wege der Erkenntnistheorie. Transscendentalpsychologie und Transscendentallogik. In: *Kant-Studien* 14 (1909), S. 169–228.
Rickert, Heinrich (1915): *Der Gegenstand der Erkenntnis. Einführung in die Transzendentalphilosophie*. Tübingen 1915.

Paul Natorp über das Verhältnis von Philosophie und Psychologie

Henning Peucker

Thema dieses Beitrags ist Paul Natorps Verständnis von Philosophie und Psychologie. Bevor ich allerdings darauf näher eingehen werde, stelle ich hier ein paar einleitende Bemerkungen über die allgemeine Situation der Philosophie im 19. Jahrhundert voran, weil sich von da aus ein guter Zugang zu Natorps philosophischem Ansatz gewinnen lässt.

Das 19. Jahrhundert ist in seinen letzten beiden Dritteln trotz aller Vielgestaltigkeit seiner Philosophien von zwei Grundtendenzen geprägt: der Opposition gegen den spekulativen Idealismus und dem wachsenden Einfluss der Naturwissenschaften. Hegels Tod im Jahr 1831 (und Goethes Tod 1832) markiert das vorläufige Ende der philosophischen Versuche, alle Bereiche der Wirklichkeit aus einem einheitlichen geistigen Prinzip heraus zu begreifen. Hegels idealistisches System konnte noch behaupten, dass alle Wirklichkeit von der Struktur einer Vernunft durchprägt ist, die die Philosophie in ihrem systematischen Aufbau vollständig transparent machen kann. Gegen Hegels berühmtes Diktum, wonach die Wirklichkeit vernünftig und die Vernunft als geistiges Prinzip die wahre Wirklichkeit sei,[1] opponieren dann nach Hegel beinahe alle Philosophen des 19. Jahrhunderts. Sie betrachten Hegels Anspruch, alle einzelwissenschaftlichen Gehalte des Wissens nur dann als Wahrheit anzuerkennen, wenn sie auch in ihrer Stellung im Kontext eines Systems der Philosophie begriffen werden, als eine Hybris, die der wahren Wirklichkeit gerade nicht gerecht wird. So ordnet etwa Marx materielle und gesellschaftliche Prozesse denen des Geistes vor, Kierkegaard betont die

---

[1]Vgl. Hegel (1986), S. 24. Eine gute Einführung in die Philosophie in Deutschland nach Hegels Tod bietet Schnädelbach (1983).

H. Peucker (✉)
Paderborn, Deutschland
E-Mail: henning.peucker@upb.de

zentrale Bedeutung des existierenden Individuums gegenüber jeder Herrschaft des Allgemeinen oder Feuerbach findet gegen Hegel die entscheidende Wirklichkeit im Sinnlichen und nicht mehr im Begrifflichen.

Dass der absolute Idealismus nach Hegels Tod kaum Verteidiger gefunden hat, liegt ganz wesentlich daran, dass die Maßstäbe für die Erkenntnis der Wirklichkeit im 19. Jahrhundert nicht mehr von der Philosophie, sondern von den Wissenschaften gesetzt werden. Dies gilt so sehr, dass das 19. Jahrhundert vielfach als das Jahrhundert der Wissenschaften bezeichnet wird. Es ist die Zeit einer enormen Ausdifferenzierung des Wissens, die sich in einer wachsenden Zahl von wissenschaftlichen Entdeckungen, institutionellen Neugründungen und vielfach daran anschließenden technischen Innovationen ausdrückt. Diese Erfolge der Wissenschaften gründen im Erfahrungswissen, das nun in seiner Besonderheit und Reichhaltigkeit gewürdigt wird ohne dazu noch einer Einordnung in ein philosophisches Gesamtsystem zu bedürfen. Das Selbstbewusstsein der einzelnen Natur- und Geisteswissenschaften führt stattdessen eher dazu, dass die Bemühungen um eine genuin philosophische Selbst- und Welterkenntnis fragwürdig werden. Die Philosophie schien – um es salopp zu formulieren – einfach immer mehr Mühe zu haben, mit den wachsenden einzelwissenschaftlichen Erkenntnissen mithalten und auf der Höhe des aktuellen Wissenstands argumentieren zu können.

Der Neukantianismus ist auf diese ideengeschichtliche Situation gleichsam die angemessene philosophische Antwort. Er ist – trotz aller Unterschiedlichkeit seiner Vertreter – um ein Philosophieren bemüht, das zum einen den Erfolgen der Einzelwissenschaften Rechnung trägt, zum anderen jedoch auch dem alten Projekt einer philosophischen Durchdringung, ja Begründung der Wissenschaften verpflichtet bleibt. Insofern ist es kein Wunder, dass der Neukantianismus im Laufe der zweiten Hälfte des 19. Jahrhunderts an den Universitäten in Deutschland zu der mit Abstand erfolgreichsten und einflussreichsten philosophischen Richtung avanciert.[2] Er ist führend, wenn es um die Beeinflussung akademischer Kurrikula, die Besetzung von Lehrstühlen, die Bildung von philosophischen Publikationsorganen (Fachzeitschriften) und generell die Gründung von philosophischen Schulen geht. Paul Natorp (1854–1924) steht als Nachfolger Hermann Cohens und Friedrich Albert Langes ganz und gar in der Tradition der Marburger Schule des Neukantianismus. In Marburg, wo er ab 1880 beinahe sein gesamtes akademisch geprägtes Leben verbringt, entfaltet er eine enorme Produktivität, die sich in einer großen Zahl von Veröffentlichungen niederschlägt. Natorps philosophische Interessen erstrecken sich dabei in historischer Hinsicht von Platon über Descartes und Kant bis in die Philosophie seiner Gegenwart. In systematischer Hinsicht reichen sie von der Pädagogik über die Mathematik bis zur Religionsphilosophie, wobei ein deutlicher Schwerpunkt im Gebiet der Erkenntnistheorie liegt. Grundlage meiner weiteren Ausführungen über Natorps Philosophie und Psychologie ist hier nur eine Auswahl seiner Schriften: Der Aufsatz *Über objektive und subjektive*

---

[2]Köhnke (1986) hat den zunehmenden Einfluss von neukantianisch geprägten Philosophen in der zweiten Hälfte des 19. Jahrhunderts umfassend untersucht.

Begründung der Erkenntnis von (1887),[3] die *Einleitung in die Psychologie nach kritischer Methode* von 1888, die Programmschrift des Neukantianismus, die 1911 unter dem Titel *Die Philosophie, ihr Problem und ihre Probleme* erschien, und die *Allgemeine Psychologie nach kritischer Methode* von 1912. Innerhalb von diesen Schriften, die für Fragen einer philosophischen Psychologie bedeutsam sind, kommt es stellenweise zu Wiederholungen; die *Allgemeine Psychologie* ist dabei zweifellos das umfassendste und reifste Werk. Historisch betrachtet, sind dies alles Veröffentlichungen des frühen und mittleren Natorp; den späteren Natorp, bei dem ein von Hegel kommender spekulativer Einfluss wirksamer wird, werde ich dagegen hier nicht berücksichtigen.

Den Ausgangspunkt von Natorps transzendentalphilosophischen Überlegungen bilden Fälle von Erkenntnis, wie sie in ausgezeichneter Weise in den unterschiedlichen Wissenschaften vorliegen. Insofern diese das Fundament der Philosophie Natorps sind, ist es richtig zu sagen, dass er von der wissenschaftlichen Erkenntnis, d. h. vom Faktum der Wissenschaft ausgeht. Spätere Lebensphilosophen und Phänomenologen haben dem Marburger Neukantianismus vorgeworfen, mit dieser Fixierung auf die Wissenschaften von vorn herein eine Verengung der Philosophie vorzunehmen, da so die Reichhaltigkeit der lebensweltlichen Erfahrung ausgeblendet und Philosophie zur Wissenschaftsphilosophie verkürzt werde.[4] Dieser Vorwurf mag berechtigt sein, aber wenn man ihn erhebt, sollte man sich auch darüber im Klaren sein, dass es dem Marburger Neukantianismus dank seiner Wissenschaftsbezogenheit gelingt, angesichts der im 19. Jahrhundert bestehenden Dominanz der Wissenschaften überhaupt als Philosophie in der akademischen Welt ernst genommen zu werden. Natorp kann mit seinem philosophischen Ausgangspunkt bei konkreten Fällen von Erkenntnis außerdem im Prinzip nicht nur die Naturwissenschaften, sondern auch die Kulturwissenschaften berücksichtigen (eine Richtung, in die später sein Schüler Ernst Cassirer gegangen ist).

Erkenntnis interessiert Natorp dabei nicht als eine Relation zwischen einem Subjekt und einem Objekt, sondern in ihrer immanenten Bezogenheit auf Gegenstände. Dieser Bezug der Erkenntnis auf den Gegenstand ist das Hauptthema seiner theoretischen Philosophie. Während hierbei die Erforschung und Bestimmung der Gegenstände der Erkenntnis die Aufgabe der einzelnen Wissenschaften ist, sucht seine Philosophie dagegen das zu ergründen, was „die Einheit der Wissenschaften ausmacht und begründet"[5]. Die Philosophie steht dabei immer in einer unaufhebbaren Wechselbeziehung zu den Wissenschaften und ihren besonderen Gegenstandserkenntnissen, denn sie nimmt deren Ergebnisse ernst, fragt dann aber nach den von den Einzelwissenschaften selbst nicht mehr thematisierten transzendentallogischen Bedingungen der Erkenntnis. Mit diesem grundsätzlich Kantischen

---

[3]Natorp (1980).
[4]Den Vorwurf der „Wissenschaftsverfallenheit" hat z. B. Lembeck (2008, S. 18) noch einmal gegen Natorps transzendentalphilosophischen Ansatz genannt. Vgl. hierzu auch Luft (2013), S. XVIII f.
[5]Natorp (2008), S. 23.

Ansatz geht bei Natorp jedoch zugleich eine Abgrenzung von Kant einher. Während nämlich Kant die Bedingungen der Möglichkeit von Gegenständen der Erkenntnis an ein transzendentales Subjekt oder – noch allgemeiner – die Vernunft bindet, übernimmt diese Rolle bei Natorp die Wissenschaft, da ihre Objektivierungen die Gegenstände konstituieren. Eine von der Transzendentalphilosophie zu leistende kritische Analyse der Erkenntnis ist für den Neukantianer folglich primär auch keine Analyse der transzendentalen Subjektivität, sondern eine Untersuchung der den Wissenschaften zugrundeliegenden Begriffe. Da uns die Wissenschaften die gesichertste Erklärung der Welt geben, kulminiert der neukantianische Ansatz dann – zugespitzt formuliert – nicht mehr in einer Kritik der Vernunft, sondern in einer Kritik der Wissenschaft.

Ungeachtet der vom Neukantianer betonten „engen Einheit von Philosophie und Wissenschaft"[6] haben beide jedoch ganz unterschiedliche Aufgaben. Die wissenschaftliche Arbeit besteht in der permanenten Gewinnung von neuen Erkenntnissen, also in der immer weiter getriebenen Bestimmung von Gegenständen. Natorp nennt diesen auf Gegenstände gerichteten Vorgang „Objektivierung". Der Gegenstand der Erkenntnis ist dabei niemals ein vollständig und abschließend bestimmter, sondern permanentes Ziel der Erkenntnis. Er ist als das zu bestimmende X gemäß Natorp auch nichts Gegebenes, sondern ein Aufgegebenes. Er bleibt als das Ziel der Erkenntnis ein unendliches Ziel, da jede Erkenntnis in neue Horizonte vorstößt und so weitere Fragen und Probleme aufwirft.[7] Die vollständige Bestimmung des Gegenstandes ist so eine unendliche Aufgabe, denn der auf das X bezogene Erkenntnisprozess geht immer weiter und ist unabschließbar. Natorps Verständnis der Wissenschaft ist damit offen gegenüber dem wissenschaftlichen Entwicklungsfortschritt. Deutlich sieht er, dass die Erkenntnis prozesshaft vollzogen wird und mithin die Gegenstände kein *faktum*, sondern ein *fieri*, ein Gemachtes sind.

Die Philosophie ist auf diesen Prozess der Erkenntnis bezogen, hat aber eine ganz andere Aufgabe als die Wissen schaffenden Wissenschaften. Sie sucht angesichts der Vielfalt der Wissenschaften nach deren Einheit, die sie ebenfalls in der Erkenntnis selbst findet. Erkenntnis vollzieht sich nämlich gemäß Natorp trotz der offenen Unendlichkeit ihrer Gegenstände nicht gesetzlos. In diesen erkenntnisimmanenten Gesetzen liegt das, was Wissenschaft zur Wissenschaft macht, ihr also bei aller Vielfalt ihre Einheit gibt. Diese Gesetze sind die logischen Grundbegriffe, die die Philosophie in einer transzendentalen Reflexion auf die wissenschaftlichen Erkenntnisse zu ermitteln hat. Sie machen als logische Bedingungen von jeder Erkenntnis und Wissenschaft gleichsam deren Kern aus, der nur in der konkreten Auseinandersetzung mit den Einzelwissenschaften bestimmt werden kann. Natorp betont die unaufhebbare Wechselbeziehung zwischen der Philosophie und den Wissenschaften, dem Apriori und dem Aposteriori. Damit wendet er sich explizit

---

[6]Ebd.

[7]Der nicht erreichbare Endpunkt der objektiv gerichteten Gegenstandserkenntnis hätte gemäß Natorp die „Gestalt einer abstrakten Weltformel, aus der alles Einzelgeschehen bis zum letzten zurück ableitbar […] wäre". Natorp (1912), S. 224.

gegen einen „Absolutismus"[8] und „Fundamentalismus" der Erkenntnisbegründung, der glaubt, aus einem fix und fertig bestehenden Set von Kategorien die Wissenschaften begründen zu können. Das einheitsstiftende Prinzip der Erkenntnis wird bei Natorp vielmehr in Abhängigkeit vom wissenschaftlichen Fortschritt gewonnen. Logik und Erkenntnistheorie haben also kein abgeschlossenes Gebiet von Grundbegriffen, sondern bestimmen ihre Kategorien in kritischer Auseinandersetzung mit dem unendlichen Prozess des Wissen Schaffens.[9]

Die Wechselbeziehung von Philosophie und Wissenschaft, bzw. deren unterschiedliche Aufgaben, illustriert Natorp zu Beginn von seiner Programmschrift *Die Philosophie, ihr Problem und ihre Probleme* mit einem von ihm auch an anderer Stelle verwendeten Bild. Demnach streben die Wissenschaften mit ihren vielseitigen Objektivierungen in die Richtung einer Mannigfaltigkeit, wobei sie sich wie ein immer größer werdender Kreis zur Peripherie der immer weiter vordringenden Gegenstandsbestimmungen hin ausbreiten. Die Philosophie strebt dagegen in die gegenläufige Richtung des Kreiszentrums, wenn sie nach dem einheitlichen Ausgangspunkt allen Wissens fragt. Da sich der Kreis mit jedem neu generierten Wissen immer wieder verändert, bleibt die Philosophie bei ihrer Suche nach den logischen Grundbedingungen der Erkenntnis immer unaufhebbar an die Wissenschaften gebunden. Das von ihr zu bestimmende Zentrum des Kreises, also die Grundbegriffe aller Erkenntnisse, fungiert als Einheitspol oder Grundgesetz der Erkenntnis. Diesen gemeinsamen Quellpunkt der unendlichen Richtungen der Erkenntnis bezeichnet Natorp mit Platon als den „Logos selbst" und mit Kant als „synthetische Einheit"[10], die Wissenschaften erst ermögliche. Die Aufgabe der Philosophie besteht darin, dieses Prinzip der Erkenntnis in Wechselbeziehung zu den wissenschaftlichen Objektivierungen freizulegen.

Wenden wir uns nun mit dieser Kenntnis über das generelle Verhältnis von Philosophie und Wissenschaft Natorps Verständnis der Psychologie zu, so müssen eine Reihe von Problemen und Fragen unterschieden werden. Zunächst liegt es nahe danach zu fragen, was für eine Art von Wissenschaft die Psychologie eigentlich ist und welches die sie ermöglichenden Grundbegriffe sind. Tatsächlich hat Natorp in seiner *Allgemeinen Psychologie nach kritischer Methode* genau danach gefragt, denn das Werk soll – wie bereits der Untertitel indiziert – einerseits das Objekt und andererseits die Methode der Psychologie bestimmen.[11] Wenn man sich mit diesen Fragen beschäftigt, und also eine transzendentallogische Reflexion auf die Wissenschaft Psychologie vollzieht, stellt sich indes heraus, dass man

---

[8]Natorp (2008), S. 38.
[9]Mit diesem Verständnis ist natürlich eine klare Abgrenzung von Kants Verständnis der Logik gegeben, dem gemäß diese Disziplin seit Aristoteles keine Fortschritte gemacht hat.
[10]Natorp (2008), S. 36.
[11]Natorps *Allgemeine Psychologie* nimmt nicht nur im Untertitel die zentralen Gliederungspunkte aus der früheren *Einleitung in die Psychologie nach kritischer Methode* von 1888 wieder auf, sondern wiederholt auch in inhaltlicher Hinsicht mehrfach explizit Formulierungen und Gedanken aus der früheren Schrift.

von dieser Philosophie der Psychologie aus auf die eigene Problemstellung einer genuin philosophischen Psychologie gestoßen wird, die starke Ähnlichkeiten mit Husserls genetischer Phänomenologie hat. Dass Natorp psychologische Fragestellungen in ganz engen Bezug zur Philosophie gebracht hat, wird auch bereits aus den Titeln seiner Veröffentlichungen deutlich. In seiner frühen Schrift von 1887 geht es ja nicht nur um die objektive, sondern vielmehr auch um die „subjektive Begründung" der Erkenntnis.[12] Gemeint ist damit so etwas wie das Kantische Projekt einer subjektiven Deduktion der Erkenntnis ermöglichenden Kategorien, also deren Rückführung auf spezifisch subjektive Erlebniszusammenhänge. Dieses Projekt stieß bei Hermann Cohen noch auf wenig Interesse, da es natürlich mit der Gefahr des Psychologismus, also der Rückführung von objektiven Erkenntnissen auf Subjektives verbunden ist. Natorp warnt bereits 1887 mit ganz ähnlichen Argumenten wie später Frege und Husserl vor der Gefahr einer skeptisch-relativistischen Umdeutung von Objektivität in ein bloß subjektives Produkt, hält aber gleichwohl am Projekt einer Begründung der Erkenntnis aus der Perspektive der Subjektivität fest. Es wird sich nämlich zeigen, dass diese subjektive Begründung der Erkenntnis bei ihm mit der objektiven Begründung streng korrelieren kann, dabei jedoch in eine andere Richtung geht.

Der Einstieg in Natorps komplexe Überlegungen zur Psychologie gelingt am besten, wenn man die Frage aufnimmt, welches denn eigentlich das Objekt, also der Gegenstand dieser Wissenschaft ist. Gemäß Natorp ist das natürliche Objekt der Erkenntnis immer das, was dem Psychischen, also der Subjektivität gegenübersteht. Das Objekt der Erkenntnis besteht als solches immer nur gegenüber einem Subjekt, das in seiner Wechselbezogenheit auf Objektives prinzipiell nie selbst Objekt werden kann. Wird nämlich versucht, das Subjektive selbst zu thematisieren, tritt sogleich das Problem auf, ob „auf dieses überhaupt die gleichen Begriffsschemata Anwendung finden [können], durch welche [...] das Objekt als solches gedacht wird".[13] Natorp betont wie nur wenige Philosophen vor ihm die radikale Verschiedenheit des Subjektiven von jeglichem Objektiven, also den natürlichen Gegenständen der Erkenntnis. Das Subjekt stellt ein ganz eigentümliches Thema dar, das sich jeder adäquaten Objektivierung entzieht, weil diese Objektivierungen es zu etwas gerinnen lassen, was es als individuelles und lebendiges gerade nicht ist. Will man dennoch das Subjekt begrifflich fassen, verfehlt man gerade den Charakter der Subjektivität; man „schlägt sie tot, um sie zu sezieren".[14] Eine ihrem „Gegenstand" angemessene Lehre vom Subjektiven oder Psychischen, d. h. eine Psychologie, scheint damit unmöglich zu werden. Dieses Problem beginnt bereits beim bloßen Reden über Psychisches, denn mit jeder Aussage bedient man sich notwendigerweise allgemeiner Objektivierungen, die die konkrete, individuelle Subjektivität nicht fassen. Natorp zitiert in diesem Zusammenhang Friedrich Schiller: „Spricht die Seele, so spricht, ach, schon die

---

[12]Natorp (1980).
[13]Natorp (1912), S. 8.
[14]Natorp (2008), S. 128; vgl. Natorp (1912), S. 103.

Seele nicht mehr."[15] Diese Kritik an der Möglichkeit einer angemessenen Psychologie betrifft ganz eindeutig jede naturwissenschaftliche Psychologie, die glaubt, Psychisches in irgendwelchen empirischen, d. h. auch räumlichen Ordnungen finden zu können, aber sie ist auch eine generelle Kritik an allen Versuchen das Subjektive zu objektivieren oder zu vergegenständlichen. Dementsprechend kritisiert Natorp auch die gegen die naturwissenschaftlich erklärende Psychologie positionierte beschreibende Psychologie. Denn auch ihre Beschreibungen sind erstens Objektivierungen, die nicht ohne Allgemeinbegriffe möglich sind, und zweitens gälte: „Beschreibung ist Vermittlung [...a]lso ist es Entfernung von dem Unmittelbaren des Erlebnisses. Und damit hängt noch ein weiteres zusammen: es ist Stillstellung des Stromes des Erlebens, also Ertötung des Bewußtseins, welches in seiner Unmittelbarkeit und Konkretheit vielmehr ewig flutendes Lebens niemals Stillstand ist".[16] Gerade dieses konkrete, lebendige Subjekt ist für Natorp aber das Ziel der Psychologie.

Den Ausgangspunkt von Natorps eigenen kritischen Überlegungen zur Psychologie bildet in typisch neukantianscher Tradition ein in der Erfahrung gegebenes Faktum des Bewusstseins. Dieses Faktum, das in dem schlichten Satz „Etwas ist mir bewusst" zum Ausdruck gebracht werden kann, soll die Psychologie analysieren. Wir können es auch das Faktum des bewussten Erlebens nennen. Gemäß Natorp enthält es drei unterscheidbare, aber aufeinander bezogene Momente in sich. Erstens das Etwas, d. h. den Inhalt, der einem bewusst ist, zweitens jemanden, der sich des Inhalts bewusst ist, d. h. ein Ich, und drittens die Beziehung zwischen dem Inhalt und dem Ich, die Natorp „Bewusstheit" nennt.[17] Im Ausgang von diesem Grundphänomen bewussten Erlebens kann nun die Psychologie versuchen, das Bewusstsein und v. a. die Einheit des Bewusstseins zu untersuchen. Ein Charakteristikum von Natorps Verständnis des Bewusstseins ist dabei, dass das Ich selbst nun nicht wieder Inhalt von Bewusstsein werden kann. Das Ich ist lediglich ein letzter Bezugspunkt jeglicher Bezugnahme, der jedoch selbst jeder weiteren Beschreibung unzugänglich bleibt. Es ist kein feststehendes, sondern letztendlich nur ein grammatisches Subjekt. Wenn man dies Ich zum Gegenstand machen will, hört man auf, es als Ich zu denken, denn als solches steht es jedem Gegenstand gegenüber. Alles, was man ihm an Prädikaten zuschreibt, ist lediglich vom Inhalt des Bewusstseins geborgt, der aber nicht das Ich ist. Dazu Natorp: „jede Vorstellung, die wir uns von Ich machen würden, würde dasselbe zum Gegenstand machen. Wir haben aber bereits aufgehört, es als Ich zu denken, indem wir es als Gegenstand denken. Ich-sein heisst nicht Gegenstand, sondern allem Gegenstand gegenüber dasjenige sein, dem etwas Gegenstand ist."[18]

---

[15]Natorp (2008), S. 130; Natorp (1912), S. 98.
[16]Natorp (1912), 190 f. Zu Natorps direkter Kritik an Diltheys Idee einer beschreibenden Psychologie vgl. ebd. S. 290 ff.
[17]Natorp (1888), S. 11 f.; (1912), S. 24 f.
[18]Natorp (1888), 13. Vgl. ebd. S. 11: „Das Ich, als allgemeiner Beziehungspunkt zu allen bewussten Inhalten, kann selbst nicht Inhalt des Bewusstseins werden, da es vielmehr Allem, was Inhalt sein kann, schlechthin gegenübersteht. [...] Das Ich lässt sich nicht zum Gegenstand machen, weil es vielmehr allem Gegenstand gegenüber dasjenige ist, dem etwas Gegenstand ist."

Der Grund für Natorps Verdikt gegen jede Möglichkeit der Erfassung des Ich ist sein Bewusstseinsmodell, wonach Bewusstsein immer nur als Relation bestehen kann, und jede Form der Selbsterfassung des Ich ausgeschlossen bleiben muss. Natorp kritisiert von hieraus Fichtes Selbstbewusstseinskonzeption, nach der sich das Ich in einem Akt intellektueller Anschauung selbst gegenwärtigen kann.[19] Dies führt für Natorp lediglich in einen Regress, da jeder solche Akt des Selbstbewusstseins wieder jemandem bewusst sein müsse, der eben von dem Akt, der ihm bewusst ist, zu unterscheiden wäre. Ohne es explizit zu erwähnen, würde Natorp auch das Bewusstseinsmodell von Brentano kritisieren. Nach Brentano hat jedes psychische Phänomen sowohl in einer *intentio recta* einen Gegenstand (Natorps „Inhalt") als primäres Objekt als auch in einer *intentio obliqua* sich selbst als Gegenstand oder sekundäres Objekt, also zwei Gegenstände. Auch hier würde Natorp fragen, wie denn die Selbstzuschreibung des sekundären Objekts (also des psychischen Aktes) anders gewusst werden könne, als durch einen weiteren Akt, sodass auch hier das Regressproblem auftaucht.[20]

Natorps Konsequenz aus dieser Einsicht besteht für die Psychologie darin, dass für sie das Ich keine Gegebenheit und kein Forschungsthema sein kann. Stattdessen muss die Psychologie ganz und gar bei der Erforschung des Bewusstseinsinhalts ansetzen. Denn auch die Untersuchung des dritten Moments aus der Tatsache bewussten Erlebens – der Beziehung des Ichs auf den Inhalt – gelingt gemäß Natorp nur vom Bewusstseinsinhalt aus. Das Hören als eine solche Beziehung ist beispielsweise nichts ohne den Ton, oder – allgemeiner – keine Bezugnahme ist ohne dasjenige möglich, worauf sie sich richtet und was uns vor aller philosophischen Reflexion bereits das Vertrauteste ist. Der eigentliche Forschungsgegenstand der Psychologie sind damit die Inhalte des Bewusstseins und die Frage, wie sie im Bewusstsein zu einer Einheit gebracht werden: „Problem der Psychologie ist der gesamte ‚Inhalt' des Bewußtseins, alles was überhaupt Einem bewusst ist, sofern es dies ist".[21] In der Terminologie der Husserlschen Phänomenologie heißt das, dass die Psychologie nicht bei einer noetischen, sondern bei einer noematischen Analyse des Bewusstseins ansetzen muss.

Was uns als Inhalt des Bewusstseins bewusst ist, sind die Gegenstände des Bewusstseins, die, wie bereits oben erwähnt, auf Objektivierungen zurückgehen. Für die psychologische Freilegung des Bewusstseins ist nun Natorps Gedanke entscheidend, dass solche Objektivationen auf verschiedenen Stufen vorliegen. Die Erkenntnis von abstrakten wissenschaftlichen Gesetzen, die die Geschehnisse unserer Welt bestimmen, ist viel höherstufiger als die schlichte Erkenntnis eines raumzeitlichen Gegenstandes, die wiederum aber von der noch niederstufigeren perspektivischen Erscheinung desselben Gegenstandes in unserem

---

[19]Vgl. Natorp (1888), S. 14 f.

[20]Vgl. zu dieser seit den Arbeiten von Dieter Henrich und Ulrich Potthast viel diskutierten Problematik des Selbstbewusstseins exemplarisch Manfred Frank (1991).

[21]Natorp (1912), S. 60.

individuellen Bewusstsein unterschieden werden muss. Dass es zu diesen Stufen der Objektivation kommt, wird auch dadurch deutlich, dass ein als objektiv anerkannter Sachverhalt im Laufe eines Erkenntnisfortschritts als Irrtum, also als bloß Fürwahrgehaltenes, erwiesen werden kann, dann aber dennoch Inhalt des Bewusstseins bleibt. Anders gesagt, sind sowohl objektives Wissen *(episteme)* als auch bloße Erscheinungen und Meinungen *(doxa)*, als sehr unterschiedliche Objektivationsstufen, Inhalt unseres Bewusstseins. Für die Psychologie können alle solche Stufen und eben auch irrtümliche Objektivationen, wie sie etwa in Täuschungen und Fantasien vorliegen, als bewusste Inhalte von Interesse sein,[22] weshalb sich für sie aus der „Stufenreihe der Objektivierungen"[23] ein ganz eigenes Forschungsgebiet ergibt.

An dieser Stelle zeigt sich die methodische Verschiedenheit der Psychologie von den anderen objektivierenden Wissenschaften. Während diese nämlich darauf zielen, die Gegenstände in ihren allgemeinen gesetzlichen Zusammenhängen immer besser zu begreifen und damit hochstufige Objektivierungen zu vollziehen, fragt die Psychologie zurück auf die subjektiven Voraussetzungen dieser Objektivierungen. „Objektiv" – und damit *episteme* – ist etwas immer nur in Korrelation zu etwas Subjektivem als der *doxa*. Natorp spricht davon, dass die Objektivierungen eine Stufenreihe bilden, bei der am äußersten Ende der Gegenstandsseite die hochstufige abstrakte Gesetzeserkenntnis steht und am anderen Ende derselben Reihe „die reine Subjektivität".[24] Beide Seiten der Reihe sind dabei ohne Abschluss oder Endpunkt, was im Fall der objekt-gerichteten Wissenschaften ja oben bereits dadurch deutlich geworden ist, dass Natorp der Dynamik des wissenschaftlichen Fortschritts gegenüber stets offen ist. Die Psychologie geht dagegen von diesen Objektivierungen zurück auf das konkrete Leben der Subjektivität, dem diese entspringen. Diesen Rückgang von den Objektivierungen zum Subjekt nennt Natorp treffend „Subjektivierung". Vollzogen wird diese Subjektivierung durch die der Psychologie eigene Methode der Rekonstruktion, die vorliegende Objektivierungen auf ihre subjektiven Voraussetzungen hin untersucht. Die von der Psychologie zu leistende Subjektivierung soll „den Prozess der Objektivierung durch alle Stufen rückwärts verfolgen bis zu dem, was aller Objektivierung voraus das im Bewusstsein Lebendige war".[25] Es ist der Weg zurück von der Episteme, dem objektiven Wissen, zur Doxa als den subjektiven Erscheinungen und Meinungen sowie den ihnen noch vorausliegenden Empfindungen[26]. Natorp spricht hier

---

[22]Vgl. Natorp (2008), S. 131 f.
[23]Natorp (2008), S. 131.
[24]Natorp (2008), S. 134.
[25]Natorp (1912), S. 202.
[26]Methodisch erinnert Natorps Methode der regressiven Rekonstruktion von subjektiven Erkenntnisgehalten aus vollzogenen Objektivierungen an Husserls Methode des „Abbaus" von höherstufigen Sinnelementen durch ein gezieltes Außer-Geltung-Setzen von diesen.

auch davon, dass die Methode der Rekonstruktion die Objektivierungen regressiv auf „das psychisch Unmittelbare"[27] oder „die ursprüngliche Gegebenheit zurückleiten"[28] soll.

Wichtig ist an dieser Stelle Natorps Betonung, dass der Prozess der Subjektivierung gegenüber dem der Objektivierung sekundär ist. Denn die Subjektivierung setzt bei den immer schon vollzogenen Objektivierungen an und untersucht diese in einer Umkehrung regressiv auf ihre subjektiven Voraussetzungen hin. Beide Prozesse spielen sich jedoch an der gleichen Reihe der Erkenntnisse ab, nur bewegen sie sich in unterschiedlichen, ja gegensätzlichen Richtungen. Die Psychologie kann dabei aufgrund ihres rekonstruktiven Charakters in wissenschaftssystematischer Hinsicht nie Erste Philosophie werden, sondern hat immer einen nachgeordneten Status. Denn den Zugang zum konkreten subjektiven Leben kann die Psychologie nur im Rückgang von seinen Objektivationsformen, als den von ihm konstruierten Gegenständen gewinnen. Der Weg nach innen kann m. a. W. nur eingeschlagen werden, wenn das Bewusstsein zunächst aus sich herausgegangen ist. Da die rekonstruktive Aufgabe der Psychologie gegenüber der objektiven Grundlegung der Erkenntnis stets sekundär bleibt,[29] sieht Natorp für seine Idee einer philosophischen Psychologie auch keine Gefahr durch einen Psychologismus, der objektive Erkenntnis auf psychische Prozesse reduzieren würde.

Zu welchen Resultaten gelangt Natorp auf diesem Weg der Rekonstruktion mit seiner Psychologie? Natorp unterscheidet hier im Wesentlichen zwischen zwei Aufgaben und Ergebnissen der Psychologie. Zum einen soll sie elementare „psychische Grundkategorien" freilegen, zu denen die Sinnlichkeit, die Zeit- und Raumordnung der Bewusstseinsinhalte, Strebungen[30] sowie Kategorien wie Empfindung, Vorstellung, Denken und Wille[31] gehören. Die Bestimmung dieser Grundkategorien erfolgt im Rahmen einer bloßen Beschreibung der Bewusstseinsgestaltungen, die mit einer „Phänomenologie" gelingen soll. Natorp sieht in der Phänomenologie eine „zentrale Provinz der Psychologie",[32] die im Vergleich zu Husserls Terminologie genauer als statische Phänomenologie bezeichnet werden müsste. Diese Darlegung der Grundkategorien des systematischen Aufbaus des Bewusstseins bezeichnet Natorp am Ende des Vorworts der *Allgemeinen Psychologie* als die ontische Dimension der Psychologie. Von ihr unterscheidet er zum anderen die genetische Dimension der Psychologie, die sich daraus ergibt, dass die Grundelemente des Bewusstseins nicht beziehungslos nebeneinander liegen, sondern aufeinander aufbauen, also z. B. die Empfindungen den Vorstellungen

---

[27]Natorp (1912), S. 196.
[28]Natorp (1912), S. 197.
[29]Vgl. Natorp (1912), S. 209.
[30]Vgl. Natorp (1912), S. 241.
[31]Ebd. S. 248.
[32]Ebd. S. 241.

und diese wiederum dem Denken vorausliegen. Mit Brentano und Husserl könnte man sagen, dass zwischen diesen Erlebnissen ein Fundierungsverhältnis besteht. Es gibt eine „Stufenfolge der Erlebniseinheiten"[33], bei der manche Erlebnissen dynamisch auf andere folgen. Diesen dynamischen Aufbau des Bewusstseins soll die sogenannte genetische Dimension der Psychologie enthüllen. Der Gesichtspunkt der Genese von Bewusstseinserlebnissen verweist auf die Dynamik des Bewusstseins, die von der Psychologie in ihren Schichtungen rekonstruiert werden soll. Mit der „Genesis" der Erlebnisse ist hierbei nicht deren objektiv zeitliche oder kausale Entstehung, sondern im Kantischen Sinne ihre transzendentallogische Konstitutionsordnung gemeint. Natorps Betonung der genetischen Dimension des Bewusstseins hat stark auf Husserl gewirkt, der in der Folge davon mit seiner genetischen Phänomenologie ebenfalls versucht hat, den inneren Stufenbau von Bewusstseinserlebnissen in der reflexiven Haltung der phänomenologischen Reduktion aufzuweisen.[34] In der Tat kann man Husserls genetische Phänomenologie sogar als Ausführung der bei Natorp eher nur programmatisch skizzierten genetischen Richtung der Psychologie verstehen. Natorp bleibt hinsichtlich der Ergebnisse seiner philosophischen Psychologie bei Grundsätzlichem und hätte die konkrete psychologische Forschung wohl im nie erschienenen zweiten Band der *Allgemeinen Psychologie* vorlegen wollen.

Innerhalb von Natorps System der Philosophie haben seine Werke zur Psychologie nun nicht nur die Aufgabe, den Gegenstand und die Methode der Psychologie zu bestimmen, also die forschungslogischen Bedingungen dieser Wissenschaft festzustellen. Vielmehr erfüllt die psychologische Rekonstruktion des subjektiven Lebens auch die Anforderungen an die gesuchte subjektive Begründung der Erkenntnis und also eine innerphilosophische Aufgabe. Psychologie soll die konkreten subjektiven Bedingungen von Gegenstanderkenntnissen rekonstruieren und dabei einen Weg zwischen der Skylla des Naturalismus und der Charybdis des Psychologismus finden. Den Naturalismus vermeidet Natorps Psychologie durch die Betonung des radikalen Unterschieds zwischen der Natur als möglichem Gegenstand des Bewusstseins und dem lebendigen Bewusstsein selbst, das nie Gegenstand werden kann. Dem Psychologismus entgeht er dadurch, dass er transzendentalphilosophisch argumentiert und außerdem die Ergebnisse der psychologischen Subjektivierung als rekonstruktive und gegenüber den Objektivierungen als stets abgeleitete oder sekundäre begreift. Seine subjektive Begründung der Erkenntnis durch die Psychologie trägt damit sowohl zur Gewinnung eines nicht naturalistischen Selbstverständnisses als auch zu einem tieferen Verständnis von unserer Gegenstands- und Welterkenntnis bei. Sofern Philosophie generell der Versuch zur Gewinnung eines rational begründeten Selbst- und Weltverständnisses ist, schließt daher erst Natorps philosophische Psychologie seine

---

[33]Natorp (1912), S. VII.
[34]Vgl. Kern (1964) hat die Bedeutung des Einflusses von Natorp auf Husserl sehr überzeugend nachgewiesen. Dahlstrom (2015) macht die Unterschiede der Ansätze beider Philosophen gut deutlich.

Philosophie systematisch ab. Hinsichtlich des Verhältnisses von Philosophie und Psychologie bei Natorp ergibt sich insofern ein ambivalentes Resultat: Der Neukantianer kritisiert einerseits die zeitgenössische Psychologie, weil sie naturalistisch oder anderweitig objektivierend versucht, die nicht greifbare lebendige Subjektivität dingfest zu machen. Andererseits würdigt er die rekonstruktiv phänomenologisch vorgehende Psychologie als notwendigen Bestandteil einer umfassenden Philosophie. Seine Philosophie nimmt damit die durch die Wissenschaftsentwicklung bedingten Herausforderungen des 19. Jahrhunderts ernst ohne sich dabei selbst aufzulösen.

Literatur

Dahlstrom, Daniel O. (2015): Natorp´s Psychology. In: Nicolas de Warren/Andrea Staiti (Hg.): *New approaches to Neo-Kantianism*. Cambridge 2015, S. 240–260.

Frank, Manfred (1991): Fragmente einer Geschichte der Selbstbewußtseins-Theorie von Kant bis Sartre. In: Ders. (Hg.): *Selbstbewußtseinstheorien von Fichte bis Sartre*. Frankfurt a. M. 1991, S. 415–599.

Hegel, Georg Wilhelm Friedrich (1986): *Grundlinien der Philosophie des Rechts, oder Naturrecht und Staatswissenschaft im Grundriss*. Werke Bd. 7, Theorie Werkausgabe, hg. von Eva Moldenhauer. Frankfurt a. M. 1986.

Kern, Iso (1964): *Husserl und Kant. Eine Untersuchung über Husserls Verhältnis zu Kant und zum Neukantianismus*. Den Haag 1964.

Köhnke, Klaus Christian (1986): *Entstehung und Aufstieg des Neukantianismus. Die deutsche Universitätsphilosophie zwischen Idealismus und Positivismus*. Frankfurt a. M. 1986.

Lembeck, Karl-Heinz (2008): Einleitung – Natorps kritischer Idealismus. In: Paul Natorp: *Philosophie – ihr Problem und ihre Probleme. Eine Einführung in den kritischen Idealismus*, hg. von Karl-Heinz Lembeck. Göttingen [5]2008 (unveränderter Nachdruck der 4. Auflage von 1929)., S. 7–21.

Luft, Sebastian (2013): Einleitung des Herausgebers. In: Paul Natorp: *Allgemeine Psychologie nach kritischer Methode*. Kommentiert und mit einer Einleitung versehen von Sebastian Luft (Hg.). Darmstadt 2013, S. XI–XXXVIII.

Natorp, Paul (1980): Über objektive und subjektive Begründung der Erkenntnis. In: *Philosophische Monatshefte* 23 (1887), 257–286. Wiederabdruck in: Werner Flach & Helmut Holzhey (Hg.): Erkenntnistheorie und Logik im Neukantianismus – eine Textauswahl. Hildesheim 1980.

Natorp, Paul (1888): *Einleitung in die Psychologie nach kritischer Methode*. Freiburg 1888.

Natorp, Paul (1912): *Allgemeine Psychologie nach kritischer Methode. Erstes Buch. Objekt und Methode der Psychologie*. Tübingen 1912.

Natorp, Paul (2008): *Philosophie – ihr Problem und ihre Probleme. Eine Einführung in den kritischen Idealismus*, hg. von Karl-Heinz Lembeck. Göttingen [5]2008 (unveränderter Nachdruck der 4. Auflage von 1929).

Schnädelbach, Herbert (1983): *Philosophie in Deutschland 1831–1933*. Frankfurt a. M. 1983.

Philosophische Psychologie jenseits von Psychologismus, Phänomenologie und deskriptiver Psychologie: Oswald Külpes experimentelle Untersuchung philosophischer Probleme

Paul Ziche

1   Külpes „catholicism", „promiscuity", „harmonisierende Tendenz": Psychologie zwischen spezialistischer Identität und integrativen Programmen

Oswald Külpe,[1] Professor der Philosophie an der Universität Würzburg, präsentiert auf dem III. internationalen Kongreß für Philosophie in Heidelberg im Jahr 1908 eine experimentelle Studie über die „Gefühlslehre".[2] Oswald Külpe, Schüler von Wilhelm Wundt und Georg Elias Müller, ehemaliger Assistent Wilhelm Wundts, Direktor und Begründer des psychologischen Instituts in Würzburg, kurz darauf auch Begründer eines solchen Instituts in Bonn und verantwortlich für das psychologische Institut in München, hält auf dem VI. „Congrès international de psychologie" in Genf einen Vortrag zur „Psychologie der Gefühle" mit einer eingehenden Diskussion der relevanten Methoden und Theorien.[3] Külpe präsentiert hier experimentelle Resultate also *gleicherweise* innerhalb philosophischer

---

[1] Zu Külpes (1862–1915) Biographie und Werk vgl. Baeumker 1916 (auch mit einer ausführlichen Bibliographie); Lindenfeld 1978; Hammer 1994; Kusch 1995, S. 146–148; Kusch 1999. – Kerndaten zu seiner institutionellen Biographie sind: Assistent am psychologischen Institut in Leipzig 1887–1894; 1894–1909 Professor für Philosophie und Ästhetik in Würzburg; 1909–1913 Professor in Bonn; 1913–1915 Professor in München.

[2] Külpe (1909). Auf dem Heidelberger Kongress ist der Psychologie eine eigene Sektion gewidmet; die Beiträge der Würzburger Forscher um Külpe werden in einem eigenen Beitrag gewürdigt (Bovet 1909).

[3] Külpe (1910a).

P. Ziche (✉)
Utrecht, Niederlande
E-Mail: p.g.ziche@uu.nl

und psychologischer Kontexte. Aus institutioneller Sicht ist dies zunächst selbstverständlich, exemplifiziert sein institutionelles Profil doch die charakteristische Institutionalisierung der Disziplin Psychologie an deutschen Universitäten in dieser Zeit – er ist simultan in den Rollen des Philosophen und des Psychologen institutionell eingebettet.[4] In seiner eigenen Person und Arbeit scheint er dann auch keine Loyalitätskonflikte von der Art, wie sie zum Psychologismusstreit der Zeit um 1900 führten,[5] zu kennen: Keine Konflikte also zwischen der zuversichtlichen Überzeugung, es gebe beispielsweise in der Logik und Mathematik Formen von Wahrheit, die nicht durch eine empirisch-psychologische Analyse von Erkenntnis begründet oder erreicht werden könnten, einerseits, und andererseits dem faszinierten Vertrauen auf den Erfolg gerade der empirischen Wissenschaft und einer empirischen Wissenschaftlichkeit auf allen Erkenntnisgebieten, einschließlich der Wissenschaft vom Denken.

Bereits in zeitgenössischer Literatur, aber auch in der aktuellen Forschung wird Külpes wissenschaftlicher Ansatz immer wieder in Begrifflichkeiten einer *Integration* umschrieben: Sein Münchner Kollege Clemens Baeumker schreibt ihm eine „zurückhaltende Mittelstellung" zu, eine „konziliante und ausgleichende" Haltung des „Sowohl-Alsauch", eine „harmonisierende Tendenz",[6] R.M. Ogden spricht von einer „catholicity of interest",[7] Martin Kusch fasst Külpes Position unter dem leicht ambivalenten Term der „promiscuity" zusammen.[8] Alle diese Beschreibungen versuchen, die Beziehung zwischen ‚Philosophie' und ‚Psychologie' in Külpes Version einer philosophischen Psychologie zu benennen, aber sie geben nicht wirklich ein deutliches Bild davon, wie diese Beziehung konzeptualisiert werden soll. Ähnliche Formulierungen finden sich vielfach auch in nicht auf Personen ausgerichteten Darstellungen zum Verhältnis Philosophie-Psychologie in dieser Zeit. Ein Beispiel: Wenn Hugo Münsterberg, damals bereits in Harvard institutionalisiert, die Sektion zur Psychologie auf dem Heidelberger Kongress von 1908 eröffnet, wendet er sich zweimal an seine Kollegen als „Wir Psychologen", in einer Formulierung, die eine selbstbewusste disziplinäre Abgrenzungsgeste gebraucht. Zugleich weist er einen Psychologismus – er erörtert diesen Begriff nicht weiter, setzt also voraus, dass er in seinen kritischen Intentionen überall bekannt ist – ab, führt dann aber Philosophie und Psychologie in einer nicht weiter explizierten Form des sich-Stützens der Philosophie auf die Psychologie wieder zusammen: „Der Philosoph soll nicht Psychologist sein, aber wenn er nicht Psychologe ist, so beraubt er sich der festesten Stütze". Münsterberg kündigt Külpe in ähnlich unspezifischer Weise an als einen

---

[4]Vgl. dazu insbesondere Kusch (1995), v. a. Kap. 6; vgl. auch Ash (1980).
[5]Auch hierzu vgl. v. a. Kusch (1995).
[6]Baeumker (1916), S. 90 f.
[7]Ogden (1951), S. 8.
[8]Kusch (1999), S. 158–163.

Wissenschaftler, „der wie wenige das psychologische Interesse mit dem philosophischen verbindet".[9]

Die institutionelle Union[10] von Philosophie und Psychologie erscheint zunächst so selbstverständlich, dass nicht direkt deutlich ist, ob es um 1900 überhaupt eine Psychologie gibt, die nicht auch philosophisch ist. Der Münsterberg-Verweis zeigt jedoch, dass diese Selbstverständlichkeit nicht zu einer undifferenzierten Vereinheitlichung der Gebiete führen darf: Immerhin ist der Psychologismusvorwurf bereits in aller Schärfe formuliert, und im Lehrstuhlstreit von 1913[11] eskaliert eine bereits bestehende institutionelle Spannung in öffentlichkeitswirksamer Weise anlässlich der Frage, ob freigewordene Professuren in der Philosophie durch experimentelle Psychologen besetzt werden sollten. Formen des Philosophierens und Formen des Psychologisierens stehen in dieser Zeit in Diskussion und werden gegeneinander abgewogen und vielfach kritisch gegeneinander positioniert; alle großen Strömungen der Philosophie – Idealismus, Phänomenalismus, Realismus, Positivismus, Empirismus, Phänomenologie ...[12] – werden in ihrer Beziehbarkeit auf die Psychologie und umgekehrt die Psychologie auf ihre Relevanz für die verschiedenen Formen der Philosophie befragt. Innerhalb des vorgegebenen Rahmens einer innerhalb der philosophischen Fakultäten institutionalisierten Psychologie lässt sich dabei zumindest eine vorläufige Determinante einer philosophischen Psychologie ausmachen: Eine solche Psychologie wird sich nicht auf ein naturwissenschaftliches oder physiologisches Modell reduzieren lassen.

In diesem Zusammenhang ist Külpes Konstellationsarbeit zwischen und mit den Disziplinen der Psychologie und Philosophie weit über das biographisch-anekdotische Interesse hinaus relevant: Külpe diskutiert die typischen Vorschläge für eine philosophisch ausgerichtete, nicht auf eine naturwissenschaftliche Zugangsweise reduzierbare Psychologie noch einmal kritisch und weist insbesondere zwei der typischen Vorschläge für eine solche philosophische Psychologie, nämlich eine Phänomenologie und eine deskriptive Psychologie, explizit ab, möchte zugleich an Paradigmen der psychophysiologischen Experimentalarbeit festhalten und dennoch eine nicht-reduktive und nicht dem Psychologismusverdacht verfallende Psychologie entwickeln. Die folgenden Ausführungen zentrieren sich um Külpes eigene Experimente zu philosophischen Problemen (Abschnitt II) und ermitteln die Strategien, die er in diesem komplexen disziplinären Spannungsfeld anzubieten hat, um zu einer „harmonisierenden" – in Baeumkers Terminologie – Position zu kommen (dazu unten, Abschnitt III).

---

[9]Münsterberg (1909), S. 545.

[10]Genau dieser Terminus wird in Külpes Entwurf einer disziplinären Verselbständigung der Psychologie (als „Personalunion") kritisch betrachtet; vgl. Kusch (1999), S. 164 f., s. a. unten, Abschnitt III.

[11]Hierzu vgl. z. B. Kusch (1995), S. 190–203.

[12]Das charakteristische Genre der Philosophiehistoriographie in Lehrbuchform, das auch Külpe bedient (z. B. Külpe 1911; s. a. Külpe 1921b), reflektiert immer wieder genau diese Großeinteilungen der Philosophie.

Die provokanteste Frage, die auf der Grundlage der Arbeiten Külpes formuliert werden kann, dürfte mithin lauten: Erklärungsbedürftig ist vor allem, warum man überhaupt der Meinung sein konnte, um 1900 habe ein Psychologismusstreit bestanden, in dem sich zwei unterschiedliche Wissenschaftsauffassungen auf einem und demselben Feld treffen und in Streit geraten konnten. Könnte man, wie am Beispiel der Person Külpes gut greifbar, die Wissenschaftslandschaft der Zeit um 1900, insbesondere in der Interaktion zwischen Philosophie und Psychologie, nicht vielmehr als eine Landschaft konstruktiver Interaktion beschreiben? Und was sind dann diejenigen methodischen und inhaltlichen Strategien, die eine derartige friedvolle Zusammenarbeit möglich machen?

2 Külpes Experimente zu philosophischen Themen

2.1 Kontexte von Külpes Experimenten: Methoden und Resultate der ‚Würzburger Schule'

Külpes Auffassungen zur wissenschaftlichen Form der Psychologie und seine erkenntnistheoretischen Positionen haben zwischen seiner Zeit bei Wundt in Leipzig und seinem Wirken als Leiter des Würzburger Instituts gewichtige Veränderungen durchgemacht; insbesondere distanziert er sich von einem an Mach ausgerichteten Positivismus, dem Külpe zunächst nahestand, und geht zugleich über das Modell einer physiologischen Psychologie hinaus.[13] Die psychologischen Arbeiten am Würzburger Institut – schnell zusammengefasst unter dem Titel einer ‚Würzburger Schule' zu deren prominentesten Mitgliedern Narziß Ach, Karl Marbe, Karl Bühler und August Messer gehörten[14] – sind von zwei Annahmen getragen: In inhaltlicher Hinsicht nimmt Külpe an, dass – anders als bei Wundt, der das Experiment auf die physiologische Psychologie einschränkt – auch die höheren mentalen Prozesse, insbesondere das Denken, im psychologischen Experiment untersucht werden können. Methodologisch bedient Külpe sich der Methode einer experimentell angeregten und systematisch kontrollierten Introspektion. Insbesondere die zweite Annahme wurde Gegenstand intensiver kontroverser Diskussion, in der Wundt eine explizit anti-introspektionistische Position einnahm, während die Würzburger Forscher darauf bestanden, dass ihre Introspektionsexperimente den etablierten Standards experimenteller Praxis entsprächen.[15] Paradigmatisch für die Würzburger Arbeiten und in Külpes eigenen Darstellungen

---

[13] Kusch (1999), S. 139.
[14] Die wichtigsten Texte sind neu herausgegeben in Ziche (Hg.) (1999). Zur ‚Würzburger Schule' (i.f. ohne Anführungszeichen) vgl. Baumgartner u. a. (Hg.) (1997); Janke/Schneider (Hg.) (1999); Kusch (1995); Kusch (1999); Humphrey (1951); Ziche (Hg.) 1999.
[15] Zur Methode und Methodologie der Würzburger Schule vgl. z. B. Danziger (1980), Ziche (1997, 1999), Kusch (1999).

immer wieder herangezogen[16] sind die Experimente von Bühler zu „Gedanken":[17] Bühler stellte seinen Versuchspersonen, die er aus dem Kollegenstab am Würzburger Institut rekrutierte, komplexe, vielfach philosophische Fragen, die die Versuchspersonen zum Denken anregen sollten. Entscheidend für die Auswertung der Experimente waren nicht die Antworten auf diese Fragen oder die Dauer des zur Antwort führenden Denkprozesses, sondern die Protokolle, in denen die Versuchspersonen retrospektiv und introspektiv berichteten, welche Denkprozesse sie zu ihren Antworten geführt hätten.

Im Folgenden sollen die speziell auf die Möglichkeit und Verlässlichkeit der Introspektion gerichteten methodologischen Überlegungen der Würzburger Schule nicht eingehender erörtert werden; Külpe selbst macht in seinen Arbeiten vergleichsweise wenig Gebrauch von introspektiv gewonnenen Protokollen über die von den Versuchspersonen erlebten mentalen Prozesse. Im Mittelpunkt sollen vielmehr die typischen Resultate seiner Experimente stehen, die nun wiederum gut übereinstimmen mit den Ergebnissen seiner Würzburger Kollegen.

Alle Experimente der Würzburger Schule, ob diese nun komplexere Denkvorgänge wie bei Bühler, das logische Urteil bei Karl Marbe, die Willenstätigkeit bei Narziß Ach oder Külpes eigene Arbeiten betreffen, ergeben direkt philosophisch relevante Resultate. Typischerweise zeigen die Experimente, dass klassische empiristische Ansätze, insbesondere die Rekonstruktion mentaler Zustände als assoziativ zusammengesetzte Erfahrungen auf der Grundlage elementarer, durch sinnliche Wahrnehmung erworbener Zustände, nicht haltbar sind. Die Versuchspersonen reportieren immer wieder, dass sie – unerwarteterweise – Zustände ohne konkrete, in wahrnehmungsbasierten oder -analogen Bildern repräsentierte Inhalte erleben.[18] Mentale Zustände oder Prozesse werden nicht durch eindeutige Merkmale charakterisiert oder individuiert, komplexe und nicht-wahrnehmungsbasierte Determinanten, etwa eine das Antwortverhalten ausrichtende Funktion der Aufgabenstellung, entziehen sich ebenfalls einer Reduktion auf einfachste, wahrnehmungsnahe Elemente. Neologistische Begriffsbildungen wie ‚Bewusstseinslage' oder determinierende Tendenz'stehen in den Analysen neben Alltagsbegriffen wie ‚Gedanken' oder ‚Aufgabe', um dieser Phänomene begrifflich habhaft zu werden. Angesichts dieser Resultate wird verständlich, warum die Würzburger Schule einen attraktiven Rahmen bot für die erste Generation der Gestaltpsychologen: Max Wertheimer und Kurt Koffka haben zeitweise in Würzburg gearbeitet.[19]

---

[16]Z. B. Külpe (1922) S. 306–309.

[17]Bühler (1907, 1908), auch in Ziche (Hg.) (1999).

[18]Insbesondere Edward Titchener, bedeutsam für die Wirksamkeit der Würzburger Schule in den Vereinigten Staaten, legte großes Gewicht auf die Würzburger Resultate zu ‚imageless thoughts'.

[19]Max Wertheimer wurde 1903 in Würzburg promoviert, Kurt Koffka verbringt 1909 ein Jahr am Würzburger Institut. 1910 kommen Wertheimer, Koffka und Wolfgang Köhler in Frankfurt zu gemeinsamer Arbeit zusammen. Zudem wird über diese Gestaltpsychologen eine Verbindung zu einer anderen wichtigen Richtung einer philosophischen Psychologie gezogen, nämlich zu Carl Stumpfs Aktivitäten in Berlin (Koffka etwa wurde unter Stumpf promoviert).

Die Würzburger Kombination von Experimenten, die sich bewusst – ohne hier erörtern zu können, ob dies wirklich gelingen kann – in die Experimentaltradition der jungen Disziplin Psychologie stellen und zugleich Resultate liefern, die gegen eine assoziationistische oder reduktionistische Erklärbarkeit mentaler Prozesse gerichtet waren, ermöglichte es den Würzburger Forschern, die Kluft zwischen experimenteller Psychologie und einer genuin philosophischen Zugangsweise zum Mentalen, wie sie insbesondere von Husserl betont worden war, für überbrückbar zu erachten: In einem solchen Paradigma beanspruchten die Würzburger Forscher sogar, typische Strukturen einer phänomenologischen Analyse des Mentalen im experimentellen Kontext auffinden und damit bestätigen zu können, ohne sich einem Psychologismusverdacht auszusetzen.[20]

2.2 Külpes Experimente zur ‚Gefühlslehre', ‚Objektivierung', Ästhetik und zur ‚Abstraktion'

Auffallend an Külpes eigenen Arbeiten im Rahmen der Würzburger Schule ist, dass er selbst nicht Phänomene des Denkens im engeren Sinn behandelt, sondern scheinbar viel elementarere Phänomene und Konzepte: das Gefühl und den Unterschied zwischen Gefühl und Empfindung; ‚Subjektivierung' und ‚Objektivierung' also die Frage, wie auf der Grundlage von Wahrnehmungsdaten beschlossen wird, man habe eine Wahrnehmung eines real existierenden Objekts gehabt; Abstraktion; den typischen Charakter der Beurteilung ästhetischer Objekte.

1) Das Thema der *Gefühle* und der Beziehung zwischen Gefühlen und anderen Formen mentaler Zustände – insbesondere Empfindungen – beschäftigt Külpe seit seiner Leipziger Promotion.[21] In seiner Würzburger Zeit behandelt er die Unterscheidung zwischen Empfindungen und Gefühlen, die „Ausdehnung des Gefühlsbegriffs" über das klassische Paradigma des Gefühls der „Lust und Unlust" hinaus, und die Dimensionalität der Gefühlsqualitäten.[22] Die Unterscheidung von Empfindungen und Gefühlen ist unmittelbar relevant für die im vorigen Abschnitt benannten philosophischen Fragen: „Empfindungen" definiert Külpe über die Möglichkeit, „Vorstellungen im Sinne von reproduzierten Bildern früherer primärer Erlebnisse zu haben"; Empfindungen sind also direkt verbunden mit Wahrnehmungserlebnissen. Ein anderer Begriff für diesen Sachverhalt ist der der „Gefühlsvorstellung".[23] Külpe evoziert Gefühle unterschiedlicher Art (durch „Farben und Gerüche neben schmerzhaften Stichen") bzw. versucht explizit, „Gefühlsvorstellungen" hervorzurufen (durch den Auftrag an die Versuchspersonen, sich angenehme oder unangenehme Vorstellungen zu „vergegenwärtigen", oder sich

---

[20] Vgl. hierzu Münch (1997, 1998); Ziche (1998); Kusch (1999), S. 161 f.
[21] Külpe (1887, 1888).
[22] Vgl. auch die ausführliche Darstellung in Külpe (1922), S. 216–296.
[23] Ebd., S. 546, 548.

in emotionsgeladene Abbildungen einzufühlen). Das Resultat passt zu den bereits benannten Ergebnissen: in den meisten Fällen wird ein „vollständiger Mangel an Vorstellungen von Lust und Unlust" beobachtet; Spannungs- und Erregungszustände ließen sich hingegen „sehr wohl reproduzieren".[24] Versuche man, einen Zustand der „Lust und Unlust" sich zu vergegenwärtigen, geschehe auch dies ohne bildliche Vorstellungen, sondern entweder durch den Versuch, das Gefühl erneut zu erleben, oder durch ein „unanschauliches Wissen", das trotz des Fehlens von Anschaulichkeit und Wahrnehmungsbezug „einen sehr bestimmten, ausgeprägten Charakter" habe[25] – die Versuchspersonen sind deutlich mit einer Schwierigkeit konfrontiert, diese Zustände im Kontext etablierter erkenntnistheoretischer Optionen zu positionieren, und gebrauchen deshalb in sich spannungsvolle Umschreibungen eines „halluzinatorischen Meinen[s]" oder eines „gefühlsmäßigen Wissen[s]";[26] ähnlich in seinen *Vorlesungen zur Psychologie,* in denen Külpe von „unanalysierten Empfindungskomplexen" mit eigenartigem „Komplexcharakter" spricht.[27]

Gefühle und Empfindungen lassen sich auf dieser Grundlage eindeutig unterscheiden und werden von Külpe genau in diesen unterschiedlichen Funktionen verwendet, um den „Realismus der Erkennens" (über die Möglichkeit, Wahrnehmungen/Empfindungen in reproduzierten Vorstellungen bereit zu halten für Lernprozesse, in denen wir Objekte in der Außenwelt bestimmen können) zu motivieren, während gerade die Unmöglichkeit, Gefühle anders als in ihrer „Aktualität" zu erleben, einen „Idealismus des Willens und Handelns" begründen kann.[28] „Aktualität" versteht Külpe als die Eindeutigkeit des Auftretens von Gefühlen mit „stets demselben Wirklichkeitscharakter";[29] nur so kann für Külpe ein andauernder Konflikt zwischen aktualen und reproduzierten Vorstellungen vermieden werden und nur so können die unterschiedlichsten Vorstellungen und Situationen – konkrete Erlebnisse, abstrakte Ideale, ... – in gleicher Weise handlungsrelevant werden.

2) Das Thema des *Realismus* beschäftigt Külpe auch in seinen wichtigsten philosophischen Werken (dazu mehr in II.3). Aber auch diese Frage studiert Külpe nicht nur im philosophischen Argument, sondern zugleich auch mit Mitteln des psychologischen Experiments,[30] insbesondere in seinem Aufsatz „Ueber die Objectivirung und Subjectivirung von Sinneseindrücken" von 1902. Resultat seiner Untersuchungen ist hier, dass Vorstellungsobjekte, also aufgrund von Wahrnehmungen als

---

[24]Ebd., S. 547 f.
[25]Ebd., S. 550 f.
[26]Külpe (1909), S. 551.
[27]Külpe (1922), S. 220 f.
[28]Külpe (1909), S. 552.
[29]Külpe (1922), S. 217.
[30]Diese Begriffe finden sich auch in Paul Natorps *Allgemeiner Psychologie,* Natorp (1912), z. B, S. 107: „Alle Darstellung eines Objektiven ist Objektivierung eines Subjektiven, alle Darstellung eines Subjektiven Subjektivierung eines Objektiven".

real existierend angesehene Objekte, nicht einfach gegeben sind, sondern als Resultat einer „Annahme" konstituiert werden. Unsere „Erfahrung" ist „ursprünglich einheitlicher Art"[31] und also nicht in einer dualistischen Einteilung nach subjektiven und objektiven Anteilen geordnet. Die Annahme, Erfahrung lasse sich wirklich entlang der subjektiv-objektiv-Linie verteilen, erfolgt erst in einem zweiten Schritt, auf der Grundlage von „erworbenen Kenntnissen" und mithilfe empirischer Kriterien. Nachweisen will Külpe dies durch die Möglichkeit, „irrthümliche oder wenigstens zweifelhafte Subjectivirungen und Objectivirungen herzvorzurufen".[32]

Das einschlägige Experiment besteht in der Projektion einer lichten Fläche nahe der Schwelle der Wahrnehmbarkeit hinsichtlich Intensität und oder Dauer. Die Versuchspersonen sollten dann, ohne weitere Hinweise, ob und wann ein Reiz angeboten wurde, angeben, ob sie überzeugt seien, eine entsprechende Wahrnehmung gehabt zu haben. Diese Experimente erinnern zunächst an das psychophysische Experimentalparadigma von Schwellenwertexperimenten – noch deutlicher wird dies in einer zweiten Versuchsreihe Külpes, die entsprechende Versuche „im Gebiet des Hautsinns" durchführt,[33] die den Versuchen, die zum Weber-Fechnerschen Gesetz führten, entsprechen.

Beobachtet werden zunächst erhebliche subjektive Unterschiede zwischen Versuchspersonen; dennoch lassen sich eindeutige Tendenzen ablesen. Das Phänomen der Objektivierung gewinnt deutlichere Konturen. Külpe konstatiert eine *„psychologische Ueberwerthigkeit der Objectivirung";*[34] die Annahme, man habe eine lediglich subjektive Erfahrung gehabt, wird gegenüber der Annahme objektiver Erfahrung als negativer Zustand umschrieben. Dies lässt sich evolutionsbiologisch motivieren, da false positives in der Objektivierung weniger gefährlich sind als die fälschliche Zurückweisung von Erfahrungen als subjektiv.

Wichtiger ist, wiederum, ein negatives Resultat seiner Untersuchungen. Külpe findet in seinen Experimenten keine eindeutigen Merkmale, die subjektive oder objektive Erfahrungen, oder zu subjektivierende und zu objektivierende Erfahrungen, zu unterscheiden gestatten.[35] Zugleich richtet sich die Operation der Objektivierung bzw. Subjektivierung nicht auf einzelne Aspekte der Erfahrung, sondern muss diese in ihrer Totalität betrachten: „die Erlebnisse *bilden* eine *Einheit, die in ihrer Totalität objectivirt oder subjectivirt zu werden pflegt"*.[36] Aufschlussreich sind auch die Aussagen der Versuchspersonen; wiederum werden vielfach undeutliche Zustände reportiert, die nicht auf konkrete Bild- oder Abbildrelationen verweisen (z. B., im Text durch Anführungszeichen ausgezeichnet und so als auffallende Bemerkung hervorgehoben: „undeutlich violettes Bild"; vgl.

---

[31] Külpe (1902), S. 508.
[32] Ebd., S. 509.
[33] Ebd., S. 542–548.
[34] Ebd., S. 549.
[35] Ebd., S. 539.
[36] Ebd., S. 553.

auch Formulierungen wie „Sehr mannigfaltig waren die Angaben der Vp. über die *Beschaffenheit der objectivirten Phänomene*"[37]).

Ein typisches Muster zeichnet sich bereits ab. Külpes Experimente unterlaufen typische erkenntnistheoretische Modelle, indem sie die *Irreduzibilität* von Zuständen und Prozessen wie Gefühlen und Objektivierungen auf Wahrnehmungsprozesse nachzuweisen beanspruchen. Zugleich wird positiv nachgewiesen, dass die Versuchspersonen irreduzibel komplexe Zustände als basale Grunderfahrungen erleben können (hier liegt die inhaltliche Nähe zur Gestaltpsychologie).

3) Külpes Experimente zur *Ästhetik*[38] bestätigen dieses Muster nochmals. In seinem „Beitrag zur experimentellen Aesthetik" von 1903 präsentiert er Dias aus dem Bestand des „Würzburger kunstgeschichtlichen Museums", die klassische Kunstwerke aus der antiken Architektur und Plastik zeigen, für eine Expositionszeit von drei Sekunden.[39] Die Resultate der Experimente wenden sich gegen das Paradigma einer Einfühlungsästhetik; Külpe betont hier – wie in anderen Texten zur Ästhetik – die Rolle „assoziativer" Faktoren, die über die „direkten", wahrnehmungsgegebenen Erlebnisse hinausgehen, und konstatiert unerwartet komplexe, auf „Bedeutung", „geistigen Inhalt" und „Sinn" gerichtete Reaktionen,[40] obwohl die Reize nur relativ kurz angeboten werden: Auffällig ist eine „für die kurze Dauer der Exposition bemerkenswerthe Mannichfaltigkeit von Reaktionen".[41] Külpe arbeitet auch heraus, dass selbst im Bereich des Ästhetischen, wiederum unerwarteterweise, unanschauliche Zustände essenziell sind für die Wahrnehmung und Würdigung von Kunstwerken als ästhetischen Objekten.[42]

4) Auf die Gefahr hin, dieselben Strukturen *ad nauseam* zu wiederholen, sei noch auf Külpes Experimente zur *Abstraktion* verwiesen, die Külpe 1904 publiziert.[43] In diesen Experimenten werden den Versuchspersonen vier bedeutungslose Silben, in unterschiedlichen Farben und unterschiedlichen räumlichen Arrangements, präsentiert; die Aufgabe besteht darin, auf der Grundlage dieser Reize von bestimmten Aspekten des angebotenen Datenmaterials zu abstrahieren. Zunächst fällt auf, dass hier wiederum, wie in den Schwellenwertexperimenten zur Objektivierung, etablierte Forschungsparadigmen verwendet werden: Kurzzeitiges Anbieten der Reize, wobei das Experimentiermaterial der sinnlosen Silben auch in den klassischen, von Dilthey in seinem Plädoyer für eine deskriptive Psychologie massiv kritisierten, Gedächtnisexperimenten von Hermann Ebbinghaus verwendet wurde. Im Würzburger Kontext werden von Narziß Ach entsprechende

---

[37]Ebd., S. 526, 530.
[38]Vgl. auch Ziche (2006).
[39]Külpe (1903), S. 216.
[40]Ebd., S. 228. Zum „assoziativen Faktor" vgl. Külpe (1899).
[41]Külpe (1903), S. 227.
[42]Z. B. Külpe (1922), S. 323. Zu Külpes Ästhetik vgl. insgesamt auch Külpe (1921a).
[43]Külpe (1904). Die hier aufgeführten vier Gebiete experimenteller Forschung im Bereich zwischen Philosophie und Psychologie decken, zusammen mit dem allgemeinen Kontext der Würzburger Schule, Külpes Arbeitsfelder als Psychologe weitestgehend ab.

Materialien gebraucht.[44] Wieder stehen die Resultate in Übereinstimmung mit den bereits konstatierten Mustern: Der Prozess der Abstraktion wird nicht direkt durch das angebotene Material gesteuert, sondern durch die Aufgabenstellung oder „Vorbereitung".[45] Wenn die Versuchsperson vorab weiß, worauf zu achten ist, erhöht sich naheliegenderweise die Qualität der Antworten.[46]

2.3 Philosophische Implikationen

Külpes eigene Experimente nuancieren das Bild von der Würzburger Schule als einer psychologischen Schulrichtung, die in erster Linie mit der Psychologie des Denkens befasst ist. Was Külpe aufzeigt, ist, dass mentale Prozesse auf allen Ebenen dieselben Strukturen aufweisen: Eine Reduktion auf atomistisch aufgefasste Elemente ist nicht nur für das Denken, sondern auch für Gefühle, Abstraktionsprozesse, Objektivierungsannahmen, ästhetische Erfahrung nicht nachzuweisen. Auf allen diesen Ebenen finden die relevanten Prozesse auf der Grundlage irreduzibler und irreduzibel komplexer Erfahrungen statt, die zwar in der Analyse vereinfacht oder strukturiert werden können, aber nicht aus einfacheren Elementen aufgebaut werden können. Diese Resultate haben für Külpe direkten Einfluss auf die philosophische Interpretation seiner Experimente.

Zwei Argumentationslinien zeichnen sich hier ab. Külpe kritisiert die Phänomenologie Husserls und damit auch eine an Husserl angelehnte phänomenologische Psychologie, und weist auch andere Formen deskriptiver Psychologie ab. Der Schlüsselbegriff seines philosophischen Hauptwerks, *Realisierung,*[47] benennt die Grundidee seiner philosophischen Arbeit:[48] Die Realität, die wir wahrzunehmen scheinen, aber auch die Realität, die innerhalb einer Wissenschaft angenommen und analysiert wird, ist Resultat komplexer Prozesse und nicht durch direkt aufgefasste Daten gegeben.

Clemens Baeumker fasst Külpes psychologisches Programm zusammen als den Versuch, „das qualitativ Verschiedene im seelischen Leben in seiner Eigenart zu verstehen und nicht in einen öden Monismus allgemeinen Gleichmachens zu verfallen".[49] Külpe jedoch geht über den Katholizismus einer solchen Gleichbehandlung qualitativer Verschiedenheit hinaus. Dies wird im ersten Band seines Realisierungsprojekts in allen Details ausgearbeitet. Külpe wendet sich hier gegen einen „Konszientialismus", also gegen die Annahme, das „Verfahren der Realwissenschaften" sei „ein phänomenologisches", was wiederum meint, die Aufgabe

---

[44]Ach (1905), auch in Ziche (Hg.) (1999).
[45]Külpe (1904), S. 65.
[46]Andere Formulierung, ebd., S. 65: „Vorbereitung".
[47]Külpe (1912–1923).
[48]Zu Külpes Realismus vgl. auch Neuber (2014); Henckmann (1997).
[49]Baeumker (1916), S. 81.

dieser Wissenschaften bestehe „in der vollständigen Beschreibung von Bewußtseinsinhalten".[50] Hiermit kritisiert er nicht nur einen Phänomenalismus à la Mach oder Avenarius, sondern auch die geisteswissenschaftlichen Ansätze von Diltheys Psychologie. Zugleich weist er die typische Alternative zu einer naturwissenschaftlich ausgerichteten Psychologie, nämlich einen *deskriptiven* Ansatz, zurück:

> In den „Realwissenschaften" „liegt keine bloße Beschreibung von Bewußtseinstatsachen vor. hier werden ebensowenig reine Gedanken, mögen sie auf Abstraktion oder Kombination aus der Erfahrung beruhen oder sonstige Produkte einer gestaltenden Logik sein, in ihrer Gesetzmäßigkeit behandelt. Hier haben wir es vielmehr mit Gegenständen zu tun, deren Erkenntnis aus der Erfahrung und dem Denken gewonnen wird und die daher in einer eigentümlichen Doppelbeziehung zu diesen beiden Quellen unserer wissenschaftlichen Einsicht stehen".[51]

In der Kritik am Konszientialismus liegt für Külpe bereits eine eindeutige Absage an einen Psychologismus – auch wenn er Prozesse des Denkens psychologisch analysiert, bedeutet das nicht, dass Aussagen über das Denken oder über die Wirklichkeit hierdurch auf die Psychologie reduziert werden. Der entscheidende argumentative Schritt ist in der Grundidee seines Realisierungsprojektes gegeben, die bereits in seinen Experimenten zur Objektivierung und in seinen anderen Würzburger Experimenten aufschien. Auch wenn Denken und Gegenständlichkeit aufeinander bezogen sind, liegt hierin keine Zurückführung des einen Pols dieser Relation auf den anderen: „Denken kann auf Gegenstände gerichtet sein, die von ihm selbst verschieden sind und durch das Gedachtwerden nicht zu bloßen Inhalten des Denkens oder bloßen Gedanken werden".[52] In einer anderen Argumentationslinie motiviert er denselben Gedanken in seinem programmatischen Text zu „Erkenntnistheorie und Naturwissenschaft": „Hier haben wir es vielmehr mit Gegenständen zu tun, deren Erkenntnis aus der Erfahrung und dem Denken gewonnen wird und die daher in einer eigentümlichen Doppelbeziehung zu diesen beiden Quellen unserer wissenschaftlichen Einsicht stehen" – er möchte, wie er hier und in anderen Texten ausführt, die Errungenschaften eines Kantischen transzendentalen Idealismus verbinden mit einem Realismus, wobei er auch hier anti-empiristisch argumentiert: Erfahrung ist nicht gleichbedeutend mit dem Realen.[53]

---

[50]Külpe (1912–1923), Bd. 1, S. 46.

[51]Külpe (1910b), S. 12.

[52]Külpe (1922) S. 320 f.; sehr ähnlich Külpe (1912–1923), Bd. 1, S. 212.

[53]Vgl. Külpe (1908) S. 84: Kant habe nicht gezeigt, dass „Apriorität gewisser Erkenntnisformen deren Subjektivität bedeutet", auch nicht, daß aus der Subektivität von Erkenntnisformen folge, dass ihnen keine Objekte entsprechen könnten; Külpe (1910b), S. 7: „Seine Kategorien sind nicht als Voraussetzungen der Wissenschaft dieser entnommen worden, sondern werden aus der logischen Einteilung der Urteile abgeleitet." Vgl. auch die Spezialabhandlung Külpe (1915) (als Herausgeber von Kants *Anthropologie* in der Akademie-Ausgabe von Kants Werken demonstriert Külpe seinen Expertenstatus auch innerhalb der Kant-Forschung).

Seine Kritik an Husserl bedient sich eines kritischen Arguments, das er aus seinen Überlegungen zur gegenseitigen Beziehbarkeit bei gleichzeitiger Unterscheidbarkeit von Gegenstand und Gedanken gewinnt. Was Husserl, Külpe zufolge, vernachlässigt, ist die Realität der psychologischen Details: Die Phänomenologie „beschreibt nicht ein psychisches Phänomen, sondern sie untersucht einen Sachverhalt mit Hilfe seiner Repräsentation im Bewußtsein"; sie „abstrahiert von allen Zufälligkeiten seiner Gegebenheit im Bewußtsein".[54] Zugleich wirft er Husserl vor, in seinen psychologismuskritischen Argumentationen ein zu einseitiges, nämlich psychophysisches, Bild von Psychologie zugrundezulegen.[55] Umgekehrt jedoch sieht er Husserl als wichtigen, vor allem inhaltlich stimulierenden Ideengeber für seine eigenen Arbeiten.[56] Der entscheidende Berührungspunkt zwischen Psychologie, Philosophie und Wissenschaften (den Husserl in Külpes Sicht jedoch verfehlt), liegt für Külpe im Nachweis der Möglichkeit, Objekte unmittelbar denken zu können, ohne hierbei wahrnehmungsbasierte Vorstellungen bilden zu müssen,[57] was umgekehrt impliziert, dass Wahrnehmungsbestimmungen nicht hinreichen, um Objekte zu determinieren. Hiermit erhalten die Wissenschaften die Freiheit, in sehr flexibler Weise Realitätssetzungen vorzunehmen, die theoretische und experimentelle Innovationen ermöglichen in einem Rahmen, der überall bezogen bleibt auf die Resultate psychologischer Arbeit.

3 Modelle konstruktiver Interaktion zwischen Philosophie und Psychologie

Külpe selbst umschreibt das von ihm angestrebte Verhältnis von Philosophie und Psychologie in genau denselben unspezifizierten Begrifflichkeiten, die auch Münsterberg in seiner programmatischen Einleitung der Psychologie-Sektion auf dem Heidelberger Kongress verwendet. Die Vokabel des ‚Stützens' findet sich auch hier: Külpe konstatiert eine „rege Wechselwirkung realistischer Bestimmungen. Physik, Physiologie und Psychologie unterstützen sich, wie insbesondere *Helmholtz* und *Mach* hervorgehoben haben".[58] Die Erkenntnistheorie sei „berufen, die Wissenschaft zu begleiten, nicht aber hinter ihr zurückzubleiben. Sie soll uns den Realismus der Wissenschaften verständlich machen, seine Voraussetzungen und Methoden aufweisen und systematisieren und ihm damit zugleich

---

[54]Vgl. auch die Diskussion zu Idealismus, Realismus und Phänomenalismus in Külpe (1921b), S. 177–201. – In der aktuellen Diskussion zu einer „phänomenologischen Psychologie" werden diese kritischen Diskussionen nicht adäquat gewürdigt; vgl. z. B. Giorgi (2010).
[55]Külpe (1922), S. 22.
[56]Z. B. ebd., S. 320.
[57]Ebd., S. 319.
[58]Külpe (1910b), S. 25.

gewisse Grenzen ziehen", ohne einem „trivial gewordenen" Konszientalismus oder Phänomenalismus zu verfallen.[59]

Külpes philosophische und psychologische Arbeit kann damit rekonstruiert werden als der Versuch, diese Offenheit eines ‚Begleitens' oder eines wechselseitigen ‚Unterstützens' so auszuarbeiten, dass hieraus eine konsistente und auf allen Ebenen hinreichend präzisierte Verhältnissetzung von Philosophie und Psychologie folgen kann. Ein erster Schritt muss darin bestehen, der Figur wechselseitiger Unterstützung unterschiedlicher Disziplinen eine eindeutige Bedeutung zu geben. Wechselseitige Unterstützung lässt sich in jedem Fall nicht auflösen in eine eindeutige Hierarchisierung mehrerer Ebenen. Die Resultate von Külpes Arbeiten enthalten überall eine Absage an eindeutig gerichtete hierarchische Begründungsverhältnisse. Wahrnehmung, Gefühle, Denken, ästhetische Prozesse werden nicht durch unmittelbar gegebene elementare Zustände bestimmt. Külpe ist aber auch nicht der Meinung, dass diese mentalen Zustände durch eine Kombination elementarer Zustände entstehen oder verständlich gemacht werden können: In allen diesen Fällen lassen sich für Külpe unmittelbar präsente komplexe Zustände nachweisen.

Was Külpe insbesondere interessant macht, ist, dass er alle gängigen Vorschläge zu einer emphatisch ‚philosophischen' Psychologie aufgreift, kritisch diskutiert und in gewissem Umfang abweist, zugleich aber wesentliche Errungenschaften jeweils beibehalten möchte. Er möchte nicht-reduktionistisch, aber experimentell vorgehen; er akzeptiert holistische und einem hermeneutischen Verständnismodell verpflichtete Zustände und möchte sich doch nicht einseitig auf eine geisteswissenschaftliche Haltung festlegen; er kritisiert Husserls Phänomenologie, lässt sich aber, methodisch wie inhaltlich, durch Husserlsche Ideen inspirieren. Man kann das promisk nennen, oder katholisch, oder einen sicheren Mittelweg; aber eine derart unentschiedene Interpretation wird Külpe letztlich nicht gerecht.

Ein hochinteressantes, durch Martin Kusch veröffentlichtes Dokument zeigt, unter welchen Begrifflichkeiten Külpe diese Tendenzen in seinem Werk zusammenzuführen sucht.[60] In einem im Nachlass enthaltenen Entwurf greift Külpe in den Lehrstuhlstreit ein und plädiert für eine stärkere Anerkennung der Eigenständigkeit der Psychologie als sich stets mehr spezialisierender Disziplin; andererseits aber möchte er die Psychologie unbedingt innerhalb der philosophischen Fakultät halten. Das kurze Dokument gibt hierfür keine eingehende Argumentation. Der von Kusch rekonstruierte Kontext, insbesondere die kritische Diskussion mit Wundt und seine Auseinandersetzung mit Wundts Sorge, die Psychologie würde bei Verlassen der philosophischen Fakultät zu einer rein handwerklichen Aktivität, benennt die *Wissenschaftlichkeit* der Psychologie als Leitproblem jeder disziplinentheoretischen und institutionspraktischen Erörterung zur Psychologie.

---

[59]Ebd., S. 40.
[60]Kusch (1999), S. 164 f.

Die Stärke von Külpes Position kann hiermit in unterschiedlicher Weise formuliert werden. Es gelingt ihm, die zunächst vielfach negativen[61] und als solche kritisch gegen bestehende philosophische oder psychologische Erklärungsformen gerichteten Resultate seiner Experimente positiv zu wenden, indem er diese Resultate ihrerseits als experimentell nachgewiesene, irreduzibel komplexe Grundlage aller Wissenschaften – jenseits der Unterscheidung zwischen Natur- und Geisteswissenschaften – annimmt. Der entscheidende Schritt liegt in seinen Überlegungen zum Realismus: Nirgendwo in den Wissenschaften (und Külpe zieht das Spektrum der von ihm betrachteten Disziplinen bewusst weit, wenn er nicht nur die Psychologie und die Naturwissenschaften, sondern auch die Philosophie Platons und die innovative Mathematik Hermann Grassmanns einbezieht[62]) findet er Gebiete, die sich seinem Realisierungskonzept entziehen. Die immer wieder herangezogenen negativen Resultate verhindern dabei, dass das von Külpe immer wieder perhorreszierte Szenario universeller Gleichmacherei wirklich zur Bedrohung wird: Külpe entfaltet einen kontinuierlichen Dialog zwischen psychologisch-experimenteller Praxis, fundamentaler erkenntnistheoretischer Reflexion und Methodologie der Wissenschaften, der im Wechselspiel positiver und negativer Resultate kontinuierlich in Gang gehalten wird und damit einer philosophischen Psychologie einen gleicherweise umfassenden und konkret ausgestalteten Ort anbietet.

Literatur

Ach, Narziß (1905): *Über die Willenstätigkeit und das Denken. Eine experimentelle Untersuchung mit einem Anhange: Über das Hippsche Chronoskop*. Göttingen 1905.

Ash, Mitchell G. (1980): Wilhelm Wundt und Oswald Külpe on the Institutional Status of Psychology: An Academic Controversy in Historical Context. In: Wolfgang G. Bringmann/Ryan D. Tweney (Hg.): *Wundt Studies. A Centennial Collection*. Toronto 1980, S. 396–421.

Baeumker, Clemens (1916): [Nekrolog Oswald Külpe]. In: *Jahrbuch der Königlich Bayerischen Akademie der Wissenschaften* 1916, S. 73–107.

Baumgartner, Wilhelm u. a. (Hg.) (1997): *Zur Entwicklung und Bedeutung der Würzburger Schulen*. Würzburg 1997 (Brentano-Studien. Bd. 7).

Bovet, Pierre (1909): Psychologie und Logik des Urteils im Zusammenhang mit den Untersuchungen der Würzburger Schule. In: *Bericht über den III. Internationalen Kongress für Philosophie zu Heidelberg 1. bis 5. September 1908*. Heidelberg 1909, S. 600–604.

Bühler, Karl (1907): Tatsachen und Probleme zu einer Psychologie der Denkvorgänge. In: *Archiv für die gesamte Psychologie* 9 (1907), 297–365.

Bühler, Karl (1908): Tatsachen und Probleme zu einer Psychologie der Denkvorgänge. II. Über Gedankenzusammenhänge. III. Über Gedankenerinnerungen. In: *Archiv für die gesamte Psychologie* 12 (1908), S. 1–92.

Danziger, Kurt (1980): The History of Introspection Reconsidered. In: *Journal of the History of the Behavioral Sciences* 16 (1980), S. 241–262.

Giorgi, Amadeo (2010): Phenomenological Psychology: A Brief History and Its Challenges. In: *Journal of Phenomenological Psychology* 41 (2010), S. 145–179.

---

[61] Külpe benennt explizit, dass seine Resultate als negative beginnen: Külpe (1922), S. 308.
[62] Külpe (1910b) S. 9, 11.

Hammer, Steffi (1994): *Denkpsychologie – Kritischer Realismus. Eine wissenschaftshistorische Studie zum Werk Oswald Külpes.* Frankfurt a. M. u. a. 1994.
Henckmann, Wolfhart (1997): *Külpes Konzept der Realisierung.* In: Baumgartner u. a. (Hg.) 1997, S. 197–208.
Humphrey, George (1951): *Thinking. An Introduction to its Experimental Psychology.* London/ New York 1951.
Janke, Wilhelm/Schneider, Wolfgang (Hg.) (1999): *Hundert Jahre Institut für Psychologie und Würzburger Schule der Denkpsychologie.* Göttingen u. a. 1999.
Külpe, Oswald (1887): Zur Theorie der sinnlichen Gefühle. (Erster Artikel.). In: *Vierteljahrsschrift für wissenschaftliche Philosophie* 11 (1887), S. 424–482.
Külpe, Oswald (1888): Zur Theorie der sinnlichen Gefühle. (Zweiter Artikel.). In: *Vierteljahrsschrift für wissenschaftliche Philosophie* 12 (1888), S. 50–81.
Külpe, Oswald (1899): Über den associativen Faktor des ästhetischen Eindrucks. In: *Vierteljahrsschrift für wissenschaftliche Philosophie* 23 (1899), S. 145–183.
Külpe, Oswald (1902): Ueber die Objectivierung und Subjectivirung von Sinneseindrücken. In: *Philosophische Studien* 19 (1902), S. 508–556 (*Festschrift. Wilhelm Wundt zum siebzigsten Geburtstage*).
Külpe, Oswald (1903): Ein Beitrag zur experimentellen Aesthetik. *The American Journal of Psychology* XIV (1903), S. 215–231.
Külpe, Oswald (1904): Versuche über Abstraktion. In: *Bericht über den I. Kongreß für experimentelle Psychologie* 1904, S. 56–68.
Külpe, Oswald (1908): *Immanuel Kant. Darstellung und Würdigung.* Leipzig ²1908. (*Aus Natur und Geisteswelt. Sammlung wissenschaftlich-gemeinverständlicher Darstellungen.* Bd. 146).
Külpe, Oswald (1909): Ein Beitrag zur Gefühlslehre. In: *Bericht über den III. internationalen Kongress für Philosophie zu Heidelberg 1. bis 5. September 1908*, hg. von Theodor Elsenhans. Heidelberg 1909.
Külpe, Oswald (1910a): Zur Psychologie der Gefühle. In: *VIme congrès international de psychologie tenu à Genève de 20 au 7 Août 1909. Rapport et comptes rendus*, hg. von Ed. Claparède. Genève 1910, S. 183–196.
Külpe, Oswald (1910b): *Erkenntnistheorie und Naturwissenschaft.* Leipzig 1910.
Külpe, Oswald (1911): *Die Philosophie der Gegenwart in Deutschland. Eine Charakteristik ihrer Hauptrichtungen nach Vorträgen gehalten im Ferienkurs für Lehrer 1901 zu Würzburg.* Leipzig 1911.
Külpe, Oswald (1912–1923): *Die Realisierung. Ein Beitrag zur Grundlegung der Realwissenschaften.* Leipzig (Bd. 2 und 3 aus dem Nachlaß hg. von August Messer) 1912–1923.
Külpe, Oswald (1915): *Zur Kategorienlehre. München 1915* (Sitzungsberichte der Kgl. Bayer. Akademie der Wissenschaften, philos.-philol. und histor. Klasse).
Külpe, Oswald (1921a): *Grundlagen der Ästhetik.* Aus dem Nachlaß, hg. von Siegfried Behn. Leipzig 1921.
Külpe, Oswald (1921b): *Einleitung in die Philosophie*, hg. von August Messer. Leipzig ¹⁰1921.
Külpe, Oswald (1922): *Vorlesungen über Psychologie*, hg. von Karl Bühler. Leipzig 1922.
Kusch, Martin (1995): *Psychologism. A case study in the sociology of philosophical knowledge.* London/New York 1995.
Kusch, Martin (1999): *Psychological Knowledge. A social history and philosophy.* London/New York 1999.
Lindenfeld, David (1978): Oswald Külpe and the Würzburg School. In: *Journal of the History of the Behavioral Sciences* 14 (1978), S. 132–141.
Münch, Dieter (1997): Edmund Husserl und die Würzburger Schule. In: Wilhelm Baumgartner u. a. (Hg.) (1997), S. 89–122.
Münch, Dieter (1998): Die vielfältigen Beziehungen zwischen Philosophie und Psychologie. Das Verhältnis Edmund Husserls zur Würzburger Schule in philosophie-, psychologie- und institutionengeschichtlicher Perspektive. In: Jürgen Jahnke u. a. (Hg.): *Psychologiegeschichte – Beziehungen zu Philosophie und Grenzgebieten.* München/Wien 1998, S. 319–345.

Münsterberg, Hugo (1909): [Eröffnungsansprache III. Sektion. Psychologie]. In: *Bericht über den III. Internationalen Kongress für Philosophie zu Heidelberg 1. bis 5. September 1908.* Heidelberg 1909, S. 544 f.

Natorp, Paul (1912): *Allgemeine Psychologie nach kritischer Methode.* Tübingen 1912.

Neuber, Matthias (2014): Critical Realism in Perspective: Remarks on a Neglected Current in Neo-Kantian Epistemology. In: Maria Carla Galavotti u. a. (Hg.): *New Directions in the Philosophy of Science.* Cham u. a. 2014, S. 657–673.

Ogden, Robert Morris (1951): Oswald Külpe and the Würzburg School. In: *The American Journal of Psychology* 64 (1951), S. 4–19.

Ziche, Paul (1997): Selbstbeobachtung, Ästhetik, Wahrnehmung. Zu den experimentell-psychologischen Untersuchungen der ‚Würzburger Schule' der Denkpsychologie. In: Olaf Breidbach (Hg.): *Natur der Ästhetik – Ästhetik der Natur.* Wien/New York 1997, S. 117–138.

Ziche, Paul (1998): „Reine Psychologie" und „Philosophie als strenge Wissenschaft" – Die Rezeption der Husserlschen Phänomenologie durch die ‚Würzburger Schule' der Denkpsychologie. In: Jürgen Jahnke u. a. (Hg.): *Psychologiegeschichte – Beziehungen zu Philosophie und Grenzgebieten.* München/Wien 1998, S. 347–366.

Ziche, Paul (1999): Das Selbstbild des Denkens. Introspektion als psychologische Methode. In: Olaf Breidbach/Karl Clausberg (Hg.): *Video ergo sum. Repräsentation nach innen und außen zwischen Kunst- und Neurowissenschaften.* Hamburg 1999, S. 82–98.

Ziche, Paul (2006): „Ästhetik von unten" von oben. Experimentelle Ästhetik von Gustav Theodor Fechner bis Oswald Külpe. In: Marie Guthmüller/Wolfgang Klein (Hg.): *Ästhetik von unten. Empirie und ästhetisches Wissen.* Tübingen/Basel 2006, S. 325–350.

Ziche, Paul (Hg.) (1999): *Introspektion. Texte zur Selbstwahrnehmung des Ichs.* 1999.

Lösung oder Einfall? Über die verlorenen Spuren der Phänomenologie in der Denkpsychologie

Alexander Nicolai Wendt

1   Reichweite der Überlegungen

Dass die geistesgeschichtlichen Bewegungen der Neuzeit gemeinhin eine Lokalisation, einen Standort, hatten, bevor infrastrukturelle Mobilität weitgehende geografische Unabhängigkeit ermöglichte, gestattet die historische Zuordnung sogar heterogener Beiträge zur selben Gruppierung. Es ist deswegen wichtig, die Beziehung zu Würzburg nicht zu unterschlagen, wenn von einer bestimmten denkpsychologischen Orientierung die Rede ist, die als Schülerschaft Oswald Külpes am Anfang des 20. Jahrhunderts bekannt geworden ist.

Indes, weil Külpe selbst bereits 1909 nach Bonn ging, wird der Name der ‚Würzburger Denkpsychologie' schon auf den zweiten Blick fragwürdig. Von größerer Brisanz ist der Umstand, dass in den prominentesten Veröffentlichungen der Würzburger Schule ein Themenspektrum vertreten war, das weit über dasjenige hinausweist, was inzwischen mit ‚Kognition' bezeichnet wird. Narziß Ach etwa, der sich allerdings nur für zwei Jahre in Würzburg aufgehalten hatte, stellt den Willen im Titel seiner Habilitationsschrift dem Denken voran. Was hierin tatsächlich zum Ausdruck kommt, ist also, dass der Begriff des Denkens zu Beginn des Jahrhunderts keine bloß kognitive Bedeutung trug. Mit Denkpsychologie ist gleichsam nicht etwa ein Forschungsprogramm im gegenwärtigen Sinne bezeichnet, etwa Experimente zur Überprüfung hypothetischer Modelle.

So wird klar, dass die wissenschaftliche Identität der ‚Würzburger Denkpsychologie' keine Trivialität ist. Insbesondere die Abgrenzung zu anderen zeitgenössischen Gruppierungen ist eine Aufgabe, deren Schwierigkeits- mit dem Detailgrad zunimmt. Nicht nur in inhaltlicher Hinsicht bestehen tiefgreifende

A. N. Wendt (✉)
Heidelberg, Deutschland
E-Mail: alexander.wendt@psychologie.uni-heidelberg.de

Überschneidungen mit der Berliner Gestaltpsychologie oder den Psychologen aus Göttingen wie etwa dem Assoziationspsychologen Georg Elias Müller, um nur zwei wichtige Bezüge zu nennen.

Dennoch ist es nicht trügerisch, den Begriff der Denkpsychologie im Allgemeinen oder der Würzburger Schule im Speziellen zu verwenden. Der psychologiegeschichtlich schicksalshafte Programmpunkt der Untersuchung höherer kognitiver Funktionen mithilfe systematischer experimenteller Selbstbeobachtung scheint das methodologische *genus proximum* der fraglichen Forscher zu sein. Das bedeutet allerdings mitnichten, dass alle Denkpsychologen Introspektionisten seien. Vielmehr lässt sich sagen, dass das beständige Ringen mit der empirischen Relevanz der Selbstbeobachtung das methodologische Leitmotiv der Denkpsychologie sei. ‚Denken' bedeutet in diesem Sinne weniger die bloße Verstandestätigkeit – so wie es vermögenspsychologisch gegenüber Gemüts- und Willenstätigkeit abgegrenzt wurde – oder die Kognition als Funktion, sondern die eigentümliche unanschauliche Gegebenheit von Gedanken. Die Frage nach dem Unanschaulichen wird so zur zentralen Fragestellung der Denkpsychologie.

Doch auch dieser inhaltliche Gesichtspunkt ist, wie es Kusch aufzuzeigen gelingt[1], keine isolierte Leistung der Würzburger Schule, sondern im zeitgeschichtlichen Kontext breit verwurzelt. Der am weitesten reichende Zusammenhang bestand dabei in der Kontroverse zwischen philosophischer und experimenteller Psychologie resp. zwischen eher logizistischen Konzepten der Psychologie auf der einen Seite, wie bspw. derjenigen des Neukantianismus, und psychologistischen auf der anderen, welche in der Regel von empiristischer Epistemologie geprägt waren. Das Betreiben der Würzburger kann innerhalb dieser „Schlüsselkontroverse"[2] als Versuch beschrieben werden, dem Lager, das dem psychologistischen Ansatz Wundts kritisch opponierte, auf experimentelle Weise entgegenzukommen. In anderen Worten: Die frühe experimentelle (Denk-)Psychologie war implizit oder sogar explizit das Schlachtfeld konkurrierender wissenschaftsphilosophischer Positionen, deren Ursprünge auch außerhalb Würzburgs lagen.

Letztlich läuft eine isolierte Besprechung der denkpsychologischen Arbeiten, etwa eine rein methodologische Kritik der Introspektion, Gefahr, wichtige Verhältnisse zu übersehen, welche sie eigentlich motiviert haben. Andererseits ist es zwar weitsichtiger, doch keineswegs unproblematisch, die Denkpsychologie unter rein philosophischen Gesichtspunkten darzustellen. Es ist vielmehr entscheidend, sie als Übergangsphänomen in der konstitutiven Phase der Psychologie als eigenständiger Disziplin zu betrachten und dementsprechend sowohl philosophische als auch psychologische Kriterien der Darstellung zu entwickeln.

In der bisherigen Literatur hat es noch keine erschöpfende Darstellung des Verhältnisses von Phänomenologie und Denkpsychologie gegeben. Am Anfang

---

[1]Kusch (2001).
[2]Fahrenberg (2015).

stehen die enzyklopädischen und deswegen mitunter kursorischen Betrachtungen Spiegelbergs[3], welche sich eher auf eine Rezeptionsgeschichte beschränkten, statt die Ideengeschichte als kreatives Potenzial für die Psychologie der Gegenwart zu positionieren. Die Arbeit von Münch[4] ist demgegenüber ein wichtiger Fortschritt, doch bleibt die Betrachtungsweise auch dort weitgehend philosophisch, wo der Autor dezidiert eine ‚psychologiegeschichtliche Zugangsweise' wählt. Es ist deswegen nicht verwunderlich, dass seine Erklärungen auf institutionelle und biografische Gründe zurückfallen.

Der von Albertazzi[5] herausgegebene Sammelband setzt einen anderen Akzent, insofern als viele der Texte, die zum Thema der ‚Dämmerung des Kognitivismus' – also mit einem disziplinär psychologischen Schwerpunkt – zusammengetragen wurden, den Bezug zu Husserl suchen. Doch zugleich handelt es sich in der Regel um vornehmlich geschichtliche oder philosophiesystematische Darstellungen, sodass letztlich ein Spalt zwischen Retrospektive und für die moderne Psychologie tatsächlich gültige Wissenschaftstheorie bestehen bleibt. Das Verhältnis der beiden geistesgeschichtlichen Richtungen ist daher weiterhin problematisch.

Hier werden zwei Perspektiven bezogen. Erstens stellt sich die Frage nach dem Einfluss der Philosophie, insbesondere der Phänomenologie, auf die Arbeit der Denkpsychologen. Doch diese Blickrichtung findet erst darin Erfüllung, dass zweitens zu untersuchen ist, wie dieser Einfluss die genuin psychologische Dynamik der Entwicklungen in der Denkpsychologie bestimmt hat. Es handelt sich gewissermaßen zunächst um eine Spurensuche rückwärts zum Ursprung der Denkpsychologie und zweitens vorwärts hinein in die Disziplin der Psychologie. Die erste Spurensuche wäre ohne die zweite rein historisch und deswegen für die Gegenwartspsychologie kontingent, die zweite Suche aber ohne die erste blind, weil sie daran gebunden wäre, was in der Psychologie noch heute oberflächlich verfügbar ist. Erst in ihrer Kombination wird die verlorene Spur einer anderen Denkpsychologie sichtbar, welche letztlich für den gegenwärtigen Kognitivismus eine echte Alternative darstellen könnte.

2 Die Rezeption von Husserls Frühschriften in der teleologischen Tradition der Denkpsychologie

Der Weg rückwärts lässt sich in der Gegenwart beginnen. Die sog. psychologische Problemlösungsforschung ist in eine Sackgasse gestoßen.[6] Weil sich der Fortschritt kognitivistischer Theorien, insbesondere informationsverarbeitender Ansätze, nach ursprünglich euphorisierenden Erfolgen eingestellt hatte, wurde das

---

[3]Spiegelberg (1972).
[4]Münch (1998).
[5]Albertazzi (2001).
[6]Z. B. Getzels (1982), Quesada/Kintsch/Gomez (2005), Ohlsson (2012), Funke (2014).

Problemlösen zwar zusehends differenzierter konzeptualisiert, im Kern handelt es sich jedoch auch gegenwärtig noch um ein teleologisches Konzept: Probleme sind dann gegeben, wenn ein Ausgangszustand in einen Zielzustand überführt werden soll, doch Barrieren diese Transformation verhindern. Dieses Konzept wurde 1972 mit der Arbeit *human problem solving*[7] von Herbert Newell und Allen Simon weitgehend durchgesetzt. Allein, zu diesem Grundlagentext der zeitgenössischen experimentalpsychologischen Forschung gibt es freilich ebenfalls eine Grundlage.

Die Entstehungsgeschichte des informationsverarbeitenden Ansatzes ist von Newell und Simon gut dokumentiert worden:[8] Zur Mitte des 20. Jahrhunderts ergaben sich in der Psychologie diverse Horizontalverbindungen über den Atlantik. Eine wichtige Aufgabe spielte dabei die systematische Abhandlung von Robert Woodworth *Contemporary Schools of Psychology*[9]. Hier wurden die wesentlichen europäischen Theorietraditionen porträtiert und der Vergleich mit nordamerikanischen Pendants gezogen. Auf diese Weise wurden für Newell und Simon, die beide ihren Studienschwerpunkt nicht in der Psychologie, sondern in der Informatik gewählt hatten, die geistesgeschichtlichen Strömungen ihrer Zeit als Kontexte der eigenen informatischen Arbeiten zugänglich.

Mit Blick auf den Inhalt der Problemlösungsforschung war allerdings die Dissertation des Niederländers Adriaan de Groot von größerer Bedeutung. Simon gibt an, sie bereits 1954 gelesen zu haben. De Groot hatte sich ausführlich mit dem Schachspiel beschäftigt und dabei festgestellt, dass der Unterschied zwischen Amateuren und Großmeistern nicht etwa in einem linearen Wachstum der Reflexionen auf die gegebene Position der Figuren bestehe. Es gehe anscheinend nicht um die quasi-mathematische Auflösung von Gleichungen, sondern darum „to make decisions on the basis of incomplete data".[10] Unsicherheit und Ambiguitätstoleranz wurden auf diese Weise als wichtige Merkmale des Problemlösens ans Licht gebracht.

Das Interesse an dem Talent von Schachgroßmeistern wurde von de Groots Doktorvater, dem Ungarn Géza Révész, gefördert, welcher als Reaktion auf antisemitische Tendenzen in seiner Heimat bereits 1919 in die Niederlande emigriert war und einen Ruf an die Universität Amsterdam angenommen hatte. Révész' eigene Forschung widmete sich insbesondere der Kreativität und dem Talent, wobei er außergewöhnliche Fälle wie blinde Bildhauer berücksichtigte. Zwar war der Ungar bei der Promotion seines Schülers de Groot schon 68 Jahre alt, doch de Groots Manuskript zeigt auf der inhaltlichen Seite der Begabungs- und Kreativitätsforschung eine deutliche Anlehnung an die Arbeiten des Lehrers.

Indes, mit der Erwähnung Révész' ist zugleich ein Surplus gegenüber den rein kognitivistischen Arbeiten Newells und Simons gegeben. Es besteht darin, dass

---

[7] Newell/Simon (1972).
[8] Simon (1999).
[9] Woodworth (1931/1948).
[10] De Groot (2008), S. 366.

sich für ihn die Forschung mit talentierten Menschen nicht auf die Beobachtung der praktischen Generierung von Lösungen beschränkte. Empirische Kreativitätsforschung war für ihn wie für seinen Bekannten Julius Bahle die Grundlage für die Untersuchung des produktiven Denkens, zumal des Schöpferischen. Der wichtige Unterschied ist dabei, dass mit dem Begriff des produktiven Denkens gegenüber demjenigen der Informationsverarbeitung beim Problemlösen die Frage nach dem qualitativen und nicht nur rekombinatorischen Neuen gestellt wurde.

Dass Newell und Simon, aber auch schon de Groot diesen Gesichtspunkt weitgehend vernachlässigten und dadurch die Differenz zwischen produktivem und reproduktivem Denken vernachlässigten, ist ein maßgebliches Detail, das im Rückblick als die Fundamentierung einer konzeptionell eingeschränkten Problemlösungsforschung bewertet werden muss – auch wenn diese Fundamentierung bereits zuvor angelegt gewesen ist. In anderen Worten: Der Ansatz von Révész war gegenüber der Beschaffenheit seines Untersuchungsgegenstandes offener. Weil diese Offenheit aus informatischer Perspektive allerdings Unterbestimmtheit bedeutet, musste für Newell und Simon die Bevorzugung der präziseren, weil konzeptuell festgelegten Arbeit de Groots resultieren.

Révész hatte, wie sein Freund David Katz, Anfang des 20. Jahrhunderts bei Georg Elias Müller in Göttingen Psychologie studiert. Auf diesem Wege war er auch mit der Phänomenologie in ihrer frühesten Phase in Berührung gekommen, denn Husserl lehrte seit 1901 ebenfalls in Göttingen. Es wäre falsch zu behaupten, dass Révészs Ansatz deswegen als phänomenologische Psychologie qualifiziert werden könne. In seinen Veröffentlichungen gibt es nur kursorische Bezüge zu Husserl, die nicht auf ein Bekenntnis zu dessen Phänomenologie hinweisen. Auch die Bezüge zu denjenigen Phänomenologen, die der empirischen Psychologie näherstanden als Husserl selbst, insbesondere Scheler, Stumpf oder die Münchner, wie Lipps, Pfänder oder Geiger, sind zwar vorhanden, doch nicht maßgeblich. Es lässt sich deswegen in Übereinstimmung mit Spiegelberg[11] sagen, dass Révész seine persönlichkeits- und kreativitätspsychogischen Untersuchungen allenfalls in der Peripherie der Phänomenologie durchgeführt hat. Wichtiger als dieser explizite Bezug ist, dass er dem Inhalt seiner Forschung nach – und aufgrund des zeitgeschichtlichen Kontextes seines Denkens – dem komplexen Phänomen des produktiven Denkens gegenüber aufgeschlossener war als die funktionalistischen Modelle, die auf die Arbeit seines späten Schülers de Groot folgen sollten.

De Groots Ansatz war allerdings nicht etwa allein wegen des aufkeimenden behavioristischen Zeitgeistes restriktiver als die Lehren Révész'. Stattdessen ist der Einfluss seines zweiten akademischen Lehrers, Otto Selz, der 1938 nach Amsterdam gezogen war, um den Repressalien in Deutschland zu entkommen, gewesen. Selzens Forschung zeichnete sich durch zwei psychologiegeschichtlich bedeutungsvolle Merkmale aus. Erstens handelte es sich um die elaborierteste Anwendung der von Marbe entwickelten und von Ach als ‚systematischen

---

[11]Vgl. Spiegelberg (1972), S. 53 f.

experimentell' titulierten Form der Selbstbeobachtung. Diese gemeinsprachlich mit der Introspektion identifizierte retrospektive Gesprächstechnik hatte einen entscheidenden Einfluss auf die Arbeit de Groots, dessen Schlussfolgerungen auf den Sprachprotokollen der Schachspieler ruhten. Auch Newell und Simon griffen in Vermittlung durch den Text von de Groot auf Selzsche Methodik zurück, wenngleich deren Fortentwicklung zum *think aloud protocol* in stärkerem Maße von Dunckers Arbeit[12] beeinflusst gewesen ist.

Zweitens positionierte sich Selz in der denkpsychologischen Grundsatzdebatte über unanschauliche Erlebnisse – als ein die Frage nach dem produktiven Denken noch fundierendes Problem – deutlich gegen die späten Formen der Assoziationspsychologie, die noch in der Tradition von Eduard Ziehen auf die Würzburger Narziß Ach oder Henry Watt gewirkt hatten. Selz führte Achs Begriff der ‚determinierenden Tendenzen' deswegen auf eine „Anregung" zurück, „die von der Zielvorstellung bzw. den die Aufgabe repräsentierenden Bewußtseinserlebnissen ausgehen".[13] Mit diesem Bekenntnis zur Teleologie ist nicht nur ein maßgebliches Merkmal der Selzschen Denkweise erfasst, sondern zugleich auch die rote Linie, die auch noch in der Gegenwart als Präsupposition der kognitivistischen Problemlösungsforschung gilt: Handeln ist zielgerichtet. In Analogie zu Bergsons Diskussion der biologischen Theoriegeschichte[14] lässt sich somit auch für Selzens Bedeutung für die Psychologie sagen, dass der Mechanismus der Assoziationspsychologie in sein Gegenteil, die teleologische Erklärung umgeschlagen ist. Es ist dabei nicht zu weit gegriffen, den Bogen bis zur ἐντελέχεια des Aristoteles zu spannen, wie Münch andeutet.[15]

Doch auch für Selz gilt im Gegensatz zu seinem Schüler de Groot und dessen Interpreten Newell und Simon, dass ein weiterer Horizont offensteht. Mit Gewissheit handelt es sich dabei um das Gewahrsein eines problematischen Kontextes der eigenen Theorien und womöglich sogar um das explizite Bewusthaben von dessen Relevanz für die Fundierung der empirischen Psychologie. Dieser Unterschied in der Mentalität unterschiedlicher Wissenschafter-Generationen muss betont werden. Mack[16] gelingt es, eine differenzierte Darstellung von Selzens Denkpsychologie vorzulegen, die betont, dass sein Bewusstseinsbegriff mitnichten der Maschinenpsychologie der späteren Kognitivsten entspricht. Vielmehr gehe er in Tradition von Brentano und dessen Schülern von der Einheit des Bewusstseins aus, wobei dieses in Beziehung zu ihm transzendenten Gegenständen.

Die kontinuierliche Auseinandersetzung mit Grundsatzfragen dieser Art, welche Selz neben seiner experimentellen Arbeit beschäftigten, verdeutlicht, wie sein Ansatz inhaltlich zur Phänomenologie im Verhältnis steht. Exemplarisch lässt sich

---

[12]Duncker (1935). Duncker stand jedoch seinerseits unter dem Einfluss Selzens.
[13]Selz (1913), S. 4.
[14]Bergson (2014).
[15]Münch (1998), S. 323.
[16]Mack (1997).

dafür auf zwei Dokumente verweisen. Zunächst auf einen Aufsatz, der 1941 mit dem Titel „Die Aufbauprinzipien der phänomenalen Welt" in den von Révész und Katz gegründeten *Acta Psychologica* veröffentlicht wurde, wobei bereits 1936 ein Auszug als *Les* „problèmes génétiques de la totalité et le problème phénoménologique de la construction des touts et des formes" im *Journal de Psychologie* erschienen war. Diesen Titel zu erwähnen, ist sachdienlich, weil zwei Schwerpunkte des Textes zum Vorschein kommen, die genetische Betrachtung einerseits und der phänomenologische Anspruch andererseits.

Bei dem Aufsatz handelt es sich zugleich um eine Kritik der Assoziations- und Gestaltpsychologie sowie um einen genetisch-psychologischen Beitrag zur Erklärung von Ganzheits- und Gestaltqualitäten in Wahrnehmungserlebnissen. Das Hauptargument der Kritik besteht darin, anzuzeigen, dass „dynamische Gestaltgesetze nicht den Aufbau der phänomenalen Ganzen selbst, sondern bestenfalls den Aufbau des physiologischen Geschehens im Wahrnehmungsfeld, das ihrer Entstehung zugrundeliegt, [erklären]".[17] An dieser Aussage sind zwei Aspekte hervorzuheben. Erstens betont Selz die eigenständige Verfassung der ‚phänomenalen Welt', deren Aufbau darzustellen eine Frage der Beschreibung und nicht der Erklärung sei (eine Reminiszenz an Dilthey), gegenüber der ‚kausalgenetischen'. Zweitens gibt er die Entstehung jener aus dieser nicht auf. Schon daran zeigt sich also, dass er die transzendentalreduktive Ausklammerung der „kausalgenetischen" Wirklichkeit im Sinne der Husserlschen *Ideen*[18] nicht anwendet, weil Selz auf eine realistische Position zurückfällt, und somit auch die genetische Phänomenologie nicht berücksichtigen kann. Ein Widerspruch zu Husserls deskriptiver Psychologie der *Logischen Untersuchungen*[19] ist damit allerdings noch nicht impliziert. Zwar hatte sich Husserl in diesem Schlüsselwerk der frühen Phänomenologie dezidiert genetischer Überlegungen enthalten, doch es könnte sich bei Selzens Ansatz um einen komplementären Beitrag halten.

Um diese Vermutung zu überprüfen, ist der Bezug zur dritten logischen Untersuchung[20] „Zur Lehre von den Ganzen und Teilen" herzustellen.[21] Hier findet sich zunächst eine markante Übereinstimmung hinsichtlich der Kritik an der rein kausalgenetischen Erklärung in der Gestaltpsychologie. Auch Husserl bespricht Gestaltqualitäten und erwidert, es bedürfe

---

[17] Selz (1941), S. 10.

[18] Hua 3 (aus Husserl, 1950 ff.).

[19] Hua 18/19.

[20] Münch behauptet, dass die fünfte und sechste Logische Untersuchung herausragende Bedeutung für die Denkpsychologie gehabt hätten, doch hier ist eine Parallaxe notwendig. Diese beiden Untersuchungen erfreuen sich im Allgemeinen größter Beachtung und haben deswegen grundsätzlich für die Phänomenologie herausragende Bedeutung. Bei genauer Betrachtung zeigt sich allerdings, dass in den verstreuten Bezügen der Würzburger auf Husserl gerade die dritte Logische Untersuchung immer wieder Berücksichtigung erfährt; Münch (1997).

[21] Selz waren die Logischen Untersuchungen vertraut. Auf die dritte Untersuchung, vor allem auf die Idee der unselbständigen Teile, nahm er direkten Bezug, vgl. Selz (1913), S. 131 und 139.

"der ergänzenden Unterscheidung zwischen den phänomenologischen Einheitsmomenten, welche den Erlebnissen oder Erlebnisteilen selbst (den reellen phänomenologischen Daten) Einheit geben, und den objektiven Einheitsmomenten, welche zu den intentionalen und im allgemeinen der Erlebnissphäre transzendenten Gegenständen und Gegenstandsteilen gehören".[22]

Allerdings handelt es sich bei dieser Gemeinsamkeit um den Minimalkonsens, der für jeden zu erwarten ist, der eine phänomenologische Perspektive bemüht. Schon im Detail ist es wichtig hervorzuheben, dass Selzens Begriff einer ‚phänomenalen Welt' die epistemologische Position Husserls verwässert, insofern als ‚Welt' für ihn einen realistischen Aspekt vorweist, der die Kontiguität von kausalgenetischer und phänomenologischer Erklärung aufrecht zu erhalten sucht. Bei Husserl fällt Kausalität demgegenüber in den Bereich der Erlebnisinhalte und ist deswegen streng von der Besprechung des Erlebens selbst zu scheiden.

Der wichtigere Vergleich betrifft unterdessen Selzens zweites Thema, nämlich die Erklärung dieser „Einheitsmomente", und spezifischer: „phänomenale Einheit, phänomenale Größe, phänomenale Ordnung, phänomenaler Zusammenhang und phänomenale Gliederung"[23] (hier lässt sich eine Analogie zu den aristotelischen Kategorien erkennen). Auch an dieser Stelle findet sich zunächst ein formeller Gleichklang: Selz sucht wie Husserl nach „phänomenologischen Bildungsgesetzen"[24], wobei er sich gleichermaßen von Assoziations- und Gestaltgesetzen abwendet. Mit Bildung ist dabei dasjenige gemeint, was die Wahrnehmungsqualitäten – welche bei Husserl als Materie objektivierender Akte bezeichnet werden – verbindet (wobei Husserl nicht von Verbindungsweisen, sondern Einheitsmomenten spricht). Doch die Eigenheiten dieser Bildungsgesetze sind für Selz und Husserl in entscheidender Weise voneinander unterschieden: Selz beabsichtigt die Darstellung einer „synthetische[n] Ganzheitspsychologie", wobei er die Einheitsmomente auf zwei „Grundklassen von Verbindungsweisen der Qualitäten zu phänomenalen Ganzen, die Gradsteigerung und die Wiederholung"[25], zurückzuführen versucht, welche zur Darstellung sämtlicher Wahrnehmungsphänomene dienten. In diesem Sinne spricht er von der „Ableitung der in der Erfahrung vorgefundenen Ganzen und Gestalten aus den ebenfalls erfahrbaren Aufbauprinzipien der phänomenalen Welt".[26] Seine Darstellung der ‚phänomenologischen Bildungsgesetze' bleibt also im Kern psychologisch und das bedeutet hier „erscheinungspsychologisch", um Stumpfs Abgrenzung von der Funktionspsychologie zu bedienen.[27]

---

[22] Hua 19/1, S. 237.
[23] Selz (1941), S. 10.
[24] Ebd., S. 9.
[25] Ebd., S. 12.
[26] Ebd., S. 21.
[27] Im Sinne von Herzog (1993).

Demgegenüber ist an Husserls Fassung der Phänomenologie – in Opposition zum Psychologismus – eine logische Stoßrichtung festzustellen. Zunächst erkennt auch er die Bedeutung der Intensität an: „Die Intensität eines Tons ist nicht etwas seiner Qualität Gleichgültiges, ihr sozusagen Fremdes. Wir können die Intensität nicht für sich behalten als das, was sie ist, und die Qualität beliebig ändern oder gar annihilieren".[28] Und auch in den späteren *Ideen* erkennt er die notwendige Einheit von Qualitäten mit ihren Verbindungsweisen an: „Ein Moment ‚Steigerung', etwa der Kategorie Intensität, ist nur möglich als einem qualitativen Inhalt immanent, und ein Inhalt solcher Gattung wieder ist nicht denkbar ohne irgendeinen Steigerungsgrad".[29]

Doch sodann geht er an einem entscheidenden Punkt über die Psychologie zur Phänomenologie im eigentlichen Sinne hinaus, indem er (an anderer Stelle) fragt: „was ist [...] Intensität?"[30] Mag derselbe Ton auch in jeweils unterschiedlicher Lautstärke ertönen, so bleibt er doch derselbe Ton und dasselbe gilt für Farben: „Denn was ist im Farbengebiet Intensität? Doch nicht Helligkeit. Wir müssten hier gerade die eigentümlich wechselnde Kraft und Lebendigkeit [...] als Intensität definieren".[31] So wird es verständlich, wie dort, wo Selz die phänomenalen Bildungsgesetze als psychologische darstellt, Husserl mereologische Überlegungen anstellt, welche in „materialen Gesetzen" des Verhältnisses zwischen Teil und Ganzem gipfeln:[32] Das Identitätsbewusstsein von Einheitsmomenten hängt nicht von psychologischen Eigenschaften der Empfindung, sondern von inhaltlichen, d. h. noematischen, Bestimmungen der Wahrnehmung ab – bspw. die Kontrasterfahrung von Figur und Hintergrund hängt eben nicht allein von Intensitätsschwellen, sondern vor allem von der Bedeutung der Wahrnehmungssituation ab.

Besonders klar wird dieser Unterschied für die Frage nach der Einheit der Zeiterfahrung. Selz stemmt sich gegen Bergsons berühmte Kritik an einer Raummetapher der Zeiterfahrung und behauptet: „Der phänomenalen Zeit als dem System der Zeitlagen, der Zeitreihe, entspricht der phänomenale Raum, der Raum unserer Erscheinungswelt, als das System der Raumlagen oder Örter".[33] Dabei widerspricht er explizit dem Begriff der Dauer, den Bergson als eine nicht zergliederbare Grundeinheit der Zeiterfahrung bestimmt hatte, und wendet den Intensitätsbegriff auch auf das „Spätere" und „Frühere" an.[34] Husserl hingegen bestimmt die „immanente Zeitform" des „Bewußtseinsflusses" material ontologisch als unselbstständig, denn „ein Zeitpunkt [...] kann nur konkret erfüllt sein

---

[28]Hua 19/1, S. 236 f.

[29]Hua 3, S. 36.

[30]Hua 23, S. 95.

[31]Ebd.

[32]Vgl. Hua 19/1, S. 255 ff.

[33]Selz (1941), S. 18.

[34]Diese Argumentation wiederholt Selz, gegen Stumpf, außerdem für die Wahrnehmung von Flächenausdehnung, zugunsten von bloßer Breiten-, Höhen- und Tiefenwahrnehmung.

im Zusammenhang einer erfüllten Zeitausdehnung, einer Dauer".[35] Hier zeigt sich also ein fundamentaler Unterschied in der Reichweite „phänomenologischer" Überlegungen. Während Selz vornehmlich nicht-kausale Aspekte des Psychischen meint und somit bei den empirischen Tatsachenverhältnissen stehenbleibt, zielt Husserl stets auf Wesensverhältnisse ab und weist empirische Aussagen als Kandidaten für Gesetze des Bewusstseins zurück. Eben in diesem Sinne weisen schon die *Logischen Untersuchungen* über die deskriptive Psychologie zur eigentlichen Phänomenologie hinaus. Selz hingegen bleibt bei bloßer deskriptiver Psychologie als Propädeutik der Kausalgenetik stehen.

Bevor Selzens zweiter, älterer Text, der sich dezidiert mit der Phänomenologie beschäftigt, untersucht werden soll, ist eine Parenthese mit Bezug auf den Inhalt seiner Arbeit über die phänomenale Welt sachdienlich. Seine Darstellung der zwei Grundklassen von Wahrnehmungsphänomenen, Qualitäten und deren Verbindungsweisen, fällt auf für die Denkpsychologie charakteristische Weise in den Bereich der Kontroverse um das Unanschauliche. August Messers *Empfindung und Denken* von 1908 ist eine gute Brücke, um diesen Sachverhalt zu verdeutlichen. Für Messer, dessen psychologische Arbeit sich eng an Husserl orientiert, sind Wahrnehmungsphänomene intentionale Akte, die auf Gegenstandsseite mit Empfindungen korrespondieren. Die Verbindung zwischen den intentionalen Inhalten der Wahrnehmung ist für ihn jedoch, im Gegensatz zu Selz, keine Frage synthetischer Verbindungsweisen:

„Wenn aber auch die Empfindungen (natürlich mit ihren Formen und ihren einfließenden sekundären Elementen) den Gegenstand sozusagen aufbauen, ihn im Erlebnis repräsentieren, so ist es doch wohl zu beachten, daß sie dies nur tun vermöge der sie beseelenden Intention, durch die für uns überhaupt erst ein Gegenstand als solcher bewußt wird".[36]

Selzens Frage nach der Verbindung von Inhalten des Wahrnehmungsphänomens wird bei Messer dementsprechend mit dem von Windelband geprägten Begriff der konstitutiven oder reflexiven ‚Kategorialfunktionen' beantwortet, wobei jene stärker als diese „in ihrer Anwendbarkeit durch den Empfindungsbestand gebunden sind"[37] – eine Unterscheidung, die bei Husserl als passive und aktive Synthesis anklingt. Es zeigt sich, dass Selzens Aufbauprinzipien vorwiegend passiv bleiben und ein Moment der subjektiven Freiheit nicht gestatten. Dadurch wird der Begriff des Unanschaulichen seines – aus dem kantianischen Diskurs um die Spontaneität stammenden – Kerns verkürzt. Es bleibt die flexible, aber bedeutungsarme Struktur, die inzwischen als ‚cognitive functions' zum Stammvokabular des Kognitivismus gehört.[38]

---

[35]Hua 19/1, S. 266.
[36]Messer (1908), S. 59.
[37]Ebd., S. 67.
[38]Zu Selz als Vordenker des Kognitivismus auch: Van Strien/Faas (2005).

Der Unterschied dieser Verkürzung zum husserlianischen Denken lässt sich erneut an der Frage der Zeiterfahrung verdeutlichen. So sagt Messer: „Die zeitlichen Eigenschaften sind alle auf die Dauer, die zeitlichen Beziehungen auf die Zeitordnung zurückführbar".[39] Dauer wird hier zur Qualität der Zeiterfahrung, die, anders als bei Selz, gerade nicht auf die Zeitordnung zurückfällt. Umgekehrt erlaubt diese Feststellung, an Selz die Frage zu richten, was der „Qualität" der Zeiterfahrung bleibt, wenn ihr Aufbau in den Vordergrund gestellt wird. So wird sichtbar, dass Selzens sog. phänomenologische Darstellungen gerade nicht an der Vielfalt von Phänomenen, sondern nur an für verschiedene Phänomenklassen homomorphe Strukturprinzipien interessiert ist – gerade deswegen ist er mit dem „Computation-Repräsentation-Funktionalismus"[40] des Kognitivismus kompatibel. Er geht sogar so weit, in Hinsicht der Verbindungsweise der Wahrnehmungsqualitäten eine Isomorphie zwischen Zeit- und z. B. Temperaturwahrnehmung zu behaupten, wobei der Indifferenzpunkt der Temperaturwahrnehmung eine der Gegenwart vergleichbare Funktion zukomme – warm und kalt entsprechen in dieser Analogie also Zukunft und Gegenwart.

Dieser Vernachlässigung phänomenaler Komplexität versucht Selz selbst dadurch entgegenzuwirken, dass er eine Abhängigkeit der möglichen Intensitätsvariationen von den Qualitäten selbst feststellt. Allerdings wird sein Reduktionsversuch auf diese Weise zirkulär, denn der Ansatz, mit einem sog. Fundierungs- und einem Transponierbarkeitssatz phänomenologisch zu rechtfertigen, dass sich die Verbindungsweisen aller Wahrnehmungsphänomene auf Intensität und Wiederholung beschränken, ist rein formalistisch und verfehlt den lebendigen Reichtum an Wahrnehmungsformen. Mit dem Vorwurf, dass unter diesen Umständen die phänomenale Komplexität vernachlässigt werde, ist freilich nicht gesagt, dass der phänomenale Bestand von Intensitätsphänomenen zu leugnen ist. Doch ihnen eine „zwangsläufige", also mechanische und generelle Funktion in der Wahrnehmung zuzuweisen, verdeckt andere Aspekte der Erfahrung. Indes, weil Selz die Apperzeption eines Ich in seiner synthetischen Ganzheitspsychologie nicht berücksichtigt, konnte seine Psychologie des reproduktiven und produktiven Denkens den Kognitvismus *sensu* Newell und Simon vorwegreifen. Das Unanschauliche fällt für ihn nicht in den Bereich eines egologischen Selbst, sondern bleibt den autonomen Aufbauprinzipien der phänomenalen Welt vorbehalten. Mit diesem Ansatz ebnete er den Weg für eine Psychologie ohne (spontanes) Subjekt, wie es zuvor bereits etwa die Empiriokritizisten getan hatten.[41]

Selzens „Aufbauprinzipien der phänomenalen Welt" sind letztlich eine Ergänzung zu seiner Denkpsychologie im engeren Sinne, also die Psychologie vom reproduktiven und produktiven Denken. Im ersten Teil seiner umfänglichen

---

[39]Ebd., S. 24.
[40]Mack (1997), S. 324.
[41]Siehe Sommer (1985). Auch Husserl hatte in der ersten Ausgabe der Logischen Untersuchung noch mit einem nicht-egologischen Bewusstseinsbegriff sympathisiert (vgl. Zahavi, 2005, S. 99 ff.).

Arbeit *Über die Gesetze des geordneten Denkverlaufs* von 1913, deren wesentliches Thema die Widerlegung der assoziationspsychologischen Konstellationstheorie Ziehens und deren Ersetzung durch eine Theorie der Komplexergänzung ist, lässt Selz noch offen, ob sich Anschauungsganze, also die besagten Wahrnehmungsphänomene, „als bloße assoziative Verbände von Elementardispositionen auffassen lassen".[42] Mit dem Konzept der Verbindungsweisen aus der späteren Arbeit über die phänomenale Welt wurde folglich auch auf dem Terrain der Wahrnehmungspsychologie eine Antwort gegen die Assoziationspsychologie gefunden: Der ausgesprochen vage Begriff der Information ist eine bedeutsame Reminiszenz an diese Ambiguität des Empfindungsbegriffes. Selzens Auseinandersetzung mit dem „geordneten Denkverlauf" konzentriert sich dieweil auf die Darstellung der Komplextheorie für das Denken, für welches dem „Anschauungsganzen" der Wahrnehmung die „Wissenskomplexe" entsprechen. Dass die Auseinandersetzung mit der Phänomenologie lediglich der Förderung der eigenen Komplextheorie diente, ist somit rückblickend ein bezeichnendes Detail seines Denkens über die phänomenale Welt.

Bei der Komplextheorie handelt es sich um einen der empirischen Auseinandersetzung mit dem reproduktiven Denken abgerungenen Ansatz, der auf die Darstellung „intellektueller Grundoperationen" hinausläuft, insbesondere der „Wissensaktualisierung". Entscheidend ist dabei erneut die konzeptuelle Grundlegung in Achs Begriff der determinierenden Tendenzen, welche bei Selz ein „die Lösung einleitende[s] Zielbewusstsein"[43] konstituieren. Das Selzsche Denken hat in dieser teleologischen Pointe seinen absoluten Keim: Das Zielbewusstsein antizipiert ein Schema der Lösung und leitet dadurch einen Prozess des Suchens ein:

„Die auf die Ergänzung eines schematisch antizipierten Sachverhältnisses gerichtete Determination begründet die Tendenz zur Reproduktion des ganzen Sachverhältnisses. Je eindeutiger die Bestimmung des gesuchten Sachverhältnisses in der schematischen Antizipation ist, desto größer ist die richtunggebende Bedeutung der determinierten Wissensaktualisierung".[44]

Die determinierende Tendenz ruft das Zielbewusstsein selbst insbesondere in Aufgaben hervor. Den Begriff der Aufgabe zu erhellen, um diese Funktionsweise zu erklären, wird deswegen für Selzens Arbeit von maßgeblicher Bedeutung: „Die bestimmte Richtung des Suchens ist gegeben durch die indirekte Bestimmung des Ziels in dem im Zielbewußtsein enthaltenen schematischen Sachverhaltsbewußtsein".[45] Wie ein Sachverhalt ins Bewusstsein tritt, ist letztlich Gegenstand der Komplextheorie. *De facto* lässt sich darunter *simpliciter* das „Verständnis [der]

---

[42]Selz (1913), S. 175.
[43]Ebd., S. 218.
[44]Ebd., S. 177.
[45]Ebd., S. 220.

Aufgabe"[46] begreifen und „[i]m weitesten Sinne umfaßt die Aufgabe alle von der Vp. In dem Versuch zu befolgenden Anordnungen des Versuchsleiters".[47] Es sind diese Überlegungen, die zum Ausdruck bringen, welche Präsuppositionen des psychologischen Laborexperimentes die Forschung in der Disziplin bis in die Gegenwart des Kognitivismus geprägt haben.

Der ursprünglichen Darstellung der Komplextheorie für das reproduktive Denkens folgt 1922 die Veröffentlichung des zweiten Teils von Selzens Untersuchungen, jedoch mit einem Schwerpunkt auf dem produktiven Denken. Schon in der Einleitung wird die Auffassung des Verfassers ersichtlich, dass das Konzept einer funktionalen Determination des Denkens – eine „weitgehende Analogie zwischen der Struktur der intellektuellen und der motorischen Prozesse"[48] – vom reproduktiven auf das produktive übertragen werden könne: „Jede neue Operation entsteht demnach durch die Anwendung bereits ausgebildeter, welche die Neubildung unter bestimmten auslösenden Bedingungen kausalgesetzlich herbeiführen".[49] Weil auch das produktive Denken folglich als ein bloßer zielgerichteter Lösungsprozess verstanden werden könne, ergäbe sich für die Untersuchung des produktiven Denkens der Schwerpunkt auf den „intellektuellen Operationen", die als „allgemeinste Lösungsmethoden"[50] fungieren, nämlich Mittelaktualisierung, Mittelfindung und Mittelanwendung. Ohne Selzens weitere Überlegungen im Detail darzustellen, sei hervorgehoben, dass diese weitgehende Homologie von reproduktivem und produktivem Denken in ihrer Zielorientierung das teleologische Paradigma der Problemlösungsforschung – in Vermittlung von Newell und Simon, aber auch Duncker – bis in die Gegenwart auszeichnet. Bemerkenswert ist, dass sich Selz der Alternativen – namentlich Bergsons[51] – bewusst war, sie jedoch entschieden zugunsten eines strikt funktional „geordneten Denkverlaufs" zurückwies.

Der zweite exemplarische Arbeit Selzens, welche sich dezidiert mit der Phänomenologie beschäftigt, ist seine 1913 gehaltene Probevorlesung unter dem Titel *Husserls Phänomenologie und ihr Verhältnis zur psychologischen Fragestellung*. Zwar handelt es sich vordergründig um eine Anerkennung der Wirkung und Bedeutung der *Logischen Untersuchungen*, doch zugleich beabsichtigte der Referent, deren Aussagen über das Verhältnis von reiner Phänomenologie und Psychologie zu relativieren. Selz wählt dabei – in vordergründig Übereinstimmung mit Messers erstem Aufsatz über „Husserls Phänomenologie in ihrem Verhältnis zur Psychologie" von 1911[52] – den Ansatzpunkt, die Grundlage von Husserls

---

[46]Ebd., S. 219.
[47]Ebd., S. 177.
[48]Selz (1922), S. VIII.
[49]Ebd., S. XI.
[50]Ebd., S. 525.
[51]Vgl. ebd., S. XII.
[52]Messer (1911).

Darstellung der Logik als Wissenschaftslehre (im Gegensatz zur Kunstlehre) zu überprüfen.

Zwar liege dieser damit richtig, dass die Gegenstände der phänomenologischen Bedeutungsanalyse, nämlich logische Grundbegriffe, nicht auf einen Beitrag der Psychologie angewiesen seien. Doch es sei Aufgabe der Psychologie, zu untersuchen, wie diese Begriffe durch „die Akte der Abstraktion"[53] aufgefunden würden. In bemerkenswerter Weise widerspricht diese Einschätzung Husserls eigener Vorstellung von der eidetischen Abstraktion bzw. Ideation, welche „freilich nicht […] Abstraction in jenem uneigentlichen Sinn, der die empiristische Psychologie und Erkenntnistheorie beherrscht"[54], meint. Und zugleich verkennt Selz, dass Husserl die Logik auch nach dem Gesichtspunkt theoretischer oder praktischer Wissenschaft diskutiert hatte. Wäre die Logik von tatsachenwissenschaftlicher Arbeit abhängig – und sei es nur propädeutisch –, hätte der Psychologismus sich gewissermaßen durch die Hintertür erneut die Vorherrschaft über die Logik verschafft. Husserls Lösung ist subtiler, denn es geht ihm nicht um logische Gegenstände wie Selz sie im Sinn zu haben scheint, sondern um die Konstitution der Erfahrung selbst, die es allererst möglichen macht, von Gegenständen zu reden.

Nichtsdestoweniger ist es rezeptionsgeschichtlich nachvollziehbar, weswegen Selz zu diesem Ergebnis gelangen konnte. Andere Mitglieder der phänomenologischen Bewegung, insbesondere Scheler, hatten Husserl wiederholt zum Vorwurf gemacht, dass die Ausklammerung von Existenzurteilen nicht hinreiche, um eine eigentliche Reduktion auf die wesentlichen Strukturen der Erfahrung zu vollziehen: „Während Husserl das Existenzurteil zurückhalten will, möchte Scheler hingegen alle Akte suspendieren, die das Realitätsmoment selbst geben; d. h., um das reine Wesen hervortreten zu lassen, müssen alle begierlichen, triebhaften Akte (d. h. die Realität gebenden Akts) ausgeschaltet werden".[55] In anderen Worten: Husserls Ansatz, insbesondere in den *Logischen Untersuchungen,* ist methodologisch noch nicht ausreichend von den psychischen Phänomenen Brentanos emanzipiert, um eine psychologische Interpretation der Erfahrungsgrundlage vollständig ausräumen zu können.

Hinzu kommt, dass Selz für seine Probevorlesung nur die erste Ausgabe der Logischen Untersuchungen berücksichtigen konnte. Es ist wahrscheinlich, dass es sich bei seinen Aussagen zu den „Akten der Abstraktion" um eine Interpretation eines später redigierten Absatzes aus jenem Text handelt:

„Nicht die Psychologie als volle Wissenschaft ist ein Fundament der reinen Logik, sondern gewisse Klassen von Descriptionen, welche die Vorstufe für die theoretischen Forschungen der Psychologie bilden […], bilden zugleich die Unterlage für jene funda-

---

[53]Abgedruckt in: Seebohm (1970). Das Zitat ist nach der Originalpaginierung aus dem Nachlass am Otto-Selz-Institut auf S. 80. Mein Dank gilt Herrn Prof. Dr. Georg Alpers und Herrn Dr. Alexandre Métraux, die mir diese kaum noch zugängliche Quelle zur Verfügung gestellt haben.

[54]Hua 19/1, S. 112.

[55]Leonardy (1976), S. 48.

mentalen Abstractionen, in welchen der Logiker das Wesen seiner idealen Gegenstände und Zusammenhänge mit Evidenz erfaßt".[56]

Das entscheidende Wort, um Husserls Begriff von der Rolle der Phänomenologie zu verstehen, ist hier „Unterlage". Nicht will er – so wie Selz es zu verstehen suchte – sagen, dass durch die Phänomenologie mit der Abstraktion die Grundlage für die formale Logik geschaffen werde, sondern dass der Akt der Abstraktion ebenso wie die empirische Untersuchung von genetisch-psychologischen Zusammenhängen erst auf Grundlage der phänomenologischen Bedeutungsanalyse möglich werde. Es lässt sich deswegen resümieren, dass Selz in verschiedener Hinsicht an der Phänomenologie Husserls vorbeigeht, sie sogar für sein eigenes theoretisches Programm umzudeuten versucht.

Es ist eine psychologiegeschichtlich strittige Frage, ob Selz im engeren Sinne als Denkpsychologe bezeichnet werden kann.[57] Das Kriterium, das für ihre Beantwortung herangezogen wird, scheint allerdings oftmals die personelle Nähe zur Würzburger Schule zu sein. Eine wirkungsgeschichtliche Betrachtung, die sich letztlich nicht nur als Spurensuche der Phänomenologie in der Denkpsychologie, sondern implizit auch als Suche nach der Denkpsychologie selbst vollziehen muss, kann die Entwicklung, die von Würzburg aus auf Selz geht, allerdings nicht unterschlagen.[58] Wir schließen uns einem Urteil an, das von dem Bühler-Biographen Lebzelterns wiedergegeben wird: „Im Seminar über Denkpsychologie (E. Frenkel) war einmal die Rede davon, daß [...] im allgemeinen O. Selz als der große Fortführer der ‚Würzburger' gilt".[59] Dass Lebzeltern dieses Urteil in entscheidender Weise ergänzt, gilt es allerdings erst beim Aufbruch zur zweiten Spurensuche aufzugreifen.

Mit dem Namen Bühlers soll an dieser Stelle der Wendepunkt der Betrachtung genannt sein. Ohne behaupten zu wollen, dass die Würzburger Schule in seiner Arbeit kulminiere, ist festzustellen, dass das Problem, das in die Gegenwart weist, von Bühler in prägender Form vorgetragen worden ist. Es mag lohnenswert sein, weiter als bis auf die Habilitationsschrift über *Tatsachen und Probleme zu einer Psychologie der Denkvorgänge* von 1907/1908 zurückzuschreiten, doch sei an dieser Stelle dafür lediglich auf die ausführliche Arbeit von Kusch verwiesen[60]. Die Spur der Phänomenologie zu erforschen, verlangt einen festen Blick auf einige Indizien, die sich in der Habilitationsschrift konzentrieren.

Vor der Untersuchung des Bezuges von Bühlers Werk auf Husserls Phänomenologie, ist es erforderlich, den Übergang unserer Spur von Selz zu Bühler zu beleuchten. Selz hatte in seiner Argumentation zu den *Aufbauprinzipien*

---

[56] Hua 19/1, S. 24.
[57] Siehe Hermann/Katz (2001).
[58] Wobei Münch (1997) so weit geht, die Denkpsychologie als Bestandteil der phänomenologischen Bewegung zu bezeichnen.
[59] Lebzeltern (1969), S. 18.
[60] Kusch (1999).

der phänomenalen Welt die konzeptionelle Kontinuität von Wahrnehmungs- zu Denkphänomenen durch den Begriff der „Verbindungsweisen von Qualitäten" lanciert und somit, wie bereits zuvor mit den intellektuellen Operationen, eine determinierte Struktur der gesamten Kognition in den Blick genommen, welche eine „Analogie zur Reflexphysiologie"[61] birgt. Bühler leistete diesem Schritt keinen Vorschub, denn seine Unterscheidung von „Gedankentypen", nämlich Regel- und Beziehungsbewusstsein sowie Intentionen, bleibt dem Unanschaulichen vorbehalten. Doch zugleich kann nicht geleugnet werden, dass gerade die weitgehende Vernachlässigung des Verhältnisses von Wahrnehmung und Denken als Desideratum – in diesem Sinne spricht Lebzeltern von „Fortführung" – verstanden werden konnte. Der Übergang zu Selz ist also nicht zwingend, aber in Bühlers im Wesentlichen auf seine Habilitationsschrift beschränkter und deswegen gewissermaßen vorläufigen Arbeit zur Denkpsychologie angelegt.

Zwar mag auch Bühlers Ansatz von teleologischen Zügen geprägt sein, doch weisen sie im Gegensatz zu Selzens Überlegungen den Anspruch auf prinzipielle Geltung nicht vor: Einerseits haben die Denkprozesse für Bühler einen „eminent teleologische[n] Charakter"[62], andererseits gehen sie manchmal „nicht direkt auf ein Ziel los".[63] Es ist von großer Bedeutung, wie solcherart Fälle von ziellosen Denkprozessen erklärt werden. Für Selz gehören sie zur Lösungsmethode der Mittelanwendung in neuen Kontexten, in denen der Zufall auf den Plan gerufen wird, um die Ubiquität des Ziels auch für Phänomene der Ziellosigkeit zu erhalten. So entsteht in diesen Situationen nach seiner Darstellung letztlich doch ein Ziel, nämlich vermittels der Anwendung etablierter Schemata, die zwar Mittel sind, doch strukturell auf ein vakantes Ziel verweisen.[64]

Mit Blick auf Husserl lässt sich bei Bühler eine deutliche Bezugnahme festhalten, die inhaltlich weit über die oft zitierten Zeilen aus der Einleitung hinausgehen. Sogar der Kernbegriff der „Psychologie der Denkvorgänge", also der Gedanke, wird der dritten logischen Untersuchung abgerungen: seine Definition

„lehnt sich […] an die Erörterungen Husserls über das Ganze und seine Teile an und bestimmt als Gedanken die kleinsten Denkerlebnisstücke, d. h. dasjenige, an dem eine fortschreitende, bestimmende Analyse keine selbstständigen Stücke, sondern nur noch unselbstständige Teile unterscheiden kann".[65]

Die unselbstständigen Inhalte hatte Husserl als unabtrennbar und positiv als abhängig dargestellt, sodass sie Bühler als Alternative zum Begriff der psychischen Elemente (bei Wundt oder Müller) dienen konnte, weil sie wesentlich auf das Bewusstseinsganze verwiesen bleiben.

---

[61] Mack (1997), S. 318.
[62] Bühler (1907), S. 315.
[63] Ebd., S. 314.
[64] Diese Denkform lässt sich bei Dörner wiederfinden.
[65] Bühler (1907), S. 330.

Für die anschließende Bestimmung der Gedankentypen greift Bühler ebenfalls auf Husserl zurück, indem er dessen Unterscheidung von gesetzlichen und zufälligen Zusammenhängen für den Begriff des Regelbewusstseins aufgreift. Weil das Regelbewusstsein dabei nicht auf bildliche Inhalte gerichtet ist, in Husserls Terminologie also nicht intuitiv, sondern signitiv ist, wird es für Bühler möglich, die Inhalte des unanschaulichen Denkens, im Sinne der zweiten logischen Untersuchung, als allgemeine Gegenstände zu begreifen. Regeln sind, in anderen Worten, nicht – insbesondere nicht genetisch – auf die Wahrnehmung von Tatsachen zurückzuführen. Um sie in „kategorialer Anschauung" zu erfahren, bei Bühler: sie zu denken, ist die induktive Abstraktion des Empirismus nicht ausreichend. Es bleibt allerdings fragwürdig, ob Bühler die Husserlsche Unterscheidung von Tatsache und Spezies vollständig nachvollzogen hat. Husserl hatte in einem Briefentwurf an Messer von 1914 hervorgehoben, dass sich dieser in seiner Replik auf Husserls Aufsatz *Philosophie als strenge Wissenschaft* einer Vernachlässigung dieser maßgeblichen Abgrenzung durch die eidetische Phänomenologie schuldig gemacht hatte. Es ist durchaus davon auszugehen, dass Husserl zu einem ähnlichen Urteil auch für die Arbeit über die Denkvorgänge gekommen wäre, denn Bühler geht von dem Gedanken als „wirkliche[m] Bewußtseinszustand"[66] aus. Husserl hatte „reale Vorkommnisse"[67] hingegen als Ereignisse bezeichnet, um sie von den Erlebnissen im eigentlichen, eidetischen Sinne abzugrenzen.

Auch für die Darstellung des dritten Gedankentyps, der Intention, bedient sich Bühler seiner Husserl-Interpretation: „Von einem bloßen Meinen kann man bei diesen Erlebnissen auch im Husserlschen Sinne sprechen, insofern sie sehr wenig Erfüllung enthalten, fast rein ‚signitive Akte' darstellen".[68] Bei genauer Betrachtung deutet sich in dieser Aussage jedoch ein subtiler, jedoch bedeutsamer Unterschied zu Husserls ursprünglichen Gedanken an. Erfüllung ist selbst nämlich ein Akt und deswegen kein reines „Adäquatheitsverhältnis"[69]. Vielmehr ist schon in den *Logischen Untersuchungen* eine merkliche Zurückhaltung gegenüber einem empirischen Realismus veranlagt. Der Akt der Erfüllung kann deswegen als „Auffassungssynthese"[70] von Sinn auf der signitiven und Inhalt auf der intuitiven Seite verstanden werden. Wenn Bühler also Denkerlebnisse und -gegenstände voneinander unterscheidet, greift er phänomenologisch zu kurz, weil er dabei nicht über den statischen Gegenstandsbegriff des Empirismus hinauszureichen vermag. Was ihm fehlt, ist der phänomenologische Horizontbegriff, der von Husserl erst in den folgenden Jahrzehnten vervollständigt wurde, etwa in den Analysen zur passiven Synthesis:

---

[66] Ebd., S. 325.
[67] Hua 19/1, S. 326.
[68] Bühler (1907), S. 349.
[69] Ebd.
[70] De Almeida (1972), S. 1.

> „alles eigentlich Erscheinende ist nur dadurch Dingerscheinendes, daß es umflochten und durchsetzt ist von einem intentionalen Leerhorizont, daß es umgeben ist von einem Hof erscheinungsmäßiger Leere. Es ist eine Leere, die nicht ein Nichts ist, sondern eine auszufüllende Leere, es ist eine bestimmbare Unbestimmtheit".[71]

Zusammenfassend lässt sich sagen, dass Bühler bis hinein in die Tiefenstruktur seiner Überlegungen von Husserls Arbeiten angeregt worden ist. Zugleich ist seine Lesart nicht in Husserls orthodoxem Sinne phänomenologisch. Das gilt allerdings auch von vielen weiteren Zeitgenossen, welche noch weiterreichendes Interesse an der Phänomenologie gezeigt hatten, aber von Husserl wegen unzureichender Linientreue zurückgewiesen wurden, etwa der Kreis der Münchner Phänomenologen. Die Zurückweisung durch den Meister ist deswegen kaum ein ausschlaggebendes Kriterium für die Bedeutung des Einflusses (denn von einer phänomenologischen Bewegung kann auch im weiteren Sinne gesprochen werden). Diese sollte stattdessen inhaltlich bestimmt werden. Dabei sticht mit dem Blick auf unsere Spurensuche das Moment der Teleologie hervor.

Anders als in Selzens Schaffensperiode waren für Bühlers Pionierarbeit die Begriffe des produktiven und reproduktiven Denkens in ihren denkpsychologischen Prämissen noch zu verhandeln. Bühlers Beitrag ist weder eine Festlegung, noch ist er indifferent. Vielmehr ist er gegenüber zwei Entwicklungslinien ambivalent. Die erste wurde von Ach und Selz eingeschlagen und führte zu einer Betonung determinierender Tendenzen als Auslösebedingungen des Verhaltens. Ihren größten Erfolg hat sie seither mit dem reproduktiven Denken erreicht. Die zweite Entwicklungslinie ist subtiler und – was disziplingeschichtlich bedeutsam ist – schlechter mit dem in der internationalen Forschung dominanten Pragmatismus vereinbar. Sie ist dennoch durch Bühlers Offenheit für phänomenologische Gedanken angelegt. Anstelle der teleologischen Determination des Verhaltens ergibt sich für sie die Alternative der Intentionalität, deren Anwendung auf die Aktpsychologie eher zum Begriff des „Eigenvollzugs" als desjenigen der „Tätigkeit"[72] führt, sodass Zielbewusstsein eine andere Bedeutung erhält. Diese zweite Entwicklungslinie deutet sich bei Bühler an, doch reicht sie nicht bis in den Kognitivismus hinein. Ihre Bewegung zu verfolgen, ist Gegenstand der zweiten, vorwärtsschreitenden Spurensuche.

3 Die Perspektive der Phänomenologie in der Entwicklung der Denkpsychologie

In bezeichnender Weise lässt Bühlers Biograf Lebzeltern die zweite, inzwischen weitgehend verschollene Entwicklungslinie in der Fortsetzung des oben erwähnten Zitates aufscheinen: „Im Seminar über Denkpsychologie (E. Frenkel) war einmal

---

[71]Hua 11, S. 6.
[72]Keller (1974), S. 253.

die Rede davon, daß zwar im allgemeinen O. Selz als der große Fortführer der ‚Würzburger' gilt, Bühler aber Lindworskys wissenschaftliche Leistung höher einschätzte (daß sich der Weg von Selz inzwischen als Sackgasse erwies, dürfte offensichtlich sein)".[73] Mit dem Hinweis auf Johannes Lindworsky mag heutzutage in erster Linie verbunden werden, wie es im Nachruf von Willwoll heißt, dass „[s]eine liebste, vielleicht auch seine beste Arbeit [...] auf dem Gebiet der Willenspsychologie"[74] erbracht wurde. Doch am Beginn seiner wissenschaftlichen Tätigkeit beschäftigte er sich insbesondere mit einem Thema, das ihm sein akademischer Lehrer Bühler angeraten hatte, nämlich dem schlussfolgernden Denken. In Bonn hatte er zur denkpsychologischen Arbeit auch bei Selz gehört, doch die Ergebnisse Lindworskys sollten in einer maßgeblichen Hinsicht von jenem abweichen.

Die 1916 und damit drei Jahre nach Selz erstem Band über den geordneten Denkverlauf erschienene Dissertation Lindworskys, die sich mit dem syllogistischen Schließen auseinandersetzt, hat zunächst eine vergleichbare Stoßrichtung: Auch er tut seinen Einspruch gegen Ziehens Assoziationspsychologie kund.[75] Sodann räumt er, wie Selz zuvor, dem reproduktiven Denken Raum für die Erklärung bestimmter Anteile am Vorgang des Schließens ein. Dabei greift er zudem auf die von Marbe etablierte retrospektive Fassung der systematischen experimentellen Selbstbeobachtung zurück. Doch trotz dieses übereinstimmenden Ansatzes bricht die Parallele an entscheidender Stelle, denn Lindworsky wehrt sich vehement gegen die Ubiquität des reproduktiven Denkens:[76]

„Nun gibt es allerdings Theorien des Seelenlebens, die aktive Bewußtseinsprozesse nicht zulassen. Aber von Theorien über das Gesamtseelenleben darf sich der empirische Psychologe nicht vergewaltigen lassen, zumal dann nicht, wenn diese Theorien schon als Arbeitshypothesen versagen".[77]

Der Bruch mit dem Vorrang der reproduktiven Denkverläufe ist die Geburtsstunde der zweiten Entwicklungslinie der Denkpsychologie. Deswegen erweist es sich von großer Fruchtbarkeit, nachzuvollziehen, womit Lindworsky ihn zu rechtfertigen versuchte.

Zunächst ist es das empirische Material, an dem ein „Unterschied zwischen bloßer Reproduktionstätigkeit und der eigentlichen Vollziehung des Schlusses"[78] zum Vorschein kommt. Es mag sein, dass Selzens experimentelle Arbeit nicht an diesen Komplexitätsgrad des Denkens heran gelangen konnte, weil seine Untersuchungen

---

[73]Lebzeltern (1969), S. 18.
[74]Willwoll (1940), S. 897.
[75]Vgl. Lindworsky (1916), S. 204.
[76]Während Van Strien und Faas (2005, S. 185) Übereinstimmungen zwischen Lindworsky und Selz suchen, soll hier vielmehr die Divergenz ihres Denkens betont werden.
[77]Ebd.
[78]Ebd., S. 35.

in der Regel einen strukturell limitierten Schwierigkeitsgrad vorwiesen und zudem das Verhalten seiner Probanden, wie Lindworsky herausstreicht, „im weitesten Sinne als Gedächtnistätigkeit"[79] qualifiziert werden muss. Der von Selz behaupteten und von Lindworsky sogar teilweise affirmierten Abhängigkeit des produktiven Denkens vom reproduktiven kann dieser somit auf empirischer Grundlage „eine gewisse gegenseitige Unabhängigkeit"[80] entgegenstellen.

Obschon die empirische Reichweite von Lindworskys Untersuchungen in bezeichnender Weise von Selzens Forschung unterschieden war, ist es auch deren Erklärung, die den Keim eines anderen denkpsychologischen Ansatzes treiben lässt. Ohne zu leugnen, dass die Aufgabe eine bedeutsame Rolle im Sinne des „von der Instruktion gesteckte[n] Ziel[es]"[81] besitzt, stellt Lindworsky dar, dass „die Notwendigkeit der Aufgabe doch als eine nur relative"[82] bezeichnet werden sollte. Ganz in diesem Sinne teilt er die uneingeschränkte Wertschätzung von Achs Begriff der determinierenden Tendenzen nicht[83] und gesteht dem Bewusstsein der Versuchspersonen die Macht ein, sogar eine „unbemerkte Erweiterung der Aufgabe"[84] zu vollziehen, wodurch freilich die Bedeutung der Instruktion unterwandert wird. An der Stelle, an der bei Selz vom Zielbewusstsein die Rede ist, spricht Lindworsky zunächst von „Einstellung"[85] und später von „Haltung"[86]. Mit diesen Begriffen erschließt er eine Form der Erklärung von Denkverläufen, die nicht, im Sinne Bergsons[87], von der Teleologie in den Mechanismus umzuschlagen verdammt ist.

Am besten wird dieser Unterschied am Inhalt deutlich: Der Wissensaktualisierung als einem „bloßen Verstehen" stellt Lindworsky explizit[88] das „Entdecken"[89] gegenüber, welches er als „das Dynamische im eigentlichsten Sinne"[90] bezeichnet. Empirisch findet er dieses Entdecken als „Schritt"[91] oder „Wendepunkt"[92] in den Protokollen seiner Versuchspersonen wieder, aber auch in ihrer

---

[79] Ebd., S. 37.
[80] Ebd., S. 204.
[81] Ebd., S. 139.
[82] Ebd., S. 203.
[83] Vgl. ebd., S. 181. Es scheint angesichts mehrerer Verweise im Laufe der Arbeit vielmehr eine Nähe zu Messer – und dadurch indirekt zu Husserl – gegeben zu sein.
[84] Ebd., S. 146.
[85] Ebd., S. 99. Der Begriff der Einstellung findet sich bereits zuvor bei Koffka (1911) und Meumann (1908), S. 30 f.
[86] Ebd., S. 177.
[87] S. o. Fußnote 12.
[88] Vgl. Lindworsky, (1916), S. 152.
[89] Ebd., S. 194.
[90] Ebd.
[91] Ebd., S. 122.
[92] Ebd., S. 123.

Erwartung, in der syllogistischen Schlussfolgerung „etwas Neues zu finden".[93] Aus diesen Beobachtungen schlussfolgert er, dass dem Zwang, der von der Aufgabe ausgeht, ein „eigener Akt aufleuchtender Beziehungserkenntnis"[94] zur Seite steht, wobei sich mit diesem Kernbegriff der Beziehungserkenntnis die klare Kontinuität zu Bühler offenbart. Es handelt sich bei ihr um das „Werden der neuen Erkenntnis"[95] als obersten Akt des schlussfolgernden Denkens.

Abgesehen von dem kursorischen Gebrauch der Vokabel „phänomenologisch", die sich in zahlreichen denkpsychologischen Abhandlungen vorfindet, steht Lindworskys Ansatz in verschiedener Hinsicht mit dem Denken Husserls in Verbindung, auch wenn dieser nur an wenigen Stellen der Dissertation namentlich Erwähnung findet. Deutlich wird dies bereits im methodologischen Anspruch der Arbeit, denn die Leistungsanalyse, mit der Lindworsky arbeitet, „hat eine unbestreitbare Ähnlichkeit mit der phänomenologischen Wesenserschauung".[96] Dass sich auch hier, wie schon bei Bühler und Selz, vor allem ein tatsachwissenschaftliches Interesse realisiert, ist dafür natürlich eine Einschränkung, doch die Bemühung um eine Konvergenz bezeugt den Einfluss der Phänomenologie. Dessen ungeachtet besteht die prominenteste inhaltliche Parallele im Begriff des „Erfüllungsbewusstseins", welchen Lindworsky benutzt, um zu erklären, in welchem Verhältnis die Versuchspersonen zur Aufgabe stehen. Es ist bezeichnend, dass die Erfüllung hier gewissermaßen die Stelle der Lösung in der Theorie des Problems einnimmt, obzwar sich Lindworsky des Ausdrucks „Lösung" nicht enthält. Mag er auch keinen direkten Bezug zu Husserl Idee vom Akt der Erfüllung gesucht haben, so steht inhaltlich fest, dass mit dem Erfüllungsbewusstsein gerade nicht die bloße Zielerreichung gemeint ist. Es handele sich um ein komplexes Erlebnis, das „vor bzw. nachzeitig"[97] auftreten könne und etwa „durch das Bewußtsein von der Möglichkeit des Schlusses ausgelöst"[98] werde. Außerdem ist es schon grundsätzlich die „Struktur des Bewusstseins", die Lindworsky mit dem Verweis auf den Phänomenologen Pfänder[99], allerdings in dieser Hinsicht kaum anders als Selz, in die Beziehung zu phänomenologischem Denken setzt.

Es wäre zu drastisch, Lindworsky wegen dieser Bezüge als einen phänomenologischen Psychologen zu bezeichnen. Doch sein Ansatz birgt eine Offenheit, derer es im Selzschen Denken entbehrt, nämlich das produktive Denken als spontanen, schöpferischen Akt zu denken. Im Blick auf die Wirkungsgeschichte von Lindworskys Arbeit stellt sich heraus, dass die hier keimende Entwicklungslinie nicht bald verdorren sollte. Zunächst stellt sich jedoch die Frage, inwiefern

---

[93]Ebd., S. 148.
[94]Ebd., S. 194 f.
[95]Ebd., S. 193.
[96]Ebd., S. 97.
[97]Ebd., S. 141.
[98]Ebd.
[99]Ebd., S. 176.

Lindworskys Ansatz eine gültige Antwort auf die Frage nach der Rolle des Unanschaulichen sein kann, die sich aus Bühlers Arbeit ergeben hatte. Im Gegensatz zu Selz, dessen Komplextheorie und ihre Fundierung durch den Begriff der Verbindungsweisen von Wahrnehmungsqualitäten zumindest eine klare Auflösung der Lücke zwischen Anschaulichem und Unanschaulichem lieferte, die Ablehnung der Spontaneität, ergibt sie sich angesichts der Nähe zu Bühler im Begriff der Beziehungserkenntnis für Lindworskys nicht ohne Weiteres.

Tatsächlich wurde das Problem, das sich bei Lindworsky für die Vermittlung von Anschaulichem und Unanschaulichem für einen Gedankentypen, die Beziehungserkenntnis, ergibt im Vergleich zu ihrer Vielzahl bei Bühler kaum geschmälert. Abgesehen von zwei theoretischen Revisionen in den 1920er Jahren musste das Thema aber Lindworskys Interesse an den Willensphänomenen weichen – Untersuchungen, die für die Bestimmung einer Alternative zur determinierenden Tendenz von großer Bedeutung sind. Auch bei seiner Schülerin Maria Krudewig heißt es mehr als drei Jahrzehnte nach der Promotion Lindworskys ganz natürlich, dass die Psychologie „an den Perzeptionsinhalten die Erlebnisletztheiten der Empfindungen und an den Denkinhalten die unanschaulichen Relationserfassungen [absondert]".[100] Die endgültige Antwort auf das Problem wurde in der von Lindworsky abstammenden Entwicklungslinie erst in der nachfolgenden Generation gefunden, bei Krudewigs Schüler Carl Friedrich Graumann – und zwar in der Phänomenologie, jedoch in Abkehr von Husserl: „Von Husserl trennt unsere Analyse dessen Wahrnehmungs-Dualismus zwischen fundierenden ‚Empfindungen' und fundierten sinnlichen Gegebenheiten höherer Ordnung".[101]

Mögen Husserls Überlegungen zur Vermittlung von sinnlicher und kategorialer Anschauung als Brücke zum Unanschaulichen, auf die Bühler seine Differenzierung von Gedankentypen gestützt hatte, auch abgelehnt werden, so bleibt das Resultat genuin phänomenologisch: Graumann spricht, mit Blick auf die Intentionalität, von der „das Nur-Sinnenfällige immer transzendierenden Eigenart unseres Wahrnehmens, die das unmittelbar anschaulich Gegebene mit dem Unanschaulichen, auf das sie verwiesen sein muß, zum sinnvollen Ganzen eines Gegenstandes oder einer Situation vereint".[102] Es ist die Anregung durch Aron Gurwitschs 1957 erschienene Arbeit *Théorie du champ de la conscience*, welche Graumann „Anschauliches und Unanschauliches in der horizontalen Einheit des Verhaltens zusammenfaß[en]"[103] lässt. Unanschauliches wird gleichsam nicht wie bei Selz auf Anschauliches zurückgeführt, sondern in einer primordialen Einheit aufgehoben.

Die zweite Spurensuche führt uns also auf eine Entwicklungslinie der Denkpsychologie, die nicht weniger, sondern kontinuierlich mehr Berücksichtigung

---

[100]Ebd., S. 15.
[101]Graumann (1960), S. 73.
[102]Ebd., S. 97.
[103]Ebd., S. 126 f.

der Phänomenologie bedeutete. Dass auch ‚auf dem Weg zu einer phänomenologischen Psychologie' die grundsätzlichen Probleme der Bühlerschen Pionierarbeit gelöst werden können, ist indes nicht ausreichend, um in der zeitgenössischen Psychologie wirkungsvoll zu werden. Es mag diesem Umstand geschuldet sein, dass im Zuge der „Amerikanisierung der Psychologie"[104] in den 1950er bis 1970er Jahren keine Fortsetzung dieser Entwicklungslinie entstanden ist. Im 21. Jahrhundert, nach dem Verbleichen der Spuren ist die reißende Kraft des Kognitivismus jedoch erloschen und es wird denkbar, auf subtilere Ansätze zurückzukommen, um den Weg aus der Sackgasse der Problemlösungsforschung zu finden.

4 Eine Perspektive für die Psychologie

Das innovative Potenzial einer von Lindworsky initiierten Denkpsychologie weist weit über die Klärung der Frage nach dem Unanschaulichen hinaus. In Bergsons Schema des Kampfes um Geltung zwischen mechanistischen und teleologischen Erklärungen eröffnet sie einen dritten Weg, der die Bedeutung des Subjektes in den Vordergrund stellt. Die Problemlösungsforschung kann zum Vorreiter auf diesem Wege werden, weil sie als Erbe der computationalen Symbolverarbeitungstheorien die Züge der Teleologie in Reinform trägt: Das Problem wird gemeinhin vom Ziel her verstanden. Es resultiert ein bezeichnender Fokus auf die Lösung, wie schon der Ausdruck Problemlösen bekundet, der den Blick einerseits auf das Problem in seiner phänomenalen Situiertheit, andererseits auf nicht-determinierte Formen der Problembearbeitung verstellt. Selbst der Forschung zu sog. Kreativem Problemlösen gelingt es nicht, den Widerspruch zu erkennen, denn die paradigmatischen Wurzeln des teleologischen Denkens reichen tief.

Unter den Formen des Verhaltens, die alternativ zum Lösen auftreten, hat sich Graumann in seiner Dissertation von 1952 auf den Einfall konzentriert. Auch noch über Lindworsky und Krudewig hinausgehend stellt er dabei Selz in die Kritik:

> „In dem Sinne, daß jede Fragestellung formaliter mehr oder weniger weit die Antwort oder den Antwortenbereich schematisch antizipiert und daß jeder ‚lösende' Einfall ja als Lösung, d. h. als das antizipierende Schema ‚erfüllend', erfaßt werden muß, trifft die Kennzeichnung des Antizipationsverhältnisses zwischen ‚Frage' und ‚Antwort' auch für einfallende Antworten zu. Damit ist aber der Einfall wiederum nur inhaltlich gefaßt; das Erlebnisspezifische, das ihn von anderen kogitativen Setzungen scheidet, bleibt unberührt."[105]

In anderen Worten: Selzens Untersuchung der „Denkverläufe" bleibt formell und vermag nicht, das Erleben von Einfällen im eigentlichen Sinne zu berücksichtigen. Dieses sei im Gegensatz zur geordnet verlaufenden Lösung durch „Entfestigung"

---

[104]Métraux (1985).
[105]Graumann (1955), S. 159.

und „sprunghaften Umschlag" ausgezeichnet – Erlebnisweisen, deren Untersuchung einen anderen Ansatz verlangt.

Dieser Ansatz findet sich zur Mitte des 20. Jahrhunderts exemplarisch in zwei Strömungen manifestiert. Zu den Bonner und Kölner Auslegern der Denkpsychologie gehörte auch Graumanns Freund und Rothacker-Schüler Hans Thomae, dessen Auseinandersetzung mit dem „Wesen der menschlichen Antriebsstruktur"[106] von 1944 die Arbeit Lindworskys und Krudewigs zur denkpsychologischen Bedeutung von Gemüt und Willen fortsetzte. Entscheidend ist dabei die Suche nach Strukturen der Erfahrung, die eine problematische Situation konstituieren, aber nicht in den Bereich der Kognitionen fallen. Dabei wird über die assoziationspsychologisch geprägte Arbeit Achs etwa mit dem von Lindworsky eingeführten Begriff der Einstellung hinausgegangen.

Die zweite Strömung kann mit Métraux und Graumann als „phänomenologische Orientierung in der Psychologie"[107] bezeichnet werden. Ihr geht es darum, z. B. leibliche, geschichtliche oder intersubjektive Aspekte des situativen Erlebens für die psychologische Untersuchung verfügbar zu machen. Ohne an dieser Stelle die historische Entwicklung dieser Denkrichtung seit den 1960er Jahren skizzieren zu wollen, sei gesagt, dass aus diesen Strömungen der an die vergessene phänomenologisch geprägte Entwicklungslinie der Denkpsychologie anschließenden Ansätze auch für die gegenwärtige psychologische Forschung zum Verhalten in problematischen Situationen belebende Impulse hervorgehen könnten.

Literatur

Albertazzi, Liliana (Hg.) (2001): *The Dawn of Cognitive Science*. Dordrecht 2001.
Bergson, Henri (2014): *Schöpferische Evolution*. Hamburg 2014.
Bühler, Karl (1907). Tatsachen und Probleme zu einer Psychologie der Denkvorgänge: Über Gedanken. In: *Archiv für die gesamte Psychologie* 9 (1907), S. 297–365.
De Almeida, Guido Antônio (1972): Sinn und Inhalt in der Genetischen Phänomenologie E. Husserls. Den Haag 1972.
De Groot, Adrian (2008): *Thought and Choice in Chess*. Amsterdam 2008.
Duncker, Karl (1935): *Zur Psychologie des produktiven Denkens*. Berlin 1935.
Fahrenberg, Jochen (2015): *Theoretische Psychologie – Eine Systematik der Kontroversen*. Lengerich 2015.
Funke, Joachim (2014): Problem solving: What are the important questions? In: Paul Bello/Marcello Guarini/Marjorie McShane/Brian Scassellati (Hg.): *Proceedings of the 36th Annual Confer-ence of the Cognitive Science Society*. Austin, Texas 2014, S. 493–498.
Getzels, Jacob W. (1982): The problem of the problem. In: Robin M. Hogarth (Hg.): *New Directions for Methodology of Social and Behavioral Science: Question Framing and Response Consistency*. Bd. 11. San Francisco, Kalifornien 1982, S. 37–49.
Graumann, Carl Friedrich (1955): *Die Kriterien des Einfallserlebens*. Köln 1955, S. 159.

---

[106]Thomae (1944).
[107]Graumann/Métraux (1977).

Graumann, Carl Friedrich (1960): *Grundlagen einer Phänomenologie und Psychologie der Perspektivität.* Den Haag 1960.
Graumann, Carl Friedrich/Métraux, Alexandre: Die phänomenologische Orientierung in der Psychologie. In: Klaus Schneewind (Hg.): *Wissenschaftstheoretische Grundlagen der Psychologie.* München 1977, S. 27–53.
Hermann, Theo/Katz, Steffi (2001): Otto Selz and the Würzburg School. In: Liliana Albertazzi: *The Dawn of Cognitive Science.* Dordrecht 2001.
Herzog, Max (1993): Phänomenologie und Experiment in der Psychologie. In: *Journal für Psychologie* 1/4 (1993), S. 44–54.
Husserl, Edmund (1950): Gesammelte Werke. *Husserliana.* Den Haag 1950.
Keller, Wilhelm (1974): *Dasein und Freiheit.* Bern 1974.
Koffka, Kurt (1911): Über latente Einstellung. In Friedrich Schuhmann: *IV. Kongreß für experimentelle Psychologie.* Leipzig 1911.
Kusch, Martin (1999): *Psychological Knowledge.* London/New York 1999.
Kusch, Martin (2001): The politics of thought: a social history of the debate between Wundt and the Würzburg School. In: Liliana Albertazzi (Hg.): *The Dawn of Cognitive Science.* Dordrecht 2001, S. 61–88.
Lebzeltern, Gustav (1969): Karl Bühler – Leben und Werk. In: Ders. (Hg.): *Karl Bühler. Die Uhren der Lebewesen und Fragmente aus dem Nachlaß.* Wien 1969, S. 18.
Leonardy, Heinz (1976): *Liebe und Person. Max Schelers Versuch eines „phänomenologischen" Personalismus.* The Hague: Nijhoff 1976.
Lindworsky, Johannes (1916): *Das schlussfolgernde Denken. Experimentellpsychologische Untersuchungen.* Freiburg im Breisgau 1916.
Mack, Wolfgang: Otto Selz und die Kognitionswissenschaft. In: *Brentano Studien* 7 (1997), S. 315–333.
Messer, August (1908): *Empfindung und Denken.* Leipzig 1908.
Messer, August (1911): Husserls Phänomenologie in ihrem Verhältnis zur Psychologie. In: *Archiv für die gesamte Psychologie* 22 (1911), S. 117–129.
Métraux, Alexandre (1985): Der Methodenstreit und die Amerikanisierung der Psychologie in der Bundesrepublik 1950–1970. In: Mitchell Ash/Ulfried Geuter (Hg.)*: Geschichte der deutschen Psychologie im 20. Jahrhundert.* Wiesbaden 1985, S. 225–251.
Meumann, Ernst: *Intelligenz und Wille.* Leipzig 1908.
Münch, Dieter (1998). Die vielfältigen Beziehungen zwischen Philosophie und Psychologie. Das Verhältnis Edmund Husserls zur Würzburger Schule in philosophie-, psychologie- und institutionengeschichtlicher Perspektive. In: Jürgen Jahnke/Jochen Fahrenberg/Reiner Stegie/Eberhard Bauer (Hg.): *Psychologiegeschichte – Beziehungen zu Philosophie und Grenzgebieten.* München/Wien 1998, S. 319–345.
Münch, Dieter (1997): Edmund Husserl und die Würzburger Schule. In: *Brentano Studien* 7 (1997), S. 89–122.
Newell, Allen/Simon, Herbert A. (1972): *Human Problem Solving.* Englewood Cliffs, New Jersey 1972.
Ohlsson, Stellan (2012): The problems with problem solving: reflections on the rise, current status, and possible future of a cognitive research paradigm. In: *J. Probl. Solving* 5 (2012), S. 101–128.
Quesada, Jose/Kintsch, Walter/Gomez, Emilio (2005): Complex problem-solving: a field in search of a definition? In: *Theor. Issues Ergonomics Sci.* 6 (2005), S. 5–33.
Seebohm, Hans: Otto Selz (1970). *Ein Beitrag zur Geschichte der Psychologie.* Heidelberg (Dissertation) 1970.
Selz, Otto (1913): *Über die Gesetze des geordneten Denkverlaufs.* Stuttgart 1913.
Selz, Otto (1922): *Über die Gesetze des geordneten Denkverlaufs. Zur Psychologie des produktiven Denkens und des Irrtums.* Bonn 1922.
Selz, Otto (1941): Die Aufbauprinzipien der phänomenalen Welt. In: *Acta Psychologica* 5/3 (1941).

Simon, Herbert A. (1999): Karl Duncker and cognitive science. In: *From Past to Future* 1/2 (1999), S. 1–11.
Sommer, Manfred (1985): *Husserl und früher Positivismus*. Frankfurt a. M. 1985.
Spiegelberg, Herbert (1972): *Phenomenology in psychology and psychiatry: A historical introduction*. Evanston, Illinois 1972.
Thomae, Hans (1944). *Das Wesen der menschlichen Antriebsstruktur*. Leipzig 1944.
Van Strien, Pieter/Faas, Erik (2005): How Otto Selz Became a Forerunner of the Cognitive Revolution. In: Thomas Dalton/Rand Evans: *The Life Cycle of Psychological Ideas*. New York u. a. 2005, S. 175–202.
Willwoll, Alexander (1940): Johannes Lindworsky 1875–1939. In: *Schweizer Schule* 27 (1949), S. 895–898.
Woodworth, Robert S. (1931/1948): *Contemporary Schools of Psychology*. New York 1931/1948.
Zahavi, Dan (2005): *Subjectivity and Selfhood*. Cambridge, Mass. 2005.

Nicolai Hartmann und die philosophische Psychologie *„Wie ist allgemeine philosophische Psychologie möglich?"*

Thomas Kessel

1 Einleitung

Innerhalb der Debatte über die Frage nach der Stellung der Psychologie im System der Wissenschaften, Psychologie dabei wohlverstanden als eigenständige Disziplin, neben Geistes- und Naturwissenschaften und der Philosophie mit ihren Bereichen Erkenntnistheorie, Logik, Ethik und Ästhetik im Besonderen, erwartet man nach dem heutigen Stand der Forschung nicht den Namen Nicolai Hartmann (1882–1950).

Dieser Umstand mag der Tatsache geschuldet zu sein, dass Hartmann der Frage nach der Seinsweise des Seelischen, der Psyche zeitlebens keine eigene Schrift widmete. Auch in den Schriften zur Ontologie, wo man eine Behandlung des Psychischen als des Reiches zwischen Organischem und Geistigem naturgemäß erwartet hätte, verweist Hartmann allein auf die Autonomie des Psychischen gegenüber dem Organischen und damit auf dessen Eigengesetzlichkeit, deren Aufweis die Psychologie aber aufgrund ihrer Forschungsmethoden und dem damit in Verbindung stehenden Forschungsstand schuldig bleibe, denn sie sei neben der Erforschung niederer Bewusstseinsstufen außer Stande, in die Bestimmung der höheren Gebilde des Bewusstseins vorzudringen. „Die heutige Psychologie ist noch nicht so weit[, k]ann nur die Anfänge zeigen".[1] Eine eigene Konzeption philosophischer Psychologie schien Hartmann nie entwickelt zu haben.

Die Sichtung und Dokumentation des Hartmann-Nachlasses, welcher bis dato auf dem Dachboden des Hauses von Nicolai Hartmanns Sohn aus zweiter Ehe

---

[1] Hartmann (1913/1914), S. 6.

T. Kessel (✉)
Wuppertal, Deutschland
E-Mail: kessel@uni-wuppertal.de

Olaf Hartmann untergebracht war und in den Jahren 2013–2015 ins Deutsche Literaturarchiv in Marbach überführt wurde, ermöglichte in Zusammenarbeit mit Gerald Hartung und Joachim Fischer nicht allein das DFG-finanzierte-Editionsprojekt ‚Cirkelprotokolle 1920–1950'[2], welches von großer philosophiegeschichtlicher Relevanz ist, sondern förderte auch zwei Vorlesungsmanuskripte Hartmanns aus den Wintersemestern 1911/1912 und 1913/1914 zum Thema „Allgemeine Psychologie"[3] zutage, welche ein echtes Desiderat nicht nur innerhalb der Hartmann-Forschung darstellen. Dabei nimmt die spätere die frühere in einem gewissen Umfang auf und zwar insofern, als sie auf in dieser ausgearbeitete Passagen verweist, die in der praktischen Durchführung des Vorlesungsverlauf des Wintersemesters 1913/1914 eingefügt werden sollten.

Die Intention des vorliegenden Beitrags liegt keinesfalls in einer umfassenden Darstellung, werkinternen oder kontextuellen zeitgeschichtlichen Einbettung der Konzeption Hartmanns, dazu bedürfte es einer eingehenden Untersuchung, zu welcher der dem Sammelband zugrundeliegende Workshop ein erstes Vortasten erlaubte. In den folgenden Ausführungen – zur allgemeinen Konzeption der Vorlesung, Hartmanns Stellung zur philosophischen Psychologie um 1912 und überhaupt als auch einem inhaltlichen Ausflug in Hartmanns eigenen Ansatz assoziationspsychologischer Kategorienlehre – kann es sich nur um eine vorsichtige Skizze der Vorlesung vom Wintersemester 1913/1914 handeln, die einen ersten Eindruck besagter Vorlesung zu vermitteln sucht.

2   Aspekte der Konzeption

Der dem Schoss der Marburger Neukantianer bereits entwachsene Nicolai Hartmann, welcher zwei Jahre zuvor erstmals seine eigene philosophische Konzeption in dem Bändchen „Philosophische Grundfragen der Biologie"[4] der Öffentlichkeit präsentierte, welche später unter dem Schlagwort Neue Ontologie gehandelt wurde, hielt seine Psychologie-Vorlesungen des Wintersemester 1913/1914 an der Marburger Universität viermal wöchentlich jeweils um 16:00 Uhr.[5] – Die Vorlesung im WS 1912/1913 unter dem gleichen Titel hielt Natorp. Das Vorlesungsmanuskript umfasst 207 Seiten, die Einschübe aus der frühen Lesung nicht

---

[2]Hartmann (2020).
[3]Hartmann (1911/1912); (1913/1914).
[4]Hartmann (1912a).
[5]Vgl. Vorlesungsverzeichnis (1913), S. 62.
  „Spuren einer Wirkung der Natorpschen Psychologie finden wir auch bei N. Hartmann, der ja wie Cassirer Schüler Natorps gewesen ist. In der Abhandlung ‚Systembildung und Idealismum' (Hartmann 1912b) übernimmt Hartmann von seinen Lehrern Cohen und Natorp die systematische Stellung der Psychologie als letzte Disziplin nach Logik, Ethik, und Ästhetik. Eben dieser systematische Grundriss findet sich auch schon in einem Seminarreferat des jungen Hartmann, das Natrop dann in seine Schrift ‚Individualität und Gemeinschaft' (Natorp, 1921) hineingebracht hat." Schmidt (1976), S. 155.

eingerechnet (bzw. 61 Vorlesungen), die durchgehend in zwei Spalten gehalten sind, wobei die linke Spalte, die Überschriften und thematischen Stichpunkte, die rechte die weiteren Ausführungen aufnimmt. Der Einleitung, welche ihren Ausgang von einer inhaltlichen Bestimmung des Gegenstandsfeldes der Psychologie vom altgriechischen Begriff der ψυχή her nimmt und in einem Überblick über den damaligen aktuellen Forschungsstand mündet, schließen sich weitere fünf Teile an. So fügt sich den philosophiehistorischen Ausführungen von den Vorsokratikern über Descartes, Mill und Hobbes bis Kant eine Methodenkritik zeitgenössischer Forschungsarbeiten an. Diese bildet gleichsam den systematischen Teil der Vorlesung, welcher zudem die erkenntnistheoretischen Voraussetzungen und die damit verbundenen Standpunkte der angesprochenen Forscher ausleuchtet, zu denen u. a. der Begründer der experimentellen Psychologie Wilhelm Wundt, der Marburger Neukantianer und Gönner Hartmanns Paul Natorp, Wilhelm Dilthey, Theodor Lipps, Nikolai Onufrijewitsch Losski, der französische Psychologe Alfred Binet, der Begründer der modernen Biologie Wilhelm Roux und viele anderen gehören.[6] Diesem folgt eine eingehende Untersuchung sinnesphysiologischer Analysen, den aus ihnen gewonnenen Daten und deren Interpretationen vonseiten der Vertreter einer empirisch, naturwissenschaftlich begründeten Psychologie, die sich über fast ein Drittel der gesamten Vorlesung erstreckt, sodass man sich nicht des Eindrucks erwehren kann, dass Hartmann sich gleichsam der psychologistischen Marschrichtung anschlösse. Dies wird noch dadurch verstärkt, dass Hartmann den Naturwissenschaften gegenüber durchaus aufgeschlossen gegenüberstand. Ob dies dem Einfluss der Neukantianer geschuldete ist, für die jene Gebundenheit der Philosophie an die Naturwissenschaften Programm war, darüber lässt sich nach heutigem Forschungsstand nur spekulieren.[7]

Was aber im ersten Moment wie eine Hinwendung zum Psychologismus erscheint, erweist sich in der Folge als eine notwendige Vorarbeit, um den kategorialen Übergriff deutlich herauszuarbeiten, welcher sich quasi aus dem Selbstverständnis einer jeden Wissenschaft heraus zu ergeben scheint, welche die Realverhältnisse ihrer jeweiligen Perspektive unterordnet und sich damit zugleich wenn auch unbemerkt durch ihre Einseitigkeit ins Unrecht setzt. Doch dazu später.

Aus der Methodenkritik heraus, die sich zu einem beträchtlichen Teil mit der Tontheorie Carl Stumpfs auseinandersetzt, entwickelt Hartmann unter dem Titel „Wahrnehmen und Vorstellen" von Kant ausgehend einen geschichtlichen Überblick hinsichtlich des Verständnisses von Raum und Zeit aus psychologischer Perspektive einerseits und logischer Perspektive andererseits.[8]

„Von den Wahrnehmungen ist im obigen vielfach gehandelt worden; jeder einheitliche Empfindungscomplex ist schon Wahrnehmung. Aber die wurde immer nur von der einen Seite betrachtet: das Sinnesprodukt [...]. Wahrnehmung besteht nicht nur aus

---

[6]Vgl. Hartmann (1913/1914).
[7]Vgl. Sieg (1994), S. 30 ff.
[8]Vgl. Hartmann (1913/1914), S. 128.

Empfindungselementen. In ihr sind noch andere psychische Ursprungsmomente enthalten, die ebenso wesentlich für sie sind als die elementaren Bestandteile: die Arten der Verbindungen/resp. Verschmelzung, die Formen und Gesetze [die Kategorien] der Wahrnehmung."[9]

Aus diesem philosophiehistorischen Streifzug heraus tritt das Leib-Seele-Problem in den Blick, welches zu einer ersten Bestimmung der Seele als eines zeitlichen Gebildes führt, das Hartmann von nun an unter dem Aspekt des Bewusstseins behandelt.

„[I]n den Raum muß sich das Bewußtsein erst selbst versetzen, gleichsam künstlich gegen seine Natur. Denn das Bewußtsein ist unräumlich; es hat keine Raumstruktur und kann folglich keinen Ort einnehmen. – Nur der Leib nimmt Raum ein und ist im Raum und mit ihm das Organ der Raumwahrnehmung – das Auge; aber der Leib ist nicht das Bewußtsein […]. Das Bewußtsein braucht sich nicht in die Zeit hineinzuversetzen, es findet sich immer schon an einem Zeitpunkt vor […]. Das Bewußtsein selbst ist ein zeitliches Gebilde: es besteht aus lauter Processen, alle Inhalte (Erlebnisse) haben in ihm einen Ablauf[.]"[10]

Innerhalb des als prozesshaften Gebildes charakterisierten Bewusstsein zeigt sich zudem eine phänomenal aufweisbare Trägerschaft der Erlebnisse im Prozess des Erlebens. „Es taucht hier ein neuer Träger von Anschauung auf: die innere oder intrasubjektive Anschauung. Das ist nur möglich, wenn sich im Subjekt ein anschauender Punkt […] gegen das übrige […] abhebt."[11] Als ein solcher anschauender Punkt hebt er sich zwar von anderen Bewusstseinsinhalten ab, ist aber dennoch in gleicher Weise gegeben, womit Hartmann die Möglichkeit der nicht unumstrittenen Introspektion als eines methodischen Zugriffs aus der Sache her anzeigt,[12] „Das Ich ist nicht identisch mit dem Bewußtsein; es ist ein enger Ausschnitt aus ihm, gleichsam die innerste Sphäre in ihm. Zum Bewußtsein gehört auch das Nichtich, die Gegenstände, sofern sie gemeint, gedacht, angeschaut sind[.]"[13] Dies so Gemeinte, Gedachte, Angeschaute ist aber aufgrund der Struktur der Bewusstseinsdimension keineswegs als Repräsentation der ‚Welt' „ohne Analogie zur Außenwelt"[14] zu verstehen. So fasst Hartmann weniger Seiten weiter zusammen: „Grundsatz: Das ‚Ich' ist im Spielraum des Bewußtseins localisiert, genau so, wie die Erlebnisgegenstände in ihm localisiert sind. Es ist, als Bewußts-

---

[9] Ebd., S. 128.
[10] Ebd., S. 149.
[11] Ebd., S. 164.
[12] „[S]eit die Psychologie – als sie experimentell wurde – die Solitärintrospektion geächtet hat, benötigt sie tausende und abertausende von – solitären – Introspizienten, die – etwa im TAT, im cued-recall- oder free-recall-Verfahren und häufig durch multiple choice – in Test-und Fragebögen eintragen: ja was denn? doch das Ergebnis ihrer Introspektionen[.]" Marquard (1985), S. 6.
[13] Hartmann (19131914), S. 164.
[14] Ebd., S. 164.

einsich, ein Bewußtsein unter anderen […] und muß sich folglich innerhalb der inhaltlichen Dimension abspielen, in ihnen eine Stelle einnehmen."

Aus den in der gesamten Vorarbeit der bisherigen Vorlesung gewonnen Grundlagen heraus setzt Hartmann in der Vorlesung neu an und entwickelt eine partielle ‚Ontologie der Psyche' in der er apriorische Gesetzlichkeiten sowohl im Bereich des Gedächtnisses als auch des Vorstellungsablaufs entwickelt, wie sie von Kant und Husserl ihrer Möglichkeit nach vehement bestritten wurden.[15]

3 Hartmanns Stellung zur philosophischen Psychologie

Die Behauptung, dass sich Hartmann dem Thema des Psychischen, der Seele verschlossen habe, ist kaum zu halten, wenn er auch bis zu seinem Tode im Jahre 1950 dem Thema kein eigenes Werk gewidmet hat.[16] Doch gibt es kaum ein Werk des Denkers, welches sich nicht in irgendeiner Form mit der Psychologie und ihrer Stellung im System der Wissenschaften, ihres Übergriffs, oder dem Verhältnis des Seelischen meist im Modus des Bewusstseins zu den angrenzenden Seinsschichten des Organischen und Geistigen auseinandersetzt.[17] Zutreffend ist jedoch, dass Hartmann über eine allgemeine Charakterisierung des Seelischen nicht hinausgeht: Eine Charakterisierung, die ihrerseits aus den Analysen der Schichtenverhältnisse, welche zwischen den übrigen Seinsschichten bestehen, gewonnen und schlichtweg auf das Seelische übertragen ist, d. h. eben nicht aus einer dem Seelischen selbst gewidmeten Untersuchung abgerungen ist.

Doch all diesen Bezügen und Stellungnahmen scheint nach einer ersten Einschätzung die Vorlesung (die Vorlesung des Wintersemesters 1911/1912 eingeschlossen) zugrunde zu liegen, wodurch sich aufs Neue ihre Relevanz für das Verständnis Hartmanns Philosophie zeigt.

„Jeder Mensch", so setzt Hartmann an, „treibt in seinem Sinne Psychologie".[18] Dieses Treiben ist ein Phänomen menschlicher Existenz, was im Zusammenleben mit andern deutlich wird: wir nehmen Gesichter mit unterschiedlichen Zeichnungen wahr, verknüpfen mit diesen Zeichnungen Ersterlebnisse mit späteren und entwickeln so Vorurteile im guten und schlechten Sinne, entwickeln Menschenkenntnis, Lebenserfahrung.[19] Schon in diesen Prozessen ist uns die eigene Psy-

---

[15]Siehe Einleitung, S. [xxx].
[16]Es ist schwer anzunehmen, dass Hartmann bei der Lage der Literatur an seiner Position von 1912, welche er in Anlehnung an Cohen und Natorp in seiner Schrift „Systembildung und Idealismus" (Hartmann, 1912b) vertrat, 1950 noch festhielt. Vgl. auch Fußnote 5.
[17]Vgl. Hartmann (1935), S. 11; (1962), S. 48 ff.; (1949a), S. 120 ff.; (1949b), S. 229 ff. usw.
[18]Hartmann (1913/1914), S. 1.
[19]Auf das Thema der Menschenkenntnis, welches an dieser Textstelle zur Bestimmung der Psychologie herangezogen wird, greift Hartmann in seinen Privatseminaren zwischen 1934 („Problem der Individualität") und 1949 („Beziehung fremder Personen") häufig zurück (vgl. Hartmann 2020).

che als Prozessgeschehen, als die Entwicklungsinstanz von Lebenserfahrung und Menschkenntnis das zunächst Nächste, doch zugleich stoßen wir in diesem ersten Fassen des Psychischen an unsere Grenzen, an das Unfassbare, sodass uns dies zunächst Nächste als das Tiefste und Verborgenste zur lebenslangen Aufgabe wird. Doch hat es die Psychologie nicht mit den individuellen Erfahrungen allein zu tun, kann sich nicht auf dieses Individuelle allein berufen, wenn Wissenschaft als Wissenschaft allgemeine Sätze aufstellen will, was gleichsam die Wissenschaft als Wissenschaft ausmacht. Aber wie ist dann Psychologie als Wissenschaft möglich? Psychologie als allgemeine Wissenschaft, d. h. als Wissenschaft von allgemeinen Aussagen über das Psychische, als Theorie ist deshalb möglich, weil alle psychischen Individuen in ihrer ‚Prozeßhaftigkeit' oder wie Hartmann es formuliert ihrer ‚Subjekthaftigkeit' übereinkommen.

Diese allgemeinen Prozesse aufzuspüren ist Aufgabe der Psychologie und in dieser Aufgabe, die gleichsam die Methode der Induktion impliziert, steht die Psychologie den Naturwissenschaften nahe. Somit zeigt sich schon eine erste Legitimation der Psychologie, sich den Naturwissenschaften anzugliedern, wenn auch ihr Untersuchungsgegenstand kein dinglicher ist, da ihm die Dimension der Räumlichkeit nicht zukommt, er, wie oben gezeigt, ein rein zeitliches Phänomen ist. Dennoch ist er genauso Untersuchungsgegenstand, wie die Naturerscheinungen, wenn unter Gegenstand das dem Geiste ‚Entgegenstehende' verstanden wird.

Mit dem Verhältnis zu den Naturwissenschaften taucht gleichsam die Frage nach der Stellung der Psychologie im System der Wissenschaften überhaupt auf, was wiederum mit den spezifischen Problemen zusammenfällt, welche das Psychische mit sich bringt. Aber tauchen diese Probleme erst mit dem Entstehen der philosophischen Psychologie um 1850 auf oder waren sie nicht vielmehr in der gesamten Geschichte der Philosophie schon immer akut?

Denn, wenn hinsichtlich der Bestimmung der Seele, sich diese im Laufe der Anstrengungen der Vorsokratiker neben ihrer Funktion als Bewegungsprinzip zudem als Erkenntnisprinzip herauskristallisiert hat, Erkenntnis auf das Wahre, das Gute und das Schöne geht, dann tauchten die Probleme der Psychologie gleichzeitig mit den Problemen der Logik der Ethik, und später mit denen der Ästhetik auf. Denn das Fragen nach dem Wesen der Tugenden ist auch ein Fragen nach dem Ort des Erfahrenes der Tugenden, der durch diese erst selbst zur Vollendung gebracht werden soll. Gleiches gilt für die Gegenseite: die Affekte. Wenn die Rede von den Affekten der Seele in den Blick fällt, dann auch die Seele selbst. Wenn Erkenntnis als ein Erleiden der Seele verstanden wird, dann muss sowohl das Erleiden (Empfinden) als auch der Ort des Erleidens gleichsam zum Problem werden. Wenn von Wollen und Streben gehandelt wird, dann betrifft das Problem auch gleichsam den Ort des Wollens und des Strebens, die Psyche. Alles in allem lässt sich festhalten, dass der Problemzusammenhang zwischen Logik, Ethik, Ästhetik und Psychologie von je her ein Sachzusammenhang ist. Ein Tatbestand, der auch die Abgrenzung von Psychologie und Philosophie im Allgemeinen so erschwert und den bestehenden Konflikt in der Sache anzeigt.

Das Problem, so Hartmann, ist die „Psychologie als ein Systemglied".[20] Doch bevor ihr der ihr zugehörige Platz zugewiesen werden kann, gilt es weitere damit im Zusammenhang stehende Schwierigkeiten der jungen Disziplin aufzuzeigen und einer möglichen Lösungen zuzuführen.

Ein nicht unbeträchtliches doch allseits bekanntes Problem zu dieser Zeit sieht Hartmann wie z. B. auch Lange in dem Problem der Unbestimmtheit des Gegenstandes, denn die alte Frage nach der Seele formt sich um in die Frage nach einem Prozeßgefüge oder konzentriert sich auf das Bewusstsein als eine Zuwendung, Untersuchung von *innen* her:[21] Aber ist es „des Bewußten als Ganzes? oder nur Bewußtseinserscheinungen? Erlebnisse? Inhalte? Vorgänge?"[22] Für Hartmann ist es durchaus legitim, vom Bewusstsein auszugehen, aber die Untersuchungen des Bewusstseins führen immer über das Bewusste, „nur die Bewußtseinsinhalte (Gegenstände) sind Bewußtes, das Bewußtsein selbst, das Wissen, das Haben der Gegenstände ist durchaus unbewußt".[23] Damit ergibt sie für die Psychologie die Erbschaft des Problem des Unbewussten überhaupt als auch der Frage nach einem methodisch adäquaten Ansatzes. Ist dieser auf dem Wege empirischer, experimenteller, deskriptiver, analytischer, systematischer oder phänomenologischer Psychologie gangbar?

Neben diesem inneren Zugang sieht Hartmann aber zum andern noch den Weg „[v]on der Seite [...] her"[24], also einen äußeren Zugang. Wie oben erwähnt, geht es in der Psychologie als philosophische Disziplin nicht um ein ungeordnetes Sammelsurium individueller Erlebnisse, sondern um allgemeine Prozesstypen und deren Verhältnisse zu- mit- in- und untereinander. „Denn die Psychologie muß ja von der subjektiven Innenseite jener selben Erlebnisse und jenes selben Willenslebens handeln von denen Logik und Ethik sprechen!!"[25] So zeigt sich eine Analogie von Psychologie, Logik und Ethik, welche, wenn sie wie gezeigt besteht, auch aufgezeigt werden können muss, d. h. es müssen sich in der Psychologie dieselben Kategorien wiederfinden, die traditionell in der Logik und Ethik ihre Anwendung fanden und finden.

Die Welt in der Logik und Psychologie ansetzen, ist eine, aber die Richtungen beider Disziplinen, in denen sie fortschreiten, ist je eine andere. Beide setzen erfahrungsabhängig und lebensweltlich gebunden nicht ganz unten bzw. ganz oben

---

[20]Hartmann (1913/1914), S. 3.

[21]„‚Aber heißt denn Psychologie nicht *Lehre von der Seele* [im Original gesperrt]? Wie ist denn eine Wissenschaft denkbar, welche es zweifelhaft läßt, *ob sie überhaupt ein Objekt hat*[im Original gesperrt]?' Nun, da haben wir wieder ein schönes Pröbchen der Verwechslung von Namen und Sache! [...] Dieser Name ist überliefert aus einer Zeit, in welcher man die gegenwärtigen Anforderungen strenger Wissenschaft noch nicht kannte [...]. Also nur ruhig eine Psychologie ohne Seele angenommen!" Lange (1920), S. 257.

[22]Hartmann (1913/1914), S. 4.

[23]Ebd., S. 4.

[24]Ebd., S. 6.

[25]Ebd., S. 6.

an, sondern sozusagen in der Mitte der Erkenntnishöhe. Von dort aus steigt die Logik auf zu den höchsten Begriffen, die Psychologie geht nun nicht direkt von der Mitte auf den Anfang (Empfindung, Wahrnehmung, Affekte), sondern nimmt gleichsam den Umweg über den Weg der Logik, um von der Höhe aus die niederen Sphären zu erforschen und in allgemeinen Begriffen und Sätzen zu heben. Dabei erfahren die Kategorien naturgemäß eine der jeweiligen Seinsschicht entsprechende Umformung ihrer Bedeutung, ihres Wirkens.

Wir spüren durch die Darstellung des kategorialen sachgebundenen Zusammenhangs die Schichtenlehre Hartmanns durchscheinen. Mit diesem Durchscheinen tritt zudem ein weiteres Moment in den Blick, welches ebenfalls unverkennbar Hartmanns Handschrift trägt, namentlich das Moment des kategorialen Übergriffs, d. h. der Verletzung des Geltungsanspruches, welchen das Gesetz der Schichtenzugehörigkeit impliziert:

„Von allergrößter Wichtigkeit ist das dritte Geltungsgesetz, das der Schichtenzugehörigkeit. In der Geschichte der Philosophie ist so viel gegen seinen einfachen, in sich selbst einsichtigen Sinn verstoßen worden, daß seine Klarstellung einen besonderen praktisch-aktuellen Wert gewinnt [...]. Wer z. B. organisches Sein und Lebendigkeit aus mechanischen Kräften und Kausalzusammenhängen erklären will, verstößt gegen dieses Gesetz. Er überträgt die Kategorien der leblosen Natur auf das Eigentümliche eines ganz anders gearteten Seins, und zwar eines weit höheren. Dasselbe tut, wer das Bewußtsein aus physiologischen Prozessen heraus verstehen will[.]"[26]

Dieser Zug ist jedoch nicht allein ein Problem innerhalb mechanistischer oder psychologistischer Theorien, und damit überhaupt nicht als Hartmanns Ablehnung der Psychologie seiner Tage als solcher zu interpretieren, sondern als eine sich durch die gesamte Geschichte der Philosophie durchziehende Problematik, die gleichsam im Selbstverständnis eines jeden ‚Ismus' angelegt ist.

„Der Psychologismus beginnt erst dort, wo die psychologische Methode sich des engeren Erkenntnisproblems bemächtigen will. Hier beginnt die Gefahr der Problemverkennung. Zugleich mit der Erkenntnistheorie sieht sich hier die Logik gefährdet. Und so ist es zu verstehen, daß sich im Lager der logisch orientierten Erkenntnistheorie eine scharf antipsychologistische Strömung herausentwickelt hat. Indessen ist der logische Idealismus, der sich um die Zurechtweisung der Psychologie in ihre legitimen Grenzen und saubere Scheidung der beiderseitigen Problemgebiete im höchsten Maße verdient gemacht hat, nichtsdestoweniger gerade in dem entscheidenden Punkte übers Ziel hinausgeschossen und hat dadurch sich selbst ins Unrecht gesetzt."[27]

So verbirgt sich hinter „jeder neu auftretenden Denkform", die psychologische eingeschlossen, „eine kategoriale Einsicht. Die Denkform ist" zwar nicht mit der Einsicht identisch, „führt sie aber mit heraus, und meist überspannt sie die neue Errungenschaft beträchtlich, setzt sich dadurch zugleich ins Unrecht." Aus die-

---

[26]Hartmann (2014), S. 137.
[27]Hartmann (1921), S. 15.

sem Grund, so Hartmann weiter „bewegen sich die philosophischen Systeme ohne Ausnahme in Übertreibungen und Einseitigkeiten und der Fehler der Grenzüberschreitung – der Übertragung von Kategorien auf Gebiete, für die sie nicht zuständig sind, – beherrscht sie alle."[28]

Um aber dem Geltungsanspruch des Gesetzes der Schichtzugehörigkeit Rechnung zu tragen und damit dem kategorialen Übergriff zu entgehen, ist es unabdingbar, auf Folgendes zu reflektieren: „Die Psychologie setzt eine unabsehbare Reihe von Begriffen voraus und arbeitet ganz mit ihnen, die nicht nur thatsächlich aus der Logik, Ethik, Ästhetik, Naturwissenschaft usw. herkommen, sondern die ihrem Wesen nach rein objektiver Natur sind; in der Psychologie müssen dieselben vielmehr erst umgewertet werden[.]" Eine Umwertung der Begriffe, die dann umgekehrt wieder zu einer Rückwirkung der Psychologie auf die Fragen der Logik, Ethik, usw. führt.

So ergibt sich für das Problem der Stellung der Psychologie Folgendes: „[S]ie ist sekundär", denn sie kann erst beginnen, wenn die anderen Wissenschaften schon fortgeschritten sind. Aber: „[S]ie ist [zugleich] die höhere und complicertere Problemstufe […] und keineswegs die niedere, wie die Idealisten wollen. Denn sie betrachtet alle objektiven Inhalte noch einmal in einer höheren Complicierung, d. h. in ihrer Spiegelung im Subjekt."[29] Freilich ist dies noch nicht der Stand der Psychologie, sondern ihr gefordertes Ziel.

Mit der geschilderten Umformung der Begriffe macht Hartmann in der Folge ernst. Seine ausgedehnten Erläuterungen zu den Funktionen der Sinne gereichen nicht nur der Vermittlung genauesten Kenntnis derselben, sondern eben dem Aufweis des kategorialen Übergriffs vonseiten der Psychologie. Anhand des Raumes (analog der Zeit) stellt Hartmann wie schon oben angezeigt die Auffassungen derselben in den jeweiligen physiologischen, psychologischen als auch logischen Konzeptionen heraus, um ihnen in der Folge – seiner ontologischen Konzeption entsprechenden – die implizit schichtenspezifischen Bedeutungsunterschiede entgegenzustellen.

Dabei zeigt sich, dass der Raum in den physiologischen Untersuchungen und der damit zusammenhängenden erkenntnistheoretischen Grundlage allein im Modus von Lokalzeichen im Ausgang von Lotze verstanden ist. Ein Modus der keineswegs mit der Bedeutung des Raumes (Zeit) im psychologischen Sinne gleichgesetzt werden kann, wo Raum und Zeit im Gegensatz zu logischen Anschauungsformen als ‚psychologische Anschauungsformen' oder ‚äußere psychologische Dimensionen der Anschauung' genommen werden.[30] Und dies

---

[28]Hartmann (1980), S. 3.

[29]Hartmann (1913/1914), S. 39 f.

[30]„Noch deutlicher zeigen dasselbe Raum und Zeit; zumal wenn man an ihnen gleich die extremen Gegenglieder des Systems, Logik und Psychologie, gegenüberstellt. In der Logik sind Raum und Zeit Begriffe, Bedingungen oder Gesetze des Objekts als solchen. In der Psychologie sind sie Anschauungsformen, d. h. die psychischen Bedingungen der konkret anschaulichen Vorstellung." Hartmann (1912b), S. 63.

ganz ohne Kant verdrehen zu müssen. Hat dieser doch selbst den ersten Teil der Transzendentalen Elementarlehre als „Die Transzendentale Ästhetik" überschrieben.[31]

Von diesen Ausführungen aus, welche die Komplexität der Gedankenführung der Vorlesung nur skizzieren kann, ist die Eigenständigkeit Hartmanns im folgenden Kapitel konkret zu fassen, welches die Funktion von Raum und Zeit als psychologische Anschauungsformen in Bezug auf Humes Assoziations-Psychologie zu veranschaulichen sucht.

4 Hartmanns Beitrag zur Assoziation-Psychologie

Dass das Bewusstsein Gesetzen unterliegt, mag niemand bezweifeln, da es sich in unserer Erfahrung zeigt, dass verschiedene Phänomene mit einer gewissen Regelmäßigkeit immer wieder auftauchen, wie die Beurteilung von Personen aufgrund unserer jeweiligen Menschenkenntnis mit ihrem Schematismus. „Und es ist a priori evident, daß es Gesetze haben muß: sonst müßte es ja für jeden Fall neue Formen erfinden, was aller Ökonomie widerspräche".[32] Zu diesen Gesetzen gehören auch die seit Hume vertretenen Assoziationsgesetze, welche als Prozessgesetze verstanden sein wollen, welche sich wie alle psychischen Prozesse nicht direkt fassen lassen, sondern nur an ihren Resultaten sichtbar werden.

So beginnt Hartmann im letzten Teil seiner Vorlesung mit einer allgemeinen Charakterisierung des Assoziationsphänomens: „Allgemein: die Inhalte zeigen schon unter sich selbst gewissen Tendenzen einander zu involvieren (nach sich zu ziehen)."[33] Eine Tendenz, die Hartmann mit dem Terminus ‚Associiertheit' festzusetzen sucht. „Wir können eigentlich nur von ‚Associiertheit' sprechen, denn nur diese kennen wir an den Inhalten!! Die Funktion, in der das Associieren vor sich geht, ist uns vollständig unbekannt."[34]

In Bezug auf Hume geht Hartmann in der Folge auf die häufig verwendeten Assoziationstypen ein, namentlich:[35]

1. Assoziation der Ähnlichkeit (Gleichartigkeit)
2. Assoziation des Kontrastes (Gegensatz)
3. Assoziationen der Gleichzeitigkeit und der unmittelbaren Folge

---

[31] Kant (1998), S. 93.
[32] Hartmann (1913/1914), S. 169.
[33] Ebd., S. 174.
[34] Ebd., S. 175.
[35] Vgl. Hume (1920), S. 24 ff.

und weist gleichsam auf deren offenbare Unvollständigkeit hin, wie z. B. die Assoziation von Teil und Ganzes, die immer nur in die Richtung vom gehabten Teil zum assoziierten Ganzen läuft, niemals umgekehrt.

Wie dem auch sei, so scheinen sich Humes Assoziations-Gesetze, seiner empirischen Auffassung von der Begriffsgenese von einfachen zu komplexen Ideen aus Erfahrung gemäß, eben nach Gegenständen der Erfahrung im weitesten Sinne zu richten. Wie aber wäre es– so Hartmann –, wenn wir das Einteilungsprinzip der Assoziationstypen sich nicht nach den Gegenständen, sondern gleichsam die Kopernikanische Wende erneut vollziehend nach den Dimensionen des Bewusstseins also wieder im Schulterschluss mit Kant ausrichteten?

Aus diesem Ansatz ergeben sich dann drei Grundtypen:

1. Assoziationen der inneren Dimensionen (Gefühle, Strebungen u. ä.)
2. Assoziationen der Zeit
3. Assoziationen des Raumes[36]

Hartmann beginnt in der Vorlesung mit den Assoziationstypen des Raumes und der Zeit, welche er – wie oben gezeigt – als psychologische Anschauungsformen des nach außen gerichteten Bewusstseins versteht. Diese beiden gilt es in der Folge vordergründig zu behandeln, da sie Momente a priori beinhalten, während die Assoziationen der inneren Dimensionen eher aposteriorischen Charakter besitzen.

Die Assoziationen des Raumes teilen sich nach Hartmann in apriorische und empirische Raumassoziation auf. Zu den apriorischen Raumassoziationen zählt Hartmann die Assoziation des Ganzen vom Teil aus, sowie die Totalvorstellung regelmäßiger geometrischer Formen, wie z. B. eines Würfels. Denn wenn uns der Würfel nur von einer, zwei oder drei Seiten gegeben ist, so haben wir immer eine Auffassung auch der Seiten, die uns eben nicht anschaulich gegeben sind. Neben dem Phänomen selbst zeigt sich hier die von Husserl für unmöglich erklärte Aufstellung apriorischer Sätze auf dem Boden empirischer Forschung, sprich der Psychologie, die Brentano bereits in Aussicht stellte.[37]

Neben diesen apriorischen Raumassoziationen zeigen sich die empirischen, welche gleichsam einen viel größeren Spielraum besitzen als die Ersteren. Dabei gilt der Grundsatz: „Was in einem Wahrnehmungserlebnis an den gleichen Raum resp. an benachbarte Teil des Raumes gebunden ist, hat die Tendenz sich gegenseitig zu reproduzieren".[38] Liegen beispielsweise Formelemente beieinander, so reproduzieren sie einander, weil wir sie nicht anders kennen als im räumlichen Beisammensein. Ebenso alle Ereignisse, die sich an einem bestimmten Ort zugetragen haben, reproduzieren einander. Wenn wir z. B. jedes Jahr unseren Sommerurlaub an dem gleichen Ort verbracht haben, so verschmelzen die jewei-

---

[36]Vgl. Hartmann (1913/1914), S. 175.

[37]Vgl. Brentano (1874), S. 32.

[38]Hartmann (1913/1914), S. 176.

ligen verschiedenen Erlebnisse zu einem einzigen Kontinuum. Sie, die Erlebnisse färben mit ihrem Inhalt den Ort. Gleichsam färbt der Ort die Ereignisse. Nun sind solche Ereignisse und Ereignisse überhaupt selbstverständlich in jedem Augenblick auch immer Ereignisse in der Zeit und so ist folglich jede Raumassoziation unverbrüchlich verbunden mit einer Zeitassoziation. Dabei versteht Hartmann die Raumassoziation dennoch als die stärkere Kraft. Dies – so Hartmann – wurde lange Zeit allzu sehr unterschätzt, die Erinnerungen an Szenen (der erste Kuss am Strand), an Gerüche (Omas Apfelkuchen in der Küche usw.) seien vor allem den Raumassoziationen geschuldet.

Auch die Assoziationen der Zeit erfahren durch Hartmann eine Unterteilung, und zwar in Assoziationen der Gleichzeitigkeit einerseits und Assoziationen der Sukzession andererseits, von denen in der Folge allein auf die Assoziationen der Sukzession eingegangen werden soll, da sie den bedeutenderen Teil ausmachen. Deren Grundsatz wiederum lautet: „[Z]eitlich benachbarte Erlebnisse sind derartig zu einem Ganzen verschmolzen, daß jeder Teil das Bewußtsein der folgenden Teile nach sich zieht."[39]

Setzt man die Assoziationen A, B, C, so können diese Assoziationen entweder dem Zeitfluss folgen, im entgegenlaufen oder gleichsam beides. Ersteres kann man beispielsweise beim Hören eines Musikstückes erfahren, in dem der harmonische Fortlauf des Stückes in irgendeiner Weise um Erfüllung bittet, um den Einsatz einer Brücke eines Refrains oder ähnlichen. Dies ist gleichsam auch umgekehrt oder eben wechselseitig möglich.

In diesem Phänomen der Zeitassoziation zeigt sich gleichsam ein weiteres Moment a priori, namentlich, dass überhaupt etwas folgen muss und etwas vorhergehen muss. Dieser Grundsatz ist nicht der Erfahrung geschuldet, sondern eben ein Grundsatz vor aller Erfahrung ein Grundsatz a priori und damit eine unmittelbare, unvermittelte „psychologische Notwendigkeit", die sich auch dort zeigt, „wo die früheren und späteren Stadien des Processes ganz verborgen sind."[40] Alles Inhaltliche, was augenscheinlich auch das für das Einzelerlebnis das Wesentliche ist, ist Sache der Erfahrung. Den Hintergrund, die Synthese aber leistet die Zeit als psychologische Anschauungsform, die gleichsam alles Räumliche eint. Die Sukzession ist somit die typische Erfahrungsassoziation, „weil nach ihr Zusammenhänge des Geschehens zur einheitlichen Vorstellung kommen."[41] Als eine solche ist sie die Tendenz, „den zeitlichen Ablauf der Ereignisse in der Erinnerung nachzubilden."[42] Aber nicht allein als Instanz der Erinnerung kommt ihr die vornehmliche Bedeutung zu, sondern ebenso der Bildung der Gegenwart als auch der Konstitution des Zukünftigen. Denn sobald eine Ähnlichkeit eines früheren Erlebnisses mit einem gegenwärtigen Erlebnis auftritt, so erwartet das

---

[39] Ebd., S. 177.
[40] Ebd., S. 177.
[41] Ebd., S. 177.
[42] Ebd., S. 177.

Bewusstsein auch das Eintreten der vormals folgenden Erlebnisse, gleichsam deren Wiederholung. Somit antizipiert das Bewusstsein die folgenden Stadien dessen, was folgen müsste: „Wir unterliegen [immer schon] dem Zwange einer Wahrnehmungserwartung [...] und haben dadurch einen Einblick in das Zukünftige".[43] Das Moment der Wahrnehmungserwartung ist gleichsam kein Spezifikum Hartmanns, sondern findet sich neben Husserl u. a. schon bei Baumgarten als das „in Abwesenheit sinnlich Erkannte"[44].

Dieses Moment sinnlich konstitutiven Erwartens des Zukünftigen besitzt im Bereich des Logischen den Charakter des Schließens, und es scheint so, als läge hier schon ein solches logisches Schließen vor. Die Wahrnehmungserwartung ist jedoch vielmehr als das psychologische Analogon des logischen Schließens zu nehmen, welches jenem phänomenal voraus liegt: „Schon die bloße Dimension der Anschauungszeit involviert dieses ständige Vorausblicken (als solche ist es a priori, wie die Zeitform)".[45] Die Erfahrung ergänzt das Vorausblicken allein und bringt die inhaltliche Erfülltheit hinzu.

Die Tendenz zur Prospektivität wird natürlich noch durch die Häufung gleichartiger Prozesse und deren Stadien verstärkt, wodurch der Anspruch auf Notwendigkeit des Folgenden mit dem Charakter der Nötigung auftritt, die sich als Gewohnheit niederschlägt: „Gewohnheit: das Gewohnte erscheint als selbstverständlich und das Selbstverständliche als Notwendigkeit. Das Faktum des niemals anders Seins wird genommen für ein Nicht-anders-Sein-können!!"[46]

Sowie die Prospektivität – psychologisch betrachtet – das vorausliegende Analogon zum logischen Schließen darstellt, so stellt die entstehende Nötigung des Gewohnheitsgemäßen das Analogon der logischen Kategorie der Kausalität dar. Die Sukzession in der Zeit – wohl verstanden als psychologische Anschauungsform – ist der Träger alles logischen Kausalerfassens auf der Stufe des Psychischen und zwar a priori, denn die Kausalität als logische Kategorie spielt sich in der Sukzession der psychologisch verstandenen Zeitanschauung ab, und diese ist es an der Kausalität, die unmittelbar zum Bewusstsein gelangt. Das heißt im Klartext: Die psychologisch verstandene Zeitanschauung als äußere Dimension des Bewusstseins ist das die Kategorien des reinen Verstandes in die Erfahrung, in das Erleben integrierende Moment. Oder anders aufgefasst: Die Kategorien des reinen Verstandes erscheinen in der psychologisch verstandenen Anschauungsform der Zeit.

Diese Analogie verweist zugleich auf die Gesetzmäßigkeit der Natur und in eins damit auf die Rechtmäßigkeit der Kategorien des reinen Verstandes, als auch der psychologischen Anschauungsformen der Zeit resp. des Raumes. Denn bestünde diese Analogie nicht, so gäbe es auch kein Bewusstsein der Naturkausalität. Die psychologisch verstandene Sukzession sieht Hartmann

---

[43]Ebd., S. 179.
[44]Baumgarten (1983), S. 87.
[45]Hartmann (1913/1914), S. 178.
[46]Ebd., S. 179.

abschließend als „eine neue Anpassung des Bewußtseins an die logische Fundamentalkategorie und eben damit die Ermöglichung wichtiger Einsichten im [Naturgeschehen] schon auf unwissenschaftlicher, naiver Weise. All unser Zurechtfinden beruht hierauf."[47] Die Herleitung der Kategorie der Kausalität aus psychischen Phänomenen hingegen sei: „reiner Psychologismus"[48]

5   Nicolai Hartmann und Carl Stumpf

Hartmanns Ansatz von Raum und Zeit als psychologische Kategorien als auch des Geltungsgesetzes der Schichtenzugehörigkeit finden ihre zusätzliche Bestätigung, gleichsam vonseiten einer psychologischen Forschung, die sich nicht auf physikalische Prozesse reduzieren lassen wollte: die Tonpsychologie Carl Stumpfs. In Hartmanns Gedächtnisrede[49] auf Carl Stumpf vom 01. Juli 1937 wird nicht allein Hartmanns Anerkennung der Person Carl Stumpf und des Wissenschaftlers deutlich, sondern auch Hartmanns genauste Kenntnis der Theorien Stumpfs, die er gleichsam in seiner Vorlesung zur Psychologie zu nutzen in der Lage zu sein schien.

Den Boden für eine Psychologie als Wissenschaft – so Hartmann – bereiteten Lotze, Weber, Fechner und Wundt, von denen aus auch der Brentanoschüler Stumpf seine Untersuchen „über den psychologischen Ursprung der Raumvorstellung"[50] anstellte, in denen er sich der gewiss überaus schwierigen Aufgabe verschrieb, die Grundtatsachen des Psychischen zu untersuchen und, soweit es möglich sei, aufzudecken. So ging es ihm, Brentano, Husserl u. a. in ihren Bemühungen zu dieser Zeit auf, dass sich in der Wahrnehmung, neben dem Wahrgenommenen noch etwas einstellte, welches „das Verhältnis der Empfindungen" betraf. Dieses sich Einstellende sei durchaus nicht direkt in der Empfindung gegeben, könne aber ‚bemerkt' und damit ebenfalls einer analytischen Untersuchung zugeführt werden. Und – so Hartmann – habe sich in den Analysen das Bemerkte, das sich Eingestellte, selbst als ein Allgemeines mit dem Anspruch auf Wesensgesetzlichkeit herausgestellt und einen Ansatz bietet, um der Beantwortung der Ausgangsfrage: Wie ist allgemeine Psychologie möglich? näher zu kommen. Als eine solche Allgemeinheit mit dem Anspruch auf Apriorität stellte Stumpf das Grundgesetz des unlösbaren Verhältnisses von Ausdehnung und Farbe heraus: mit Hartmann zu sprechen: den Raum.[51]

Die Forschungsergebnisse Stumpfs auf dem Gebiet der Tonpsychologie sind der eigentliche Verdienst Stumpfs, welche allein aufgrund seiner Begabung und

---

[47]Ebd., S. 180.
[48]Ebd., S. 182.
[49]Hartmann (1937).
[50]Ebd., S. 3.
[51]Ebd., S. 4.

Kompetenz im Bereich der Musik, seiner Musikalität im weitesten Sinne möglich waren. Über vierzig Jahre brachte Stumpf mit seinen Untersuchungen zur *Tonpsychologie* zu, die (bekannterweise) ihren Niederschlag in den gleichnamigen Bänden von 1890 und 1891 fanden. Dabei gelang es ihm im Gegensatz zu Helmholtz die Obertöne, d. h. die Töne, die normalerweise den Grundtönen in einem bestimmten Schwingungs-Verhältnis beigemischt sind, zu isolieren, bzw. zu eliminieren, sodass er durch komplexe Verfahren obertonfreie Klänge produzieren konnte, die letztendlich die Theorie Helmholtz' zum Stürzen brachte und die eigene gegen mancherlei Anfeindung zu sichern in der Lage war.

Durch die Ermittlung dessen, was die besten Musiker seiner Zeit als das ideale Tonhöhenverhältnis empfanden (das Optimums von Qinute, Terce usw.), wiederlegte er die Annahme der *physikalischen Akustik*, dass nämlich Tonintervalle umso reiner klängen, je mehr sie sich den einfachsten Schwingungsverhältnissen annäherten. Stumpf zeigte auf, dass diese Annahme im Bereich des Psychischen keine Geltung findet, da nämlich im Bereich der Empfindung sozusagen das Gegenteil der Fall wäre, dass dort nämlich das musikalische Optimum nie bei den physikalisch reinen Intervallen läge, sondern eben in Abhängigkeit des Zusammenklanges das Optimum meist bei kleineren oder größeren Abweichungen der Intervalle empfunden werde. Damit war ihm (Stumpf) der Aufweis einer Grenze, einer Kluft, zwischen physikalischen und psychologischen Gesetzmäßigkeiten gelungen. Ein Umstand, der Hartmanns These von der schichtenabhängigen Bedeutsamkeit der jeweiligen Kategorien und der Bewahrung vor jeglichem kategorialen Übergriff unterstützt, wie er sie anhand von Raum und Zeit in seiner Vorlesung des Wintersemesters 1913/1914 exemplarisch durchführte.

6 Fazit und Ausblick

Das Vorlesungsmanuskript weist Hartmann als einen ausgesprochenen Kenner nicht allein der biologischen Grundlagen, hier vor allem der Physiologie, sondern auch der psychologischen Konzeptionen seiner Zeit aus, darunter die Werke Theodor Fechners, Wilhelm Wundts, Theodor Lipps', Wilhelm Diltheys, Franz Brentanos wie auch Harald Höffdings Schrift *Psychologie in Umrissen auf Grundlage der Erfahrung*[52], die 1881 in der dänischen und 1887 in der deutschen Übersetzung erschien und Hartmann mehrfach namentlich nennt, obwohl diesem selbst keine entscheidende Rolle in der damaligen Debatte zuzusprechen ist.

Hartmann nimmt auch in dieser Abhandlung, wie in der Mehrzahl seiner Monografien, Vorträge und Aufsätze die Hypothesen, Methoden und Standpunkte der betreffenden Forscher kritisch würdigend in Augenschein, zeigt Probleme auf, eliminiert Unhaltbares und nutzt das seiner Theorie Zuträgliche für den Aufbau bzw. die Unterbauung derselben, wie das Beispiel Carl Stumpf deutlich zeigt.

---

[52]Höffding (1893).

Als begeisterter Leser der Werke deutscher Wissenschaft und den in ihnen dargelegten Errungenschaften der Naturwissenschaften urteilt Hartmann die Bestrebungen der Pioniere einer naturwissenschaftlich orientierten Psychologie keineswegs ab, mehr noch, er ringt um die Analyse und Aufstellung psychologischer Kategorien a priori gerade im Sinne dieser Pioniere, um die Psychologie, die er als ‚Höchste der Wissenschaften' versteht, dadurch in den Stand echter Wissenschaft zu heben und gleichsam dem Duktus Kants und Husserls zu begegnen.

Dass die Physiologie einen gewichtigen Beitrag zu leisten imstande ist, für die Psychologie, steht für Hartmann außer Frage. Erst in dem Moment, in dem sie ihre Resultate auf andere Gebiete unreflektiert zu übertragen beginnt und mit dem Anspruch einer Grundlagenwissenschaft aller Geistes- und Naturwissenschaften auftritt, zeigt er den dort vorliegenden kategorialen Übergriff an, mit dem sie sich ins Unrecht zu setzten beginnt. Diese Kritik bringt Hartmann jedoch nicht allein der Psychologie, sondern jeder philosophischen und man muss hinzufügen naturwissenschaftlichen Disziplin entgegen, d. h. er steht dem Psychologismus nicht skeptischer gegenüber als allen übrigen vereinseitigenden Ismen überhaupt.

Mit dem vorliegenden Beitrag steht die Forschungsarbeit an Hartmanns Theorie des Psychischen noch ganz am Anfang: Ob Hartmann die Vorlesungen in den Wintersemestern 1911/1912 und 1913/1914 aus eigenem Interesse heraus gehalten hat, oder ob es die Studienordnung vorgab, kann für eine rechte Einordnung derselben in den bestehenden Werkkontext und darüber hinaus in den noch auszuwertenden Cirkelprotokollen, entscheidend sein. Zudem ist noch nicht gesichert, ob Hartmann die Lesung, die zwar im Vorlesungsverzeichnis des betreffenden Semesters aufgenommen ist, auch wirklich gehalten hat, weil eine Überprüfung der Kassenbücher oder ähnlicher Zeugnisse bisher noch nicht stattfinden konnte. Und ob die Lesung auch so stattfand, wie sie im Manuskript angelegt ist, diese Behauptung könnten im besten Fall Mitschriften damaliger Studenten autorisieren. Einen weiteren großen Forschungsschwerpunkt stellt die Kontextualisierung mit den Schriften der damaligen Protagonisten, nicht nur aufseiten der Psychologie, sondern auch aufseiten der Physiologie, dar, denn es ist keinesfalls ausgemacht, dass sich Letztere als der Psychologie zuarbeitende Hilfswissenschaft verstand.

Ob Hartmanns Schrift in den künftigen Untersuchungen zur Psychologie um 1900 in der psychologischen als auch philosophischen Forschung ihren Platz bekommt, wird abzuwarten sein. Innerhalb der Hartmannforschung sehe ich allerdings schon jetzt eine gewisse mögliche Auswirkung, die wiederum mit den von uns zu edierenden Circelprotokollen im Zusammenhang steht, denn in diesen werden Themen diskutiert, die wir im Ausgang von Hartmanns Psychologie-Vorlesung als Themen aus dem Felde der philosophischen Psychologie identifizieren können.

Literatur

Baumgarten, Alexander Gottlieb (1983): *Philosophische Betrachtungen über einige Bedingungene des Gedichts.* [1735]. Übers. und hg. von Heins Paetzold. Hamburg 1983.
Brentano, Franz Clemens (1874): *Psychologie vom empirischen Standpunkt.* Bd. 1. Leipzig 1874.
Hartmann, Nicolai (1911/12): *Allgemeine Psychologie.* Handschriften Nachlass 1. Schober. Deutsches Literaturarchiv Marbach.
Hartmann, Nicolai (1912a): Philosophische Grundfragen der Biologie. In: *Kleinere Schriften.* Bd. 3. *Vom Neukantianismus zur Ontologie.* Berlin 1958, S. 78–186.
Hartmann, Nicolai (1912b): Systembildung und Idealismus. In: *Kleinere Schriften.* Bd. 3. *Vom Neukantianismus zur Ontologie.* Berlin 1958, S. 60–78.
Hartmann: Nicolai (1913/14): *Über Allgemeine Psychologie.* Handschriften Nachlass 1. Schober. Deutsches Literaturarchiv Marbach.
Hartmann, Nicolai: *Grundzüge einer Metaphysik der Erkenntnis.* Berlin/Leipzig 1921.
Hartmann, Nicolai (1935): *Zur Grundlegung der Ontologie.* Berlin/Leipzig 1935.
Hartmann, Nicolai (1937): *Gedächtnisrede auf Carl Stumpf.* Sonderausgabe aus den Sitzungsberichten der Peußischen Akademie der Wissenschaften. Öffentliche Sitzung vom 1. Juli 1937. Berlin 1937.
Hartmann, Nicolai (1949a): *Einführung in die Philosophie. Nachschrift der Vorlesung im Sommersemester 1949 in Göttingen,* hg. von Herrmann Wein. Göttingen 1949.
Hartmann, Nicolai (1949b): *Neue Wege der Ontologie.* Teildruck aus: *Systematische Philosophie,* hg. von Nicolai Hartmann. o. O. ^{2}1949, S. 201–311.
Hartmann, Nicolai (1962): *Das Problem des geistigen Seins* [1933]. Berlin 1962.
Hartmann, Nicolai (1980): *Philosophie der Natur* [1950]. Berlin/New York 1980.
Hartmann, Nicolai: Kategoriale Gesetze. Ein Kapitel zur Grundlegung der allgemeinen Kategorienlehre. In: *Studien zur Neuen Ontologie und Anthropologie,* hg. von Gerald Hartung und Matthias Wunsch. Berlin 2014.
Hartmann, Nicolai (2020): *Circelprotokolle 1920 – 1950,* hg. von Joachim Fischer, Gerald Hartung, Friedrich Hausen und Thomas Kessels. Berlin (in Vorbereitung).
Höffding, Harald (1893): *Psychologie in Umrissen auf Grundlage der Erfahrung* [1887]. Leipzig 1893.
Hume, David (1920): *Eine Untersuchung über den menschlichen Verstand,* hg. von Raoul Richter. Leipzig ^{8}1920.
Kant, Immanuel (1998): *Kritik der reinen Vernunft.* Timmermann, Jens (Hg.). Hamburg 1998.
Lange, Friedrich Albert (1920). *Geschichte des Materialismus und Kritik seiner Bedeutung in der Gegenwart.* Berlin 1920.
Sieg, Ulrich (1994): Aufstieg und Niedergang des Marburger Neukantianismus. Die Geschichte einer philosophischen Schulgemeinschaft. In: *Studien und Materialien zum Neukantianismus.* Bd. 4, hg. von Helmut Holzey und Ernst Wolfgang Orth. o. O. 1994.
Schmidt, Winrich de (1976): *Psychologie und Transzendental Philosophie. Zur Psychologie-Rezeption bei Hermann Cohen und Paul Natorp.* Bonn 1976.
Marquard, Odo (1985): Wirklichkeitshunger und Alibibedarf. Psychologisierung, zwischen Psychologie und Psychologismus. In: *Schriften der Carl Friedrich von Siemens Stiftung.* Bd. 9, hg. von Heinz Gumin und Armin Mohler. o. O. 1985.
Vorlesungsverzeichnis (1913): Verzeichnis der Vorlesungen die im Wintersemester 1913/14 vom 15. Oktober 1913 bis 15. März 1914 an der Universität Marburg gehalten werden sollen. Marburg 1913, http://www.archiv.ub.uni-marburg.de/eb/2011/0179.

Personenverzeichnis

A
Ach, Narziß, 176, 177, 181, 189, 194
Albertazzi, Liliana, 191
Anschütz, Georg, 151
Aristoteles, 3, 51
Arnold, 140
Avenarius, Richard, 23, 183

B
Bacon, Francis, 4, 7
Baeumker, Clemens, 174, 175, 182
Bahle, Julius, 193
Baumgarten, Alexander Gottlieb, 227
Bergson, Henri, 197
Binet, Alfred, 217
Block, Ned, 109
Brandl, Johannes, 124, 126
Brentano, Franz, 7, 23, 24, 29, 61, 168, 171, 194, 225, 228, 229
Buckle, Henry Thomas, 133
Bühler, Karl, 28, 30, 74, 176, 203, 206, 211

C
Carruthers, Peter, 114
Cassirer, Ernst, 19, 21, 163
Centi, Beatrice, 148
Chisholm, Roderick M., 106, 107, 112
Cohen, Hermann, 8, 19, 162, 166
Comte, August, 133
Cornelius, Hans, 74
Crane, Tim, 109

D
Damasio, Antonio, 104
Darwin, Charles, 59, 88

Davidson, Donald, 107
de Groot, Adriaan, 192, 194
Delbrück, Berthold, 85, 98
Dennett, Daniel C., 121
Descartes, René, 51, 55, 56, 162, 217
Dilthey, Karl, 24, 25
Dilthey, Wilhelm, 7, 21, 35, 48, 49, 68, 69, 99, 167, 181, 183, 195, 217, 229
Driesch, Hans, 30
Drobisch, Moritz Wilhelm, 88
Droysen, Johann Gustav, 35, 96
Duncker, Karl, 194, 201

E
Ebbinghaus, Hermann, 20, 65, 68, 142, 181
Ehrenberg, Victor, 25
Elsenhans, Theodor, 75
Eucken, Rudolf, 19
Exner, Adolf, 48, 49

F
Fabbianelli, Faustino, 155
Fechner, Gustav Theodor, 1, 7, 49, 50, 54, 66, 228, 229
Feuerbach, Ludwig, 162
Fichte, Johann Gottlieb, 37, 168
Fischer, Kuno, 23
Flach, Werner, 145
Frank, Manfred, 125
Fréchette, Guillaume, 112
Frege, Gottlob, 8, 106, 116, 166

G
Geiger, Moritz, 193
Goethe, Johann Wolfgang von, 57, 161

Grassmann, Hermann, 186
Graumann, Carl Friedrich, 210, 211
Gundlach, Horst, 18, 20, 26, 29
Gurwitsch, Aron, 210

H
Häberlin, Paul, 31
Hamilton, William, 24
Hartmann, Nicolai, 2, 7, 215, 228
Hartung, Gerald, 35
Hegel, Georg Wilhelm Friedrich, 30, 37, 86, 135, 161, 162
Helmholtz, Hermann von, 21, 26, 48, 54, 184, 229
Henrich, Dieter, 125
Herbart, Johann Friedrich, 7, 40, 48, 50, 54, 89
Hering, Ewald, 48
Hertling, Georg von, 52
Hobbes, Thomas, 217
Höffding, Harald, 229
Humboldt, Wilhelm, 96, 98
Hume, David, 5, 7, 136, 224, 225
Husserl, Edmund, 6, 8, 19, 39, 41, 43, 45, 155, 166, 168–171, 178, 182, 184, 185, 191, 193, 195–197, 201–203, 206, 210, 219, 225, 228, 230

J
Jaensch, Erich, 19
Jellinek, Georg, 24, 25

K
Kant, Immanuel, 5, 6, 135, 145, 162, 164, 165, 183, 217, 219, 224, 225, 230
Katz, David, 193
Kierkegaard, Soren, 161
Knies, Karl, 140
Koffka, Kurt, 177
Köhler, Wolfgang, 177
Kraus, Oskar, 46, 51, 60
Kriegel, Uriah, 114, 125
Krochmal, Nachman, 30
Krudewig, Maria, 210
Krueger, Felix, 69, 70
Külpe, Oswald, 7, 173–186, 189
Kusch, Martin, 174, 185, 190

L
Lange, Friedrich Albert, 9, 40, 50, 51, 110, 162, 221

Lask, Emil, 19
Lazarus, Moritz, 32, 86
Lebzeltern, Gustav, 203
Leibniz, Gottfried Wilhelm, 55
Lindworsky, Johannes, 207–209, 211
Lipps, Theodor, 7, 193, 217, 229
Locke, John, 5, 7
Losski, Nikolai Onufrijewitsch, 217
Lotze, Hermann, 23, 26, 29, 36, 37, 40, 43, 50, 53–55, 138, 223, 228

M
Mach, Ernst, 54, 60, 61, 105, 106, 176, 183, 184
Mack, Wolfgang, 194
Marbe, Karl, 176, 177, 193, 207
Martius, Götz, 74
Marty, Anton, 52
Marx, Karl, 161
Mayer-Hillebrandt, Franziska, 51
Melanchthon, Philipp, 4
Messer, August, 176, 198, 199, 205
Métraux, Alexandre, 212
Meyer, Adolf, 75
Mill, John Stuart, 24, 133, 140, 217
Millikan, Ruth, 114
Mills, John Stuart, 7
Mistelli, Franz, 93
Moore, George E., 116
Müller, Georg Elias, 71, 173, 190, 193
Müller, Johannes, 54
Münch, Dieter, 191
Münsterberg, Hugo, 20, 36, 174, 184

N
Natorp, Paul, 8, 19, 179, 216
Newell, Herbert, 192
Newton, Isaac, 26
Nietzsche, Friedrich, 135
Nokk, Wilhelm, 29
Novalis, 134, 135

O
Ogden, Robert Morris, 174

P
Parfit, Derek, 121
Paul, Hermann Otto Theodor, 85
Paulsen, Friedrich, 67
Pfänder, Alexander, 193, 209

Personenverzeichnis

Planck, Max, 60
Platon, 51, 162, 165, 186

Q
Quine, Willard Van Orman, 107

R
Révész, Géza, 192
Rickert, Heinrich, 19, 20, 33, 145
Riehl, Alois, 19
Rosenthal, David M., 123–125
Roux, Wilhelm, 217
Russell, Bertrand, 105, 106, 116

S
Scheler, Max, 193
Schelling, Friedrich Wilhelm Joseph, 24, 47
Schiller, Friedrich, 166
Schleicher, August, 86
Schleiermacher, Friedrich, 133–135
Schönpflug, Ute, 18
Schönpflug, Wolfgang, 18
Schopenhauer, Arthur, 55
Schubert-Soldern, Richard von, 71
Schuppe, Wilhelm, 70
Schwarz, Hermann, 73
Searle, John, 113, 114
Selz, Otto, 193, 194, 196–204, 206–209, 211
Sengler, Jakob, 24
Sigwart, Christoph, 26
Simmel, Georg, 22, 34, 101
Simon, Allen, 192
Smith, Adam, 140

Sommer, Robert, 71
Spiegelberg, Herbert, 191, 193
Spinoza, Baruch de, 135
Steinthal, Chajim, 26, 32
Steinthal, Heymann, 85
Stumpf, Carl, 7, 24, 29, 177, 193, 217, 228, 229

T
Tarde, Gabriel, 94
Thomae, Hans, 212
Titchener, Edward, 177
Tobler, Ludwig, 94
Tye, Michael, 109

V
Villa, Guido, 66

W
Watt, Henry, 194
Weber, Ernst Heinrich, 1, 7, 228
Weber, Max, 35
Wertheimer, Max, 177
Willwoll, Alexander, 207
Windelband, Wilhelm, 19–37
Wolff, Christian, 5
Woodworth, Robert, 192
Wundt, Wilhelm, 7, 20, 21, 23, 27, 30, 50, 54, 65, 85, 103, 111, 138, 173, 176, 185, 217, 228, 229

Z
Zimmermann, Robert, 47